新文科 · 数字经济系列教材

数字金融

黄益平　黄卓　沈艳 主编

中国教育出版传媒集团

高等教育出版社 · 北京

内容简介

　　本书全面梳理了数字金融的全球发展概况、业务模式、基础设施及其对经济和市场的影响。全书分为16章，具体内容包括：第1章为导论，介绍数字金融基本概念和本书特色。 第2章讨论数字金融的国际发展格局，涵盖其总体趋势、区域发展及关键影响因素，并分析各地案例。第3—11章聚焦不同业务模式，包括数字支付、征信、信贷、供应链金融、财富管理、保险和数字货币等，探讨其发展历程、创新技术及监管挑战；其中特别关注中国经验，如中国的数字支付、个人征信和大科技信贷案例。第12—14章着重论述数字金融中的大数据分析与治理、监管政策及测度方法。第15—16章探讨数字金融对金融市场和经济发展的影响，从交易成本到宏观政策传导，再到收入差距和数字鸿沟，全面分析数字金融的潜力与挑战。

　　本书以翔实的案例和数据分析构建了数字金融的研究框架，可作为高等院校经济金融类专业本科生教材，也可作为从业者深入了解数字金融前沿问题的参考书。

图书在版编目（CIP）数据

　　数字金融 / 黄益平，黄卓，沈艳主编． -- 北京：高等教育出版社，2025.8． -- ISBN 978-7-04-064339-8

　　Ⅰ．F83-39

　　中国国家版本馆 CIP 数据核字第 20251CM401 号

数字金融

Shuzi Jinrong

| 策划编辑　荆雯旭　赵　鹏 | 责任编辑　荆雯旭 | 封面设计　姜　磊 | 版式设计　杨　树 |
| 责任绘图　裴一丹 | 责任校对　窦丽娜 | 责任印制　赵　佳 | |

出版发行	高等教育出版社	网　　址	http://www.hep.edu.cn
社　　址	北京市西城区德外大街 4 号		http://www.hep.com.cn
邮政编码	100120	网上订购	http://www.hepmall.com.cn
印　　刷	河北宝昌佳彩印刷有限公司		http://www.hepmall.com
开　　本	787 mm×1092 mm　1/16		http://www.hepmall.cn
印　　张	22		
字　　数	480 千字	版　　次	2025 年 8 月第 1 版
购书热线	010-58581118	印　　次	2025 年 8 月第 1 次印刷
咨询电话	400-810-0598	定　　价	58.00 元

　　从金融史的视角看，数字金融发展才刚刚开了一个头，许多数字金融模式、流程和产品还处于动态演变过程之中，未来一定还会出现新的形态。所以，从现在开始编写数字金融的教材，可能还有点早。但是，数字技术对金融体系的改造与改变几乎是铺天盖地、暴风骤雨般的，确实需要对数字金融创新与学术做系统性的梳理，以便更好地理解快速变化的金融体系的运行规律。

　　早期数字金融创新的主体是一些科技公司，但现在传统金融机构的作用越来越大，从商业银行到证券公司，从保险公司到投资基金，数字金融几乎无处不在、无时不在。传统银行利用平台获客、监测、授信、信贷，利用大数据支持信用风险评估已经非常普遍。这些实践需要得到总结并在理论上加以提升，而传统的金融学教材特别是货币银行学教材都没有覆盖这些数字金融业务，使金融业务、监管政策、学术研究和教学活动存在空白。随着数字金融的重要性越来越突出，这个空白的存在就会影响相关金融从业人员对整个金融体系的理解。如果拉长时间维度，未来数字技术的应用将触及金融体系的每一个角落，届时也许就不再需要数字金融这个独立的概念，而数字金融的一些基本原理就会成为金融原理的重要组成部分。

　　本教材作者团队长期跟踪、研究中国数字金融创新实践与政策制定。团队成员均为北京大学数字金融研究中心的研究人员，他们不仅对业务发展和政策演变十分了解，还在国内国际优秀学术期刊发表了大量的学术论文。因此，本教材不仅能准确地反映数字金融创新的最新实践，也充分地涵盖了学术研究的最新成果。

　　本教材是北京大学数字金融研究中心一项重要的学术成果。中心于 2015 年经北京大学校长办公会批准成立，致力于开展数字金融领域的学术、政策与行业研究工作。中心目前拥有 30 余位全职、兼职研究人员，自成立以来，他们就数字金融领域的重大问题完成了近百项研究课题，并发表于国内外权威学术期刊，在国内外产生了重要的行业与政策影响力。2018—2022 年，中心团队承担并完成了社会科学基金重大项目"数字普惠金融的创新、风险与监管"。2019—2023 年，中心还与国际货币基金组织、亚洲开发银行及国际清算银行组成联合课题组，共同研究数字金融的重大问题。2020 年，中心与布鲁金斯学会共同组建课题组研究中国的数字金融创新问题，并出版了中英文版的课题报告《数字金融革命：中国经验与启示》。

编写这本教材的主要目的是支持高校的教学工作，特别是支持经济学、金融学、管理学本科生以及研究生的教学工作。相信本教材对实践与理论的系统总结与概括，也会对金融从业人员、科研人员以及政府官员等有所助益。

数字金融学是金融学的一个分支学科。金融学研究的是货币资金的经济活动的一些基本规律，在微观层面关注公司金融、金融投资学等内容，在宏观层面则关注货币银行学、国际金融等内容。数字金融学所关注的内容与金融学是一致的，其区别在于数字技术的应用可能改变一些运行特征与规则。

本教材各章的作者都是国内活跃于数字金融学术研究前沿的学者，分别为：第一章，黄益平、黄卓、沈艳；第二章，孔涛；第三章，王勋；第四章，黄卓、梁方；第五章，沈艳、张海洋；第六章，黄益平；第七章，谢绚丽；第八章，龚强；第九章，黄卓、王萍萍；第十章，边文龙、纪洋、王向楠；第十一章，纪洋；第十二章，沈艳；第十三章，黄益平；第十四章，郭峰；第十五章，胡佳胤；第十六章，张勋。

本教材的写作经历了近四年的时间，在此过程中得到了来自各方的大量帮助。北京大学数字金融研究中心时任常务副主任王海明、行政专员蒋颖和胡晓雯为本教材的写作提供了大量的行政与财务方面的支持。教材初稿形成之后，北京大学数字金融研究中心和北京大学国家发展研究院于 2022 年秋季学期联合创办了数字金融工作坊，并试讲数字金融课程。课程以线上和线下联合进行的方式展开，受到北京大学国家发展研究院硕博研究生及相关本科生的广泛关注与欢迎。胡诗云、江弘毅、李星宇、王诗卉、陶晏阳、陈妍汀、王心怡、董燕飞等在试讲过程中为教材的改进提供了很多有价值的建议与意见。

数字金融革命将给中国的数字经济带来深刻变革，如果广大师生在使用本教材的过程中发现不足之处，请不吝指正，以便作者团队及时修订完善，从而更好地满足数字金融教学的需要。

黄益平　黄卓　沈艳

2025 年 6 月

目 录

第一章　导论 1

1　第一节　数字金融的概念
2　第二节　数字金融的发展历程
5　第三节　中国的数字金融发展
7　第四节　教材特色
8　本章小结
8　即测即评
8　复习思考题

第二章　数字金融的国际发展
　　　　状况 9

9　第一节　数字金融发展总体状况
12　第二节　数字金融分区域发展
　　　　　　状况
24　第三节　影响金融科技发展的
　　　　　　关键因素
28　本章小结
28　即测即评
29　复习思考题

第三章　数字支付 30

30　第一节　数字支付的发展背景
34　第二节　数字支付的结算系统
37　第三节　数字支付对经济和
　　　　　　金融的影响
41　第四节　中国经验的实证分析
48　第五节　中国数字支付走出去
49　第六节　数字支付的未来发展
　　　　　　方向及问题

50　本章小结
51　即测即评
51　复习思考题

第四章　数字时代的征信 52

52　第一节　征信的定义和各国征信
　　　　　　体系发展简介
63　第二节　征信的理论模型和产品
69　第三节　数字时代的征信业监管
73　第四节　案例：百行征信
75　本章小结
75　即测即评
75　复习思考题

第五章　个体对个体网络借贷的
　　　　兴衰 76

76　第一节　个体对个体网络借贷的
　　　　　　概念
77　第二节　个体对个体网络借贷的
　　　　　　国际发展
80　第三节　中国个体对个体网络
　　　　　　借贷的发展历程
87　第四节　个体对个体网络借贷
　　　　　　衰落的原因
93　第五节　中国个体对个体网络
　　　　　　借贷兴衰的启示
94　本章小结
94　即测即评
94　复习思考题

第六章		大科技信贷	95
95	第一节	大科技信贷概述	
99	第二节	大科技信贷相关学术研究成果	
105	第三节	大科技信贷在中国的发展	
108	第四节	案例：网商银行	
111	第五节	运营机制分析	
116	第六节	总结与讨论	
118		本章小结	
118		即测即评	
118		复习思考题	

第七章		商业银行数字化转型	119
119	第一节	商业银行概述	
122	第二节	数字金融与商业银行	
126	第三节	商业银行的数字化转型实践	
135	第四节	数字技术在商业银行的典型应用	
146		本章小结	
146		即测即评	
146		复习思考题	

第八章		数字供应链金融	148
148	第一节	数字供应链金融概述	
153	第二节	数字技术在供应链金融中的应用	
158	第三节	数字农业供应链金融	
160	第四节	数字供应链金融的创新价值与挑战	
163	第五节	数字供应链金融的发展趋势	
165		本章小结	
165		即测即评	

165		复习思考题	

第九章		数字化财富管理	166
166	第一节	财富管理的概念和数字技术的应用	
169	第二节	国外数字化财富管理的发展	
173	第三节	中国数字化财富管理的发展和监管	
185	第四节	案例：招商银行的数字化转型与帮你投	
189		本章小结	
189		即测即评	
189		复习思考题	

第十章		数字保险	190
190	第一节	保险行业发展的历史起源与国际动态	
194	第二节	我国互联网保险的发展	
206	第三节	网络互助	
210	第四节	数字保险的监管	
213		本章小结	
213		即测即评	
213		复习思考题	

第十一章		数字货币	214
214	第一节	传统加密货币	
224	第二节	稳定币	
229	第三节	央行数字货币	
237		本章小结	
237		即测即评	
237		复习思考题	

第十二章		金融大数据分析与数据治理	238
238	第一节	数字金融中的大数据	

241　　第二节　金融大数据分析的主要
　　　　　　　　应用
245　　第三节　金融大数据分析的问题
　　　　　　　　与挑战
248　　第四节　金融大数据治理
252　　第五节　金融大数据应用案例
255　　本章小结
256　　即测即评
256　　复习思考题

第十三章　数字金融的监管　　257

257　　第一节　数字金融监管的必要性
259　　第二节　金融监管的政策目标
　　　　　　　　与监管模式
263　　第三节　中国的数字金融监管
　　　　　　　　新挑战
266　　第四节　国内外数字金融监管
　　　　　　　　探索
272　　第五节　我国数字金融监管的
　　　　　　　　总结与展望
273　　本章小结
274　　即测即评
274　　复习思考题

第十四章　数字普惠金融的测度
　　　　　　与应用　　275

275　　第一节　中国数字普惠金融的
　　　　　　　　测度
280　　第二节　中国数字金融发展基本

　　　　　　　　情况
286　　第三节　指数的应用和注意事项
293　　本章小结
293　　即测即评
294　　复习思考题

第十五章　数字金融与金融市场　　295

295　　第一节　数字金融与交易成本
299　　第二节　数字金融与市场信息
301　　第三节　数字金融与投资者行为
304　　第四节　数字金融与代理人问题
306　　第五节　数字金融与宏观价值
310　　本章小结
310　　即测即评
310　　复习思考题

第十六章　数字金融与经济发展　　312

312　　第一节　互联网与数字金融的
　　　　　　　　兴起
314　　第二节　数字金融对经济发展的
　　　　　　　　总量影响
323　　第三节　数字金融对经济发展的
　　　　　　　　结构性影响
331　　本章小结
332　　即测即评
332　　复习思考题

参考文献　　333

第一章

导论

本章首先介绍数字金融的基本概念，回顾数字金融的发展历程，并概述相关技术和应用；其次总结中国数字金融在过去十几年中的快速发展，并从中国数字普惠金融的发展和对实体经济的支持、中国数字金融对传统金融市场的影响以及中国数字金融市场的特征和风险这三个角度，介绍中国数字金融的发展特征；最后介绍本教材的特色。

第一节 数字金融的概念

数字金融（digital finance）与互联网金融（Internet finance）或金融科技（FinTech）的概念相似，但存在一定差异。数字金融泛指传统金融机构与互联网公司利用数字技术实现融资、支付、投资和其他新型金融业务模式。中国人民银行等十部委于 2015 年发布的《关于促进互联网金融健康发展的指导意见》中，将互联网金融定义为"传统金融机构与互联网企业利用互联网技术和信息通信技术实现资金融通、支付、投资和信息中介服务的新型金融业务模式"。金融科技则由金融稳定理事会（Financial Stability Board，FSB）提出，即"技术驱动的金融服务的创新"，会使金融服务的商业模式、业务流程、应用和产品发生较大的改变。此后，中国人民银行在 2019 年印发的《金融科技（FinTech）发展规划（2019—2021 年）》中给出的定义是"技术驱动的金融创新，旨在运用现代科技成果改造或创新金融产品、经营模式、业务流程等，推动金融发展提质增效"。从直观上理解，互联网金融和金融科技更多地被看作互联网公司或科技公司从事金融业务，而金融科技由金融（financial）和技术（technology）两个词合并而来，更突出金融的技术特性。相比较而言，数字金融这个概念更加中性，所涵盖的面也更广泛一些。本书后面的章节的讨论中并不特意区分数字金融和互联网金融、金融科技之间的细微差别，而统一用"数字金融"来概称。

作为一种具有创新性商业模式的举措，数字金融通过催生新的商业模式、应用、流程或产品，对金融服务的提供方式产生了重大影响。这些影响可以被总结为"三升三降"，即数字金融发展能够帮助相关机构在扩大服务规模、提高业务效率、增强用户体验的同时，降低运营成本、控制业务风险、减少人工接触。例如，大数据、人工智能等数字金融技术在小微企业贷款中的应用，能够解决小微企业风险评估难、产品设计难的问题，从而进一步扩大普惠小微贷款的覆盖度和匹配度。又如，在金融业务运行过程中存在大量的重复性、低价值、标准化程度高的工作，在这些场景中运用机器人流程自动化（robotic process automation，RPA）等人工智能技术就能实现业务效率的提高。再如，在传统金融服务中，用户必须在营业时间前往金融机构线下网点才能办理或咨询业务，而数字金融能实现自动化、智能化、场景化的服务，从而打破金融服务的空间和时间限制，进而让金融服务融入生活，增强用户体验。

在"三降"方面，数字金融也有非常多样的运用场景。例如，数字金融能借助机器学习、数据挖掘、智能合约等技术，简化供需双方的交易环节，降低资金融通边际成本。又如，知识图谱及图像识别技术、大数据风控等数字金融智能风控技术能有效提高银行信用风险的管理能力，有助于提高整个风险系统的识别度，从而更有效地控制风险。最后，2019 年年底暴发的新冠疫情催生了非接触式的金融服务需求。数字金融有助于实现全线上服务，从而简化业务办理的流程，为企业、个人减少线下办理业务手续的负担。

对于众多从事数字金融的市场主体，可以根据技术主导和金融服务主导两大主流，将其分为具有不同侧重的四类。一是致力于运用全新方法和创新科技进入金融服务领域的新入市者、初创公司，常被视为颠覆性力量。二是通过重大技术投资改进服务、应对竞争威胁和捕捉投资合作机会的传统金融机构，这类致力于数字化转型的传统金融机构也被视为"大象起舞"的力量。三是大科技公司（BigTechs），是指由通过金融服务巩固客户关系的技术公司构成的大型生态系统。四是基础设施供应商，指向金融机构销售基础设施的供应商。它们能够帮助金融机构变革技术堆栈，实现数字化和现代化，从而增强风险管理和客户体验。

可以看到，不同类型的数字金融公司具备不同的优势。例如，颠覆型数字金融公司多为初创企业，其规模通常较小，因此推广业务模式的主要瓶颈是获客成本。致力于数字化转型的传统金融机构面临的主要挑战可能是来自大科技公司在定价和利润率等方面的压力，大科技公司在发展中则可能面临更多关于反垄断和业务合规的监管压力等。本书将从不同业务模式的角度，介绍不同类型的数字金融企业的发展状况、面临的机遇和挑战等情况。

第二节　数字金融的发展历程

纵观金融的发展历史，可以看到技术在金融发展的过程中具有极为重要的作用。Arner 等人根据不同时期技术、应用和产业的发展将金融和技术之间的相互促进划分为三个主要阶段。其中，第一阶段为 1866—1967 年，金融发展的技术基础是电报、电话、广播等通信工具的使用以及跨洋电缆的成功铺设。这一时期，联系金融与技术的是模拟产业（analogue industry）。第二阶段是 1967—2008 年，以 1967 年世界第一台自动取款机（ATM）的出现为标志。在此后的 40 年中，金融业实现了从模拟产业向数字产业的转型。第三阶段是 2008 年至今，金融领域内的科技创新不再是持牌金融机构的专属，互联网创新企业开始向企业和消费者提供金融产品和服务。这开启了金融与科技发展的新时代，也就是数字金融时代。

一、模拟产业促进传统数字金融服务初步发展：1866—1967 年

在这个阶段，电报、铁路、运河和轮船支撑着跨境金融互联，促进了金融信息和交易支付在世界范围内的发展，同时，金融部门为开发这些技术提供了必要的资源。1920 年，J. M. 凯恩斯生动地描绘了这一时期金融与技术之间的紧密联系：“伦敦的居民可以一边喝着早茶，一边通过电话订购全球的各类商品，并理所当然地认为这些商品不久就会出现在家门口；同时，他可以以同样的方式，通过世界各地的自然资源和企业资源不断探索生财之道，而这一切甚至不费吹灰之力。”

金融全球化受到了第二次世界大战的影响，但这一阶段的研发也在加速。其中，通信和信息技术的革命推动了金融创新：密码破解工具得到国际商业机器公司（IBM）的商业化开发并被应用到早期计算机中；20 世纪 50 年代是美国信用卡时代，第一张塑料付款卡大莱卡（Diners Club）诞生于 1950 年，紧随其后的是美国银行和美国运通卡；1966 年，美国银行卡协会（现万事达公司）的成立进一步推动了消费革命，同年建成的全球电传网络为基础通信提供了进一步的保障。

二、传统数字金融服务进一步发展：1967—2008 年

1967 年，巴克莱银行部署了第一台自动柜员机（ATM），第一台便携式金融计算器也在得州仪器的研发生产下问世，金融发展迎来新阶段。1967—1987 年，金融服务与电子信息的结合催生了模拟产业向数字产业的转变。在支付领域，互联网计算机部门于 1968 年在英国成立，奠定了银行家自动清算服务（bankers automated clearing service，BACS）的基础；随着人们对跨境互联支付的需求不断提高，环球银行金融电信协会（Society for Worldwide Interbank Financial Telecommunications，SWIFT）在 1973 年正式成立。但是，1974 年赫施塔特银行的倒闭使人们意识到国际金融互联，特别是新支付系统技术背后潜在的风险，这场危机也促进了一系列关于支付系统开发和相关监管的国际法的产生。在证券领域，1971 年美国纳斯达克指数的建立、固定证券委员会的落幕，以及全国市场系统的发展，标志着从 17 世纪后期开始的证券实物交易逐渐向证券电子交易转变。至 1988 年，金融服务已经正式转变为数字产业。

1995 年，美国富国银行（Wells Fargo）开始使用万维网（WWW）提供在线服务，互联网的存在为下一阶段数字金融的发展打下基础。2001 年，拥有至少 100 万在线客户的美国银行数达到 8 家；2005 年，英国出现了第一家无实体分支机构的直营银行（如

ING Direct 和 HSBC Direct）；到 21 世纪初，银行的内部流程、外部交互以及越来越多样化的零售客户业务已经完全实现数字化。

从监管角度来看，尽管网银只是传统实体银行模式的数字化版本，但在其广泛应用后，仍有可能带来更多风险，如"虚拟银行挤兑"、信用风险以及金融稳定性风险。由此，监管机构逐渐意识到与时俱进的、IT 技术赋能的新型监管方式的必要性。为应对潜在的风险，世界各地的监管机构陆陆续续开始试验创新的监管方式。

三、数字金融服务趋向普及：2008 年至今

2008 年席卷全球的金融危机可被视为全球数字金融大规模发展的起点。金融危机导致金融监管压力增大，监管部门加强了对传统银行的限制；公众对传统银行体系的不信任度提高；许多金融行业的专业人士都面临着失业或是薪资大幅下降等情况。金融服务行业在监管部门、金融机构和民众这三股合力的影响下得到重塑，逐渐引起了新一代的市场参与者的关注，并建立起"数字金融新范式"。

从监管角度来看，《多德-弗兰克法案》(Dodd-Frank Act)、《巴塞尔协议 III》(Basel III) 等法案和协议，标志着监管部门要通过新的举措来避免金融危机。例如，《巴塞尔协议 III》为了增强市场稳定性、提高金融机构的风险吸收能力而提高了资本门槛。值得注意的是，一方面，这些新的规制导致银行合规任务更重，打击了现有银行的竞争能力，也抬高了中小微企业和个人的融资成本；另一方面，银行发放低息贷款的意愿和能力受到挑战，一些企业和个人可能不得不求助于网络借贷或其他平台来满足信贷需求，金融服务商业模式和业务结构也随之变化。

另外，金融危机也导致大量高素质的金融人才及接受过高等教育的应届毕业生处在恶劣的就业环境之中。从社会治理的角度来看，激增的失业人口和无法被满足的信贷需求等挑战催生了一些新的法案，用以解决失业和信贷需求等问题。2012 年美国通过《创业企业融资法案》(Jumpstart Our Business StartupsAct，JOBS)，提出要"通过增加新兴成长型公司进入公共资本市场的机会，来增加就业机会、促进经济增长"，在融资方面允许初创企业通过点对点借贷（P2P）平台而非股权融资来筹集资金，使得创业公司有望解决因银行风控成本增加和放贷能力有限而导致的信贷紧缩的问题。

进入这一时期后，金融服务与科技应用的结合愈发紧密，数字金融不再是传统金融机构的专利，从事数字金融的机构也不再依据传统银行和科技公司来划分，而更多是从业务类型的视角归类，包括支付与基础设施、信贷与投资、运营与风控、数据安全与隐私保护等。与此同时，数字金融也为监管所用，产生了监管科技（regulatory technology，RegTech）的新领域。

数字金融不仅在西方发展，在亚洲和非洲也出现了从萌发到壮大的快速演进，并形成了自身特有的发展路径。一定程度上，数字金融在这些地区弥补了传统金融机构覆盖严重不足的问题，并逐渐成为经济发展的动力之一。数字金融在亚太地区的扩张速度尤

为惊人，中国、新加坡和韩国等国家都见证了数字金融的蓬勃发展。在较为宽松的监管政策环境下，大量资本的投入与积累已久的金融服务缺口形成合力，数字金融产业迅速壮大。随着金融服务的不断细分、技术（特别是人工智能）的发展、数据的积累和利用，以及大众对数字金融服务由陌生、担忧到熟悉、信任甚至依赖的变化，数字金融正在迈向以数据为核心、金融业务场景化的新时代。

第三节　中国的数字金融发展

中国数字金融的发展可以回溯到 1978 年年底我国开始推进经济改革之际。那时只有一家金融机构，即一身多任的中国人民银行。1984 年年初，中国人民银行一分为二，商业运营部分被纳入了新成立的中国工商银行，政策工作部分则被留下作为新的中央银行的工作内容，由此正式推动了金融改革。40 多年以来，我国已经建立起了非常完整的金融体系，商业银行、保险公司、资产管理公司、证券公司等应有尽有。但是，与其他的一些市场经济国家相比，我国的金融体系具有几个非常突出的特征，即规模大、管制多、监管弱、银行主导。

在开始的 30 年，这套看起来尚不十分完善的金融体系有效地支持了我国的经济增长，保证了金融稳定。不过在最近 10 年，矛盾愈加突出，主要体现在两个方面：一是金融支持实体经济的力度不断减弱，具体反映在边际资本产出率翻了一番，即金融效率下降了一半；二是系统性金融风险有所上升，从股市到汇市，从影子银行到地方融资平台，从互联网金融到中小银行，在多个领域出现了风险事件。传统金融支持转型中的实体经济有两个明显的短板，即支持经济创新的能力不足和服务普惠客户的能力不足，弥补这两个短板对于我国经济形成"双循环"并实现高质量发展至关重要。

数字金融是现代金融体系的重要组成部分，对于支持我国经济的高质量发展具有重要意义。我国数字金融发展的起点是 2004 年支付宝账户体系上线，但业界通常将 2013 年余额宝上线视为我国数字金融发展的元年。从 2013 年起，基于金融科技的各类新金融业态进入加速发展期，数字支付、数字信贷（含网络借贷、大科技信贷和银行基于数字技术的信贷）、数字保险、数字化财富管理以及央行数字货币等都获得了长足发展。根据 WIND 数据，2013—2016 年互联网基金交易规模由 2.2 万亿元增长到 13.3 万亿元。而 2013—2017 年，数字支付市场规模由 16.9 万亿元增长到 154.9 万亿元，互联网消费金融规模由 60 亿元激增至 4.4 万亿元，网络借贷规模则从 975 亿元增长至 2.3 万亿元。就市场份额而言，2017 年年底，互联网基金占比接近 70%、网络借贷约占 10%、互联网消费金融约占 20%、互联网保险约占 2%。基于金融科技的互联网金融业态快速发展，其规模也不断扩大：截至 2017 年年底，互联网货币基金的规模约为 M2 的 8.6%；网络借贷规模约为短期个人贷款的 6.9%；互联网保险的规模约为传统保险部门的 8.7%。根据 IMF 的报告，中国金融科技公司估值已经超过全球总估值的 70%，其中 2016 年中国个人移动支付总额达 7 900 亿美元，是美国的 11 倍。新冠疫情后，数字金融发展增速有所放缓，但它仍然是重要的金融现象。例如，2022 年互联网保险原保费收入占国内保险行业原保费收入的 10.2%。[①] 可以说，短短十几年过去，中国数字金融已经成为引领全球的一面旗帜，不仅有金融科技公司居于国际前列，第三方支付、网络贷款、数字保险以及数字货币等业务的规模在国际上也遥遥领先。

目前，我国数字金融所展示的最大的优势是支持普惠金融的发展。我国政府自 2006 年起大力推动普惠金融的发展，采取了诸如成立小额信贷公司、在金融机构成立"普惠金融业务部"以及在农村进行"两权"抵押试点等措施，但往往事倍功半，缺乏商业可持续性。北京大学数字金融研究中心课题组的研究显示，在中国，普惠金融业务难做，主要是因为其客户群体特别是其中的小微企业和低收入人群往往存在分布散、规模小、硬信息少、抵押资产缺乏等问题，服务这些群体的最大障碍是获客成本高、风险控制难。

数字技术为克服普惠金融业务的天然困难提供了一种可能的解决方案：一方面，互联网平台通过建立淘宝或者微信等"场景"紧紧地黏住数千万甚至上亿的移动终端；另一方面，数字技术可以通过对来自社交媒体和网购平台等的大数据进行分析，从而做信用评估。简而言之，数字金融可以通过场景、数据，并结合金融创新产品来弥补传统金融服务的短板，充分发挥"成本低、速度快、覆盖广"的优势，从而降低金融服务门槛和服务成本，改善中小微企业的融资环境，进而更有效地服务普惠金融主体。

北京大学数字金融研究中心课题组与蚂蚁金服进行合作，编制了"北京大学数字普惠金融指数"，数据涵盖中国 31 个省、337 个城市与 1 754 个县三个层级[②]。在总指数的基础上，还编制了数字普惠金融的覆盖广度指数、使用深度指数和数字支持程度指数，以及支付、保险、货币基金、征信、投资、信贷等业务指数，对中国数字普惠金融的不同维度进行了全面清晰的总结。报告显示，中国的数字普惠金融业务自 2011 年起发展迅速。2011 年，各省数字普惠金融指数的中位值为 33.6，2015 年该指数增长到 214.6，到 2020 年则进一步增长到 334.8。同时，中国的数字普惠金融发展程度也存在地区差异，但是这种地区差异性在快速缩小，这说明中国数字普惠金融的区域不平衡问题得到改善，落后省份的数字普惠金融的发展更为迅猛。

除了技术优势，中国数字金融的快速发展还得益于另外两个优势，即正规金融部门供给不足和相对宽松的监管政策。这可能是中国的数字金融能够暂时领先其他国家的重要原因，但这也造成了一些问题。个体网络借贷平台就是一个重要的反面例子。从 2007 年起，第一家个体网络借贷平台上线，到总平台数一度达到 6 000 多家，再到 2020 年整个行业被清零，个体网络借贷领域依然存在许多尚未解决的问题。其他数字金融业务领域也存在着许多不规范甚至不合法的现象，值得总结经验教训。

---

① 资料来源：智研咨询《2023—2029 年中国互联网保险行业市场全景评估及投资前景规划报告》。
② 该指数于 2016 年首次发布 2011—2015 年数据，之后不断更新。

第四节　教 材 特 色

本教材的一个重要特色是基于当前数字金融创新特别是中国数字金融创新的实践，并最终将其升华为一般性的理论总结与概述。如果仅仅是对中国实践的梳理，并不能真正形成一本教材。但是，如果没有实践证据的支撑，单纯地在理论层面讨论数字金融问题，意义并不大。本教材主要是根据数字金融业务类别以及重要内容组织的，所涵盖的内容非常广泛，但各章节的基本内容保持了较高程度的一致性：

（1）阐述创新业务与专业内容；

（2）介绍国际经验与中国实践；

（3）综述学术文献的主要发现；

（4）对创新与成果展开深入的分析；

（5）总结。

设定这个结构是为了保证本教材既反映最新的数字金融创新实践，又包含最新、最前沿的学术研究成果，教材中的分析部分大多是基于每位作者多年的研究成果编写的，因而具有很强的分析性。

本教材提出了四大类问题，每一个章节都试图为这四类问题或者其中的几个问题提供答案。

第一，当前国内外的数字金融发展处在什么水平？当今世界数字金融发展的一个重要特点是不平衡。世界各国之间的发展水平差距很大，中国各地区之间的差别也不小，各数字金融业务的发展水平也参差不齐。中国的数据所揭示的基本事实是，数字金融最发达的地区基本上都在东南沿海，但中西部地区正在快速地赶上来，这反映了这种金融创新活动具有十分明显的普惠性。同时，迄今为止，移动支付和大科技信贷做得比较成功，智能投顾、线上保险还有很大的提升空间。本教材首先利用世界银行编制的各国指数和本教材作者团队编制的中国指数，为数字金融发展水平与差异提供量化的证据，然后进一步分析造成这种差异的因素，包括金融发展水平、金融监管能力、金融基础设施状况、市场竞争程度等。对这些因素的分析，不仅有助于对数字金融发展现状的理解，也能为促进数字金融发展提供一些政策与业务思路。

第二，数字金融创新如何改变金融业务的运营机制？数字技术改变微观层面的商业模式、流程以及产品的运营机制，应用在不同业务领域后产生的效果差别很大。在十分成功的移动支付领域，一个最大的改变就是支付平台的长尾效应，这样就可以触达海量的用户。目前国内两家头部支付平台的活跃用户都突破 10 亿，这在传统支付机构时期是很难想象的，即便可以做到，成本也会非常高。当然，触达只是一个方面，同样重要的是用户体验，数亿用户同时使用支付工具却没有频繁发生事故，背后是大数据、云计算、人工智能等数字技术发挥的巨大作用。同样，做得比较成功的大科技信贷也是在利用大科技平台获客的同时，利用大数据支持信用风险评估，这样就可以为很多从来没有获得过银行贷款的客户提供信贷服务，同时还能将风险控制在较低的水平。大数据信用风险评估模型的优势既体现在庞大的非传统数据上，也体现在机器学习方法上。从风控的角度来看，这些改变是具有革命性意义的，即过去没法做或者很难做的事情，现在都将成为可能。

第三，数字金融创新产生了什么样的经济与金融影响？新的金融业态会给经济环境带来重要的改变。已有研究表明，使用移动支付工具可以增加居住在偏远乡村的农民就业与收入的机会，而大科技信贷则可以更好地支持小微企业与个体户的创业与发展。数字金融的发展可以帮助克服地区经济之间因物理与政策因素而产生的分隔，从而促进地区市场的融合，增强价格的稳定性，进而促进全国统一大市场的形成。另外，以数据替代抵押的信贷决策机制，削弱甚至消除了"金融加速器"机制的抵押品渠道，从而增强了金融的稳定性。这些表明，数字金融创新不仅能在微观层面帮助企业与个人提高效率、提供机会，也能在宏观层面提高市场的融合度，增强经济与金融的稳定性。当然，数字金融创新也一定会带来新的问题、新的风险，这些同样值得高度关注。

第四，如何监管数字金融业务？在数字金融的发展初期，曾经流传一种观点，即要对数字金融创新进行"适度监管"，因为许多创新活动带来了实实在在的好处，而过度严厉的监管很可能扼杀这类创新活动。然而，针对同样的金融交易实行不同的监管政策，会在实践中造成很多问题。虽然现在的共识是金融监管全覆盖、统一标准，且全部纳入金融监管框架，从而避免产生监管套利的问题，但仍存在很多其他问题。这些问题在国内外都没有现成的答案，因此监管实践仍需一边摸索，一边完善。

本章小结 本章旨在对全书进行简要导览。对于"数字金融"这个概念本身，主要介绍比较它和互联网金融、金融科技的异同，并回顾数字金融的发展历程、概述相关技术和应用。由于中国的数字金融在过去十几年中实现了快速发展，本教材密切结合中国的发展经验，着重介绍了中国数字金融的发展特征。最后，介绍了本教材的特色。

即测即评

复习思考题 1. 数字金融是如何对金融服务的提供方式产生重大影响的？

2. 中国数字金融的快速发展得益于什么优势？

3. 为什么说中国的数字金融发展在全球范围具有引领性？有哪些重要因素支持这一观点？

4. 在服务普惠客户方面，数字金融相较于传统金融有什么独特优势？

第二章

数字金融的国际发展状况

随着新兴前沿技术的飞速发展，数字金融正成为推动全球金融转型升级的新引擎，也是促进经济增长的重要创新驱动力。全面了解当前数字金融的国际发展现状是进行数字金融研究的基础，也是应对数字金融带来的机遇和挑战的重要前提。

当前，全球数字金融的总体发展规模以及增长情况如何？数字金融在不同维度业态的发展情况如何？全球各地区的数字金融发展现状如何？影响数字金融发展的关键因素有哪些？探究这些问题，对充分理解数字金融，抓住金融科技对社会发展、经济增长的机遇，应对数字金融发展带来的挑战，具有重要意义。

第一节 数字金融发展总体状况

一、总体规模及增长

随着大数据、区块链、云计算、人工智能等新兴前沿技术不断发展，数字平台的使用率显著提高，数字金融发展迅速，并对金融市场以及金融服务业在新兴业务模式、新技术应用、新产品服务等方面产生了重大影响。据麦肯锡咨询公司（McKinsey & Company）估算，数字金融有潜力为全球新兴经济体中超过 16 亿的人提供金融服务，能够创造超过 9 500 万份新的工作机会，使个人和企业获得超过 2.1 万亿美元的贷款，并通过减少非必需的财政支出帮助政府每年节省约 1 100 亿美元。数字金融服务的提供商也将从中受益，每年可节省约 4 000 亿美元的直接成本，同时可增加约 4.2 万亿美元的收入。预计到 2025 年，数字金融的广泛使用将使全球所有新兴经济体的年 GDP 获得约 3.7 万亿美元的增长，约占此前各国 GDP 的 6%。

数字金融的总体规模日益扩大，成为牵动全球经济和金融格局的一股重要力量。从发展规模来看，全球数字金融市场持续扩大。2019 年以来，全球金融市场的总规模的复合年增长率达到 27.6%。截至 2023 年，全球数字金融市场的价值已超过 2 947 亿美元，这一市场预计将在 2032 年达到 11 520 亿美元。另有机构估测，全球数字金融市场 2021—2026 年将以 23.41% 的复合增速扩大，在 2026 年达到 3 240 亿美元的规模。数字金融在营收与投资方面也不断攀升，2023 年相关营收约为 2 450 亿美元，预计将以 25.4% 的复合年增长率在 2030 年达到 15 000 亿美元以上。近 5 年内，全球数字金融投资额也逐年增加，从 2017 年的 602 亿美元跃升至 2018 年的 1 479 亿美元和 2019 年的 2 154 亿美元，此后在 2020 年有所回落，但在 2021 年已出现强势反弹，全球数字金融投资交易再创新高，总交易数量达到 8 140 宗，投资总额也达到 3 080 亿美元。

然而，一方面，尽管现存大量有关数字金融市场规模的估测，但相关数据的内部差异极大。例如，不同机构对 2018 年全球数字金融市场总规模的估计甚至相差近 20 倍，如从 55.3 亿美元至 1 118 亿美元。由此可见，现有对数字金融市场规模的估测似乎并未达成共识。大量让人莫衷一是的数字，很大程度上反映了对数字金融的定义、市场规模口径的选择以及数据获取的来源等多种因素造成的巨大差异。例如，在有关数字金融的定义与内涵方面，是否包括传统金融机构通过数字化转型所提供的金融服务，必然对统计结果产生巨大影响。比如，剑桥大学与世界银行及世界经济论坛对金融科技市场的评估使用较为严格的口径，专注于技术进步和商业模式的变化，强调通过创新发展改变所提供的金融服务，因此仅包括符合这一特征的、传统金融之外的实体所提供的金融服务。另一方面，在金融和科技紧密结合且快速迭代的今天，两者的交织和共同发展使得金融与科技之间的边界逐渐模糊。这给有关数字金融市场规模的讨论带来了巨大的挑战。因此，由于数字金融产品的性质不同，关键绩效指标也存在巨大差异，如智能投顾所管理的资产并不能简单地叠加线上平台贷款的发放量，难以计算各个细分业务市场的总交易价值。

二、分维度的规模及增长

除了对数字金融总体发展规模的概括性估计，一些机构从业务内容、服务供给商、技术种类三个维度对数字金融业态进行区分并估算其市场规模。以服务内容为基础，目前全球数字金融市场可分为支付（含结算和转账等）、借贷（含个人及企业信贷、众筹、消费金融和供应链金融等）、财富管理（含理财产品交易、投资咨询、基金转换、信息传递和数据分析等）、保险（含咨询、信息传递、方案设计、投保、缴费、理赔、给付等）等主要业务类型。

其中，最为突出的业务类型是数字支付。作为数字金融市场上最为普及的一种金融服务类型，数字支付在一些地区已经扮演着金融基础设施的角色。在高收入经济体中，数字支付的使用已经基本实现全覆盖。在发展中经济体中，近年来成年人进行或接受数字支付的比例迅速增长，2014 年为 35%，2017—2021 年上升了 13 个百分点，从 44% 上升到了 57%。收付款使用数字支付方式的比例从 2014 年的 63%、2017 年的 69% 上升到 2021 年的 80%。此外，新冠疫情进一步加速了支付行为的转变，在全球范围内有 1/3 的用户从 2020 年开始使用数字支付方式，超过一半（52%）的消费者将其全部或大部分店内消费转移到了网上，59% 的消费者至少使用过一种数字支付服务。

　　受新冠疫情影响，传统金融行业经营表现欠佳，而数字金融的诸多细分服务领域的交易份额均有显著增长：数字资产交易、移动支付和财富管理等领域的公司报告的成交量和交易量分别增长了13%和11%。保险业也是数字金融的重要组成部分，2023年以312.92亿美元的规模占市场份额的13.8%；基金转换（fund transfer）预计将成为增长最快的细分市场，预计将实现的复合年增长率为23.9%。

　　如果根据数字金融服务供给商的性质进行分类，全球数字金融市场目前包括支付服务商、投资银行、商业银行以及非银行投资公司等主要的细分服务领域。在所有类型的服务提供商之中，支付服务商是数字金融市场中的主力军，2022年以1 302亿美元的规模占总市场的41.6%。

　　按照技术种类进行划分，全球数字金融市场包括移动支付、机器人流程自动化（RPA）以及大数据分析等业务类型。在诸多技术类型之中，移动支付是数字金融市场的第二大细分市场，2022年以522.1亿美元的规模占总市场的32.5%；机器人流程自动化市场预计将以15.8%的复合年增长率成为未来扩张最快的细分市场。

三、发展不均衡

　　尽管全球数字金融发展迅速，但正如世界银行在2022年有关数字金融发展全貌的讨论中所述，由于信息和通信技术发展水平、金融基础设施开放程度、资本市场的发展等方面的影响，不同地区的数字金融发展存在明显差异。例如，墨西哥中央银行允许非银行机构访问支付基础设施，中国人民银行也允许非银行信贷提供商访问其信用登记处。此外，在政策监管方面，监管当局营造了支持和宽松的环境，与其防范和谨慎的态度并存。一些国家的监管机构正在尝试调整监管框架，从而为大型科技公司创造提供金融服务的空间。例如，在撒哈拉以南的非洲，电信运营商已经利用电子货币牌照大力发展数字支付业务；谷歌、脸书、支付宝、腾讯、Grab和Gojek等其他大型科技公司也已经在不同的司法管辖区获得了电子货币许可证。中国、韩国和新加坡等国家也允许大型科技公司成为数字银行的股东。另外，金融科技给消费者带来各种风险的可能性增加，导致人们对数字金融行业的整体不信任。例如，中国P2P市场迅速扩张后，出现了重大的平台崩溃、欺诈事件和平台运营商的不当行为等问题，给消费者造成了重大损失。对此，中国监管当局进行了严格的限制，2019年全球数字金融信贷受此影响下降至1 670亿美元。2018—2019年，数字金融在中国以外的地区的贷款继续增长，但由于中国市场的贷款下降，整体成交量有所下降。在新冠疫情期间，英国、荷兰、韩国和印度等其他一些国家的数字金融信贷量也有所下降，但与此同时，大型科技公司提供的信贷在2020年达到了7 000亿美元，在亚洲、非洲和拉丁美洲的一些监管相对宽松的国家增长迅速。

　　在地区层面，北美地区仍稳居首位，数字金融市场规模占全球的近30%；欧洲金融科技市场发展迅速，但分布不均衡；亚洲几乎在数字金融的各个方面都取得了进展，东南亚是全球发展速度最快的地区之一；非洲在移动支付方面发展快速；拉丁美洲和加勒比地区的数字金融发展也在迅速起飞；中东、北非、阿富汗和巴基斯坦（MENAP）以及高加索和中亚（CCA）地区的数字金融活动发生频率正在逐渐回升，部分国家的数字金融表现尤其突出。以下分别对各区域的发展状况进行概括性讨论。

第二节　数字金融分区域发展状况

一、美国

得益于数字基础设施、创新实力、金融体系发展和监管及公众态度等方面的优势，美国金融科技行业持续蓬勃发展。大量资金涌入初创企业，更多成熟的数字金融公司也不断成长并加快技术研发的进程。随着金融与科技的深度融合成为发展的主导方向，颠覆金融行业的理念已经让位于数字金融公司与它们曾经试图取代的金融机构之间的合作与混合。数字金融公司不断拓宽其金融服务的业务领域，从支付服务扩展到数字贷款服务，而金融机构着力于增强其技术能力，通过其数字渠道提供更多服务。根据标普全球市场情报公司（S&P Global Market Intelligence）的调查，在包括贷款、投资管理等领域中都有大量公司直接进入合作模式，不少数字金融初创企业将其创新技术授权给实力雄厚的金融机构，或更多地通过软件即服务（software as a service，SaaS）的商业模式运作。以下将对美国数字金融的主要细分市场做简要的梳理和总结。

（一）支付

占据美国数字金融市场最大的业务板块是数字支付，2022 年的总交易额达到约 18.01 亿美元，而使用数字支付的用户到 2026 年预计将超过 3 亿人。移动支付供应商通过存储和传输支付信息的方式使用户可以从商家购买商品和服务（在商店或线上），或直接将钱转到其他账户上。随着移动支付的广泛普及，移动支付供应商在支付过程中不断引入各类创新手段，促使其服务范围不断扩大，其应用也延伸到了新的场景中。伴随而来的是支付应用程序之间代码的互操作性（interoperability of code）呈不断增长的趋势。利用支付数据的可移植性，数字钱包应用程序能够让用户的支付信息在不同的环境中可用。比如，PayPal 就将其移动钱包整合到谷歌支付、三星支付和 Facebook Messenger 中。包括 PayPal、Venmo 和 Square 的现金应用程序在内的一些移动支付服务商，已经开始发行与应用内账户挂钩的实体支付卡。这些实体支付卡可以与某些其他支付应用关联起来使用，一方面为用户提供了激励机制，另一方面达到了保有应用内账户资金的目的。

（二）数字借贷

世界各地的信贷市场在过去十年中都经历了深刻的变革，特别是以 P2P 为代表的数字借贷模式迅猛增长，而提供此类信贷的机构多为在线平台而非传统银行或贷款公司，被称为"基于债务的替代金融"或"金融科技信贷"。近年来，许多以技术为主要业务的所谓大科技公司（Big Techs）进入信贷市场，直接或与金融机构合作提供贷款。在美国，一方面，Square 和 PayPal 等机构从相邻的金融技术领域进入数字贷款领域，另一方面，已有数字贷款机构利用资金和产品等多方面的机会，不断拓展业务范围。例如，专注于个人贷款的 Lending Club 也提供商业贷款产品；SoFi 从最初的一家学生贷款再融资公司扩展到提供个人贷款和抵押贷款，并将业务延伸到财富管理服务，还开发了高收益存款账户产品 SoFi Money。

P2P 应用程序的普及也引起了银行机构的关注。比如，2017 年正式推出的以银行为主导的 P2P 服务平台 Zelle，通过一个电话号码或一封电子邮件，就允许成员银行直接从其移动银行应用程序或独立的应用程序向消费者提供几乎实时的 P2P 服务。Zelle 在便捷性和速度方面与第三方支付应用很相似并得到用户的青睐，其应用场景也超出了 P2P 转账的范畴，可作为工资支付的直接存款，或为服务企业提供接受付款的正式渠道，如保险公司可使用 Zelle 支付赔偿款项。

（三）数字银行

包括摩根大通、Citizens 金融集团和 PNC 金融服务集团在内的大多数美国大型银行，不仅拥有功能丰富的移动应用程序，而且正在利用数字平台吸引更多客户。尽管一系列的数字化举措未必与银行的主要移动渠道直接关联，但是很明显可以看出，大型全国和地区银行都在旗帜鲜明地争夺核心存款资金和客户钱包的份额。不少银行意在其移动渠道中建立一套完整的自助服务功能，特别是通过自动化和人工智能技术不断改进和增强数字银行渠道中已有的交易功能。从需求的角度出发，客户越来越要求银行向其他行业中的技术领先者（如亚马逊、谷歌等科技巨头）看齐。

（四）数字化投资管理

投资和资本市场科技领域是创业公司融资的沃土。相比其他包括支付、银行科技、保险科技等金融科技子行业，投资和资本市场科技企业在 2018 年获得了最高笔数的融资交易，其平均回合数最低，而且获得融资的投资和资本市场科技初创公司多数比其他数字金融领域获得融资的公司更年轻。整体来看，资金正在注入投资和资本市场科技领域。据估计，以零售为导向的数字财富经理所管理的资产总额在 2019 年超过了 3 000 亿美元，在 2022 年超过了 6 000 亿美元，预计 2025 年之后将超过万亿美元规模。

（五）保险科技

从融资总量来看，保险科技是投资者资金流向的主要目的地之一。2022—2023 年，保险科技领域继续吸引大量投资，保险科技投资从 59 亿美元上升至 81 亿美元。鉴于一些希望完全颠覆现有保险业的保险科技公司在建立品牌和提高市场份额方面遇到的挑战，保险科技公司的关注点已明显转向解决保险价值链中的特定痛点（如索赔管理、租赁市场解决方案、经纪人支持等），以此构建部分 B2B 产品，而非试图与现有保险公司直接竞争。保险科技企业也越发专注于为中小企业市场提供解决方案。许多投资者认为，中小企业是一个被相对忽视的市场，而目前机会已经成熟。

（六）区块链

随着区块链从概念到实践的快速演进，人们对区块链技术的预期也不断提高，同时对其去中心化系统的优缺点也更为了解。从用户的角度理解该项技术并不多么困难，而对技术开发人员来说，将区块链整合到企业的既定工作流程中却是不容小觑的挑战。此外，区块链的互操作性不足使区块链技术得到发展和应用的同时也制造了信息孤岛。此外，速度、扩展和安全等问题仍然是不小的挑战。目前已有大量企业投入解决这些问题的努力之中。比如，交易所运营商纳斯达克（Nasdaq）即区块链的一个狂热支持者，它创建了一个区块链即服务（blockchain as a service，BaaS）产品，向清算所和证券存管机构等市场结构参与者提供技术架构，并将其称之为纳斯达克金融框架（Nasdaq financial framework）。

专栏 2-1　Circle 和 Ripple 公司

作为在支付领域领先的独角兽公司之一，Circle 成立于 2013 年，总部位于美国，在全球多个国家设有办事处。Circle 通过基于区块链的平台，由开放的加密技术驱动，为个人、企业家和机构提供一系列金融产品，尤其是利用稳定币和公共区块链为大中小企业提供全球范围内的支付服务，主要包括：交易所平台 Poloniex，支持 60 余种加密货币在此交易；众筹平台 SeedInvest，客户可以以最低 500 美元的投资额度投资数字金融初创企业；加密货币投资平台 Circle Invest，客户可以通过购买加密货币或按设定的时间表进行投资；移动支付应用程序 Circle Pay，允许客户以任何货币向他人付款；企业账户 Circle business account，允许企业将其传统银行业务基础设施与 Circle 的平台服务和 API 相连，将资金转换为加密货币 USDG；由 Circle 支持下的银行向其企业客户提供基于 USDG 的高收益储蓄账户。

与 Circle 类似，Ripple 也是一家在支付领域领先的独角兽公司，成立于 2012 年，总部位于美国。截至 2023 年 9 月，Ripple 已获得数十亿美元融资，当前估值约 150 亿美元。其业务主要针对金融服务供应商，通过基于开放、中立的跨账本协议（interledger protocol），支持跨账本、跨网络支付，为全球财务结算提供解决方案。相比其他该领域的支付解决方案，Ripple 的独特之处在于其快速、安全、便捷的支付系统。应用去中心化的 Ripple 网络中的基础货币 XRP（瑞波币），可以显著提高交易速度，交易确认仅需 4 秒，相比需要 10 分钟的比特币交易极大提高了交易效率。Ripple 还可以与银行现有基础设施和标准集成，符合风险、隐私等相关标准。就降低金融机构面临的各项结算风险而言，Ripple 可以最大限度地减少结算延迟。银行借助 Ripple 提供的双向通信服务，可在资金转移前验证交易并确认资金是否已经交付，从而保证处理的成功率。此外，Ripple 还使位于不同网络的银行可以直接进行交易，及时有效地通过外汇市场来保证资产流动性，而且无须再为进入国外市场而开设多个账户。

二、欧洲

欧洲经济在经过 2008 年国际金融危机的严重冲击和随后长时间的恢复期之后，正逐渐呈现复苏的态势。然而，与北美和亚洲地区相比，金融科技在欧洲的发展步伐稍显滞后。2012 年起，虽然欧洲的金融科技领域在投融资金额和投资活动数量上均有所增长，金融科技行业的集中度也在逐渐增强，但整个金融科技融资市场仍处在相对初级的阶段，金融科技企业同样处于发展的早期。2017—2022 年，很大程度上得益于欧洲在互联网高度普及和创新能力突出方面的优势，欧洲的金融科技呈现出加速发展的态势。网络借贷、网络支付等新金融业态的出现改变了欧洲的金融生态，资本市场的资金也大量涌入金融科技行业，催生了一系列拥有新模式、新业务的金融科技独角兽公司，对传统的商业格局产生了冲击。

欧洲地区金融科技的发展已形成了一系列金融科技中心，各中心都具有金融环境良好、人才储备丰富和政府政策支持等特点，但在历史、文化、环境等方面各有差异。作为欧洲金融科技最发达的两个国家，英国和德国具有得天独厚的发展金融科技的环境优势。金融科技作为科技和金融融合而形成的一种新产业，对经济和金融产生的影响是颠覆性的。英国政府借此次颠覆性的浪潮，对金融科技产业进行大力扶持，首创了金融科技"监管沙盒模式"，为金融科技的发展提供了良好的监管环境。除了政府的大力支持，英国庞大的金融服务业规模和丰富的人才储备也为其金融科技的发展提供了良好的生态。德国是欧洲第二大金融科技中心，发达的科学技术是德国发展金融科技最大的优势。除此之外，稳健的金融政策和市场也使德国成为金融科技企业青睐的对象。此外，法国、比利时、荷兰、卢森堡、瑞士等欧洲国家也基于本国的发达经济和人才储备，成为欧洲金融科技发展的热点。

就金融科技的发展而言，欧洲具有一系列特点。首先，欧洲的传统工业技术优势为金融科技的发展提供了良好的技术创新环境，企业的创新探索精神也有益于欧洲金融科技的发展。欧洲金融科技发展的关键问题，在于如何把工业技术优势融入大数据、区块链和人工智能技术的发展当中；转变传统思维惯性，扩展数字化经济发展的空间，确保金融科技稳步迅速发展。其次，欧洲大部分国家都具备良好的教育资源，而大量优秀的金融和技术人才是金融科技市场的主要参与者和创业主力军。然而，对传统金融的偏好等文化因素，在一定程度上可能阻碍金融从传统银行融资向新式多选择筹资机制的转变。最后，欧盟的存在增加了欧洲金融科技发展的复杂性。欧盟内部货币的统一为金融科技尤其是第三方移动支付的发展提供了便捷的货币结算条件，欧盟统一的市场和内部各种生产要素的自由流通也为金融科技企业提供了更加广阔的市场发展空间和更加广泛的数据来源。但是，欧盟内部经济发展的不平衡性和政策法规的不一致性加剧了金融科技监管的难度。

从金融科技发展对欧洲整体金融生态带来的影响来看，在大数据、云计算、区块链和人工智能的驱动下，金融在借贷、保险、理财、支付等领域各自衍生出新的业态形式，如 P2P 网络借贷、保险科技、智能投顾、移动支付等。其中，P2P 网络借贷和网络支付是欧洲目前着力发展的金融科技领域。

网络借贷的主要形式包括 P2P 网络借贷、网络小额借贷、众筹等。2008 年国际金融危机使欧洲经济陷入低迷，商业银行等传统金融机构因不愿承担借贷风险而收紧信贷。在资金需求得不到满足的情况下，大量市场主体只能另辟蹊径以满足融资需求，这给欧洲网络借贷市场的发展提供了有利时机，促使更多的企业和个人了解并逐步接受这种新型的借贷方式。

作为欧洲金融科技发展最为迅速的一环，网络借贷给欧洲经济发展带来了深刻的影响。英国是欧洲网络借贷行业发展的第一大国。此外，德国、法国、荷兰、瑞典、爱沙尼亚等国家的 P2P 网络借贷市场也在稳步增长。P2P 网络借贷市场的增长培养了一批新型的网络借贷公司，如英国的 Zopa、法国的 Younited Credit、德国的 Auxmoney 以及拉脱维亚的 TWINO 和 Mintos 等。由于欧洲市场一体化程度高，国家之间经济限制较少，借款人和投资者的跨国可操作性强，领土面积不再成为网贷行业发展的限制因素，这使得较小国家的在线借贷金融市场迅速崛起。随着获客、放贷等经验不断增长，中小国家不断突破地域限制，同时依托欧盟优势，发展符合自身实际情况的网络借贷业务。爱沙尼亚、拉脱维亚和立陶宛网贷行业的兴起深刻影响了欧洲大陆的网贷行业格局。

在监管方面，英国的 P2P 网络借贷市场发展相对完善，国家征信体系相对成熟，大部分的借贷平台已被纳入英国征信体系。英国还发展了行业自律组织 P2P 金融协会（P2PFA），基于贷款投向的不同将网络借贷分为个人贷款和商业贷款两类，并提供关于行业自律准则、成员单位的业务发展数据等详细信息。

除了网络借贷，网络支付也是欧洲金融科技着力发展的一个领域。欧洲有 20 个国家统一使用欧元进行结算。随着金融科技的发展，以数字化、网络化、移动化为代表的网络支付形式逐步出现，给欧洲的支付结算行业带来了新的变化。网络支付中的第三方支付，尤其是第三方移动支付，正在逐步向传统支付领域"渗透"，其自身的支付体系也在逐渐构建中。不过，这一创新性的支付形式超出了原有支付法令的管辖范围。为了适应数字网络时代的发展、推进欧洲数字化的进程、规范网络支付、保护消费者的支付安全，欧盟颁布了支付服务修订法案第二版（Payment Service Directive 2, PSD2）[①]。一方面，该法案鼓励用户使用第三方服务商提供的支付产品去管理个人或企业的财务状况，欧洲各大银行将被强制要求对第三方支付服务商开放用户账户信息权限，以及提供全部必要的 API 接口权限。另一方面，为了加强对网络支付和第三方支付的监管、保护消费者线上消费的合法权益，PSD2 禁止商家将付款成本转嫁给消费者，如付款手续费、转账手续费等。此外，PSD2 还要求欧洲各大银行及支付公司强制实行线上付款认证。这些条款对电子支付交易的发起、处理和消费者金融数据的保护等相关要求更为严格，有利于在增加支付行业的竞争及创新的同时，改善对消费者的保护。PSD2 让银行向金融科技公司开放它们的系统，允许金融科技公司成为银行和客户的中介，有利于增加支付行业的竞争，包括欧盟内外的银行和非银行机构的竞争，推动支付形式变革，迎接金融数字化转型，推动金融服务业的创新步伐，同时也对现有支付体系和整体金融体系形成了冲击。

专栏 2-2　　荷兰支付独角兽公司 Adyen

　　Adyen 于 2006 年成立于荷兰阿姆斯特丹，从最初只是帮助社交类的网站（如 Facebook 等）实现用户的付费到为商家提供在线服务，其通过在线支付平台连接世界各地的支付方式，包括信用卡、借记卡、银行转账等。此外，随着客户和支付版图不断扩大，Adyen 还积极布局移动支付市场，如通过 Uber、Airbnb 等移动 App 实现手机支付功能。与其他传统支付公司相比，Adyen 是新式支付公司的代表，它创立的简单高效的支付平台支持 250 多种支付工具，包括 Apple Pay、支付宝等，可以为全球范围内的商家提供在线支付、移动支付和销售点支付等多形式的支付，帮助商家在几乎全球任何一个国家和地区接受多达 187 种货币（甚至包括比特币）的付款。Adyen 的崛起顺应了欧洲建设支付体系的步伐，也促进了欧洲支付体系的创新。

　　Adyen 商业模式的创新性体现在它致力于建立一个不会与商家争夺用户的支付系统。大企业通过与 Adyen 达成合作协议，可以方便快捷地利用世界各地的支付系统，如美国、英国的 Visa 卡和万事达卡，法国的 Cartes Bancaires 信用卡，墨西哥的 OXXO，以及中国的支付宝和银联，而无须与不同国家的支付提供商达成单独协议。简而言之，Adyen 的出现对欧洲整个支付系统而言是颠覆性的。其全球平台已经实现整合，大大简化了支付价值链，使之能与大型商户合作，迅速扩大本地和全球业务，摆脱了传统支付平台固有的低效，并改善了传统支付行业中供应商和商户服务割裂的现象。

专栏 2-3 瑞典数字货币 E-Krona

2009—2015 年，比特币和瑞波币等加密货币的兴起激发了人们对新型虚拟货币的兴趣。2016 年起，大量包括 USDT、TUSD、DAI、BitUSD 等在内的稳定币崛起，私营部门开始逐步实行法定货币的代币化。在此背景下，关于各国中央银行未来在金融体系中的角色的讨论不绝于耳，各国央行也纷纷开启对数字货币发行和监管的研究。瑞典央行于 2017 年春季开始研发数字货币，称其为 e-克朗(e-krona)。瑞典央行发行这一现金替代品的主要动机是应对现金持续减少的趋势，因此，瑞典数字货币的功能定位为建立独立于现有体系的另一套移动支付体系，避免仅依赖单一体系的系统性风险，同时通过央行加入移动支付领域，促进支付平台的竞争，提高服务效率与质量。

在 e-克朗正式发行之后，瑞典进一步明确了相关的基本方案。2019—2021 年，瑞典央行逐步解决了发行 e-克朗的法律问题、测试相关技术，并准备在局部试点使用数字货币。特别值得一提的是瑞典央行对"普惠金融"的关注，强调移动支付的"普惠性"而非"营利性"。为此，瑞典央行特别关注数字货币的离线支付功能，以保证在网络基础设施较差的地区或者地质灾害影响网络信号的情况下支付体系的正常运营。

瑞典央行的数字货币采用双层运营体系，瑞典央行将首先向银行等机构发行数字货币，经由机构流通到个人和企业。在能够保证数字货币的效率、安全、稳健、便捷，以及保证离线支付功能的实现与可追溯性的基础上，瑞典央行还提出了数字货币试验计划(the Riksbank's e-krona pilot)，用于测试数字货币的技术，确保在未来可以根据现实需求而及时发行。具体时间规划包括考察"数字账户"的法律可行性，明确数字货币试验的技术支持与背景材料，确定数字货币的技术路线，测试并评估(2019—2020 年)，确认是否需要对法律进行修改(2020—2021 年)，与市场及社会参与者合作，开展数字货币项目，探索技术问题(2021 年)，关注与银行和支付服务提供商的整合以及评估各功能表现(2022 年)，改进技术解决方案以及进一步探索法律框架(2023 年)，完成对技术平台的评估，准备有关项目发行、利益和潜在风险的综合报告(2024 年)。

三、亚洲

亚洲地域广阔，各国、各区域间的异质性强，无法一概而论，但在整个亚洲和西太平洋沿岸地区，似乎都可见金融科技服务不断普及。从快速增长的新兴经济体（如中国和印度）到成熟市场（如澳大利亚和日本），先进的金融科技系统正在迅速成为日常生活的一部分。在这一地区的消费者中，智能手机的拥有率极高，人们正在以高于世界上大多数其他市场的速度来获得更多的虚拟金融服务。比如，安永公司 2022 年的调查显示，仅仅两年时间，亚太主要市场上金融科技服务的使用率翻了一番，在某些情况下甚至翻了三番。中国香港、新加坡和韩国的金融科技服务的使用率为67%，而澳大利亚为58%。目前，除了印度以外的大多数市场，其金融科技服务的使用率仍然远远落后于中国的87%。

在亚洲，由于技术进步、监管相对宽松以及公司之间的竞争，金融科技的发展突飞猛进。其中，中国持续引领金融科技创新的步伐。由于不受传统技术的束缚，并在与中国强大的、无处不在的电子商务（如阿里巴巴）和社交媒体平台（如微信）的整合下，金融科技服务现在已经彻底融入了中国消费者的生活。麦肯锡调查发现，87%的中国受访者现已使用一种或多种金融科技服务产品，99.5%的受访者了解用于汇款、移动支付和非银行汇款的在线应用。与此同时，针对中小企业的调查也有类似的发现。由此可见，无论在工作和家庭中，在线应用程序现在正在助力在线支付、在线借贷和投资等金融活动稳步增长。

在蓬勃发展的金融科技的各领域中，虚拟银行的竞争不断升温。2019年，香港金融管理局批准了8家虚拟银行的牌照。与世界其他地区不同，中国香港所谓的新竞争者大多由中国内地主流的金融服务或科技公司支持的合资企业组成，从一开始就具备远超初创企业的实力和竞争力。可以想见，未来竞争会涉及更广泛的亚太地区。对越来越多的亚洲消费者而言，传统银行服务的标志性特征，如营业大厅、固定的营业时间、少量的投资产品组合，正在被线上个人金融应用、全天候的服务及数以百计甚至千计的定制化方案所替代。

亚洲地区的金融科技发展所拥有的机会与其所面临的特有挑战密不可分。首先，本地区的投资者市场和网络市场不及西方发达国家成熟，市场活动中存在着巨大的信息不对称问题。其次，由于零售银行业务存在较高的进入壁垒（如监管资本要求、所有权结构和市场限制），融资获得的门槛较高。此外，随着公司规模扩大，分散的监管制度使B2C金融科技公司与B2B金融科技公司相比处于不利地位。比如，那些向银行销售的公司可以将部分合规负担转移到客户身上。与欧洲统一市场相比，亚太地区的国家显然在制度上的差异更大，市场也更为零散。此外，亚太地区的金融工程不如欧盟和美国的发达，对金融科技公司的发展有所制约。尽管如此，无论对发达经济体还是对发展中国家而言，高效的金融市场与经济增长的正向关联是有目共睹的，也是各国政府致力于调整其政策和监管制度、促进金融科技发展的重要动力。

亚洲地区金融科技发展最为迅猛的是东南亚地区。根据谷歌、淡马锡和贝恩公司联合发布的《2021年东南亚数字经济报告》，2030年东南亚数字经济市场规模可能达到7 000亿至1万亿美元。在数字经济消费者和商家的大力推动下，电子商务和食品配送加速增长，估计到2025年，东南亚地区的电商GMV将达到1 860亿美元，数字经济市场规模有望进一步达到约3 600亿美元，超过先前预测的3 000亿美元。

> **专栏 2-4　日本金融科技的发展**
>
> 　　近年来，日本金融科技市场出现了快速扩张。特别是自 2016 年以来，日本的金融科技投资交易数量逐年稳步增长，而其他主要地区在 2015 年达到高峰后出现了下滑趋势。从市场规模来看，日本金融科技市场从 2017 年的 13.67 亿美元，增长到 2018 年的 19.50 亿美元和 2019 年的 32.73 亿美元。在 2020 年新冠疫情暴发之后，日本社会的数字化进程加快，由此产生的需求也进一步推动了对金融科技的需求，特别是远程工作和在线销售等领域。日本金融科技市场的规模从 2020 年的 52.06 亿美元和 2021 年的 78.63 亿美元，到 2024 年达到约 120 亿美元，预测 2024—2032 年的年复合增长率为 14.9%。据估计，当其他国家的金融科技市场日臻成熟时，日本的金融科技市场仍将保持其高增长率。
>
> 　　就日本金融科技的发展环境而言，日本政府一直致力于通过促进创新和发展市场环境来解决社会问题和经济增长问题，并将金融科技定位为国家战略的一部分。日本通过修订跨行业监管体系、放宽投资限制、促进信息利用等一系列举措为金融科技提供更为有利的发展空间。此外，日本政府还在个人信息保护和安全与数据信息利用之间进行了权衡，所颁布的《个人信息保护法》为企业之间数据的分享利用提供了可能性，加快了新服务的发展。其他放宽限制的举措包括：改变以往需要通过邮寄的方式来完成的开设账户等程序，允许用户可以通过智能手机或应用程序的在线注册/身份验证来完成相关程序；简化与支付相关的许可证要求，允许资金转移服务许可证持有者处理超过 100 万日元的资金转移，而不再需要银行许可证；改变以往银行、证券和保险业的中介业务均需要单独指定部门许可证的要求，推出新的金融中介机构许可证，这样各行业的中介业务都可以通过获得金融服务中介许可证来进行。

四、非洲

（一）非洲金融科技发展的历史背景

　　在全球范围内，非洲的金融发展长期处于落后地位。2016 年，非洲银行业的渗透率（银行账户与人口数量的百分比）平均仅为 17%，远低于其他新兴市场 2014 年的渗透率（50%）；信贷占 GDP 的比例仅为 34%，与经济发达的经合组织国家（211%）相差巨大。此外，监管不足、较低的收入水平、企业家缺乏金融素养以及极低的个人保险渗透率都是非洲金融发展滞后的鲜明体现。尽管非洲互联网的渗透率仍然较低，但在过去 10 年中，非洲的智能手机的普及率持续增长，从 2010 年的约 2% 上升至 2023 年的约 43%，互联网用户达到人口的 25%。在受过较好教育的中产阶级力量不断壮大和中小企业兴起的背景下，非洲发展不足的金融服务与快速增长的需求之间的差距成为非洲金融科技发展背后的主要驱动因素。据 Africinvest 估计，未来 10 年内，非洲的机构和个人获得金融服务的机会应该至少增加 2 倍，达到约 50%；通过产生 3.5 亿新的用户，最终将非洲的银行渗透率从当前的 17% 提高到与其他新兴市场基本持平的 50%。在颠覆者的进入、银行和移动网络运营商的融合，以及金融服务的非物质化等方面的助力下，非洲的金融服务呈现快速增长的趋势。

作为主要的颠覆者，移动网络运营商通过与银行、小额信贷机构和保险公司合作，积极进入金融领域。比如，在科特迪瓦，受到 Orange 和 MTN 的推动，2012—2016 年移动支付的渗透率（一定时期内使用移动支付的交易额占总交易额的百分比）从 10% 增加到 64%；在肯尼亚，CBA 和 Safaricom 通过与 M-Shwari 的合作，于 2015 年为 4 400 万居民发放了 2 500 万纳米贷款（nano-loans）①。此外，金融科技公司也是一类颠覆者，它们采取用机器对机器或现收现付的贷款模式，并通过在借款拖欠时利用移动网络远程断开商品的方式来降低风险；还有利用大数据信用评分来提供贷款的模式，让不具备传统信用记录的借款人也能享受到融资服务。不少情况下，在监管的推动下，新进入金融行业的颠覆者会与银行或保险公司等传统的金融服务提供商达成合作，以达到保护消费者、管理系统性风险、确保适当地了解客户（即 know-your-customer，KYC）和反洗钱等目的。比如，肯尼亚的 Equity Bank 收购虚拟移动网络许可证就是一个很好的实例。

（二）非洲金融科技的商业模式

非洲的社会经济状况与发达经济体相比差距极大，因此在其他地区行之有效的商业模式在非洲却很可能步履维艰。比如，非洲的互联网接入渗透率远远低于世界其他地区，如果某种商业模式特别依赖互联网的覆盖、网络数据的可得、智能手机的普及或是需要某种特定的平台（如安卓或 iOS）以及社交媒体和电子商务的普及，甚至必须通过数字货币进行交易，那么基本可以断定，其在非洲的推广将很可能遇到严重瓶颈，难以成功。

举例而言，在美国蓬勃开展的 P2P 借贷，其成功主要是因为存在运作良好的信用登记，以及通过社交媒体或连接设备获得的大量借款人的在线数据。信用登记信息详尽且可以为人所用，这意味着对个人而言，保持良好信用评分的动力非常大。加之 Facebook 等社交媒体上的信息非常丰富，可筛选出非常有价值的指标作为评估信用度的依据。其他类型的信息还包括大量便于使用的、电子化的银行报表等。因此，P2P 贷款机构除了向信用局报告贷款人的任何违约情况以外，还可以利用上述丰富的数据，包括经客户授权的社交媒体信息和银行报表，非常准确地评估借款人的信用度，而借款人的信用评分几乎可以扮演抵押品的角色，从而有效降低风险。

相比之下，非洲的信用登记要么不存在，要么不健全。Facebook 的渗透率只有 12%，且其使用者往往是社会精英，通常已经被信贷服务所覆盖。同时，非洲的银行渗透率仅为 17%，银行报表的可得性极为有限。因此，尽管非洲存在大量未被满足的信贷需求，但可以被用来评估借款者信用度的数据极度匮乏，P2P 贷款模式在非洲的推进步履维艰。那些基于对客户交易历史的了解从而为客户提供相关金融服务的模式，在非洲就很难推行。在非洲，大多数经济主体包括中小企业，仍然主要依靠现金进行交易。如

---

① 纳米贷款是指纳米数字住房贷款，其使命是用未来的技术重塑过去的金融服务，从而改变住房贷款市场。

果金融服务模式可行的前提是其所获取的客户在数字金融领域交易的情况足以代表该客户金融活动的整体面貌，那么这在非洲显然是不适用的。

此外，在非洲扩大商业规模比在发达经济体可能更加困难。许多技术颠覆者将他们的成功建立在先增长、后盈利的战略上。当给客户带来的价值依赖于网络效应或者进入成本很高时，这一商业战略可能很成功。但是，非洲市场是分散的且规模较小，尼日利亚作为非洲人口第一大国，其人口达到 2.27 亿，而非洲国家的平均人口约 2 700 万。因此，在非洲要想迅速扩大商业规模并不容易，在每个经济体中，受制于很低的购买力和互联网接入率，潜在市场规模往往较小。

然而，有些商业模式基于非洲已具备的平台来实现对问题的解决，就会与非洲市场形成较高的匹配度，从而蓬勃发展。比如，在发达国家较为人熟知的机器对机器（M2M）贷款模式，其应用之一是汽车租赁加上远程关机设备。这一模式可以用来解决在非洲普遍缺乏贷款抵押品的问题。以往，如果贷款者出现违约，一般需要 6 个月～两年的时间来收回其贷款购置的汽车，但应用 M2M 贷款模式可以在贷款者违约的情况下远程关闭几乎所有的设备，以此实现强大的风控。另一个例子是 TransferWise 和 BitPesa 的新型汇款模式利用技术来匹配供应和需求，或利用比特币来创造流动性，为资金流通提供解决方案，有效应对了非洲汇款市场效率低下、中间商众多、难以找到代理银行等问题，化解了资本流动受限、交易成本被抬高的困境。

专栏 2-5　肯尼亚的 M-Pesa

非洲的金融科技发展开始主要集中于数字货币服务，即提供支付和储蓄的核心功能，后又提供信贷和小额保险等更加丰富的金融服务。典型的非洲金融科技公司一般是电信服务商，它们鼓励客户购买电子货币并在手机上使用金融服务。购买电子货币的流程简便，通常可以在给手机充值的同时以支付现金的方式购买；而电子货币的零售代理商一般是小店主，他们出售包括软饮料、小吃在内的日用品，同时也提供手机充值服务和销售电子货币。非洲最著名的金融科技成功案例，是 2007 年由 Vodafone（沃达丰）与肯尼亚最大的移动网络运营商 Safaricom 和坦桑尼亚最大的移动网络运营商 Vodacom 合作推出的移动货币产品 M-Pesa。在不到 5 年的时间里，M-Pesa 的服务扩展到南非、莱索托、刚果民主共和国、埃及、莫桑比克，以及亚洲的印度、欧洲的罗马尼亚和大洋洲的斐济，广受欢迎。

就具体业务而言，M-Pesa 允许用户将钱存入手机上的存储账户，使用 PIN 安全短信向其他注册或未注册用户（包括商户）发送余额，并将存款兑换成现金。当用户使用该服务进行汇款和取款时，M-Pesa 会收取少量费用。该费用随发送金额的增高而降低，并随交易类型的不同而变化。从实际操作而言，M-Pesa 需要用存入银行账户的相同金额的现金来支持客户的电子钱包。在非洲金融基础设施普遍落后的大背景下，M-Pesa 所提供的现金收入和现金支出服务通过代理网络执行，代理网络包括作为银行代理的个体经销商和零售店。

　　2012 年，Safaricom 在 M-Pesa 和 M-Shwari 的支持下推出了储蓄和贷款产品。2014 年，使用 M-Pesa 的交易量贡献了 Safaricom 总收入的 20%，达到 420 亿美元；与 2013 年相比，M-Pesa 服务的收入增长了 23%，达到 3.26 亿美元。2015 年，肯尼亚中央银行授予 M-Pesa 汇款许可证。这使该公司得以推出一项新服务，其在肯尼亚和坦桑尼亚的客户能够在 M-Pesa 的账户之间进行跨境转账。通过与 MTN 的合作，M-Pesa 实现了向东非国家的跨境转移。2015 年，M-Pesa 在肯尼亚拥有 2 000 万用户和 80 000 名代理商，在坦桑尼亚的用户量也达到了 700 万。

五、拉美及中东等地区

　　金融科技在拉丁美洲的起步比其他地区要晚，但发展势头迅猛。截至 2021 年年底，拉丁美洲共有 2 482 家金融科技企业，较 2017 年的 703 家和 2018 年的 1 166 家，可谓增长迅猛。根据全球金融科技指数 2021 年的数据，2 482 家拉丁美洲金融科技企业占全球 1.1 万家金融科技企业的 22.6%。此外，新冠疫情进一步加快了该地区金融科技企业的扩张速度。在拉丁美洲和加勒比地区，大多数初创公司专注于数字支付和汇款服务，其次是替代融资平台。在支付服务方面，尽管加勒比地区的移动互联网普及率相对不错，但移动货币服务的普及率仍然较低。此外，尽管该区域（特别是加勒比地区和中美洲国家）收到了大量汇款，但在跨境支付技术方面的金融技术活动仍然有限。自 2017 年以来，巴西和墨西哥一直是拉美地区最大的两个金融科技市场，占该地区金融科技企业的一半以上（见表 2-1）。值得注意的是，2017 年，巴西、墨西哥、哥伦比亚、阿根廷和智利这五个国家的金融科技企业数量在拉美地区的总体占比为 89.7%，之后有所下降，2018 年占比为 86%，2021 年占比为 81%，这揭示了拉美地区金融科技企业有向其他国家和地区分散的趋势。

表 2-1　拉美地区按国家划分的金融科技企业的分布：主要市场（2021 年）

国家	金融科技企业数量（家）	占比（%）
巴西	771	31
墨西哥	512	21
哥伦比亚	279	11
阿根廷	276	11
智利	179	7

资料来源：Finnovista 和 IDB（2022）。

　　拉美地区的金融科技企业从事最多的业务是支付和汇款，占企业总数的 25%，其次是从事贷款业务（19%）和提供商业技术解决方案的金融机构（15%）。值得关注的是，在 2021 年 12 月发表的关于太平洋联盟国家（Pacific alliance countries）的研究报告中，贷款部门首次超过了支付和汇款部门。这也与 Sahay 等人 2020 年的研究结论一致：金融科技最初是支付领域的一场颠覆性运动，但又迅速走向贷款业务。在未来几年，贷款部门很可能将在拉丁美洲和加勒比地区占据首位。提供商业技术解决方案的金融机构的增加，反映了数字银行对打击洗钱和恐怖主义融资问题的数字及软件解决方案的需求日益增长。

与全球大多数地区类似，应对新冠疫情的公共政策措施增加了数字支付的利用，加快了该地区居民数字化进程，最终有利于采用数字支付等商业模式的金融科技企业的发展。此外，金融科技企业数量的快速增长还伴随着投资方面的巨大活力。2021 年，拉美地区金融科技的投资规模创下纪录，达到 157.36 亿美元，是 2019 年的 3 倍。

与拉美地区金融科技的快速发展相似，金融科技在中东和北非地区扩张迅猛，并在 2021 年成为全球金融科技投资增长最快的地区之一。中东和北非地区的金融科技投资在 2022 年上半年也达到历史新高。比如，自 2016 年以来，由迪拜牵头，沙特阿拉伯和埃及紧随其后，阿联酋在中东和北非地区吸引了最多的金融科技基金。中东和北非地区的金融科技生态系统现在的价值达到 155 亿美元。迄今为止，支付部门主导了中东和北非的金融科技融资，自 2016 年以来筹集了 19 亿美元。中东和北非地区的加密货币投资飙升至 1.87 亿美元。

专栏 2-6 PIX：拉美的一个快速零售支付系统

PIX 是巴西中央银行为促进移动支付便捷性而成立的快速零售支付系统，也是集中支付系统的典型例子。PIX 自 2020 年 11 月正式上线以来，在巴西政府的大力推广下，其用户量已经形成了一定的规模，目前，PIX 拥有超过 2.51 亿个用户，每月有超过 12 亿笔交易。PIX 允许其用户（个人、公司和政府实体）在不同机构之间进行全天候（24/7）的实时交易，而无需中介机构。这对账户（支票、储蓄和预付账款账户）之间的资金交易来说，PIX 也是一种成本更低的支付方式。

作为一个具有包容性的支付网络，PIX 拥有 768 家参与机构，其中有 620 家信用社，占 80%；8 家合资银行和 7 家商业银行；以及 61 家支付机构和 9 家直接信贷公司，其中许多是金融科技公司。参与 PIX 交易的主体的多样性也体现了其金融服务的包容性。比如，P2P 占其交易的 75%，P2B 占 12%，B2P 占 11%，有超过 1.09 亿的自然人和企业参与其中。受到电子交易的催化作用，PIX 的交易业绩增长极快，于 2021 年 12 月完成了超过 12 亿笔交易，自 2021 年 1 月以来增长了 500% 以上；通过该系统进行的交易总额已超过 4.6 万亿巴西雷亚尔，相当于 8 420 亿美元。

第三节 影响金融科技发展的关键因素

金融科技行业在全球范围内已经成长壮大起来。今天的金融科技公司不再仅由初创企业组成，而是由众多经验丰富的公司组成，它们提供广泛的金融服务，并在全球舞台上进行运作。金融科技受到消费者的广泛欢迎，其渗透率稳步上升。据估计，金融科技在全球的覆盖率从 2015 年的 16%，增长到 2017 年的 33%，再到 2019 年的 64%。即使在未采用者中，现在对金融科技的认识也非常高，96% 的消费者知道至少有一种金融科技服务可以帮助他们转账和付款。以支付和贷款为例，2023 年，随着全球经济逐步从新冠疫情的阴影中复苏，全球电子商务同比增长 8.9%，交易额超过 4.8 万亿美元，其中移动交易额占比达到 60%。全球支付方式偏好继续由现金和信用卡向数字钱包转移，后者被称为全球主流支付方式。预计至 2025 年，在全球销售总交易额中，现金支付份额将低于 10%。根据 Cornelli 等的数据库，金融科技和大科技平台在全球的信贷流量在 2019 年已分别达到 2 230 亿美元和 5 720 亿美元，中国、美国和英国是金融科技信贷的最大市场，而大科技信贷在中国、日本、韩国、东南亚以及非洲和拉丁美洲的一些国家和地区正在快速增长。

然而，金融科技整体发展在各国并不均衡，其背后受到一系列的因素的影响，至少包括以下维度：① 社会经济发展水平，特别是基础设施和信息化程度；② 传统金融发展状况；③ 科技的发展与利用；④ 监管政策；⑤ 社会态度及价值观。

1. 社会经济发展水平

金融科技的起步与发展和社会经济基础之间的关系密不可分。后者为前者提供了生存和发展的环境，而前者的迈进在一定程度上打破了地域和资源的限制，成为后者发展的新动力。金融科技生存和壮大的关键是与其所处的社会经济发展状况相匹配。无论是在经济发展水平较高的发达国家，还是在相对落后的发展中国家，金融科技都有用武之地。以移动支付为例，美国的 PayPal、肯尼亚的 M-Pesa、中国的支付宝和微信钱包，各有千秋，其成功发展的背后无一例外是其所提供的服务因地制宜地满足了消费者的需求。

以印度尼西亚为例，其作为东南亚最大的经济体，不仅人口众多（约 2.8 亿人），而且热爱科技的中产阶级也在茁壮成长，社会对消费的需求越来越大。2021 年印度尼西亚统计局数据显示，家庭消费占该国国内生产总值的 54%。在这样的社会经济背景下，以协调联络"摩的"为初衷的平台 Gojek 更是在起步阶段瞄准了发挥互联网创新来解决交通问题这一切入点，而后利用互联网的发展和智能手机的普及，将其服务搬到了手机应用程序上，至此"渗透到印度尼西亚全国各个角落"。今天，Gojek 已经成了全方位覆盖出行、外卖、快递、医药、电子支付、娱乐等各类需求的"超级应用"，也是印度尼西亚最大的本土独角兽公司。2021 年，Gojek 公司与印度尼西亚电商独角兽公司 Tokopedia 合并成 GoTo 公司，这家新成立的公司也成为印度尼西亚最大的科技公司。

2. 传统金融发展状况

金融科技的发展与已有的传统金融服务之间既有互补又有替代的关系。一方面，当传统金融服务发展有限时，大量未能被满足的市场需求可以促发数字金融快速崛起；另一方面，传统金融服务的发达程度通常反映了当地社会经济发展的水平，而后者奠定了金融科技持续创新和发展的基础。金融科技降低了金融服务成本，提高了金融服务效率，创新了金融服务形式，在一定程度上弥补了传统金融服务的不足。以新兴技术为基础产生的新金融业态对传统金融产生了深远影响，为金融业态注入了新的竞争力。例如，P2P 平台在美国和欧洲的兴起，扩展了融资渠道，吸收了社会的闲散资金，便于投资者、中小企业获得较为廉价的信贷，提升了资金的配置效率，增加了企业资金的流动性；而与之相匹配的新型支付体系的构建，是推动金融数字化转型的关键，支付形式变革也加速了一系列金融创新的步伐。

各国传统金融服务的覆盖和利用在各经济体之间存在巨大差距。以 2020 年信用卡在亚太地区的渗透率为例，日本以 68% 的渗透率排名第一，接下来依次是中国香港（65%）、韩国（64%）、新西兰（61%）以及澳大利亚（60%），中国内地的信用卡渗透率为 21%，排名居后。但是，传统金融服务行业的发展水平与金融科技的兴盛与否之间似乎并没有一一对应的线性关系。美国和中国金融科技的发展均全球领先，但就传统金融服务的发展水平而言，中国很明显落后于美国。在这一点上，非洲金融科技的涌现也显示了传统金融服务的兴盛并非金融科技发展的必要条件，欧洲则显示了传统金融服务的发展更不是金融科技蓬勃发展的充分条件。欧洲的金融科技是在金融发展水平相对较高的背景下出现的。从金融发展指数[①]来看，欧洲国家的平均金融发展水平与拉丁美洲和中东表现最好的国家相近。同样，以自动取款机和银行存款账户的可用性来衡量金融包容性水平，也表明欧洲地区明显高于其他地方。但是，欧洲的金融科技活动不如其他地区发达，其数字货币的渗透率是全球最低的地区之一；其金融科技贷款也明显落后于亚太和北美地区。尽管欧洲在互联网覆盖率方面处于领先地位，目前主导全球金融科技领域的大型科技公司中没有一家起源于欧洲。

与传统金融服务发展水平较高而金融科技整体状况并不领先的欧洲形成鲜明对比的是中国。由于传统金融机构所提供的服务不足，伴随着几十年的经济高速增长，居民与企业的大量金融需求未被满足。在通信、智能手机和网络等基础设施得到满足的前提条件下，中国的金融科技仿佛一夜之间异军突起，先在支付业务领域，而后在贷款、投资、保险、信用评价等业务领域都取得了显著发展，特别为应对抵押物不足、信用信息缺失所提供的金融服务解决方案，更是全球领先。在不断变化的世界经贸格局下，各国都在搭建数字跨境金融基础设施，而中国的探索走在了世界前列。

3. 科技的发展与利用

金融科技作为金融与科技有机结合的产物，其中，人工智能推动金融服务趋向自动化和智能化，区块链以其安全可靠、不可篡改的特性为金融交易中的信任问题提供了解决方案，云计算降低了金融服务的成本并提高了效率，大数据为人工智能不断学习、快速成长提供了数据动力。实践中，金融科技发展的引擎是技术的迭代进步和应用普及。比如，据数字银行公司 Backbase 发布的《亚洲 2025 年金融技术与数字银行》报告预

---

① 该指数由 Sahay 等（2015）开发，从深度（规模和流动性）、准入（个人和公司获得金融服务的能力）和效率（机构以低成本和可持续收入提供金融服务的能力以及资本市场的活动水平）方面衡量金融机构和金融市场的发展。

测，2025 年越南 25% 的银行将实现核心数字银行平台现代化发展，预计同期使用智能自动化创建账户的新账户将增长 50%。

恰恰由于金融科技发展与技术进步及其应用之间的密切关系，金融机构 IT 支出的总额以及支出的结构在很大程度上揭示了一个地区未来金融科技的发展动力是否强劲。比如，各地传统金融机构在提升数字化水平和加强技术方面所投入的差距即有一定的预示性。2022 年，北美洲银行的 IT 支出达到 822 亿美元并预计将在 2027 年达到 1 004 亿美元，而同期拉丁美洲银行的 IT 支出仅有 210 亿美元且其年复合增长率将仅为 1.8%。相比之下，欧盟地区和亚太地区银行的 IT 支出和增长率居中。另外，从结构来看，中国银行业 IT 支出中的硬件投资占比高达 50% 以上，而 2017 年美国银行业 IT 支出中的硬件投资占比仅有 15%，软件与服务支出仍有巨大的提升空间。

4. 监管政策

从监管政策的角度来看，金融科技现已成为一项全球性议题。各国政府相关机构所制定和推行的相关政策，以及在监管沙盒和监管科技方面的应用，对各国金融科技产业的发展现状和未来趋势起到了重要影响。近年来，不同国家和地区通过出台政策、设立机构等推动了金融科技健康有序发展。例如，美国众议院金融服务委员会于 2019 年 5 月成立金融科技工作组和人工智能工作组，旨在帮助美国在相关领域的新发展中保持领先地位；欧洲银行管理局将理解金融创新带来的风险和机遇作为 2019 年工作重心之一；中国人民银行于 2019 年 8 月发布《金融科技（FinTech）发展规划（2019—2021 年）》，从顶层设计规划金融科技发展，明确提出未来三年金融科技工作的指导思想、基本原则、发展目标、重点任务和保障措施。此外，各国的监管沙盒和监管科技也得到更广泛的应用。例如，2019 年 4 月，韩国金融服务委员会正式启动金融监管沙盒；同年 5 月，印度证券交易委员会宣布推出金融科技创新沙盒监管机制。此外，跨国监管沙盒的建设对支持符合消费者利益的金融创新也有所促进。例如，英国金融行为监管局等全球 12 家金融监管机构于 2018 年 8 月联合发起"全球金融创新网络"。

针对金融科技的监管政策在平衡金融科技的创新与风险时所采取的态度与手段，很大程度上决定了金融科技发展的空间和可持续性。相对宽松的监管态度可以保护金融科技发展的活力，提高金融科技创新的效率和包容性，而过于严苛和僵化的监管则会扼杀金融科技创新的活力。监管机构对于新业务、新行业或新渠道的出现是否给予足够的耐心，是有关干预时机的重要问题。一项技术可以被应用，本身并不意味着它将被广泛接受和采纳，而通常需要时间来摸索其最终用途和适用性，市场也需要时间来适应和调整。从这个角度来讲，监管措施理应是应对性的，而非先发制人，存在一定滞后性的监管才与有效的市场监管原则相一致，过早采取监管行动很可能事倍功半。在实践中，这意味着监管者需要对一项技术的益处和适用性进行分类和理解，监管措施应该不影响市场创新或技术标准，即尽量保持技术中立。此外，为网络安全和金融交易安全提供保障，发展与金融科技相匹配的监管科技，完善监管法规，都将对金融科技的健康发展有所裨益。

5. 社会态度及价值观

金融科技的发展与用户的偏好以及由用户所组成的社会的价值取向有关。随着金融科技产品的逐步覆盖与渗透，大众对于金融科技的关注度和接受度不断攀升，对其带来的金融变革充满期望。比如，"金融科技"的谷歌搜索热度整体大幅提升，从2013年的2上升至2016年的47，再到2022年的100，2023年回落至87。特别是随着年轻群体日益成为社会主流力量之一，大众对于创新金融产品和服务的需求和包容度也日益提高，期望获得直观、无缝的体验。比如，印度尼西亚特别突出的是其"千禧年人口"（17—35岁）占总人口1/3左右，且有大量的智能手机用户。这让印度尼西亚成为互联网科技初创企业发展的沃土，也是东盟成员国中拥有最多独角兽企业的国家。然而，在一些地区，传统的金融产品消费习惯和对网络的恐惧会对金融科技的发展产生一定的阻碍。比如，在欧洲，在新产品和新模式产生的初期，消费者可能对新的产品抱有偏见，采取观望态度，这对金融科技发展造成了一定的约束。同时，人们对数据安全、隐私保护以及金融科技所涉及的道德伦理问题的关注，也会对金融科技服务的渗透率有所影响。

本章小结　　随着大数据、区块链、云计算、人工智能等新兴前沿技术的不断发展，数字金融发展迅速，并对金融市场以及金融服务业产生了重大影响。

当前，数字金融总体规模的日益扩大，成为影响全球经济和金融格局的一股重要力量。从发展规模来看，全球数字金融市场持续增长。如果将全球数字金融市场细分为支付、借贷、财富管理、保险等主要类型，那么发展最为突出的是数字支付。作为数字金融最为普及的一种金融服务类型，数字支付在一些地区已经扮演着金融基础设施的角色。

尽管全球范围内数字金融发展迅速，但不同地区的发展状况并不均衡。其中，北美地区仍稳居首位，数字金融市场规模占全球的近30%；欧洲数字金融市场发展迅速，但并不均衡；亚洲几乎在数字金融的各个方面都取得了进展，东南亚是全球数字金融发展速度最快的地区之一；非洲在经济整体发展水平相对滞后的大背景下，在移动货币方面发展迅速；拉丁美洲和加勒比地区的数字金融发展也在迅速起飞；中东、北非、阿富汗和巴基斯坦以及高加索和中亚地区的数字金融活动正在逐渐回升，部分国家表现尤其突出。

全球数字金融发展不均衡的背后受到一系列因素的影响，包括：① 社会经济发展水平，特别是基础设施和信息化程度；② 传统金融发展状况；③ 科技的发展与利用；④ 监管政策；⑤ 社会态度及价值观。

即测即评

复习思考题

1. 技术发展与金融服务的结合由来已久，但数字金融所代表的数字化转型和创新可能是革命性的。请从数字金融发展对金融体系、社会经济的影响展开讨论。

2. 聚焦数字金融在不同国家和地区的创新业务领域，从技术手段、业务功能、生态场景和用户体验等维度讨论科技金融驱动的商业模式。

3. 全球范围内，数字金融的发展在不同收入水平的国家和地区中呈现出差异化的趋势。请对比发达经济体、发展中经济体中金融科技发展的不同特点，并讨论其背后的影响因素。

4. 各地区的数字金融发展呈现出显著的不均衡性。请从社会经济发展水平、传统金融体系、技术利用、监管政策和社会文化等方面，分析推动或限制各地区数字金融发展的主要因素，并评估数字金融发展对区域经济发展的作用。

第三章

数字支付

近年来，随着智能手机的普及和数字技术的创新发展，数字支付迅速成为我国居民消费最主要的支付方式，广泛而深刻地影响着人们的消费方式和日常生活。微信、支付宝等数字化支付手段，不仅减少了人们对现金的需求，还显著降低了交易成本、提高了交易效率。以数字支付为代表的数字金融逐渐成为我国金融体系的重要组成部分，推动着传统金融体系的数字化转型，对支付体系、创业行为、风险平滑、监管体系等产生了显著的影响。通过本章的学习，可以了解数字支付产生和发展的背景及其运行体系框架，熟悉数字支付对经济、金融影响的分析方法，掌握数字支付、结算体系、风险分担等重要概念，为后续深入学习数字金融的相关内容打下基础。

第一节 数字支付的发展背景

一、数字支付的概念

数字支付指客户借助智能设备和数字技术完成的数字化支付。目前数字支付中普及度最广的就是移动支付，即客户通过移动终端（如智能手机、平板电脑等）发出支付指令，实现货币支付与资金转移的行为。客户、支付机构、网联平台和商业银行，是数字支付体系的主要参与者。简单地说，数字支付就是数字经济时代客户（通常是消费者）使用数字终端，特别是移动终端对购买的商品或服务进行支付。

移动支付是目前中国第三方支付中最主要的支付方式。第三方支付是指消费者通过第三方平台支付，特别是非金融支付平台，支付所购买的商品或服务。第三方支付对应的是第一方支付和第二方支付。消费者直接用现金支付就是第一方支付，通过银行系统完成的支付就是第二方支付。

目前，由蚂蚁集团的支付宝和腾讯的微信支付等提供的数字支付服务，已成为中国人日常生活和经营中不可或缺的服务。两家公司都围绕自己的数字支付工具建立了数字生态系统。人们使用支付宝或微信支付购买商品、支付电费、预订出租车、购买机票、捐款、转账甚至投资金融产品。中国几乎所有的商业网点（包括街边商店）都通过数字支付服务进行经营活动。中国游客还利用数字支付服务，在国际机场和全球各大百货公司购买商品。中国人民银行支付系统报告显示，2022年，移动支付业务累计完成交易1 585.07亿笔，同比增长4.81%。

数字支付也成为中国数字金融创新最重要的组成部分。中国的数字支付不管是用户规模、交易额，还是技术水平，均处于世界领先水平。国内常见的数字支付平台，包括支付宝、微信支付、云闪付、京东支付、华为支付、平安壹钱包等。目前，中国的数字钱包不但可以在线使用客户在商业银行的存款余额，还可以离线使用数字人民币，从而实现了真正意义上的数字支付。

然而，数字支付并不是在中国首先发明的。美国的贝宝（PayPal）、肯尼亚的M-Pesa都比中国的支付宝、微信支付要早，且更为国际所熟知。但是，支付宝和微信支付则将中国的数字支付服务提升到了具有全球影响力的新水平。这一独特的现象引起了国际商业从业者、学者和政策制定者的浓厚兴趣：数字支付为什么会在中国取得巨大成功？中国数字支付的跨越式发展有可能在其他国家复制吗？数字支付主要的经济和金融影响是什么？如何监管数字支付等新兴业务？事实上，已经有越来越多的研究关注使用数字支付对储蓄行为的影响、对居民家庭间风险分担的影响（Jack和Suri，2014）、对家庭福利的影响，以及对金融包容性的影响等等。

二、数字支付在中国的快速普及与发展

2004年年底阿里巴巴推出了支付宝，因此一般认为2005年是中国数字支付发展的元年（黄益平和黄卓，2018）。此后，数字支付在中国以惊人的速度实现了快速发展。很多重要的事件和因素，对数字支付的快速发展发挥了重要的积极作用。2007年1月，乔布斯发布了第一款苹果手机，标志着世界进入智能手机时代，这使得之后随时随地使用数字支付成为可能。蚂蚁集团成功推出了货币基金"余额宝"，极大地提高了社会对包括数字支付在内的金融科技的认知和热情。2014春节，腾讯成功抓住中国人在春节期间发红包的传统，推出微信红包，瞬间吸引了上亿的新用户，微信支付成为支付宝最重要的竞争对手。二维码的普及，使得几乎所有商业均可使用数字支付服务，不管是商店还是菜市场的摊主，只要打印出二维码，顾客就可以通过支付宝或者微信支付扫码，非常便捷地完成收付款交易。

过去几年，中国的数字支付在活跃用户数、交易次数和交易额等方面均实现了快速扩张。支付宝、微信支付等主要的数字支付平台已经发展成为大的移动生态，利用大数据和人工智能，提供支付、授信、资产管理、保险等综合的金融服务，以及水、电、燃气的在线缴费等生活服务。与国际比较，中国的数字支付无论是交易量还是普及率，均居世界首位。

根据中国人民银行的统计，2022年，超九成受访者使用数字支付，其中19—39岁的受访者使用数字支付的比例相对较高。然而，数字支付的快速发展，反映了传统金融

体系支付服务的相对落后。根据世界银行的统计，2021 年 15 岁以上居民持有信用卡的比率，日本是 69.7%，美国 66.7%，英国 62.1%，德国 56.5%，而中国只有 37.9%。

中国数字支付最主要的贡献在于普惠性。如何向居民（特别是低收入居民）和企业（尤其是中小微企业）提供低成本、可持续的包括数字支付在内的金融服务，是个世界难题。在新的数字技术支持下，数字支付有效地克服了服务海量企业与居民个人的获客难题。根据北京大学普惠金融指数中的数字支付子指数，可以发现，2013—2018 年，数字支付在全国各地呈现出快速普及与地区间收敛的趋势。

（一）互联网和智能手机快速普及

数字技术的发展为扩大数字支付覆盖面和完善其他数字金融基础设施建设提供了必要的条件。中国网民数量从 2008 年的 2.98 亿激增到 2023 年的 10.92 亿，互联网普及率从 2008 年的 22.6%持续上升到 2022 年的 75.6%。其中，城镇互联网普及率从 2008 年的 34%提高到 2022 年的 83.1%，农村互联网普及率从 2008 年的 12.3%提高到 2022 年的 62%，如图 3-1 所示。

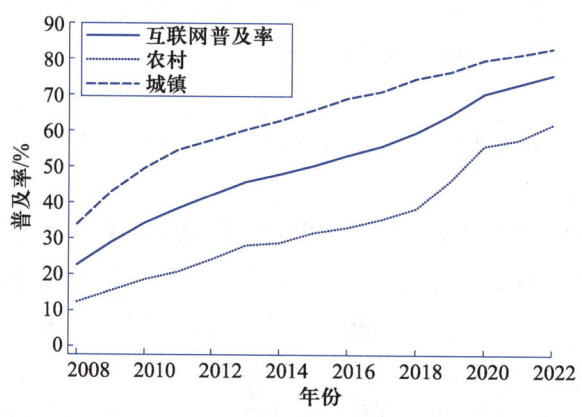

图 3-1　2008—2022 年中国互联网普及率

资料来源：CEIC Database。

智能手机的出现促使手机和互联网快速结合。在中国互联网用户中，通过智能手机上网的比例从 2006 年的 12.4%飙升至 2020 年的 99.7%。同时，如图 3-2 所示，智能手机普及率从 2006 年的 1.3%上升到 2022 年的 75.5%。根据尼尔森的调查，中国的智能手机普及率与大多数发达国家处于同一水平，但明显高于巴西、土耳其和印度等新兴市场国家。与建立在台式计算机上的支付系统相比，移动终端在时间、地点和易用性方面提供了极大的灵活性。服务提供商也进行了大量投资，以改善用户体验和服务可靠性。支付宝每秒可处理的交易量从 2011 年的约 300 笔增加到 2017 年的 25.6 万笔，资金损失率降至百万分之一以下。二维码的采用也给数字支付服务的扩张带来了革命性的变化。

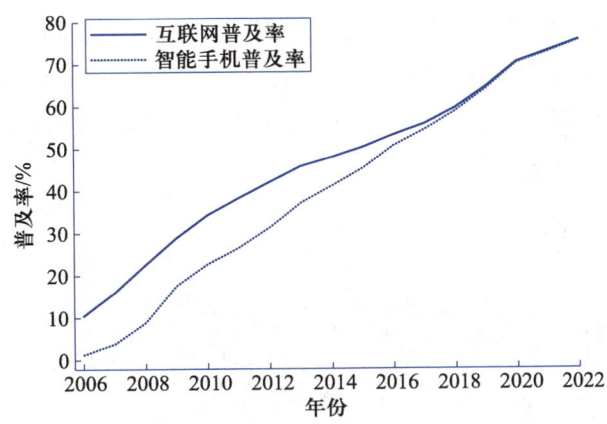

图 3-2　2006—2022 年中国智能手机普及率

资料来源：CEIC Database，经作者计算。

（二）数字技术快速发展

金融是处理风险的行业。金融风险评估、资产定价和风险监测的关键在于信息处理。历史经验表明，信息记录、分析算法和计算能力等信息处理技术的进步会促进金融发展。20 世纪 80 年代以来，随着数字技术的发展，金融业中的手工和纸质工作普遍被计算机所取代；90 年代以来，互联网进一步促进了金融业务的数字化。2008 年国际金融危机以来，以移动互联网、大数据、云计算、区块链、人工智能等为代表的新兴数字技术蓬勃发展，正在重塑金融业的商业模式、风险定价、市场结构以及监管环境。

金融科技是指通过新兴的数字技术提供的创新金融产品或服务。根据应用场景的不同，金融科技可以分为以下几类：第一，数字识别、智能合约、大数据和云计算在金融基础设施中的应用；第二，数字支付、数字货币、分布式账本在支付清算系统中的应用；第三，股权众筹、网上借贷和分布式账本在外部融资中的应用；第四，机器人顾问在财富管理中的应用；第五，互联网保险。

支持金融科技的人认为，金融科技将显著提高金融服务的效率；金融服务将更具包容性，与人们建立更好的联系；消费者将得到更多的选择和更优惠的价格；家庭将以较低的交易成本建立风险分担能力；中小企业将有更好的机会获得外部融资；包括传统银行和金融科技公司在内的金融机构将提高生产率，提高资本效率，增强运营弹性。此外，监管机构将可能通过采用数字技术来提高监管效率。

（三）欠发达的传统金融体系与宽松的监管环境

虽然支付宝发展的最初动机是解决交易对手之间缺乏信任的问题，但在中国传统的金融体系中，支付服务供给方面仍存在明显缺口。与其他国家和地区的金融体系相比，中国的金融体系呈现出两个特征：一是银行在金融业中占比非常高；二是金融抑制程度非常高（黄益平和王勋，2022）。根据以往研究做法，我们使用银行资产与银行资产和资本市场之和的比率作为衡量金融结构的指标。如图 3-3 所示，向上倾斜的相关线表明，金融总资产中银行资产占比越高，金融抑制程度越高。美国被认为是以市场为基础的金融体系，位于图的左下角；日本和德国被认为是以银行为基础的金融体系，位于图的中间；而中国位于图的右上角，表明金融抑制程度较高，金融体系由银行主导。

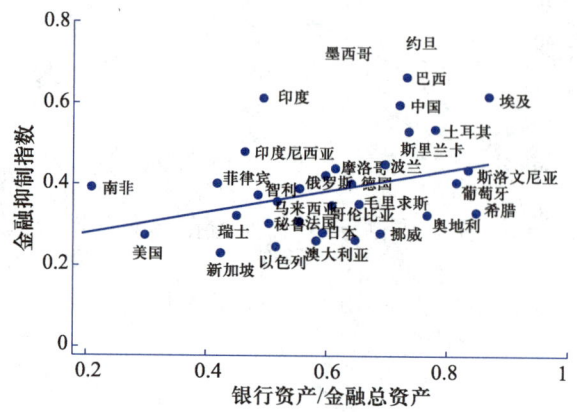

注：横轴表示银行资产占金融总资产的比重，纵轴表示金融抑制程度。

图 3-3　2015 年金融体系比较

资料来源：黄益平和王勋（2021）。

在中国，改善金融的普惠性是一项特别具有挑战性的任务。例如，由于社会信用体系不发达，中国信用卡普及率远低于美国；传统的银行卡支付服务，如 POS 机，往往速度慢、效率低、成本高；大多数中小企业和低收入人群必须依靠现金进行金融交易。数字支付服务上线后，以实时到账及较低的费率立即受到市场的欢迎。正因如此，一些专家认为，美国等其他国家将无法复制中国数字支付服务的经验（Klein，2019）。

宽松的监管环境也为中国的数字金融特别是数字支付系统提供了实践和发展的空间。2004 年，我国颁布了《中华人民共和国电子签名法》，使网上合法签约成为可能。2005 年之后，国务院出台了一系列支持电子商务发展的政策文件。然而，在中国人民银行于 2010 年 6 月发布《非金融机构支付服务管理办法》之前，数字支付并未受到严格的监管限制。从 2011 年到 2015 年，中国人民银行颁发了近 270 个第三方支付牌照。虽然授予第三方支付许可证被认为是一种创新的政策进步，但在许多国家，许可证是不可能在那些备受争议的问题未解决前就发放的。例如，这些虚拟账户是否应作为支付账户或存款账户被监管？到 2019 年年初，中国人民银行成为第三方支付集团存放客户资金的新托管机构，收紧了对数字支付交易和清算的控制。

第二节　数字支付的结算系统

中国数字支付系统在过去 10 年经历了革命性的发展，目前市场主要由支付宝和微信支付两大平台主导。在很大程度上，普通居民的消费支付方式已经取代了传统的现金和银行卡。例如，普通居民使用数字支付发"红包"以及转账汇款，小商贩和市场摊主使用数字支付的收款码收取账单等。相比于发达国家，中国的金融体系相对较为落后，从这个角度来看，中国似乎不大可能发展起来新的支付体系。然而，数字支付在中国实现了跨越式发展。如前所述，这在一定程度上反映了中国社会信用体系的不发达。中国人民银行的数据显示，截至 2023 年年底，中国拥有世界上最大的银行卡体系，全国共开立 97.87 亿张银行卡，人均持有银行卡 6.93 张，其中 92%是借记卡而不是信用卡，这表明社会信用体系尚不发达。此外，2002 年上线的银联支付，是以银行卡为基础的网络支持系统，连接着中国不同银行的账户，但要使用这种依托于实体卡的支付系统，商户需要配备读卡器连接互联网系统，这就会产生成本，并支付每笔交易的处理费，从而导致这种基于银行卡的支付系统发展缓慢。

中国数字支付的发展，最初主要是由支付宝推动的。其发展大致经历了三个阶段。

第一阶段是 2003—2004 年，从线上交易到担保交易。2003 年 10 月 18 日，在阿里巴巴杭州办事处，一位年轻的女员工冲进新成立的担保交易部办公室，兴高采烈地宣布："第一笔交易来了！请确认！"整个房间都兴奋起来。然而，2 分钟后，她沮丧地跑回来，说："买家改变主意，想取回资金。"后来，在女孩的耐心劝说下，西安的大学生买家焦振中终于以 700 元的价格从在日本横滨学习的中国留学生崔伟平手中买下一部二手富士相机。

这是阿里巴巴，也可能是中国第一笔在线的（点对点）支付交易。阿里巴巴在此次交易前 5 个月成立了在线购物平台——淘宝网，但由于买卖双方缺乏信任，交易量非常低。阿里巴巴不得不通过提供支付担保的方式充当中介，即买家先将钱汇到淘宝网，然后淘宝通知卖家发货，一旦买家确认收到产品，淘宝再向卖家付款。这个过程很有用但效率很低，通常需要两周左右才能完成一笔交易。随着交易量的快速增长，匹配买家和卖家也成为淘宝和合作银行中国工商银行的一大负担。由于处理这些大量的小额交易耗费了大量时间，2004 年下半年，中国工商银行通知阿里巴巴，希望终止这项业务合作。

这提醒了阿里巴巴：除了担保，还需要有效的基础设施来管理现金流。由于难以找到合适的合作伙伴，阿里巴巴时任董事长马云决定创建自己的支付系统。2004 年 8 月，在广州的一家休闲中心，马云问他的同事陆兆禧："你听说过贝宝吗？""没有"，陆兆禧回答说。马云说："太好了。我们要推出一个新产品叫支付宝。"2004 年 12 月 29 日，支付宝系统终于上线，拥有自己的网站、会员和账户。

2003 年阿里巴巴创建之后面临的主要问题是如何帮买卖双方建立信任。尤其是在当时中国社会金融体系很不健全的情况下，线上交易的买卖双方彼此不信任。因此，阿里巴巴推出支付宝用于担保交易，支付宝承担中介作用，解决信息不对称带来的信任问题。

第二阶段是 2004—2013 年，从快捷支付转变到数字支付。淘宝在解决买卖双方的信任问题之后，发现线上交易增长依然缓慢，而支付成功率低是主要障碍。因为当时要使用银行 U 盾连接网银支付，交易过程中需要多次跳转，跳转次数越多，支付者越担心资金安全，也越容易导致交易失败。因此，支付宝于 2010 年 12 月与中国工商银行合作推出快捷支付，无须通过 U 盾或网上银行，只需在支付宝认证，提供银行支付密码，就可以完成网上支付，线上交易成功率也由此提升到 90% 以上。智能手机的出现、移动网络的普及，以及之后的二维码的出现，都大幅度促进了线上交易增长。2013 年 6 月支付宝推出余额宝后，中国的数字支付再一次实现跨越式发展。余额宝被称为"会赚钱的钱包"，因为它本质上是货币基金，具有高流动性又能产生收益。余额宝的诞生也让中国的数字金融发展进入新阶段。

第三阶段是 2013 年之后，从数字支付向移动金融生态发展。现在数字支付提供的实时转账、财务管理、保险、融资、征信等金融服务，都是数字支付向移动金融业务的延展。2013 年之后，数字支付在中国实现了迅速普及和快速发展。目前，支付宝和微信支付的全球活跃用户数均在 10 亿以上。大城市 90% 以上居民将数字支付作为消费时的首要支付手段，其次才是银行卡和现金支付。

腾讯通过另外一种方式进入支付行业。腾讯是中国领先的社交网络平台，基于在线聊天产品 QQ，以线上游戏为核心。为了满足线上游戏账户充值的需求，公司于 2005 年推出了在线支付工具财付通。2011 年，腾讯推出了基于智能手机的即时通讯软件微信，目前微信用户已超过 12 亿。2013 年，腾讯通过整合财付通到微信，打造了一款新的支付产品——微信支付。该支付工具嵌入微信，用户可以通过信息窗口直接向对方汇款。

在蚂蚁集团、腾讯等平台机构提供移动支付服务的同时，2014 年中国人民银行成立专门团队，开始研究数字货币。2019 年年底，数字人民币开始在深圳、苏州、雄安新区、成都及冬奥场景相继启动试点测试。2022 年 1 月，数字人民币 App（试点版）在各大应用商店上架，供客户下载使用。数字人民币作为中国人民银行发行的数字形式的法定货币，目前主要定位是现金类支付凭证，用于满足公众对数字形态现金的需求，以提高金融的普惠性。关于数字支付与数字人民币的关系，2020 年中国人民银行数字货币研究所所长穆长春在第二届外滩金融峰会上做了形象的解释：在电子支付场景下，微信和支付宝等电子钱包里装的是商业银行存款货币，数字人民币发行后，客户仍然可以用微信、支付宝进行支付，只不过钱包里装的增加了数字人民币。

网联和网上支付跨行清算系统是促进数字支付交易的另外两个重要的基础设施。网联是经中国人民银行批准成立于 2017 年 8 月的全国非银支付机构线上支付清算平台，主要处理非银机构发起的涉及银行账户的线上支付业务。[①] 而网上支付跨行清算系统成立于 2010 年 8 月，是中国人民银行用于银行间人民币支付结算的基础设施。为支持全球最大的网络支付市场的交易转移和清算，网联平台采用分布式云计算架构，在北京、上海、深圳 3 个城市建立了 6 个中心，确保支付系统在处理大规模和高频并发的网

---

①　网联（网联清算有限公司）是中国第三方支付提供商处理涉及银行账户的在线交易的全国集中平台的运营商。网联是由中国支付清算协会（PCAC）组织成立的，受中国人民银行监管。

上交易时能够顺利运行。

第三节 数字支付对经济和金融的影响

中国多数用户已经将数字支付与其已有的银行账户相关联。数字支付的用户可以使用智能手机等移动设备，非常便利、安全且低成本地完成交易、转账等金融业务，从而极大地改变了人们的经济活动和消费习惯。用经济学的术语来说，数字支付显著地降低了交易成本，这不仅体现在实际使用费用的降低，还体现在交易时间的节约以及交易的安全性（如使用数字支付有效地降低了失窃概率）。已有的研究表明，移动货币的使用显著降低了交易成本，提高了交易的安全性、便利性，并缩短了交易时间（Huang 等，2020）。

交易成本的下降，不仅提高了已有交易的效率，而且使得许多新的交易成为可能。金融服务的改善包括支付服务的改善，有助于减轻企业面临的融资约束，改善企业的经营业绩（Beck 等，2018）。交易成本的下降可在非正规社会保险网络中发挥重要作用，尤其是数字支付带来的交易成本的下降，会加强个人原有的社会网络联系（如微信等便利的社交软件和实时低成本的转账会增加人与人之间的转账次数），也会在外延上扩大个人可利用的社会网络的物理边界（如面临负面冲击时，数字时代可便利地寻求获得陌生人的小规模资助）（Jack 和 Suri，2014）。

在发展中国家和低收入国家，传统的金融体系相对落后，普通居民往往很难从传统金融部门获得融资支持。面临收入的负面冲击时，从传统金融部门获得融资支持则更加困难。因此，在发展中国家，家庭成员以及亲戚朋友之间的互助、婚姻、审慎性的储蓄等非正规的风险分担渠道，成为家庭降低风险冲击的重要办法（Townsend，1995）。数字支付在发展中国家的普及与快速发展，为居民改善风险分担、降低负面风险冲击从而更好地利用非正规社会保险网络提供了可能性。这些非正规的机制放松了家庭对自身成本收益的权衡，也带来了更加有效的商业决策（Jakiela 和 Ozier，2016）。

本节接下来分析中国的数字支付对家庭消费支付习惯、创业和家庭带来的影响。已有不少研究分析了数字支付的宏观影响，如对增长、收入、就业和社会福利的影响；而对金融体系以及对微观家庭创业、家庭风险分担的影响，分析相对较少。下面首先简单地介绍数字支付对支付习惯、家庭创业、风险分担以及金融监管的影响，然后利用中国家庭微观调查数据，深入分析以数字支付为主的数字金融对家庭风险分担的影响（王勋和王雪，2022）。

一、对支付习惯的影响

2013 年之后，余额宝和微信支付相继推出，数字支付在中国实现了迅速普及与快速发展。目前，数字支付已成为中国居民消费最主要的支付方式。以居民消费的金额衡量：2015 年，数字支付金额超过了现金消费金额；2016 年，数字支付金额又超过了银行卡支付金额（见图 3-4）。数字支付提高了支付效率、降低了交易成本，不仅改变了居民的日常支付习惯，也正在改变金融市场尤其是支付体系的市场格局。

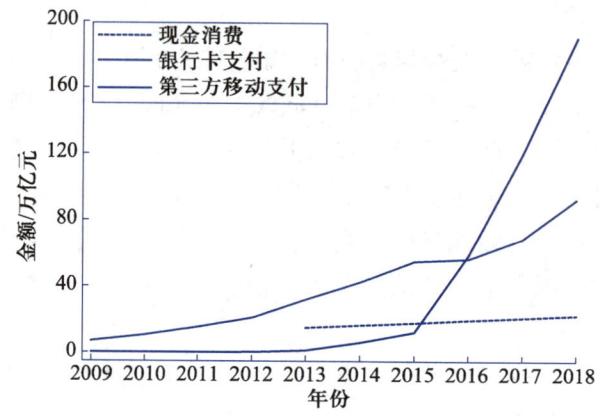

图 3-4　2009—2018 年居民消费中各类支付金额比较

资料来源：WIND 数据库。

二、对促进创业的影响

在中国，中小微企业大多为民营企业，它们在支持创新、创造就业机会以及促进当地和国家经济增长方面发挥了重要作用。然而，中小微企业仍然面临着严重的信贷约束。在以国有银行为主的金融体系中，中小微企业的投资很大程度上取决于自己的留存收益等内源性融资。

中国的数字支付系统不仅便利了支付和转账，也促进了创业和创新。低成本转账和实时支付激励了新企业和小型企业的经营活动。在数字支付出现之前，小商贩们需要频繁地兑换找零，并将大量的零钱存入银行账户，这带来了极大的不方便。伴随着基于二维码和 NFC 码技术的数字支付的迅速发展和广泛普及，所有的商家都可以在门上、柱子上或显眼的地方贴上二维码，这对顾客和商家来说都是非常方便的。消费者通过扫描二维码转账，款项将直接存入商家的银行账户或电子钱包，网联将在短时间内进行结算。

此外，较低的交易费用鼓励小企业接受并使用数字支付，因此也从支付系统带来的外部性中获得了较大的收益。商家可以开设比中国银联传统支付方式收费低得多的账户（支付宝 0.6%，微信 0.6% ~ 2.0%，银联 0.5% ~ 4%）。此外，对于小型企业来说，它们不需要 POS 终端，这对低值高量的交易至关重要。不愿意或不需要注册商户账户的店主可以通过展示其个人账户钱包二维码，在买家和卖家之间进行方便简单的转账。账户持有人可以将支付宝或微信中的资金提取到其链接的银行账户中。支付宝对超过免费转账限额（2 万元）的账户持有人收取 0.1% 的服务费。微信支付也收取类似的费用，1 000 元以上转账到银行账户的费用为 0.1%。

借助数字支付，无须准备现金、开支票或等发票，这大大提高了结算效率。减少交易摩擦，可以从两个方面促进交易，一方面可以通过提高现有交易的效率，另一方面可以通过促成以数字支付发生的新交易。交易成本的降低、非正式保险网络的加强和金融包容性的提高，可以帮助家庭做出更有效的决策。一些实证研究表明，采用数字支付显著增加了新注册企业的数量，改善了企业经营绩效。使用数字支付的用户，开始从事小规模经营和个体经营的可能性更高。数字支付的影响主要来自农业家庭向小商业主的转变以及非正规企业的发展。数字支付不仅促进了创业，同时提高了家庭收入，尤其是低收入家庭和农村家庭的收入水平。

良好的征信环境也有助于促进金融的普惠性。金融科技和大型科技公司可以访问大量实时数据。例如，支付交易、消费模式、社会关系和数字足迹，这些都可以作为信用风险评估的关键数据。结合大数据、机器学习技术和其他复杂的人工智能算法，金融科技和大型科技公司平台还可以从广义边际（是否提供服务）和集约边际（提供服务后的违约概率与定价）两方面更准确地了解人们的金融生活和信用状况。在中国，三家领先的虚拟银行 My Bank（隶属于阿里巴巴）、Web Bank（隶属于腾讯）和 XW Bank（隶属于小米），每家每年都向数百万家小企业提供贷款，其中 80% 以上的小企业没有信用记录，同时违约率非常低。借款人只需轻触几下智能手机就可以申请贷款，如果被批准，几分钟内即可获得贷款。例如，My Bank 的贷款业务采用所谓的 "3-1-0" 模式，即承诺用户注册和申请在 3 分钟内完成，资金在 1 秒内转入支付宝账户，0 人为干预。它将平均不良贷款率保持在 1% 左右，这在一定程度上反映了贷款规模较小、期限较短的情况。在新冠疫情期间，中小微企业受到了严重影响，导致 My Bank 的平均不良贷款率有所上升，但仍控制在 2%。一个高质量的数字基础设施系统正在改变金融服务提供商与小企业互动的方式，而这些小公司此前一直没有得到国有银行业巨头的充分服务。

三、改善家庭风险分担

中国的非正规社会网络为家庭和个人分担风险提供了重要手段，而非正规社会网络提供的保险往往是不完备的。造成这种不完备的原因有很多，包括道德风险和有限承诺，这两个因素都使家庭消费显著依赖于家庭的实际收入。交易成本是人与人之间转移资金或其他资源的成本，是信息不完备的另一个来源。数字支付的快速发展和应用允许个人在支付宝或微信支付的生态系统内转移购买力，并大大降低了远距离汇款和银行账户间转账的成本，这是中国的一项创新。

中国加入 WTO 以来，中国的家庭和社会网络开始远距离传播，主要由于国内劳动人口自西部向东部沿海扩散，就业和其他机会促使了这种流动。截至 2023 年年底，中国共有 2.97 亿农民工，其中约 60% 的农民工外出务工。此外，超过 70% 以上的外出务工人员没有与家人一起外出。在这种情况下，降低交易成本可能会对境内汇款的频率和规模产生重大影响，从而影响风险平滑的能力。

支付宝或微信支付主要应用于个人对个人的汇款。在数字支付系统出现之前，大多数家庭通过中国邮政或银行转账汇款。这种传统方式的成本相对较高，耗时较长。使用数字支付后，个人只需在应用程序中执行几个简单的步骤，不仅转账的实际成本较低，而且转账便利、节约时间，收付款成本大幅降低。

四、对金融监管环境的影响

中国相对宽松的监管环境，对数字金融的快速崛起起到了积极作用。然而，在有效监管缺失的情况下，数字技术与金融业务的快速融合也加剧了信息的严重不对称，造成了部分行业鱼龙混杂和野蛮生长的现象。与传统金融业务相比，与数字技术相结合的金融业务具有明显的跨地域特征，一旦出现违约风险，会造成非常强的长尾效应和网络效应，P2P行业的兴衰就是典型的例子。另外，2019年之前，余额宝、财付通等数字平台的快速发展，让越来越多的资金在银行体系外运转，这给央行调控基础货币的能力带来了挑战，甚至影响了货币流转速度进而增加了金融波动。鉴于数字金融对金融风险与政策效果的影响，监管机构越来越意识到监管全覆盖、任何金融交易必须持牌经营对金融稳定和行业健康发展的重要性。无视牌照管理、规则和风控的时代已经过去，2020年，P2P平台已经清零。为规范支付机构行为，第三方支付平台已经全部接入网联系统，微信支付、支付宝等支付平台的备付金账户全部撤销，统一交存至中国人民银行。

我国的监管模式还是以机构监管为主，也就是按照金融机构的类型进行监管。然而，在数字支付快速普及的背景下，在数字技术与金融业务快速融合的过程中，数字金融平台提供的产品越来越呈现出高交叉性和跨行业的特征。分业监管的模式在监管日益综合经营的数字金融机构时，会不可避免地出现监管空白，如P2P市场最初并没有明确的监管主体，尤其是对于高交叉性的金融业务，监管的有效性就会大打折扣。2017年的全国金融工作会议明确提出要加强功能监管。也就是说，不管什么机构，只要从事金融交易和金融业务，就要有明确的监管主体加以监管。为了加强监管协调，2017年国务院金融稳定发展委员会成立。2018年，银监会和保监会合并，成立了银保监会。2023年，在银保监会的基础上，组建了国家金融监督管理总局。监管模式从机构监管转向功能监管，将是金融监管框架改革的主要方向之一。

在并没有建立起完备健全的社会信用体系的背景下，数字金融科技领域实现了"跨越式"发展。由于是数字技术与金融业务的融合，数字金融平台往往有两个明显的风险特征：一是数字金融业务的参与者往往是所谓的长尾客户，资金总额相对不高且地理分布高度分散，对风险的识别与承受能力相对较低；二是互联网平台一旦出现问题，金融风险扩散的速度非常快，而且经常是跨地区、跨行业的传导。如果监管部门仍然采取传统的监管方式，比如现场检查、定期的信息披露等，很可能无法及时识别和防范金融风险。由于数字金融的参与者多是金融知识相对缺乏且风险承受能力较弱的群体，在金融监管不健全的情况下，一旦平台出现违约、倒闭等情况，金融消费者的合法权益难以得到有效保护，甚至容易引发金融向传统领域传染和社会群体事件。因此，在数字技术快速发展的时代，加强行为监管，提高对金融消费者合法权益的保护，将成为监管改革的重要方向。

金融监管跟不上市场业务创新的步伐，在各国均是正常现象。在数字技术快速发展的背景下，金融科技创新更快，新兴的金融业务出现的速度往往快于监管的步伐。为平衡好"防范风险"与"鼓励创新"，国际上的有益尝试是"监管沙盒"的做法。对于难以确定成本与收益的金融创新，可以在监管的观察和监测下，给予部分的许可。数字金融的快速发展，也让国内的监管机构开始试点监管创新。2020 年 1 月，中国人民银行公示了首批 6 个金融科技创新监管试点应用。同年 4 月，中国人民银行支持在上海、重庆、深圳、杭州、苏州、雄安新区等地扩大试点，引导科技公司、持牌金融机构申请金融创新测试。金融科技"监管沙盒"首批应用落地并不断扩大试点，说明我国的金融监管开始转向主动监管、动态监管和原则监管。

同时，监管机构正积极利用金融科技发展监管技术以提高能力和效率。例如，针对复杂的关联交易和多层嵌套的金融产品，监管机构正在考虑采用区块链等保证交易数据可靠的技术特征，监测交易的去向和底层资产质量，以提高监管的有效性。运用数字技术完善监管科技，提高监管的有效性，将成为监管工具创新的重要形式。

第四节　中国经验的实证分析

一、非正规社会网络的重要性

近年来，中国以数字支付为代表的数字普惠金融的快速发展引起了学术界和政策界的广泛关注。理论上，代表性家庭在面临收入增长的暂时性负向冲击时，总是希望利用各种渠道和途径平滑风险，从而使其消费增长不受到显著影响。尽管正规金融服务的改善会带给居民家庭更多平滑风险的机会，然而，发展中国家的金融部门往往发展相对滞后，且更倾向为企业部门提供融资和其他金融服务。因此，通过积累审慎性储蓄提高自我保险能力，以及利用家庭自身的社会关系网络提高家庭之间的风险分担能力等非正规渠道，成为发展中国家居民家庭应对收入增长冲击的主要途径。在本部分，我们提出并强调了可能进一步改善与拓宽这些非正规渠道的重要补充性因素——数字普惠金融，并利用家户层面全国大规模的微观调查数据，研究了近年来我国快速发展的数字普惠金融对家庭风险平滑能力的影响。

数字普惠金融是近年来我国经济社会中的重要创新。其中，数字支付体系是目前最主要和最成功的领域，并且已经位居世界前列。智能手机的普及和金融科技的快速发展，为数字支付的发展及迅速推广提供了有利条件。蚂蚁集团、腾讯等大型金融科技公司，在推动我国数字支付等数字普惠金融服务中发挥了重要作用。我国的数字支付，与其他一些发展中国家需要代理商网络提供现金进出服务的移动货币（如肯尼亚和南非的M-Pesa）存在明显不同。我国的数字支付体系无须实体代理商店铺，普通用户可以便捷地通过扫描二维码完成支付，账户之间可以实现几乎零成本的实时转账。目前我国的数字支付体系不但发挥着可存储电子钱包的功能，其余额也可获得高于银行定期存款的收益。

以数字支付为代表的数字金融，至少可以通过以下两个机制提高居民家庭的风险平滑能力。首先，转账汇款等居民间转移价值的交易成本下降，有助于家户更好地利用甚至拓宽自己的社会关系网络，提高家庭之间风险分担的能力。我国加入 WTO 以来，对外交流和就业机会的增长推动了劳动人口的频繁流动，尤其是中西部地区富余劳动力不断流向相对发达的东部沿海地区。这种劳动力的内部市场流动，导致我国的家庭和社会关系网络更加趋于分散。数字支付体系推出之前，多数家庭通过银行和邮政系统，甚至通过随身携带的方式，实现价值的跨地转移。相对而言，以这些传统的方式转移货币，其成本相对较高且更耗时，随身携带还面临丢失、被盗劫等风险。而数字支付体系的主要功能之一，在于低成本、快捷地实现购买力的实时转移。当居民家庭收入增长面临暂时的负向冲击时，可通过数字支付体系方便快捷地收到来自家人和其他社会关系的转账汇款，从而不至于使消费增长受到较大波动。较低的货币成本、节约的时间成本以及操作的便捷性，均意味着通过数字支付体系实现的居民之间价值转移的交易成本已大幅降低。从这个意义上说，降低的交易成本对于居民家庭之间转移价值的频率和额度均会产生显著影响，从而有利于居民利用其社会关系网络提高风险分担的能力。

其次，以数字支付为主的数字普惠金融的另一特征在于为消费者提供了安全、高流动性且有收益的在线储蓄投资工具。余额宝是一种互联网货币基金，消费者可以使用余额宝在商场、超市甚至街边货摊非常便利地进行支付交易。余额宝账户里的余额已如同M1，具有较高的流动性。更重要的是，余额宝中的余额不但具有较高的流动性，其年化收益率也显著高于银行活期存款利率。因此，随着数字普惠金融的发展，居民用户可以通过投资互联网货币基金等高流动性的理财产品，逐渐积累起具有高流动性的审慎性储蓄，以提高面临异质性收入增长负向冲击时的自我保险能力。

为分析以数字支付为主的数字普惠金融对居民家庭风险平滑能力的影响，本部分将中国家庭金融调查数据（CHFS）与北京大学中国数字普惠金融指数（郭峰等，2020）相匹配，并利用多维度固定效应识别策略，考察数字普惠金融对家庭异质性消费增长与家庭异质性收入增长之间的敏感性的影响。重要的是，本部分控制了可观测的家户相关特征与家庭异质性收入增长之间的交互项，以控制不同家庭特征对家户风险平滑能力的影响。这样，可以控制数字普惠金融与其他可能影响家庭风险平滑能力的家庭特征之间的相关性，从而降低因遗漏解释变量而引起的内生性问题。

在以上设定的基础上，本部分得到了较为稳健的结果。分析发现，以数字支付为主的数字普惠金融发展会显著提高家庭缓释风险的能力。具体地，在数字金融发展更好的地方，居民家庭在面临异质性负向收入增长的冲击时，其异质性消费增长会下降更少。本部分还识别了数字普惠金融影响家庭风险平滑能力的具体机制。研究发现，数字普惠金融提升了家庭风险平滑能力，不只由于居民家庭间转移价值的交易成本下降引起了家庭之间风险分担能力上升，还由于数字普惠金融为居民家庭带来的高流动性和储蓄效应，提高了居民家庭的自我保险能力。然而，传统银行信贷市场的发展并没有显著改善家庭风险平滑能力。

本部分与两类文献紧密相关。一类是分析金融市场化对国际风险分担影响的宏观实证研究。这类研究主要聚焦于金融开放/资本项目自由化的效果，发现尽管全球范围内的金融一体化程度持续提高，但金融开放并未显著提高全球范围内的风险分担能力，而是在全球化时期，金融开放提高了发达国家跨国间的风险分担能力，发展中国家和欠发达的低收入国家并未获得由于跨境资本流动性增加而带来的跨国之间风险分担能力改善的效果（Evans 和 Hnatkovska，2014）。

由于这类文献发现对外资本项目开放并未提高风险分担的效果，一些研究开始转而探讨国家内部金融市场条件改善对风险分担的影响。Asdrubali 等（1996）研究了美国各州间的风险分担情况，发现国内信贷市场和资本市场分别平滑了23%和39%的对各州GDP 的负向冲击。Li 和 Liu（2018）进一步补充了这类文献，发现相比对外金融开放，国内金融体系的市场化显著影响风险分担的效果。然而，这类文献主要采用宏观层面的数据进行实证研究，缺乏微观证据支持，也并未探讨国内何种金融形式会提高风险分担的效果。本部分采用微观层面的大规模家庭调查数据，分析国内不同的金融形式，即最近发展起来的数字普惠金融和传统的银行信贷对家庭之间风险分担的影响。因此，本部分不仅从微观证据的角度，而且从探讨不同的金融业态对家庭风险平滑能力影响的角度，进一步延伸了这类文献。

与本部分相关的另一类文献是家庭消费保险文献，主要研究发展中国家的家庭应对风险冲击的方法和能力。在发展中国家和低收入国家，家庭内部价值转移、婚姻、预防性储蓄、与家庭状态相关的借贷安排等非正规的风险平滑方式构成了家庭应对风险的重要途径（Townsend，1995）。Gertler 等（2002）的研究发现，对于遭遇疾病冲击的个人，非正式的保险安排会为其医疗支出提供融资支持。尽管研究已表明这些非正式的安排会提高家庭的风险承受能力，但是由于不完全信息情况下的道德风险、有限承诺等问题，通常情况下这些机制提供的保险是不完全的（Attanasio 和 Pavoni，2011）。

尽管政策和学术讨论较多，目前很少有文献系统地研究数字普惠金融这种新兴的金融形式对家庭风险平滑能力的影响。发展中国家的金融基础设施和金融体系发展相对落后，低收入家庭往往难以获得正规金融服务。作为发展中国家传统金融体系的补充，大型科技公司主导的数字普惠金融，已经通过金融科技创新为居民家庭提供了数字支付、低成本实时转账、在线理财、金融教育等各种金融服务。Jack 和 Suri（2014）研究了肯尼亚的移动货币对家庭风险分担的影响。利用家庭调查数据，他们强调了降低的交易成本对风险分担的作用，发现移动货币的快速普及便利了个人之间的转账，从而提高了家庭风险分担的能力。

尽管价值转移的交易成本在风险分担体系中发挥着重要作用，然而数字普惠金融产品带来的高流动性和储蓄效应，可能成为提高家庭风险平滑能力的又一重要原因。因此，本部分利用中国大型家庭调查数据，分析了数字普惠金融对家庭风险承担能力更广泛的影响。我们发现，家庭风险平滑能力的提高，既得益于居民家庭间转移价值的交易成本的下降而带来的家庭之间风险分担能力的上升，也受益于数字普惠金融产品的高流动性和储蓄效果引起的家庭自我保险能力的提高。因此，本部分研究既识别了数字金融促进风险分担的机制，也识别了数字金融提高用户自我保险能力的机制，从进一步探讨数字普惠金融影响机制的角度，进一步拓展了这类文献。

二、经验分析的基本框架

传统的风险平滑理论认为，当面临意外的收入增长的负向冲击时，风险规避的家庭将采用各种途径与渠道平滑风险，从而不至于使其人均消费增长受到显著影响，进而实现长期效用最大化。在完备市场的消费跨期替代模型中，最优均衡意味着所有家庭在所有状态中人均消费的边际效用的增长率相等。我们参考 Kose 等（2009）的研究，在等弹性效用函数的假定下，可得到关于家户风险平滑的基本方程：

$$\mathrm{E}(\Delta \log C_{it} - \Delta \log \overline{C}_t \mid H_{it}) = 0 \qquad (3-1)$$

其中，C_{it} 指家户 i 在 t 年的人均消费，$\overline{C}_t$ 为按样本数据计算的 t 年所有家庭的人均消费，H_{it} 代表家户 i 在 t 年所拥有的信息集。该方程说明，在 t 年信息集下，代表性家户人均消费的增长率与所有家户平均的人均消费增长率的条件期望相等，二者之差的条件期望为 0。由此，我们可以得到以下回归方程：

$$\Delta \log C_{it} - \Delta \log \overline{C}_t = \theta H_{it} + \epsilon_{it} \qquad (3-2)$$

如果家庭人均消费的边际效用独立于收入增长冲击的影响，并且未预期到的收入冲击是唯一的不确定性来源，那么，完全的风险平滑意味着式（3-2）中家庭人均消费增长率对人均收入增长率进行回归时，所得估计参数应该为 0。因此，在完全市场假定的基础上，我们可以进一步得到家户风险平滑的基准回归方程：

$$\Delta \log C_{it} - \Delta \log \overline{C}_t = \alpha_i + \beta(\Delta \log Y_{it} - \Delta \log \overline{Y}_t) + \epsilon_{it} \qquad (3-3)$$

其中，$\overline{Y}_t$ 是根据样本数据计算的所有家庭的人均收入，$\Delta \log \overline{C}_t$ 和 $\Delta \log \overline{Y}_t$ 分别为全国的人均消费增长率和人均收入增长率，衡量了所有家庭共同面临的消费和收入波动。在资本跨境流动受限的情况下，即便在完全市场假定下，家庭也难以通过相互之间的风险分担来消除全国层面的系统性冲击。因此，我们从家庭人均消费和人均收入增长率中减去对应的所有样本家庭的平均增长率。家庭人均消费增长率和人均收入增长率与所有家庭的人均消费增长率和人均收入增长率的差值，反映了仅与个体家庭相关的异质性波动。

估计参数 β 反映了家庭异质性人均消费增长与人均收入增长之间的依赖度和敏感性。在完备的国内金融市场和能够实现完全保险的假设下，β 理论上应该为 0，即家庭异质性的人均消费增长，完全不受人均收入增长率的暂时性冲击的影响。从这个意义上说，β 可以用来衡量风险分担/平滑的程度，β 越小说明家户的风险平滑能力越高。

已有文献中，该回归设定常被用来检验金融开放对国家之间风险分担的影响。研究表明，在全球化进程中，工业化国家获得的风险分担程度更高，而全球化似乎并未改善包括新兴市场在内的发展中国家的风险分担水平。尽管跨国的资本流动对新兴经济体居民的风险平滑作用有限，国内金融市场条件的改善，如金融体系的扭曲程度降低，却是影响消费风险平滑能力的关键因素。

这里将重点关注国内具体金融业态的发展对居民家庭风险承受能力的影响。具体地，我们使用多维度固定效应识别策略，检验数字普惠金融发展和传统银行信贷扩张如何影响家户异质性人均消费增长率对人均收入增长率的敏感度，以此来分析我国的数字普惠金融和传统银行信贷对家庭风险平滑的异质性效果。参考 Kose 等（2009），Jack 和 Suri（2014），Li 和 Liu（2018）等的研究，我们得到以下拓展的家庭风险平滑的回归方程：

$$\Delta \log C_{it} - \Delta \log \overline{C}_t = \alpha_i + \beta(\Delta \log Y_{it} - \Delta \log \overline{Y}_t) + \gamma' FI_{jt}(\Delta \log Y_{it} - \Delta \log \overline{Y}_t) +$$
$$\theta' FI_{jt} + \delta X_{it} + \pi_{pt} + \omega_{rt} + \eta_t + \epsilon_{it} \tag{3-4}$$

其中，α_i 是家户固定效应；η_t 是时间固定效应；π_{pt} 是一组省份×时间固定效应；ω_{rt} 是一组农村/城市虚拟变量×时间固定效应；FI_{jt} 是衡量家户 i 所在城市 j 的金融发展情况的向量，包括数字普惠金融（$\log DF_{jt}$）与传统银行信贷（$\log BC_{jt}$）发展程度的指标，传统银行信贷使用取对数的当地金融机构年末贷款余额占地区生产总值的比重作为代理变量；X_{it} 是集合了家户个体层面和家户所在市级层面控制变量的向量。其中，家庭层面控制变量为：家庭人口特征变量（包括 16 岁以下男性所占比例、17—64 岁男性所占比例、17—64 岁女性所占比例、65 岁及以上男性所占比例、65 岁及以上女性所占比例等），家庭人均资产，家庭成员的受教育程度，户主性别、年龄、是否有工作，有社会养老保险的家庭成员占比、有社会医疗保险的家庭成员占比、有商业医疗保险的家庭成员占比，家庭是否有银行账户。市级层面控制变量为：log（数字普惠金融指数），log（银行信贷/GDP），GDP 增长率，人均高速里程、人均道路面积等。考虑到我国经济依然存在显著的区域差距和城乡差异，式（3-4）的 π_{pt} 和 ω_{rt} 虚拟变量组，分别用来控制省级层面的总体冲击和城乡层面的不同趋势变化。实际上，在估计中我们发现，是否加入时变的省份以及城乡虚拟变量对本部分关心的估计结果影响并不大。

在上述模型设定中，γ 是本部分主要关心的估计系数向量。式（3-4）中（$\beta + \gamma' FI_{jt}$）越小，说明家庭风险平滑效果更好。当 γ 向量的任何一项估计系数为负数，则可以说明与其对应的金融指标（数字普惠金融或者银行信贷）有助于降低家庭异质性人均消费增长对人均收入增长的敏感度，从而提高家户的风险平滑能力，反之亦然。同样地，我们也可以使用该模型检验数字普惠金融影响家户风险平滑能力的机制。我们在本部分中提出了转移收入和预防性储蓄两个渠道，模型设定如下：

$$R_{it} = \alpha_i + \beta(\Delta\log Y_{it} - \Delta\log\overline{Y}_t) + \gamma' FI_{jt}(\Delta\log Y_{it} - \Delta\log\overline{Y}_t) + \theta' FI_{jt} + \delta X_{it} + \pi_{pt} + \omega_{rt} + \varepsilon_{it} \quad (3-5)$$

$$S_{it} = \alpha_i + \beta(\Delta\log Y_{it} - \Delta\log\overline{Y}_t) + \gamma' FI_{jt}(\Delta\log Y_{it} - \Delta\log\overline{Y}_t) + \theta' FI_{jt} + \delta X_{it} + \pi_{pt} + \omega_{rt} + \varepsilon_{it} \quad (3-6)$$

其中，式（3-5）的 R_{it} 衡量了家庭是否收到外部转移汇款收入，即是否收到外部的转移收入，或者是否收到来自父母或其他亲戚及朋友的转移收入。数字普惠金融与家庭异质性人均收入增长的交互项估计参数为负，表示当家庭特定的人均收入增长面临暂时性下降时，在数字普惠金融发展程度越高的地区，家户收到外部转移收入的概率越大。这说明数字普惠金融的发展降低了居民家庭间转移价值的交易成本，增加了获得转移收入的概率，从而使得家庭可以更好地利用其社会关系网络，提高了家庭之间风险分担的能力。式（3-6）的 S_{it} 衡量家庭是否持有储蓄/投资，即是否有数字金融理财产品，或者是否有银行存款。该模型中，如果数字普惠金融与家庭异质性人均收入增长的交互项估计参数为正，说明在数字金融发展程度越高的地区，当家庭面临正向的收入增长冲击时，家庭会选择将多余的收入投资到高流动性且还会产生收益的数字金融理财产品；而当家庭面临异质性负向收入增长的冲击时，家庭会选择减持这些数字金融理财产品，以降低收入增长的负向冲击对家庭异质性人均消费增长的影响。

三、实证结果

下面通过实证研究结果的介绍，说明以数字支付为代表的数字金融对家庭居民的风险平滑能力的影响（详细的分析可参考王勋和王雪，2022）。

通过将中国家庭金融调查数据（CHFS）与北京大学数字普惠金融指数匹配，研究发现，数字普惠金融有助于降低家庭异质性人均消费增长与人均收入增长之间的敏感度，即当家庭面临临时性收入增长下降的负面冲击时，以数字支付为代表的数字普惠金融的发展有助于改善家庭的风险平滑能力，而传统银行信贷规模的扩大并未显著改善居民家庭的平滑风险能力。具体来说，当家庭特定人均收入增长率下降 1 个百分点时，数字金融发展水平处于 75% 分位水平（取自然对数后为 5.257）的城市代表性居民，其家庭特定人均消费增长率处于 25% 分位水平（取自然对数后为 4.949）的城市居民，平均高出 5.79 个百分点。按照调查数据的样本，两次调查期内家庭特定的人均消费平均增长率为 3.5%，因此，数字金融对家庭风险平滑的影响，不但在统计意义上显著，也在经济意义上显著。总体而言，在其他情况保持不变时，当地数字普惠金融发展程度越高，当地居民家庭抵御负向收入增长冲击的能力越强。

相比城市，农村家庭享受到的传统银行金融服务更加不足，金融可及性更低。研究结果表明，数字金融发展对农村家庭和城市家庭的风险平滑能力均有显著提高，且对农村家庭的影响更大。总的来说，数字普惠金融的发展对农村家庭的风险平滑能力的提高作用更大，这些家庭通常是难以获得传统银行金融服务的群体。同样，我们发现传统银行信贷与家庭异质性人均收入增长的系数为正且不显著。

考虑到我国东、中、西部地区经济发展水平仍然存在明显差异,按照国家统计局的分类标准,我们将样本家庭所在省份分为东部、中部、西部三个子样本,以考察数字普惠金融发展对不同地区居民家庭的风险平滑能力的影响。结果表明,数字普惠金融对东部和中部地区家庭的风险平滑能力有明显提高。在风险平滑效果显著的地区,数字普惠金融在发展程度略低的中部地区的边际效果要显著高于发展水平较高的东部地区。然而,数字普惠金融的发展对西部地区家庭的风险平滑能力尚未表现出显著的促进作用。

我们还分析了不同维度的数字金融发展对家庭风险平滑能力的影响。结果表明,三个子指数均对家庭的风险平滑能力有显著影响,其中数字便利化程度对家庭的风险平滑能力的提高效果更大。数字化程度提高对于家户风险平滑能力的显著影响说明了金融服务的便利性对家庭风险承担能力的重要性。此外,数字普惠金融指数的三个子指数还包含了 11 个二级指数。平均来看,数字支付便利度、线上投资、线上理财、线上保险和线上信贷服务发展更好的地区,家庭在面临收入增长的负向冲击时的风险平滑能力更强。

四、影响家庭风险平滑的机制

上述分析表明,数字普惠金融的确能够提升家户平滑风险的能力,该影响在统计意义和经济意义上都较为显著。本部分将检验两个具体的影响机制:一是数字普惠金融通过更便利地利用社会关系网络进行收入转移提高了风险分担能力,进而影响家户风险平滑能力;二是通过提供高流动性且相对高收益的数字金融产品,提高了居民家庭的自我保险能力。需要说明的是,从中国数字金融发展的实践来看,可能还存在数字金融通过便利线上借贷、发展线上保险市场等途径提高家庭风险平滑能力的机制。然而,受目前所用调查数据所限,尚无法验证这些机制。

我国数字普惠金融给居民带来的便利之一是降低了汇款转账的交易成本。便捷、低成本的家庭间转账汇款,一方面可以促进家户已有的社会网络的经济联系,另一方面使家户能够跨越地理距离拓宽社会关系网络,获得来源更为广泛的经济支持,均加强了家户利用其社会网络提升其风险平滑的能力。我们分别将是否收到转移收入和是否收到来自父母或其他亲戚朋友的转移收入作为被解释变量,考察当家户面临异质性收入增长的冲击时,数字普惠金融发展是否会显著影响家庭收到转移收入的概率。结果表明,在面临异质性收入增长的负向冲击时,数字金融发展程度更高地区的家庭获得转移收入,或者获得来自父母及亲戚朋友的转移收入的概率都更高。

除了便利转账汇款,数字金融的发展还为居民带来了高流动性且产生收益的金融产品。如图 3-5 所示,2014—2019 年,余额宝平均年化收益率为 3.66%,高出银行一年期定期存款利率(平均 2.07%)1.6 个百分点。样本期内,余额宝等数字金融产品与一年期的银行定期存款相比,一方面具有更高的流动性,另一方面具有更好的收益率,这增加了家庭居民持有数字金融产品的意愿，从而通过积累高流动性的审慎性储蓄，提高了自我保险能力。

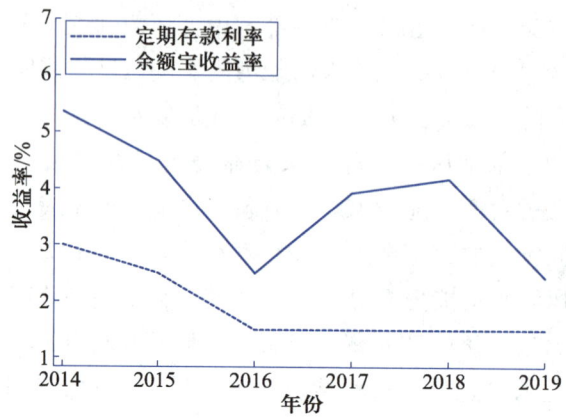

图 3-5 2014—2019 年银行存款与余额宝收益率

资料来源：WIND 数据库。

由此可见，这些高流动性且产生收益的数字金融产品，可能通过为家庭积累审慎性储蓄的渠道，提高家庭自我保险的能力。我们将家庭是否持有数字金融产品作为被解释变量，结果显示，数字普惠金融指数与家户异质性收入增长的交叉项系数显著为正，说明当居民家庭面临正向收入增长冲击时，数字普惠金融的发展会提高居民家庭持有数字金融产品的概率，从而建立起流动性更高的预防性储蓄；而当居民家庭面临负向收入增长冲击时，居民家庭可利用这些流动性较高的储蓄，平滑异质性人均消费增长的波动。将家庭是否持有银行活期存款作为被解释变量，结果显示，数字普惠金融指数与家庭异质性收入增长的交互项并不显著，说明家庭面临异质性收入增长冲击时，数字普惠金融的发展并不会显著影响其持有银行存款的概率。该结果在一定程度上也说明，数字普惠金融对居民家庭产生的流动性与储蓄效应，主要不是通过银行储蓄，而是通过持有数字金融提供的线上货币基金（如余额宝、理财通等）等理财产品产生的。

第五节 中国数字支付走出去

中国的数字支付技术已经开始支持亚洲、欧洲以及非洲的数字支付业务。以数字支付为主的金融科技合作在共建"一带一路"国家取得了比较好的成效，开始惠及相关国家大众，受到了各国的欢迎。在第三方支付领域，中国的支付宝和微信支付在很多国家都开通了跨境支付服务，为中国游客在国外消费提供便利。支付宝与印度的 Paytm、泰国的 True Money 以及孟加拉国的 bKash 展开形式多样的合作，帮助金融服务走向这些国家的各个角落。

无论是中国的蚂蚁集团、腾讯，还是美国的亚马逊和谷歌，都在积极布局东南亚与南亚的支付市场,竞争十分激烈。但是,目前并没有哪一家公司处于市场领先地位。得益于这些跨国公司的推动,这些地区的本土金融科技企业也得到了迅速发展。

目前,支付宝已经在亚洲与9个当地电子钱包达成合作,包括泰国(True Money)、菲律宾(GCash)、印度尼西亚(DANA)、印度(Paytm)、马来西亚(TnGD)、巴基斯坦(Easypaisa)、孟加拉国(bKash)、韩国(Kakao Pay)和中国香港(Alipay HK)。中国香港和中国内地之间、中国与日本之间已经开通电子钱包的跨境支付,中国香港与菲律宾之间、马来西亚与巴基斯坦之间已经可以使用基于区块链技术的快捷低成本的跨境转账。腾讯支持的Shopee在东南亚也发展很快。除了资金的支持,中国的金融科技企业也会向当地企业派遣技术团队,借助中国经验帮助它们发展。除了中国企业,美国的亚马逊、谷歌、脸书等企业也在东南亚和南亚等国积极布局,形成了东南亚支付市场多国博弈的格局。在一些国家甚至出现了中资机构与美资机构之间在标准领域的竞争(如二维码支付)。

对于国外机构在本国开展金融业务,各国的监管机构均比较审慎,一般不希望外国企业完全控股,但蚂蚁集团、腾讯等机构在国际上有一定声誉,当地监管部门与金融科技企业都愿意与这些中国企业展开业务合作。当然,目前大部分中国金融科技企业主要是以战略入股而非大股东控股的方式在东南亚和南亚开展业务。

这种成功的合作可能有以下三点值得借鉴和总结的地方:第一,"一带一路"金融科技合作的一个重要基础是各国的共同需求。金融惠普一直都是各个国家的痛点,而金融科技则可以提供一个有效的解决方案,受到了各国欢迎。第二,由于中国已经走在了全球金融科技发展的前列,各国与中国企业合作的意愿都很强烈。第三,迄今为止,中国金融科技公司的国际合作,基本上都是在企业层面自发推动、形成的,实实在在地造福了当地居民,而且一般只参股而不控股,政治含义较低,减少了其他国家不必要的疑虑。同时,我们也发现,金融科技的国际合作其实是一个双向学习、互惠互利的过程。中国在国际金融科技合作中提供了不少有益的经验与技术,也从其他国家学到了很多好的做法。例如,支付宝最初就是从PayPal获得了灵感,国内很多金融科技模式也是从其他国家引进的,在中国得到了改进和发展。

第六节 数字支付的未来发展方向及问题

数字支付仍然是比较新的产业,未来数字支付的商业模式和性质仍会改变。目前,以数字支付为代表的这些数字金融创新大多是由新型数字金融机构推动的。下一步我国数字金融的发展可能会呈现一个新的趋势,即在新型数字金融机构持续引领创新的同时,传统金融机构可能会成为我国数字金融的主力军,甚至出现科技公司与金融机构发挥各自的比较优势、紧密合作的情形,即科技公司为金融交易提供技术解决方案,金融机构使用数字技术改善金融服务效率。从业务发展来看,数字技术将进一步与传统金融机构的商业模式、业务流程和金融产品结合。比如，大数据风控与传统银行风控结合，既可以提升风控的精准度，还能扩大金融服务的覆盖面。从业务领域来看，数字金融将从目前的数字支付、互联网贷款、数字保险扩展到智能投顾与央行数字货币等新领域。

同时，数字支付也面临一系列需要认真思考和妥善解决的问题。

首先，支付宝和微信支付的成功，很大程度是建立在各自平台海量客户的数据流基础上的，但是数据的归属问题仍然没有清晰的界定。事实上，几乎没有数字支付业务会产生正利润。数字支付在金融上的普惠性，是被各平台生态中的利润所支持的，这些利润的基础，则是海量客户的支付记录和数字足迹。如果关于数据所有权的法律框架发生变化，那么数字支付的商业模式可能随之改变。

其次，尽管数字支付显著地支持了金融普惠性的提升，数字支付也由于数据不平等带来了新的问题。2019年3月，有"末日博士"之称的纽约大学教授鲁比尼到访北京时，曾抱怨由于外国人没有数字支付账户，在北京不能方便地乘坐预约出租车，给出行带来很大不便。事实上，如果没有智能手机，不能使用微信支付或支付宝的话，城市生活会变得非常不方便，甚至很困难。常见的情况是，一些城市的商店已经不接受信用卡支付和现金支付了。因此，政策制定者和商业从业人员需要考虑解决措施，以降低数据不平等带来的负面结果。

最后，金融监管需要进一步完善和改革，从而适应以数字支付为主的数字金融的新特征。与美国和欧洲不同的是，中国的金融科技行业由一批互联网的独角兽企业占据主要地位，正是这些独角兽企业之间的激烈的竞争，成功地提升了金融科技的普惠性。但是，金融科技的发展也增加了金融监管的难度和任务。一是新的数字技术让金融风险传播的范围和速度明显增大。二是独角兽企业的垄断地位产生了一系列潜在问题。尽管潜在的进入威胁会促使已有的企业继续提供更便利、更有效的市场基础设施和更高质量的服务，然而，在数字支付垄断竞争的市场结构中，有效的消费者保护将成为值得考虑的重要问题。三是在数字技术和金融业务快速融合的情况下，这些平台机构均在追求金融业务的综合经营。而当前中国的金融监管架构，仍然是以管机构为主的分业监管模式，这种分业监管模式显然不能有效地监管追求综合经营的平台机构，反而由于监管空白导致了市场机构的监管套利。因此，一方面，监管机构应该尽快由机构监管转向功能监管，并积极利用新兴的金融科技赋能金融监管，提高金融监管的效能；另一方面，应该借鉴英国、澳大利亚等国的"双峰监管"模式，重视并加强行为监管，提高金融消费者的保护程度。

本章小结 　数字支付创造了"中国奇迹"。在短短的十几年内，数字支付在交易量、交易规模、使用人数等方面均经历了现象级的普及和快速增长。本章认为，数字支付的成功至少取决于三个因素：传统金融体系支付服务的有效供给不足；相对宽容的监管环境鼓励支持了支付创新；数字技术的快速发展。目前中国两个主要的数字支付提供商是支付宝和微信支付，在支付记录以及其他数字足迹的基础上，数字支付提供商得以建立起更加综合的数字金融生态。

中国的数字支付显著地提高了金融的普惠性与包容性。传统的金融体系更偏向为国有企业和大型企业提供融资支持，更偏向为高净值个人客户提供金融服务。相对而言，民营企业、小微企业以及普通家庭居民从传统金融体系中获得的金融服务相对不足。然而，以数字支付为代表的数字金融的快速发展，让普通居民更便捷地获得了支付、理财、保险、缴费等金融服务，让更多小微企业和民营企业通过大科技信贷获得了融资支持。本章的分析表明，以数字支付为主的数字金融，显著地改善了居民之间的风险分担，这对于中国这样一个存在大量流动人口的社会尤其重要。本章的分析还发现，数字支付也增加了居民创业的机会，从而实现了收入增长。同时，数字技术的快速发展，并与金融业务深度融合，正推动着银行、保险公司、证券公司等传统金融机构向数字化、场景化转型。

即测即评

复习思考题

1. 目前不少发展中国家均发展出了自己的数字支付或者移动货币。请收集材料了解一个国家的数字支付或移动货币（如肯尼亚的 M-Pesa），并分析我国的数字支付与其他发展中国家的移动货币（如 M-Pesa）有哪些区别。

2. 目前，人们的日常生活缴费、转账、购物、出行、社交等活动，均已经离不开数字支付。请结合自身实际，谈谈数字支付如何改变了人们的生活。

3. 金融科技的发展，会帮助人们提高抵御风险的能力。请结合本章所学内容，谈谈数字支付可以通过哪些渠道改善居民的风险分担能力。

4. 数字支付给人们带来了诸多方便，但与此同时，以数字支付为代表的数字金融也给消费者带来了不少困扰。请结合中国现实情况，分析以数字支付为代表的数字金融存在哪些潜在的问题。

5. 目前，世界上不少国家的中央银行在研究推出数字法定货币。2019 年年底，数字人民币（e-CNY）启动试点测试。你认为数字人民币对数字支付会产生什么影响？

第四章

数字时代的征信

大数据采集、存储和处理技术的发展带动了金融模式的快速扩张，移动支付、网络借贷、数字化财富管理等金融业务新模式为资金的流动提供了新的渠道，成为传统金融体系的有效补充。然而，信息不对称问题在数字化金融模式下显得尤为重要，信息不足导致的金融失信、恶性欺诈等事件的不断出现，成为制约数字化时代金融发展的瓶颈。完善征信体制是解决数字金融所面临的信息不对称问题的重要着力点。由于数字金融与传统金融在业务体量和触达人群上的巨大差异，原来服务于传统金融的征信体系无法满足数字金融对于征信的新需求。大数据处理和分析技术的进步为解决数字化时代的征信问题提供了恰当的时机。新一代个人征信体系的建立，强化了传统金融和数字金融的征信基础，为金融的健康发展和高效运行提供了基础支持。

通过本章的学习，能够了解个人征信体系的功能、各国征信体系的发展情况、中国征信体系的现状和市场化进程；掌握征信评分模型的基本原理、征信评分中的大数据分析方法、金融机构运用大数据征信改善风控的商业实践；探讨大数据征信的监管问题，如征信牌照、个人信用信息保护等问题。

第一节　征信的定义和各国征信体系发展简介

征信（credit reporting）是指依法收集、整理、保存、加工自然人、法人及其他组织的信用信息，并对外提供信用报告、信用评估、信用信息咨询等服务，帮助客户判断、控制信用风险，进行信用管理的活动。广义上的征信是指通过立法与执法、监督与管理、教育与研发等形式保障信用活动有序运行。狭义上的征信是指为防范信用风险，由独立的第三方提供信用信息服务。与狭义的征信相比，广义的征信在信用登记和信用调查的基础上，还包括了信用评级等增值业务。

一、个人信用信息和征信体系的基本功能

在金融借贷业务中，由于信息不对称，投资人面临借款人不能按时偿本付息的风

险。信贷风险的大小主要受两种类型的信息不对称影响，一种是逆向选择（adverse selection），另一种是道德风险（moral hazard）。逆向选择指投资人在借贷前对借款人的信用和财务状况缺乏足够的了解，是一种事前的信息不对称。道德风险指投资人在借贷后难以监督借款人的经营行为和偿还欠款的努力程度，是一种事后的信息不对称。这两种事前和事后的信息不对称会加大信贷风险，从而推高市场利率。征信体系则是通过信用信息的共享，降低信贷业务中逆向选择和道德风险发生的概率，减少借贷双方的信息不对称（黄卓等，2018），如图 4-1 所示。

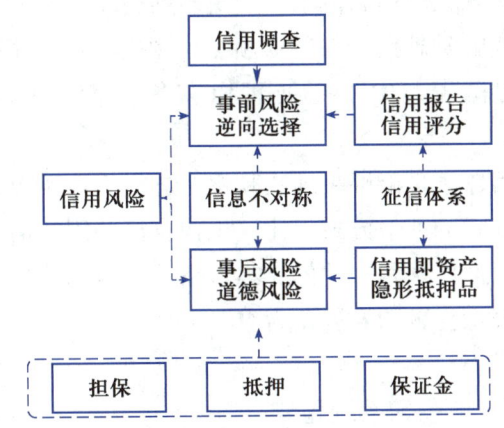

图 4-1　征信体系有助于降低金融借贷中的信息不对称

　　征信通过事前提供借款人信息、事后完善借款人评级，将信贷活动从单次博弈变成重复博弈，有效降低信息不对称。具体而言：对于贷前的逆向选择问题，征信体系提供借款人的信用历史和履约状况等各种信息，帮助提供贷款服务的金融机构降低贷前的信息不对称，避免逆向选择问题的发生。对于贷后的道德风险问题，征信体系会将违约情况及时纳入征信信息，并及时调整借款人的信用评级。不良贷款的记录将很大程度地提高借款人后续的融资成本，因此征信体系的建立与完善将有效约束借款人的行为。

　　总的来说，征信体系可以增强对借款人的纪律约束，降低借款人的违约概率，减少逆向选择和道德风险的发生。

二、征信体系在经济和金融体系中的作用

　　一个有效的征信体系有利于降低借贷成本、化解金融风险以及扩大信贷规模，从而促进普惠金融的发展，维护市场稳定，提高市场效率。

（一）降低借贷成本，促进普惠金融发展

　　征信体系是降低信息不对称和管理信贷风险的重要工具，完善征信体系有利于降低

借贷成本、促进普惠金融发展。根据联合国 2005 年的定义，普惠金融（financial inclusion）是指"以可负担的成本为有金融服务需求的社会各阶层和群体提供适当、有效的金融服务"。普惠金融的服务对象是传统金融机构未能有效服务的中低收入阶层和小微企业。然而，这部分人群大多在传统征信体系之外，信息不对称给机构带来的风险推高了这部分人借款的利率，从而导致这部分人群融资成本过高。征信体系通过降低借贷双方的交易成本，帮助贷款机构实现有效风控，促进普惠金融的发展。

完善的征信体系通过降低借贷双方的信息不对称，从而降低交易成本、提高交易效率。征信体系通过降低借款人的借款成本，使更多的优质借款人以更低的利率融资，特别是增加了一些中小企业的贷款机会与贷款额度。在征信系统允许私人注册和年轻企业可以从公共注册受益的国家，中小企业可以获得更高比例的银行贷款（Love 和 Mylenko，2003）。

同样地，完善的征信体系也能够帮助贷款机构进行有效风控，从而提高业务运行的效率。与传统的尽职调查式的征信方式相比，机构直接利用征信体系可以降低成本。从整个行业的角度而言，征信体系是一种低成本、高效的信用信息共享模式，对于促进借贷业务的扩展，特别是普惠金融的发展尤为重要。

（二）化解金融风险，维护金融系统稳定

1. 约束借款人行为，防范信用风险

征信体系通过提供信用报告和信用评分，能够有效地约束借款人行为，帮助投资者防范信用风险，进行风险管理。

征信体系的建立与完善有利于降低银行不良贷款率，这表明征信体系有助于防范金融风险。私人和公共信用机构的设立显著地抑制了不良贷款率的增加。良好的信用测度是管理信用风险的重要工具，与借款人的信用申请表中的信息相比，含有借款人的信用历史和履约状况等各种信息的信用报告和信用评分能够更全面地描述借款人的信用状况，有效地甄别贷款的风险。因此，许多信用信息系统运行良好的国家都有很低的不良贷款率。

2. 完善金融监管，降低系统性风险

建立征信体系，通过收集与分析征信主体的信用信息，可以为完善金融监管、降低系统性风险提供重要的参考依据。通常情况下，金融机构建立投资组合模型来评估贷款风险，结合借款人的信用信息之后，就可以对此模型进行修正，提高模型评估风险的能力，从而有利于降低系统性风险。研究表明，拥有良好征信体系的国家，其金融机构能够更有效地管理系统性风险和盈利（Houston 等，2010）。

此外，征信体系通过提供公开透明的信息共享平台，能够控制可能产生的银行业风险，从而降低金融危机发生的概率，维护经济稳定。现实中，征信体系帮助监管部门对金融机构进行实时监控，从而削弱债权人保护、信贷腐败等因素的消极影响。征信机构收集的内容详细、传播范围广、时间跨度长的信用信息有助于监管部门及时发现和处理

此类问题。

（三）扩大信贷规模，提高金融市场效率

一方面，完善的征信体系有利于降低借贷成本和贷款利率（Jappelli 和 Pagano，2002），从而扩大信贷规模，提高金融市场效率。在信用信息共享程度较高的国家中，信贷规模普遍扩大（Djankov 等，2007）。

另一方面，完备的征信体系有利于开展更广泛的金融业务。在征信体系覆盖率高的国家和地区，通常跨国银行在当地设立的分支机构也很多，征信体系的健全会推动金融活动高效开展。

总体来看，征信体系的健全与完善有助于降低普惠金融主体的借贷成本，帮助金融机构更有效地防范信用风险，降低不良贷款的比例，同时鼓励金融机构扩大信贷规模，推动金融活动高效开展，从而提高整个金融市场的运行效率。从宏观上来讲，征信体系是社会信用体系的重要组成部分，完善的征信体系有助于提高社会成员的信用意识，改善整个社会的信用环境，促进金融创新的健康发展。

三、各国的征信体系

目前，发达国家主要有四种征信模式：第一种是市场主导型，主要由私营机构负责；第二种是政府主导型，主要由公共部门负责；第三种是混合型，由公共部门和私营机构共同负责；第四种是会员制，主要由行业协会负责。

（一）市场主导型征信模式

在市场主导型征信模式中，私营机构是征信工作的主体。这些机构一般通过从公共部门、金融机构和消费者个人手中购买数据，然后将数据整合成征信产品，再卖给政府、金融机构和个人以达到营利目的。此时，政府并不直接进行干预，而是通过立法来依法监督民营征信机构。这一模式的代表国家是英国和美国。

市场主导型征信模式的优势在于数据来源广泛（金融机构、政府、专业信息服务公司、消费者个人等），征信产品类别丰富，能有效保障消费者权益。由于市场竞争比较激烈，私营征信机构会比较看重消费者的利益，能够有效保障消费者权益。市场主导型征信模式的劣势在于部分私营机构规模较小，容易造成过度竞争和资源浪费。同时，信息容易泄露也是其弊端之一，需要政府监管。

（二）政府主导型征信模式

政府主导型征信模式的征信主体主要由中央银行或其他政府监管部门成立的"中央信贷登记系统"构成，从政府和银行等受监管的部门收集数据，并对数据进行分析，为央行等政府部门进行金融监管提供依据。政府主导型征信模式的代表国家是法国和希腊。

政府主导型征信模式的优势在于数据质量较高，能够更好地帮助监管部门预估风险。其劣势在于数据内容比较单一，以信贷记录等传统数据为主的数据库使得信用评价比较片面，信息收集机构处于垄断地位。同时，信息披露不足的现象仍然存在。

（三）混合型征信模式

混合型征信模式由公共部门和私营机构共同负责征信，但两者开展征信的目的有所不同。公共部门进行征信一般是为了使央行或者其他监管机构更好地评估风险；私营机构进行征信则是为了向市场出售信用产品而达到盈利目的。二者各司其职，同时有业务往来，比如很多公共部门就是私营机构的数据提供者。混合型征信模式的代表国家是德国。

混合型征信模式是市场主导和政府主导的结合体，从一定意义上兼具了二者的优势和劣势：一方面，混合型征信模式下的征信市场竞争可以提高服务质量，同时公共征信部门收集的数据质量较高、安全性较好；另一方面，由于公共征信部门的存在，私营征信部门会在数据收集等方面受到一定程度的制约，无法像市场主导型征信模式下那样发展。同时，私营机构数据来源的多元化也会提高政府的监管难度。

（四）会员制征信模式

会员制征信模式主要由行业协会组成的行业协会信用信息中心进行征信，是非营利机构，向行业协会内部成员收集信用信息，通过成员义务提交的方式，将分析数据得到的信用报告与所有行业会员分享。相比中央信贷登记系统和私营征信机构，行业协会信用信息中心更像是一个行业内部的信息分享平台，服务对象也仅限于行业协会的会员。在此背景下，政府对征信机构的监管较为宽松，监管职权更多地交给行业协会，鼓励行业自律。这一模式的代表国家是日本。

会员制征信模式最大的优势在于能够增加会员之间的信息交流，减少会员独立收集信息的成本；同时，行业自律的原则也可以减轻政府的监管负担。但是，其劣势也很明显，即行业协会内的信息并不向社会公开，且行业之间缺乏信息交流，从而导致无法全面评测个人或者企业的信用程度。

总的来说，各国的征信模式都内生于各国自己的国情：市场主导型征信模式适用市场发展完善的国家；政府主导型征信模式适合商业征信机构不健全的国家，如早期的欧洲国家和现在的一些转型国家；混合型征信模式一般都是由政府主导型征信模式发展而来的，适合公共征信部门无法满足市场需求同时存在有实力进行征信的私营机构的国家；会员制征信模式则适用于行业协会实力较强的国家。

四、中国的征信体系

在我国，中国人民银行是个人征信体系中一个不容忽视的参与者，其建立的征信中心是个人征信系统最主要和最核心的部分。以下将具体阐述个人征信系统的建设历程以及信息采集和使用情况。

（一）个人征信系统的建设历程

2004 年 4 月，银行信贷征信服务中心成立，标志着央行领导和筹备开展的征信体系建设的开始。2006 年 1 月起，由央行推行的个人征信系统实现了在全国范围内联网运行，并于 2010 年 6 月开始正式对外提供服务。2011 年 2 月，为全面升级技术、产品和服务，征信系统二代建设工作正式启动。

2012 年 9—12 月，征信中心先后与 FICO（费埃哲）公司和 IBM（国际商业机器公司）合作，分别完成了个人信用评分模型开发、征信系统信息化总体架构规划等一系列相关的项目。

2013 年 3 月 15 日，企业和个人征信系统首次被明确定义为国家信用信息基础数据库的组成部分，具体细则由《征信业管理条例》进一步解释。2013 年 3—10 月，征信中心所推出的查询本人信用报告的服务先后在以北京、广东和重庆为代表的 9 个省（市）进行初步的试点工作。同年 11 月 30 日，征信中心自主研发完成第二代个人评分模型，即"个人信用报告数字解读"模型。

2014 年 1 月 1 日，针对个人信用报告进行检测所研发出来的"个人信用报告异常"查询监测系统正式投入运行。同年 9 月底，互联网个人信用信息服务平台（简称"平台"）在服务范围上实现了初步的全国覆盖。12 月 29 日，新版的互联网个人信用信息服务平台上线。

2018 年 3 月 19 日，监管部门以互联网金融协会牵头、由 8 家市场机构各入股 8%（互联网金融协会持股 36%）的形式成立了百行征信有限公司（也称"信联"）。

2021 年 2 月 2 日，朴道征信有限公司在北京举行揭牌仪式，这是继百行征信成立之后，经批准成立的第二家市场化的全国个人征信机构。

2021 年 9 月 17 日，中国人民银行 2021 年第 9 次行务会议审议通过了《征信业务管理办法》，自 2022 年 1 月 1 日起施行。

（二）个人征信系统的信息采集和使用情况

目前，个人征信系统的信息采集主要包含银行机构的信贷数据、非银机构的信贷数据和公共部门的数据。截至 2019 年年底，征信系统收录 10.2 亿自然人。

在信息使用方面，获准接入个人征信系统、查询信用报告的主体包括中国人民银行分支机构、国家金融监督管理总局、证监会和部分商业银行。2021 年 9 月 22 日，蚂蚁花呗有序接入央行征信系统。目前，花呗接入征信系统工作在逐步、有序进行。用户需要确认、签署相关授权协议，即可以在信用报告中查询到花呗的相关记录。

1. 个人征信系统信息采集

个人征信系统采集的信息主要包含三个维度——基本类、信贷类以及其他类，下面依次进行介绍。

（1）个人基本信息。个人征信系统采集的个人基本信息主要有四类，由个人与商业银行存在信贷业务时收集，四类信息包括标识信息类、身份信息类、职业信息类、居住信息类。

（2）个人信贷信息。个人征信系统采集的个人信贷信息主要有五类，由个人发生信贷活动时收集，五类信息包括贷款类信息（发放及还款记录等）、担保类信息、信用卡类信息（发卡和借还款记录）、特殊交易类信息和特别记录信息。

截至 2014 年年底，个人征信系统在全国范围内收集了大量的账户信用数据。其中，累计收集到的信贷账户记录共计有 12.52 亿个。具体地，信用卡账户记录达到了 7.99 亿个，信息量位居第一；贷款账户记录达到了 4.52 亿个，信息量位居第二，如图 4-2 所示。

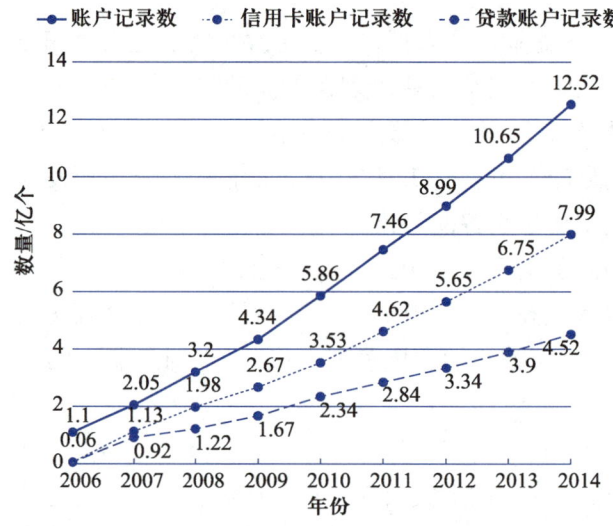

图 4-2　个人征信系统历年收录账户数变化趋势

资料来源：中国人民银行征信中心《征信系统建设运行报告（2004—2014）》。

（3）反映信用状况的其他信息。其他信息是指能够反映个人信用状况的辅助性信息，共计 80 余项具体数据。截至 2014 年年底，个人征信系统在其他信息方面采集 8 类公共信息共计 2.59 亿账户信息，这一数字占总数据量的 20.69%。在公共信息中，个人住房公积金缴存和社保状况占比居前两位，其占比总和超过了 90%。与此形成鲜明对比的是，其他几类数据量的比重均在 5% 以下。

另外，截至 2015 年年底，尽管该系统收录了 8.8 亿自然人的信息，但是，其中有信贷记录的自然人仅 3.8 亿个。如图 4-3 所示。

2. 个人征信系统信息的使用情况

近年来，个人征信系统信息的使用状况良好，接入机构的数量在逐年增加（见图 4-4）。目前已接入的机构主要是以全国性商业银行等为代表的一大批银行类金融机构和以小额贷款公司（简称"小贷"公司）为代表的一大批非银行类金融机构（见图 4-5）。同

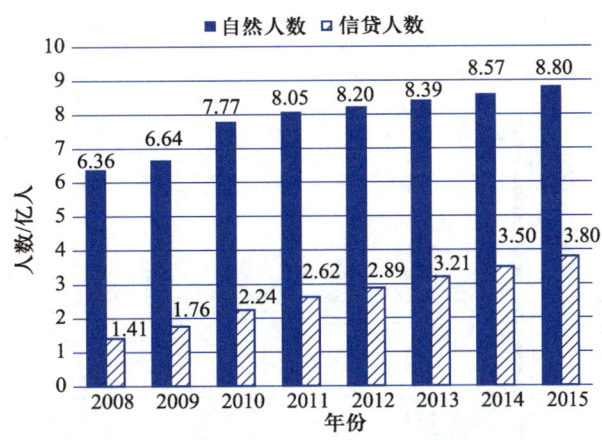

图 4-3　近年来个人征信系统收录自然人数与信贷人数

资料来源：中国人民银行征信中心《征信系统建设运行报告（2004—2015）》。

时，征信中心正在积极推动从事信贷业务的一些其他相关机构（如融资租赁相关公司等）尽可能多地接入系统。截至 2015 年 5 月底，在征信中心的不断建设下，接入该系统的机构数为 1 868 家；9 月底，该数量已上升至 2 170 家。截至 2019 年 11 月底，个人征信系统接入放贷机构共 3 693 家。

图 4-4　个人征信系统接入机构数量的时间趋势

资料来源：中国人民银行征信中心《征信系统建设运行报告（2004—2014）》。

在个人征信报告查询方面，目前只有法院和政府部门可以依法查询这些报告而无须告知被调查者或取得其同意，其余的机构都需要获得包含授权对象、授权时间、查询用途等信息的授权，查询过后的记录也会成为个人信息报告的重要组成部分。

截至 2014 年年底，个人征信系统开通查询之后，用户和机构的查询次数较多。其中，使用该系统查询的用户达 13.26 万个，累计查询次数 20.83 亿次。2019 年 1 月至 11 月，个人信用报告本人查询共 8 482.6 万次。

随着个人征信系统开通查询，个人信息主体信用报告临柜查询数量也在不断增加，自 2008 年以来呈现出逐年增长趋势。截至 2014 年年底，个人信息主体在全国范围内临柜查询个人信用报告共计 2 700 万次，2014 年全国范围内共受理临柜查询本人信用报告 1 231 万次（见图 4-6）。

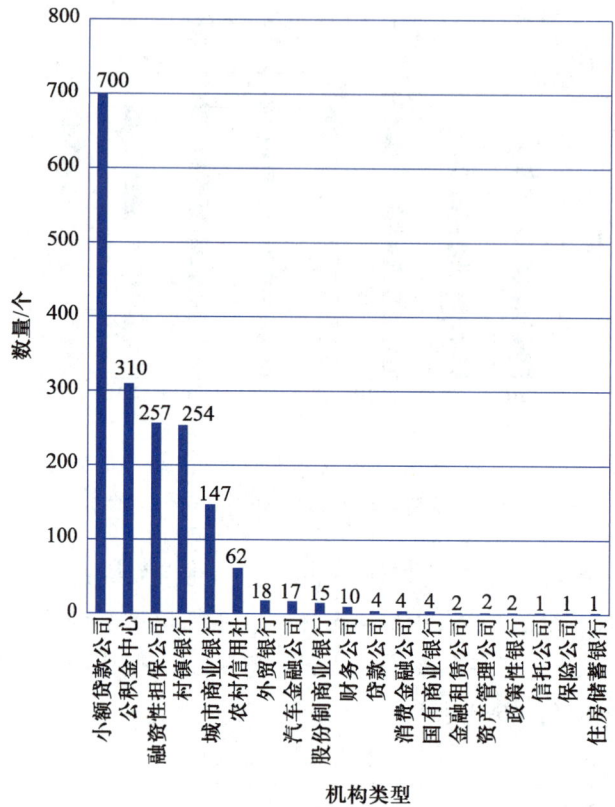

图 4-5　2014 年年底个人征信系统接入机构类型及数量
资料来源：中国人民银行征信中心《征信系统建设运行报告（2004—2014）》。

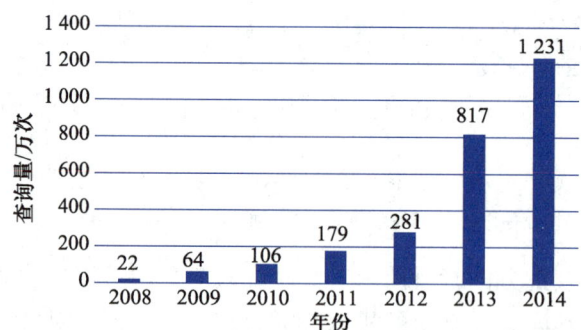

图 4-6　个人信息主体信用报告临柜查询历年查询量情况
资料来源：中国人民银行征信中心《征信系统建设运行报告（2004—2014）》。

五、数字金融时代征信的新要求和发展机遇

我国个人征信的市场发展较晚，现存发展空间巨大，发展前景广阔。随着大数据、新技术、新模式的逐步开发与运用，我国个人征信业务的发展既迎来了机遇，又

面临着挑战。

（一）传统征信不能满足数字金融发展的需求

1. 传统征信体系覆盖面不够，长尾客户需求难以满足

我国个人征信数据总量可观，但信贷数据不足，难以满足长尾客户需求。截至2017年3月底，央行收录的自然人数据在总量上可观，但信贷记录尚不足，央行个人征信系统在全国范围内共收录自然人数据9.21亿，其中4.42亿有信贷记录，这一占比不到全国总人口的1/3。其中，没有接受传统金融信贷服务的群体一般被称为"普惠金融用户"，这部分客户往往表现出和传统金融服务对象截然不同的特点——小金额、高频次、场景化。以上这些特点也就决定了传统征信体系在这一方面难以满足普惠金融的特别需求。由于缺乏信贷数据，融资需求难以满足，信贷结构的业务风险上升（如现金贷问题）。

就目前发展情况来看，我国个人征信体系建设处于一个初期发展阶段。尽管与国外相比差距较大，但是在征信技术上，得益于互联网时代的信息技术共享机制，征信机构在数据加工技术平台水平和应用端可以很快达到国际先进水平。

2. 传统征信体系数据来源单一，迫使从业主体通过其他渠道获取征信数据

传统征信系统的个人信用数据库数据种类相对较少且略显单一，主要包含以个人基本信息为代表的四类基础征信信息，具体还有贷款、信用卡和其他类的信用信息；并且范围相对狭小，数据来源、种类主要集中在金融信贷领域，显得相对单一。面对数字金融的"场景化"特点，传统征信系统的这些征信方式和收集的数据种类与之相比显得覆盖面不足。

传统征信体系数据来源单一，导致新兴从业机构短期内无法实现对接，或者缺少足够的对接积极性。从业机构在数据规范性、数据安全性等方面与央行所主导的征信体系的基础要求还存在错位，而且互联网行业的标准业务模型还没有统一，仍处于起步阶段，从业机构也很难和央行征信体系实现对接。但是，由于市场需求的存在，从业主体不得不从其他渠道获取征信数据。

3. 公共征信机构缺乏竞争，运营效率和产品丰富度有待提高

一方面，征信系统向用户收取的查询成本较高，在征信产品设计、系统使用的便捷性、系统运行效率和技术硬件升级方面还有较大的改进空间。比如，目前个人征信报告查询采用"当日申请，次日获取"的形式，对具有场景化和实时性的互联网信贷业务支持不足。另一方面，征信量化评分与场景化、个性化的增值征信产品和服务缺乏，难以满足目前国内普惠金融业务快速增长带来的多元化征信需求。

国外的公共征信机构也存在由于缺乏竞争导致效率低、信用报告价格偏高的问题。例如，美国的三大征信机构在个人信用报告提供上就存在着收费高、速度慢的问题。而美国的民营征信公司，如Credit Karma等征信创业公司，不仅提供免费的信用报告查询服务，而且可以实时地在线查询。

（二）数字金融发展为个人征信带来新的机遇

1. 数字金融迅速崛起，需求缺口倒逼征信革新

目前，我国征信市场仍处于行政主导阶段，大量数据尚未得到高效使用，但数字金融业务的爆发式增长引致巨大的征信需求，征信体系亟待革新。同时，个人征信服务市场需求扩大的另一个助推因素是准借贷业务的快速发展。随着经济和社会的稳定发展，人均收入不断提高，消费场景日趋丰富，这些因素交错影响，共同推动了个人消费文化的盛行。

2. 大数据应用为征信带来新的价值

一方面，数据数量上的增长提高了征信评价的精度。大数据通过数量的积累，提高了数据分析对质量的宽容程度。过去由于数据采集成本较高，人们大多通过抽样和截取的方式来制作样本。在大数据时代，人们有条件去获取全过程的信用数据，提高分析的准确性。

另一方面，大数据的发展促进了征信数据逐渐朝着多元化的方向发展。过去数据分析的能力相对有限，因此传统的个人征信数据主要是准确的、可量化的金融数据。大数据技术的发展将数据收集的范围拓宽到一些非金融领域，如微信、微博等社交平台数据等，通过挖掘其隐含价值，催生出数据应用的新视角与新方法。

3. 信息技术进步提升征信体系的分析和运营水平

信息技术的发展打破了数据的时空维度限制，为征信数据的储存提供了硬件保障，极大程度地降低了数据获取和处理的成本。具体而言：

第一，移动互联技术突破了空间和时间维度的限制，保证了数据的实时性。征信网络能够在全国范围采集信用信息，支持全国范围的商业银行等机构的信息服务供应，极大地提高了征信服务的便捷性。同时，在云计算、流处理和内存分析等众多先进技术的支撑下，实时分析征信数据成为可能，并可通过使用持续的增量数据来优化结果，即不仅限于信用数据采集阶段。

第二，先进的云平台等大规模存储技术为征信业务提供了硬件保障。一些大型征信机构纷纷利用云计算等各种新型的科学技术建立了庞大的数据库来进行信息的高效存储。依托于此，机构不断地采集、储存了数亿人规模的信息，最终为自身的金融活动构建了风险防控的基础设施。

第三，信息技术极大程度地降低了各个机构对征信数据进行获取和处理的必要成本。在大数据时代，通过数据挖掘技术，数据获取和处理成本大幅度下降，数据中大量存在的"小机会"此时可以累积起来，从而实现质的飞跃。机器学习和人工智能等技术降低了数据分析的成本，由机器代替人工可实现对超大量信息数据的处理挖掘和风险分析。

第二节　征信的理论模型和产品

本节阐述征信的理论模型、我国央行征信中心及美国征信机构的征信产品，介绍大数据、大数据分析方法及大数据征信在风控中的应用。其中，征信的理论模型的介绍以 FICO 评分为基础。费埃哲（FICO）是 1956 年成立的信用模型公司，旨在利用数据构建模型估算消费者信用，公司在 1989 年首次推出信用评分（FICO Score）。FICO 的业务目前涵盖全球 120 多个国家，与 5 000 多家企业有合作关系。在美国，99.9% 的用户使用 FICO 评分，美国三大征信局的信用评分都基于 FICO 模型计算而来。FICO 基于长期的金融行业经验，依靠大量的互联网行为信息和金融数据，多维度精确刻画用户行为，运用语义识别、情感分析等多项大数据技术，进行数据的多节点实时更新。

一、FICO 评分模型

（一）使用的数据

FICO 评分主要依据五个要素，即偿还历史、信用账户数、使用信用的年限、正在使用的信用类型以及新开立的信用账户。各项实际占比如下。

第一，信用偿还历史占比达到 35%。信用偿还历史包含三个方面：一是还款记录，如分析偿还贷款等；二是公开记录及支票存款记录，如破产记录、法律诉讼事件等；三是逾期偿还指标，包括逾期时长等。

第二，信用账户数占比达到 30%。具体包括每个月需要偿还的信用账户总额、分类账户数等指标。这一指标用来评测用户是否有过度用信的趋势，进而判断其信用风险。

第三，使用信用的年限占比为 15%。该指标考虑的是平均账户账龄。据调查，美国有大约 25% 的客户该指标大于 20 年，只有不足 5% 的客户该指标不足 2 年。

第四，正在使用的信用类型占比为 10%。用于评判各类产品使用情况，衡量标准为该客户的信用账户类型以及账户数量。

第五，新开立的信用账户占比为 10%。用于评判信用风险，大致分为新开立的信用账户数目及账龄、客户近期信用状况等。如果对新开立的账户及时还款，客户的 FICO 得分会提高。

FICO 评分模型基于上述五要素，得出最终评分。用户的信用分低于 600 分时，违约比例是 1/8；信用分为 700~800 分时，违约率为 1/123；信用分大于 800 分时，违约率则降至 1/1292。

FICO 评分是目前最权威、应用最广泛的评分。不过，由于大数据技术的不断进步，越来越多的科技公司开始构建自己的信用评分模型，FICO 是否能够保持一家独大的局面还需时间的检验。

（二）Logit 模型

FICO 在开发个人信用评分系统时，采用 Logit 模型。与机器学习方法相比，Logit 模型的解释性更好，能够为评分用户提供负向原因（adverse action reason）。负向原因有助于理解为什么评分用户的个人信用分较低。很多国家和地区的监管部门要求征信机构的个人信用评分必须附带评分用户的负向原因，这是 Logit 模型广泛应用的重要因素。Logit 模型的构建主要包括变量初选、变量转换、模型拟合和模型验证四个环节。

变量初选（initial variable selection）是指在建立 Logit 模型之前，先对描述信用属性的特征变量进行筛选，对筛选出的变量进一步处理后作为自变量带入 Logit 模型。变量转换（variable transformation）包括数值转换（取对数、取平方根等）、对缺失值和特殊值生成旗帜变量（flag variable）、设置变量上下限等。模型拟合（model fitting）是指通过考虑变量的实际经济含义、变量间的相关性等，将经过初选的特征变量带入 Logit 模型进行拟合。最后，从模型评分的区分度、分布与准确性三个方面对模型的样本内和样本外表现进行模型验证（model validation）。

二、 美国征信机构的征信产品

（一）基础产品

美国征信机构的基本服务涉及信用报告、信用评分和身份盗用保护（反欺诈）等方面。主要产品包括 Equifax 信用报告、Experian 信用报告、TransUnion 信用报告、FICO 信用评分、密码修改时邮件通知、反欺诈支持、日常用户 ID 网络扫描（防止用户信息在网络上售卖）等。其中，征信报告是对用户信用的整体描述。

（二）增值产品

1. 身份盗窃保护产品

身份盗窃是指在未经本人许可的情况下使用身份信息进行欺诈活动。身份盗窃保护产品可以降低用户身份被盗窃的可能性。身份盗窃保护产品是在反欺诈上的一个推进，主要提供实时监测等服务，帮助用户迅速注意到自己账号的异常，同时保险服务也使用户的损失降到最低。

2. 财富管理产品

财富管理产品可以帮助用户连接金融账户，可以 24 小时查看和跟踪用户所有的消费、储蓄和日常账户交易。例如，TransUnion 财富管理产品功能包括：邮件和手机通知重大的财务信息变化；当票据到期时，会通知用户防止产生滞留金；其余和信用评分挂钩的服务。

3. 信用监测产品

信用监测产品是征信局的一个增值类产品，主要帮助用户迅速发现自己的信用评级变化。例如，Equifax 信用监测产品会对如下情况进行警报：更改用户的个人信息，如姓名和地址；以用户的名义开设了新账户；对用户当前账户的更改；请求用户信用报告副本的企业；破产和其他公共记录信息；其他一些信用改变的情况。

三、我国央行征信中心的产品介绍

经过 10 年的发展，个人征信系统形成了两大类产品体系，分别是基础产品和增值产品体系。前者主要是基础性的信用信息，如个人信用报告、信息提示、信息概要等，后者则包含个人业务重要信息提示和个人信用报告数字解读等。

（一）基础产品

基础产品包含个人信用报告、信息提示和信息概要三种类型，其核心是个人信用报告。目前，个人信用报告根据服务对象和使用目的分为四类：第一类是为授信机构（银行为代表等）服务以获得更全面个人信用信息的银行版，同时相应包含只有该银行报送信息的异议版；第二类是针对消费者的，能够满足其本人要求的个人版以及明细版；第三类是为其他社会主体服务的社会版；第四类是征信中心版，即供征信系统管理使用的一种最全面的个人信用报告版本。个人信用报告的基本内容包括报告头等八项内容。不过，鉴于不同主体的使用目的不同，不同版本的信用报告对内容的侧重点也有所不同（详见表 4-1）。

表 4-1　新版个人信用报告的主要内容①

报告内容	银行版	银行异议处理版	个人版	个人版明细	征信中心版	社会版
报告头	√	√	√	√	√	√
基本信息	√	√	√	√	√	无
信息概要	√	无	√	√	√	√
信贷交易信息明细	√	√	√	√	√	无
公共信息	√	无	√	√	√	√
声明信息	√	√	√	√	√	√
查询记录	√	√	√	√	√	√
报告说明	√	√	√	√	√	√
备注	屏蔽他行的机构名称和业务号	仅包含本机构报送的信贷信息	基本信息仅包含婚姻状况			

---

① 资料来源：中国人民银行征信中心《征信系统建设运行报告（2004—2014）》。

（二）增值产品

增值产品是征信中心所进行的定制性分析服务，主要包括个人业务重要信息提示和个人信用报告数字解读。

个人业务重要信息提示面向授信机构用户，报送的信息均属于一些负面信息，如"新增逾期 61~90 天/90 天以上"、贷款五级分类"新增不良"，或是信用卡方面负面信息，如信用卡账户状态"新增呆账"、贷款或信用卡"新增账户"，或是"新增失信被执行人"等。

个人信用报告数字解读（以下简称"数字解读"）以个人征信系统数据为基础，并通过与美国 FICO 公司合作，建立模型进行相关分析，以精准预测客户未来信贷违约概率。这一产品用不同的分数来表示不同的违约率。分数的范围是 0~1 000 分，分值越高代表违约率越低，信用风险越小。一般情况下，高分人群的整体信用状况优于低分人群。"数字解读"旨在帮助放贷机构更加便捷地使用信用报告信息，了解客户的信贷风险状况及未来发生信贷违约的可能性。

四、大数据征信

（一）大数据

大数据是指具有不同复杂程度、以不同速度和不同模糊程度生成的大量可用数据，这些数据无法使用传统的技术、方法和算法来进行处理。大数据包括来自社交媒体的消费者驱动数据，法律、销售、营销、采购、财务和人力资源部门都能够作为大数据的提供方。

1. 另类数据（alternative data）

另类数据是指在投资者用于评估公司或投资项目的数据中，不是从传统的数据来源（如财务报表、新闻发布等）获得的数据。另类数据可以帮助投资者获得比传统数据源更准确、更快的公司业绩洞察指标。

另类数据主要包括 App 使用数据、信用卡和借记卡交易数据、电子邮件和消费者收据、地理位置数据、公共数据、卫星定位数据、社交媒体和情绪数据、调查数据、天气数据、网络数据和网络流量数据。

2. 社交数据（social data）

社交数据是社交媒体用户公开分享的信息，如用户的位置、使用的语言、图像数据及分享的链接等。社交数据仅限于用户决定公开发布的信息，如果用户不分享部分信息，就提供了一份不完整的资料。另外，社交媒体的用户不一定是真实的用户，如机器人账户。因此，仅依赖社交数据很难准确评估用户对产品和服务的真实感受。

3. 高维数据（high dimensional data）

对于高维数据，协变量（covariates）的数量可能大于独立样本的数量。高维数据无处不在，学术界和金融业界都会遇到高维数据的统计分析。大多数经典的统计分析方法处理存在少量协变量的情形，然而，伴随着现代数据存储和计算能力的进步，高维数据的统计分析已经占据了主流。在高维数据分析中，选取哪些协变量成为重要的问题，变量选择和模型选择是高维数据分析的关键。

4. 非结构数据（unstructured data）

按照数据格式和储存方式，可以将数据分为结构数据（structured data）、半结构数据（semi-structured data）、拟结构数据（quasi-structured data）和非结构数据（unstructured data）。结构数据是指明确定义模型和格式的数据，如数据库。半结构数据是指具有通常样式，可直接用于分析的数据，如表格和 XML 文件。拟结构数据是格式不稳定，但可以通过人工或使用软件工具处理的数据，如点击流数据。非结构数据是指不存在固有结构、通常以各种文件类型存储的数据，如文本文件、图像文件和音视频文件。

非结构数据的具体例子包括 Word 文档、PowerPoint 演示文稿、即时消息、协作软件、文档、书籍、社交媒体帖子和医疗记录等。非结构化数据一般在媒体中创建，如 MP3 音频文件、JPEG 图像和 Flash 视频文件等。

（二）大数据分析方法

大数据分析方法正在从各方面深刻影响和改变我们的生活。机器学习（machine learning）算法可以完成各领域专家新近完成的前沿工作。对于金融而言，大数据分析技术将改变几代人的投资方式。本部分将以机器学习为例，详细介绍大数据分析技术。

机器学习是一个研究领域，指计算机在没有明确编程的情况下进行学习。与其他实证工具不同，研究者对数据的结构没有特定的要求，而是让数据本身说话。机器学习可能发现无法使用有限个公式来表达的变化特征。机器学习产生的结果通常涉及大量的变量，以及变量之间的相关关系。

与传统数据分析方法相比，机器学习方法能够对高维空间中的非线性关系建模，分析非结构数据，可以实现分层的、非参数的复杂交互作用的学习模式，还可以通过提前停止和交叉验证控制过度拟合。

机器学习方法在金融领域中的应用主要包括预测价格、对冲、投资组合与风险管理、评价投资策略、识别结构突变和异常值、分析和处理非结构数据、信用评级和分析师预测等。

信用评级机构使用多种模型生成信用评级和投资项目的评分。信用评级的决策不是任意的，而是有一套复杂的逻辑，往往无法用一组明确的公式或一个清晰定义的过程来表达。目前，机器学习算法已经成功应用于复制大部分的信用评级机构的信用评分。

五、大数据征信在风控中的应用

大数据的出现更新了传统的征信模型和概念。大数据征信利用计算机和互联网技术，对征信活动中涉及的数据进行分析和处理，能够更全面地反映经济活动和信用信息。从国外的个人征信发展历程来看，征信原本只是一种基于信用信息提供在线方案的金融产品。后来，国际上率先引入大数据技术，对数据来源进行分类，并利用计算机进行模拟分析，达到降低信用风险、服务风险控制的目的。

随着个人征信体系的不断完善，个人信用即资产，相当于金融借贷中的抵押品。个人信用风险评估对商业银行和借款人都具有重要意义。在实践中，基于大数据征信构建风控指标日益成为主流。风控指标的构建要求匹配程度高、时效性好、数据多维，这样构建的指标比较容易理解，也容易反映个人信用的实际情况。

计算风控指标的数据来源广泛，包括企业 App 产品数据、央行征信中心数据、大数据征信企业的征信数据、电商企业网购数据等。数据提供方包括第三方合作企业、爬虫抓取的互联网数据公司与公检法的公开发布。在对原始数据进行分析前，需要将数据从多层次脱敏，保证授信用户的信息安全。构建个人信用风险评估指标体系的具体流程包括数据探索与预处理、特征工程、指标初筛、指标优化等，使用的数据处理和分析方法包括数据标准化、基本特征提取、复杂的特征构建、无效过滤、过滤优化、包容性优化等。

2021 年 7 月，中国人民银行征信管理局向 13 家互联网平台[①]下发通知，要求平台机构不得直接向金融机构提供个人信息，实现个人信息与金融机构的"断直连"。2022年 1 月 1 日起施行的《征信业务管理办法》进一步明确了对信用信息的采集、整理、保存、加工等流程合规管理，明确了征信业务的边界，加强了对信息主体的权益保护。

考虑到数字金融平台、金融科技公司等机构与金融机构合作模式的调整，央行对《征信业务管理办法》施行前未取得征信业务牌照但实质从事征信业务的机构设置了业务整改过渡期，过渡期至 2023 年 6 月底。在过渡期内，央行将加强对相关机构的业务指导，分步骤推动平稳过渡。

个人征信业务整改与互联网贷款风控密不可分，"断直连"的整改情况会直接影响互联网贷款业务的整改效果。目前，征信"断直连"的整改面临一些监管上的挑战。第一，征信"断直连"整改的体量大、涉及诸多环节，合规整改的工作量和难度较大。第二，个人数据接入征信机构的具体模式、征信信息的界定仍未完全清晰。第三，机构长时间的排队等待影响了征信"断直连"整改的效率。

关于未来的发展趋势，首先，征信机构的数量亟须扩容。大数据征信对数据提供方的合作需求较大。按照征信"断直连"的要求，征信机构是金融机构的个人信用信息来源，那么，市场上的征信机构数量不足可能影响普惠金融发展。

其次，由于客户是分层的，对征信体系实行分层管理有助于扩大征信体系的客户覆盖面。可将征信体系分为"统一征信"和"商业征信"：统一征信更多地涵盖公积金、社保、税务信息、水、电、煤、海关等官方发布的数据和金融借贷数据；商业征信更多

---

① 13 家从事金融业务的平台企业包括腾讯、度小满金融、京东金融、字节跳动、美团金融、滴滴金融、陆金所、天星数科、360 数科、新浪金融、苏宁金融、国美金融和携程金融。

地涵盖商业行为数据。

最后，从风控的角度来看，数字金融平台、金融科技公司等机构具有特定价值。数字金融平台、金融科技公司的数据量丰富，能够提高银行精准授信的能力。此外，部分数据的风控价值需在特定的场景中才能体现。例如，关于汽车消费贷，汽车金融公司可以在汽车产业链中评估和控制风险。数字金融平台、金融科技公司等在不同的场景中具有特定价值，可以帮助银行提升在各类场景中的风控能力。

第三节 数字时代的征信业监管

随着数字技术的不断发展和应用，安全有效地保护征信主体的信息是数字时代征信行业健康发展面临的重要挑战之一。征信的基础在于用户个人数据的收集。伴随着互联网的普及以及数据挖掘手段的成熟，更加多元化的个人信息被纳入征信体系，这也意味着征信主体存在隐私泄露的风险。对此，监管部门应不断加强信息保护的监管力度，推动大数据征信规范健康持续发展。

一、国外的征信监管

（一）美国

美国实行由多个部门组成的多头监管体系，旨在保护消费者权益。美国的监管也同时注重保护征信市场的自由，充分给予征信机构发展空间。

1. 联邦贸易委员会

作为主要的政府管理者，联邦贸易委员会有权对涉事机构展开调查。如果联邦贸易委员会认为这家机构违反了法律，就会让其签署一份自愿接受调查申明；如果公司拒绝，则会按照正常的法律程序对这家公司进行审理。若确认该公司违背了法律，联邦贸易委员会有权裁决中止侵害和赔偿损失；若公司不满意判决结果，也可以继续上诉。

2. 消费者金融保护局

消费者金融保护局（CFPB）隶属于联邦储备系统，其监管范围包括各类银行和非银行的、规模在 100 亿美元以上的金融中介和信贷机构。监管的内容主要包括三个方面：真实性、准确性以及问题解决机制是否有效。

此外，为了避免重复执法，CFPB 在 2012 年与联邦贸易委员会合作，签署协议，对各自的职权和相互交流做了规定。

3. 美国联邦和州立法院

联邦贸易委员会和消费者金融保护局都属于行政监管机构，而美国联邦和州立法院则按照法律对征信机构和金融机构实施司法监管。

美国的监管体系由多个部门共同负责，各有侧重而又相互补充。联邦贸易委员会侧重监管个人征信公司、信用报告协会、消费者信用提供者和使用者；消费者金融保护局侧重监管金融机构；而美国联邦和州立法院则属于司法监管部门。同时，美国还通过信用报告协会之类的组织实施行业内部监管①。

（二）法国

法国非常重视个人信息的保护问题，为此制定了一系列法律法规。其中，1978 年出台的《数据处理、档案与自由法》最有代表性。该法律对征信机构收集数据、发布报告等多方面做出了限制，规定征信机构在收集数据时必须公开其搜集资料的种类、授权、目的等。此外，征信机构向金融机构提供报告的同时也必须向信息主体提供一份报告，信息主体有权对自己的报告提出异议。为防止法兰西银行既为监管部门亦为组织者的权力过大，法国也成立了相关的机构保护信息安全。

（三）德国

德国的监管部门是德意志联邦银行，和法国类似，该银行既负责发起征信业务，又负责监管征信行业。例如，《联邦数据保护法》要求征信机构必须在信息主体同意或者法令允许的情况下才可以进行征信行为，并且对违法行为的罚金做出限定。总体看来，德国的征信法律体系已经较为完善。

（四）日本

和美国一样，日本采用宽松监管的模式。日本内阁设有信息公开与个人信息保护审查会，实际上这个机构几乎没有监管功能，只是一个咨询和仲裁机构，更多的政府监管职权分散在地方公共部门。此外，行业协会也承担着部分监管责任，协会内部一般会制定比较严格的规则，同时设有监察部门。总体而言，日本会员制的征信体系使得政府监管力度较小，更多地依靠行业自律。

二、国内个人征信监管体系和市场准入

（一）监管体系不断完善，个人征信有法可依

2013 年 2 月 25 日，《中国人民银行办公厅关于小额贷款公司和融资性担保公司接入金融信用信息基础数据库有关事宜的通知》提出了对诸如小额贷款公司等小微金融机构的准入标准。

2013 年 3 月 15 日，《征信业管理条例》明确了中国人民银行为征信业的监管部门，并制定了征信业的制度规则，有利于形成一个管理有序、征信合规的征信市场，征信机构、信息提供者以及信息使用者各方均将受益。

---

① 资料来源：《美国个人征信行业发展研究报告》，方正行业深度报告。

2013 年 11 月 15 日，《征信机构管理办法》出台。该法规作为《征信业管理条例》的配套制度，进一步明确了监管要求，并指出了未来个人征信市场的发展方向，十分清晰地指出要设立个人征信机构及相关条件。

2014 年 6 月 14 日，《社会信用体系建设规划纲要（2014—2020 年）》发布，这个具有总览性的纲要文件提出建立一个全国范围的各信息主体之间相互协调、交流、使用的信用信息共享机制，并希望通过这种共享形成一种具有基础性法律法规和标准体系的全社会征信系统。

2015 年 7 月 14 日，中国人民银行等十部门《关于促进互联网金融健康发展的指导意见》正式发布，针对我国互联网金融健康发展提出了一系列具有指导性的总体意见。该意见同样鼓励建立一个信息共享平台，并鼓励相关机构接入央行的征信数据库，放开了一定的征信业务许可。

2021 年 9 月 17 日，中国人民银行 2021 年第 9 次行务会议审议通过了《征信业务管理办法》，自 2022 年 1 月 1 日起施行。《征信业务管理办法》明确了信用信息的定义及征信管理的边界，规范了征信业务全流程，强调信用信息安全和依法合规跨境使用，提高了征信业务的透明度。

以上多项政策法规的相继出台与实施，表明了在数字金融迅速发展的背景下，国家对于尽快筹建和完善新型征信体系的重视和支持。这些法律法规为我国个人征信的发展和新型征信体系的建设提供了强有力的政治保障。

（二）我国个人征信的市场化进程

2015 年年初，中国人民银行印发了《关于做好个人征信业务准备工作的通知》，允许包括芝麻信用、腾讯征信、深圳前海征信、鹏元征信、中诚信征信、中智诚征信、拉卡拉信用、北京华道征信在内的八家民营机构为个人征信业务做好准备工作，并于年底出台《征信机构监管指引》。当时市场普遍预计八家机构中应该有数家有希望获得个人征信牌照。

然而，数字金融高速发展过程中出现了一些乱象，风险频发。2016 年国务院印发《互联网金融风险专项整治工作实施方案》，开始了持续至今的风险整治和完善监管等方面的工作。这对个人征信行业的市场化进程也产生了重要影响，八家试点机构均未获得独立的个人征信牌照。

2018 年，百行征信公司成立，这是我国第一家市场化个人征信机构。根据百行征信提供的数据，截至 2022 年 7 月 29 日，百行征信 2022 年上半年产品调用量达 16.4 亿笔，同比增长 264%，日均调用量 906 万笔，日调用量峰值突破 1 700 万笔，累计调用量超过 38 亿笔。在数据库建设方面，2022 年上半年，百行征信累计拓展法人金融机构 2 544 家，个人数据库信息主体数新增 9 343 万人，总量近 5 亿人，同比增长 124%。

2021 年 2 月 2 日，朴道征信有限公司在北京举行揭牌仪式，这是继 2018 年百行征信成立之后，经批准成立的第二家市场化的全国个人征信机构。朴道征信在股权结构上有新的特点，其中北京金融控股集团持股 35%；京东数字科技持股 25%；小米持股 17.5%；旷视科技持股 17.5%；北京聚信优享企业管理中心（有限合伙）持股 5%。可以看出朴道征信由国有机构控股，与征信相关的场景方、数据方、技术机构参股，但是股份存在差异化。

2020 年 5 月，《中共中央 国务院关于新时代加快完善社会主义市场经济体制的意见》提出"构建适应高质量发展要求的社会信用体系和新型监管机制"和"健全覆盖全社会的征信体系"。同年 12 月，国务院常务会议提出"积极稳妥推进个人征信机构准入，加大征信业开放力度。完善征信配套法规制度"。我国征信市场的发展空间巨大，但整个金融市场的发展并不均匀，应该能够容纳多家个人征信机构。我国未来应该存在一个多层次、多元化的个人征信体系。其中，央行征信中心作为公共征信机构，应该坚持国家金融基础设施的公益性，提供基础的征信服务和维护最具有权威性的基础信用数据库。多家具有不同规模和特点的市场化征信公司兼具竞争性和公益性，发挥各自的特色和优势，提供差异化的征信服务和产品，与央行征信中心互为补充。依托国内强大的征信市场需求和在数字经济、数字金融领域的技术基础，中国个人征信行业有希望达到世界领先水平。

三、个人信用信息的保护

我国尽管已逐步完善个人征信的法律监管体系，但仍有长足的发展空间。目前，我国在《征信业管理条例》中明确规定了征信领域个人信息主体所拥有的法律权利，包括知情权、同意权、异议权和纠错权等。

（一）信息主体权益保护

征信领域消费者权益主要有知情权、利用权、异议权和事前授权四种。① 知情权：消费者有权知悉信息采集、处理和查询流程与条件。② 利用权：消费者有权利用征信系统采集到的与其相关的个人信息。③ 异议权：消费者有权对征信机构采集到的与其相关的信息的准确性进行质疑。④ 事前授权：消费者有权对自身信息特定目的的采集和使用进行拒绝。在这些权利的基础上，救济作为一种内在保障而存在，不具有征信领域的权力特征，故未被纳入①。具体内容详见表 4-2。

表 4-2　征信领域中征信主体权益保护的范围界定

权利内容	知情权	利用权	异议权	事前授权
权利目标	消费者有权被告知关于其自身采集、处理和使用的条件	消费者可免费或低成本定期获得征信系统中有关本人的信息	消费者有权对个人信息数据的准确性进行质疑	消费者有权拒绝为某些目的的采集和使用数据

---

① 此处采纳了中国人民银行征信中心的曹亚廷博士建立的 IACO 四大权益保护框架，来源于 2011 年世界银行国际征信业委员会制定的《征信通用原则》中的界定。

续表

权利内容	知情权	利用权	异议权	事前授权
权利内涵	有权知悉信息采集、处理和使用的条件；信息简单易懂，易于查询、使用	可免费或低成本定期获得本人的信用报告或信用评分	有效、先进的流程处理征信异议；有权对异议信息做标注	主要服务于银行监管和信贷决策；其他用途应得到本人授权
实现途径	负面信息采集前的本人告知；征信知识的普及、宣传	一年免费提供一份本人的信用报告	一国采取统一的异议处理方法和流程	信息采集的本人统一；信息使用和用途的本人统一

（二）数字时代的征信在信息保护领域面临的挑战

"概括性授权"、数据所有权不清、数据采集范围不明以及数据存储安全问题为个人信息保护带来了潜在风险。具体而言：

第一，"概括性授权"的普遍使用留下了诸多安全隐患。概括性授权是指消费者在使用互联网服务时被要求签署一份事先的确认协议，协议中往往有这样的条款：消费者同意服务商使用其个人数据且并不限定使用途径、使用范围等条件。由于这些确认协议内容冗长、条款繁杂，消费者难以认真完全阅读，这些条款便趁机获得了消费者的"同意"，使得事前消费者无法明确自己所受到的信息保护程度，也不利于消费者维护其相关的个人信息数据权益，容易产生个人数据信息泄露等相关安全隐患。

第二，数据所有权不清，授权界限模糊。消费者在网络浏览时往往会留下很多原始数据，这成为许多互联网征信公司分析、加工数据的来源。但是，目前并没有明确这类信息的归属。如果数据的所有权问题不能解决，就无法进一步明晰授权界限。

第三，数据采集范围不明，存在隐私泄露隐患。消费者所有的上网痕迹都可能被记录下来，成为征信分析的对象，但是目前并没有法律明确限定哪些数据可以被采集、哪些数据不能被采集，因此一些私密的数据也可能在消费者不知情的情况下被服务商采集，存在较大的安全隐患。

第四，数据存储存在安全问题。互联网的迅速发展不仅使得信息传递更加便捷，也使得数据存储面临着更大的风险。如何更有效地保护海量存储信息，是所有征信企业以及监管机构需要解决的问题。

第四节 案例：百行征信

一、百行征信的成立

2018 年，中国第一家市场化个人征信机构——百行征信公司成立，主要股东及所持股份为：中国互联网金融协会持股 36%，芝麻信用、腾讯征信、深圳前海征信、鹏元征信、中诚信征信、中智诚征信、拉卡拉信用、北京华道征信这八家机构各持股 8%。百行征信与央行征信中心"错位发展、功能互补"，提供更加丰富的征信产品。

二、百行征信发展中存在的问题和未来发展

（一）存在的问题

第一，交易信息采集难度大。与央行征信中心"依法强制采集信息"相比，百行征信在交易信息采集方面面临较大难度。征信机构建设的行业协会模式的一个劣势，就是行业协会的自闭性，会员只在行业协会内部分享信息，与行业协会外的信息合作较少。百行征信的突出优势或许不是行业协会的支撑，而要突破行业协会自闭性的限制，从多渠道采集交易信息。

第二，发展的定位与边界不够明晰。百行征信的股权结构引发了市场的一个担心，即 8 家机构的业务类型和体量不同，拥有的数据量差异巨大，每家 8% 的均等股份，对于这 8 家机构所在的平台或母公司来说，如果同时开展与个人征信业务比较接近的大数据服务和风控服务，其边界应该如何把握？

（二）未来发展

1. 百行征信与央行征信中心"错位发展、功能互补"

百行征信与央行征信中心"错位发展、功能互补"，利用市场化机构的优势来纳入更多的央行征信中心未能覆盖到的个人信用数据，更灵活地在传统金融机构以外的网络借贷领域开展个人征信业务，提供更加丰富的征信产品。2022 年上半年，百行征信持续拓展运营商、支付等替代数据源，与互联网平台数据合作取得新突破。

央行征信中心与百行征信之间的市场分割可以按照两个机构的不同特点来考虑，将信息采集成本较高的个人信用市场由百行征信完成，央行征信中心保留业务体量较大、对金融稳定有重要影响的征信业务。央行征信中心与百行征信的功能互补，有望实现对我国信贷市场交易信息的全覆盖。

2. 百行征信与"八家运营个人征信机构"数据共享

在数据共享方面，有存量数据和新增数据的问题。"八家"不再运营征信业务，可以将部分存量数据通过现金交易或折算股本卖给百行征信。关于新增数据，"八家"能起到的作用有限。由于信用交易数据采集属于征信业务范畴，"八家"在没有获得征信牌照的前提下，实际上不能向百行征信提供新增数据采集的服务，百行征信可以直接向数据源机构采集数据。

采集非信用交易信息，即使是出于信用风险评估的目的，也并不是百行征信的核心工作。百行征信的核心工作是协同央行征信中心将信贷交易信息完整收集并形成征信产品。百行征信可以考虑与"八家"合作完成非信用交易信息采集工作。这种合作方式仅在外包的业务对百行征信有明确的商业价值时才有意义。例如，如果某些信息的采集

涉及大量的线下操作和人工操作，外包给更具优势的团队可能属于合理的商务决策。

本章小结

　　本章从我国现有的个人征信体系出发，分析数字金融时代背景下中国个人征信行业发展面临的挑战和机遇，深入探讨如何建立兼顾效率和普惠性，同时能够满足数字金融发展需求的新一代个人征信体系。

　　我国已逐渐建立起以公共征信为主导、结构基本齐备的多层次征信体系，中国人民银行征信中心是个人征信系统最主要和最核心的部分。随着大数据采集、存储和处理技术的迅速发展，传统征信体系由于在触达人群、数据来源、运营效率和产品丰富度等方面存在局限，无法满足数字金融发展的要求，为大数据征信带来了新的机遇，个人征信体系与数字金融场景的结合将实现征信场景应用的革新。当然，发展过程中潜在风险不可避免，安全有效地保护征信主体的信息是数字时代征信行业健康发展面临的重要挑战之一。对此，监管部门应不断加强信息保护的监管力度，推动大数据征信规范健康持续发展。

即测即评

复习思考题

1. 什么是征信？广义征信和狭义征信有何区别？
2. 征信体系如何减少金融借贷中的信息不对称？
3. 简述我国征信体系的发展历程。
4. 市场主导型征信模式的优势和劣势有哪些？
5. 征信体系对普惠金融的作用是什么？

第五章

个体对个体网络借贷的兴衰

作为一种基于互联网的借贷业务，中国个体对个体网络借贷行业在 2007—2020 年，经历了萌芽、发展、扩张、危机、消亡的全过程。本章旨在介绍数字金融个体对个体网络借贷的基本特征以及在中国兴衰的过程，并从中总结经验和教训。通过本章的学习，能够掌握个体对个体网络借贷兴起的国内外背景、在中国兴衰的过程和原因，并能从行业、企业和监管等角度总结经验和教训。

第一节　个体对个体网络借贷的概念

个体对个体网络借贷，是指通过在线服务将投资者和借款者匹配起来，向个人或企业借钱的业务模式，是 21 世纪以来的一种金融创新。这类业务主要在线上完成，根据其英文翻译为点对点（peer to peer）借贷或者 P2P 借贷。由于其业务模式既不属于传统银行的业务，也不属于非银行类金融投资机构以及保险公司的业务，P2P 借贷被视为替代金融的一种。

个体对个体网络借贷中的主要参与者为三方，即投资者、借款者和平台。其中，投资者是指资金的提供方，既可以是个人也可以是机构，也被称为出借方；借款者是指资金的需求方，可以是个人或者企业；平台是为投资者和借款者提供借贷机会的机构。个体对个体网络借贷通常的业务模式是，投资者在相应网站上搜索和浏览贷款列表，根据 P2P 平台提供的关于借款者的基本信息、信用情况、贷款金额、贷款等级和贷款用途等信息，选择他们想要投资的贷款标的。此后通过平台，投资者的资金匹配给借款者，借款者使用资金并按照约定向投资者还本付息。投资者获得利息收益，借款者获得资金使用便利，平台则可以通过分别向借款者和投资者收取服务费获得收益。

个体对个体网络借贷具有如下特征：一是交易通过网络完成，没有实体网点；二是由相应的公司提供中介服务，让投资者和借款者得以展开交易；三是投资者和借款者可能是陌生人；四是这类贷款中的大部分没有担保；五是这类贷款可以转让给他人，但并非所有的 P2P 平台都提供转让或自由定价选择。

作为一种金融创新，个体对个体网络借贷曾被认为具有巨大的发展潜力。当然，金融创新未必总能发挥正面作用，也可能造成极大风险。好的金融创新至少应具备两个方面的条件：一是满足经济对金融服务的合理需求；二是保证金融风险大体透明可控。合理需求又包含两个要素：一是借款者的融资需求合理，也就是要求融资以真实的生产、消费为目的；二是借款者的融资金额合理，也就是要求借款者具备偿还能力。风险透明可控的最大挑战同时也是金融交易的最大困难，就是信息不对称，由此引发的逆向选择与道德风险问题很容易导致金融交易的失败。

P2P 网络借贷被认为是好的金融创新，主要期望它可以通过两种机制来促进普惠金融发展：一是利用互联网技术推动直接借贷；二是推动在建立风险分担协议方面的创新。在理想状况下，P2P 借贷通过直接借贷的模式，让投资者可以直接选择借款者，让借款者可以从投资者那里以"成本价"获得资金，平台只收取少量的服务费，从而降低借贷成本；基于大数据分析的风控也为解决信息不对称难题提供了新的解决方案，进而促进普惠金融的发展。

第二节　个体对个体网络借贷的国际发展

一、欧洲

2000 年以来，随着数据收集、计算、存储、传输等方面的重大技术进步，英国率先出现了 P2P 这样的借助互联网展开的借贷和投资模式。2005 年 3 月，Zopa 在英国正式上线。Zopa 是"可达成协议区"（zone of possible agreement）的简称，意指资金投资者和借款者在这一可讨价还价的区域内协商，以约定利率、期限和风险承担等各类安排的直接借贷模式。Zopa 以多对一的方式匹配投资者和借款者，以分散风险并尽量减少任何单一借款者违约的影响。从费用角度看，投资者（出借人）需要支付贷款金额 1% 的费用，而借款者支付低廉、透明的费用来使用该平台。2013 年，Zopa 引入了基金 Safeguard 来帮助投资者挽回损失，目前所有发生的借贷均被 Safeguard 覆盖。

过去十多年来，英国、德国、法国、瑞典等国成立了各具特色的 P2P 平台，表 5-1 列举了其中被公认较有特色的 10 家公司。可以看到，欧洲 P2P 平台各有特色，每家平台都有独具特色的核心竞争力。例如，德国的 Auxmoney 以其专有算法（风控模型）闻名；Bondora 在投资端和出借端都不局限于某一个欧盟国家；Prêt d'union 通过担保债券市场来提供资金；TrustBuddy 专注做短期 P2P 贷款；Funding Circle 是全球最大的同业平台；RateSetter 的特色是引入拨备基金；MarketInvoice 是全球最大 P2P 发票融资平台；Assetz Capital 专注连接个体投资者和小型企业以及房地产开发商；LendInvest 是全球最大的房地产抵押贷款 P2P 市场；Lendico 业务则从欧洲扩展到了南非等地。总体来看，欧洲平台在风控模型、借款者选择、收入模式、国际化等方面，均各有特色。

表 5-1　10 家 P2P 平台及其特点

平台名	成立时间	国家	规模（贷款余额）	特点
Auxmoney	2007	德国	1.25 亿欧元	德国最大的 P2P 平台，开发的专有算法拒绝 80% 的潜在借款人，从而让投资者相信其借款者均为优质借款人
Bondora	2009	爱沙尼亚	2 750 万欧元	第一个泛欧洲借贷平台。由一个管理团队负责爱沙尼亚、西班牙、斯洛伐克、芬兰 4 个贷款市场和欧洲各地共 30 多个投资者市场的运作，使投资者能将投资分散到不同的地理边界
Prêt d'union	2009	法国	1.16 亿欧元	法国第一家和唯一一家 P2P 平台，使个人和机构投资者能够通过担保债券市场直接为消费贷款提供资金
TrustBuddy	2009	瑞典	不详	世界最大的短期 P2P 贷款平台，在欧洲 11 个国家运营。收入模式是基于借款人的管理费，投资者获得 12% 的投资利息
Funding Circle	2010	英国	4.19 亿英镑	全球最大的同业平台，个人可以直接向信用良好的小企业贷款。投资者通过拍卖程序选择 Funding Circle 批准的贷款，竞标他们希望借出多少钱并指定利率
RateSetter	2010	英国	3.94 亿英镑	按新发放贷款计算的英国最大的 P2P 平台，特别是引入拨备基金，该基金为贷款违约的潜在损失提供支持，至今没有一个投资者损失一分钱
MarketInvoice	2011	英国	2.84 亿欧元	欧洲最大的 P2P 平台，也是全球最大的 P2P 发票融资平台
Assetz Capital	2013	英国	5 000 万英镑	连接个体投资者和小型企业及房地产开发商的平台。模式是向投资者提供精心挑选的有形资产支持的贷款，利率由贷款专家团队决定
LendInvest	2008	英国	1.66 亿欧元	全球最大的房地产抵押贷款 P2P 市场，让普通投资者也能投资抵押贷款，最大一笔贷款达 4 100 万英镑，并成功全额偿还
Lendico	2013	德国	不详	在德国、奥地利、波兰、荷兰、西班牙和南非开展业务

二、北美洲

2006 年 2 月 5 日，Prosper 正式上线，"贷款的 eBay 模式"在美国开始运作。借款者可以在网上申请 2 000~40 000 美元的固定利率定期贷款，期限为 3 年或 5 年。2007年，LendingClub 作为第一家将网络贷款注册为证券的 P2P 平台在美国正式上线。Lend-ingClub 的无担保个人贷款金额为 1 000~40 000 美元，标准贷款期为 3 年。

2008 年的国际金融危机提高了正规金融机构发放个人贷款的风险，这给了 P2P 平台发展的机会。由于创立初期的 Prosper 和 LendingClub 对借款者资格的限制很少，金融危机背景下的逆向选择问题变得更严重，借款者违约率走高；另外，大多数贷款的期限为 3 年以上，投资者诟病这些贷款缺乏流动性。因此，金融危机引发了对 P2P 更为严格的监管。

2008 年，美国证券交易委员会（SEC）要求 P2P 平台根据《1933 年证券法》将其产品注册为证券。经过较为繁复的流程后，LendingClub 和 Prosper 都完成了美国证券交易委员会要求的注册步骤，向投资者提供由贷款付款支持的票据。LendingClub 首先完成了在美国证监会的注册步骤，此后在平台上发放的每一笔贷款都有对应的证券。由于这些证券可以在二级市场出售，流动性问题也不再突出。

此后，Prosper 和 LendingClub 的发展状况也存在较大差别。其中，Prosper 发展过程中虽经历一些挑战，但到 2020 年年底，Prosper 已经为超过 105 万人提供了超过 180 亿美元的贷款，该平台也获得了红杉资本等机构投资者的支持。而 LendingClub 曾是世界上最大的 P2P 贷款平台，其数据显示，截至 2015 年年底，通过该平台共发放了 159.8 亿美元的贷款。但是，从 2016 年起，LendingClub 经历了不少挑战。由于难以吸引新的投资者，该平台在 2016 年前几个月 3 次提高借款者利率。从当年开始，该平台的贷款也陆续出现篡改日期、实际贷款质量达不到银行要求的标准等丑闻，这导致其股价大幅下跌。2020 年，LendingClub 宣布关闭其 P2P 借贷平台。

除了 Prosper 和 LendingClub 之外，美国还有一些具有特色的 P2P 平台。例如，成立于 2011 年的 SoFi 以提供学生贷款再融资为主要业务，资助了超过 500 亿美元的贷款。Upstart 则主打人工智能贷款平台形象，大规模使用基于大数据的替代变量 FICO 信用分，为符合条件的借款者提供期限为 3 年或 5 年、金额为 1000~50 000 美元、年利率为8.41%~35.99% 的资金。除了为借款者提供可负担的信贷机会外，Upstart 也为银行提供一些助贷业务。Peerform 则由华尔街有金融和技术背景的高管于 2010 年创立，以两个经营目标为核心：一是为借款者提供一个过程快速、公平和信息透明的借款体验；二是通过严格风控使投资者有机会获得较为丰厚的回报。Peerform 的贷款对象为 FICO 信用评分高于 600 分的群体，其最高贷款额度为 25 000 美元，期限为 3 年或 5 年。为保障还款能力，借款者的债务收入比要低于 40%，此外还有其他一些信用记录要求。

加拿大的 P2P 借贷远不如美国发达。截至 2023 年 12 月，加拿大主要有三家 P2P 平台，即 Lending Loop、GoPeer 和 Reddit（r/borrow）。其中，Lending Loop 是加拿大首个面向小型企业的 P2P 平台，小型企业可在该平台上借贷高达 500 000 美元，利率为4.96%~24.93%。GoPeer 则是加拿大第一家专注于消费贷款的 P2P 平台，申请人最多可以借 25 000 美元，期限为 3~5 年。Reddit 包含一个名为 r/borrow 的子版块，主要供需要小额短期贷款但经济困难且信贷渠道有限的个人使用，其提供的贷款金额小于其他 P2P 平台的贷款金额，上限为 1 000 美元，且获得贷款的周期较长。

三、亚洲

亚洲国家中，中国和韩国是较早开展 P2P 借贷业务的国家。其中，韩国最早成立的两家 P2P 平台分别是 Money Auction（2006 年）和 Pop Funding（2007 年），但这一业务模式真正引起韩国公众关注在 2014 年年底和 2015 年年初，此时韩国在全球金融科技浪潮下成立了一批 P2P 平台，行业在一年内出现了爆炸性增长。截至 2016 年 12 月，P2P 借贷平台的累计贷款发放量从 3 月份的 724 亿韩元增加到 3 118 亿韩元。

日本 P2P 市场的快速发展是在 2015 年以后，但也遇到不少问题。根据矢野经济研究所的数据，日本的众筹市场在 2017 财年激增 50%，达到 1 090 亿日元（9.73 亿美元），其主要增长就是来源于 P2P 的发展。由于日本利率低而 P2P 平台能给予每年 6% 甚至高达 10% 的回报率，这一市场获得了迅猛发展。根据日本规范放贷业务的法律，P2P 平台被视为放贷人，为了保护债务人，平台不公开借款者信息。这使投资者无法获得足够的信息来评估借款者资质，从而导致主要 P2P 平台 SBI Social 和 Crowdcredit 均遭遇还款困难。

亚洲发展中国家 P2P 平台的发展状况和发达国家存在较大差别。其中，2016 年印度已经有了 30 多家 P2P 借贷平台，但总体来看，由于投资者较为保守或者对于这类债务融资缺乏了解，这些平台的市场份额不大，也难以扩大用户群。在运营资质方面，截至 2019 年 8 月，共有 19 家公司获得印度储备银行颁发的许可证。印度尼西亚的 P2P 借贷平台近年来则发展迅速，自 2016 年起受金融服务管理局监管。值得注意的是，印度尼西亚有数千家非法 P2P 平台，截至 2024 年 1 月，仅有 101 家 P2P 平台获得 OJK 许可。P2P 平台提供的贷款主要是针对印度尼西亚无银行账户的人口，由于存在大量非法 P2P 平台，在数据使用、催收等领域有诸多不合规的行为，导致不少风险事件发生。

四、其他地区

个体对个体网络借贷在其他国家和地区也有所发展，如澳大利亚 2012 年出现第一家 P2P 平台 SocietyOne。澳大利亚政府一直在通过其"监管沙盒"来鼓励金融科技和 P2P 平台的发展。新西兰则在 2014 年 4 月 1 日《2013 年金融市场行为法》的相关条款生效后开始批准 P2P 借贷业务，并由金融市场管理局于 2014 年 7 月向 Harmoney 颁发了第一个服务许可证。另外，巴西、拉脱维亚等国家近年来也开始发展 P2P 借贷市场。例如，拉脱维亚的借贷平台在 2018 年第二季度借出 2.718 亿欧元，截至 2024 年 5 月累计借出 118.07 亿欧元。

通过梳理国际 P2P 市场的发展状况可知，发达国家运转较为良好的 P2P 平台均有自身特色，而发展中国家的 P2P 平台则由于投资者自身素质、金融市场基础设施不足等因素，在 P2P 发展过程中存在乱象。

第三节　中国个体对个体网络借贷的发展历程

个体对个体网络借贷是中国金融科技市场的一个重要组成部分，其兴起和衰落大致经历了萌芽期、快速生长期和监管规范衰落期三个阶段。在本节中我们介绍中国 P2P 发展变化的背景与过程。

一、个体对个体网络借贷兴起的背景

中国 P2P 借贷兴起的一个重要背景，是低收入人群和小微企业的融资一直是中国金融体系的一块短板。自 2006 年以来，政府也采取了一些措施发展普惠金融，但进展十分有限，正规金融机构仍然难以满足大部分中小企业、农户和城市低收入家庭，以及 90 后、00 后等新生代在消费贷等领域的金融需求。发展普惠金融的挑战在世界各国普遍存在，但这一问题在中国尤为突出。一方面，正规金融机构在金融资源配置上偏好国有企业、大型企业；另一方面，由于长期存在的对存贷款利率的干预，金融机构无法真正做到风险定价。可以说，抑制性金融政策是中国发展普惠金融更加困难的一个重要原因。

早期 P2P 借贷在发达国家的成功发展为解决普惠金融的困难带来了新思路。具体来说，Zopa、Prosper 和 LendingClub 等平台直接挑战了银行在金融活动中的中介角色，体现了消除银行"剥削"的希望。其背后的理念是，向穷人放贷也可以是有利可图的。这与 2006 年诺贝尔和平奖获得者穆罕默德·尤努斯（Muhammad Yunus）所创建的格莱珉银行专注于向穷人发放贷款异曲同工。由于格莱珉银行的客户很穷，向他们提供的无担保贷款创造了一种模式，使穷人可以在没有担保的情况下获得贷款。P2P 借贷的业务模式为这一理念带来新的可能。

对中国而言，个体对个体借贷以及无担保贷款对于发展中国普惠金融均具有较大的吸引力。与此同时，以下五个方面的发展，也让个体对个体网络借贷成为中国借贷市场新业务模式的思路变得成熟起来。

一是 21 世纪初我国的信贷服务供给与需求仍存在巨大差距。经过 30 多年的经济高速增长，中国中产阶级规模已经接近欧洲的人口规模，居民对多元化的投资理财渠道的诉求上升。中国目前的正规金融体系虽然渗透率较高，但是正规金融体系的目标客户是少部分高净值客户而不是大部分普通客户。研究显示，中国有超过 70% 的中小企业、农户和城市低收入家庭未享受到金融服务或足够的正规金融服务。另外，对于 90 后、00 后等新生代在消费贷等领域的金融需求，正规金融体系往往也难以满足。

二是信息技术从 2000 年前后出现重大飞跃。人工智能、大数据、区块链和云计算等今天为人们熟知的名词及对应的技术，均开始出现加速发展。这使得计算机芯片、软件、存储芯片、网络和传感器等都得到改进，从而让计算机的存储和处理、分析数据能力出现爆炸式增长，进而使大数据的开发成为可能，并在此基础上成长出平台型企业等新业态。新技术、新业态的不断涌现，以及它们在中国逐渐得到的重视与应用，为发展个体对个体网络借贷提供了技术基础。

三是互联网的快速发展为网络借贷提供了较为完善的基础设施。2013 年 12 月，中国网民人数已经达到 6.18 亿，互联网普及率为 45.8%。当时可以预见的是，互联网将在中国更持续地发展。根据《第 53 次中国互联网络发展状况统计报告》，截至 2023 年 12 月，我国网民规模达 10.92 亿人，较 2022 年 12 月新增网民 2 480 万人；互联网普及率达 77.5%，较 2022 年 12 月提升 1.9 个百分点。我国网络支付用户规模达 9.54 亿，较 2022 年 12 月增长 4 243 万，占网民整体的 87.3%。移动终端的不断普及使网络借贷基础设施得以完善，显著降低了网络借贷的成本。

四是资金来源丰沛。新兴的中等收入阶层渴望获得更多的财富管理工具，他们也产生了对新投资产品的需求。与此同时，风险投资机构对个人网上借贷平台的发展持乐观态度。例如，2014 年，网贷平台平均获得约 2 000 万美元的风险投资，其中拍拍贷当年获得 5 000 万美元的风险投资。

五是金融服务数字化转型的人才、技术障碍得到克服。改革开放以来，中国高等教育获得长足进步，培养了大量高精尖人才；中国积极加入全球供应链，产业结构得以不断优化，提供了数字化金融服务的新场景。近年来金融科技公司不断增强的大数据分析能力，降低了获客成本，提供了新的风控思路，场景化精准定位、服务长尾客户的创新层出不穷。

除了上述五个方面的原因，网络借贷也与传统的民间借贷有千丝万缕的联系，民众对各类民间借贷活动的较高接受度也是网络借贷快速发展的重要社会基础。民间借贷是指借贷过程中参与各方没有以国家授权的金融机构为信用中介，而是由资金出借者直接或间接到达资金使用者。这是完全"民间"的金融活动，虽然国家有相关法律对此类行为进行约束，但其中的风险由参与者自己承担。传统的民间借贷有私人无息借贷、高利贷、合会等多种形式，它们大都是"点对点"模式，即资金由出借人"点对点"地到达借款者。网络借贷行为完全符合这样的特征，虽然有平台居间提供资金撮合，但平台不是信用中介而是信息中介，资金也是由出借人"点对点"地到达借款者。从这个意义上说，网络借贷不过是互联网技术快速发展和普及的背景下，投资者和借款者借助信息技术开展的民间借贷活动。在网络借贷模式出现之前，据张杰（2007）等学者的估计，中国近 70% 的借贷资金是通过上述各种民间非正规金融活动完成的。正因为传统民间借贷市场份额巨大，并且得到了广泛的社会认同，网络借贷这一新型民间借贷模式才得以快速发展。

二、中国个体对个体网络借贷主要发展阶段

2004 年支付宝上线常被视为中国新金融业态的开端，而 2007 年可被视为个体对个体网络借贷在我国的开端。这一年，在上海成立的拍拍贷是我国第一个直接连接放款人与借款者的借贷平台。

就发展阶段看，2007—2012 年可被视为我国网络借贷发展的萌芽期。在此期间，

红岭创投（2009 年）、人人贷（2010 年）、陆金所（2011 年）、宜人贷（2012 年）等知名平台先后成立。根据网贷之家数据，截至 2012 年年底，我国累计出现的网贷平台为 166 家，其中有 150 家正常运营，问题平台数量较少。

2013—2015 年为网络借贷快速生长期。2013 年 6 月，余额增值服务和活期资金管理服务产品"余额宝"在推出不到一周时间内，用户就超过 100 万。随着公众网上理财热情的高涨，网络借贷也从小众产品进入公众视野。这一阶段，"互联网+金融"的发展理念得到了鼓励。2014 年和 2015 年的政府工作报告均提出要"促进互联网金融健康发展"。与此相应，这两年个体对个体网络借贷平台数量激增：2014 年新增 1 991 家平台，2015 年新增 2 451 家平台，到 2015 年年底，累计出现的平台数已达到 5 121 家。

从规模来看，中国的个体对个体网络借贷经历了快速崛起。2014 年，中国 P2P 交易总额（2 530 亿元，或 380 亿美元）超过了美国（66 亿美元）和欧洲市场（39 亿美元）。2017 年，中国 P2P 交易总额达到 2.8 万亿元，而 2012 年为 212 亿元。然而，P2P 行业迅速崛起之后，随之而来的是急剧下滑。到 2020 年 10 月，所有 P2P 平台都已破产或被要求启动破产清算程序。在短短 10 年的时间里，中国 P2P 行业经历了萌芽、发展、扩张、危机、消亡的全过程。

WIND 数据显示，2013—2016 年，中国的移动支付增长了 10 倍多，从 6.6 万亿元增长到 78.7 万亿元。其他所有金融科技产品（网络市场基金、P2P 借贷、网络消费融资和网络保险）的市场规模也增长了 10 倍多，从 1.4 万亿元增长到 15.5 万亿元。2016 年年底，P2P 借贷约占个人短期贷款的 8%。

伴随行业的快速发展，也出现了大量的问题平台。虽然 2015 年 7 月十部门联合发布的《关于促进互联网金融健康发展的指导意见》标志着监管部门开始规范网络借贷业务，但一系列监管文件主要从 2016 年出台，并建立起网贷行业"1+3"（1 个《办法》、3 个《指引》）制度框架。其中，2016 年 8 月 24 日，原银监会出台《网络借贷信息中介机构业务活动管理暂行办法》（简称《办法》）。根据《办法》，原银监会会同相关部门分别于 2016 年年底、2017 年年初和 2017 年 8 月，发布了《网络借贷信息中介机构备案登记管理指引》《网络借贷资金存管业务指引》和《网络借贷信息中介机构业务活动信息披露指引》。

2017 年年底，大量 P2P 问题平台"爆雷"和"现金贷"猖獗，引发公众广泛不满，监管部门决定对 P2P 市场采取更为坚定的监管态度。当年 4 月，原银监会下属的 P2P 网贷风险专项整治工作领导小组办公室下发《关于开展"现金贷"业务活动清理整顿工作的通知》，同年 12 月再次下发《关于做好 P2P 网络借贷风险专项整治整改验收工作的通知》，标志着 P2P 网贷风险整治已成为监管工作的首要任务。从那以后，市场预期变得悲观，贷方的信任度大大降低。2018 年年中，新一轮网贷风险爆发，监管部门再次宣布推迟对 P2P 平台的备案。2018 年，有超过 900 家平台成为问题平台。

2018 年 8 月，监管机构发布《关于开展 P2P 网络借贷机构合规检查工作的通知》，并附《网络借贷信息中介机构合规检查问题清单》（共 108 条），正式启动行业合规检

查。按照监管要求，网贷机构将按照"1+3"框架，对资金池、自筹资金、支付、信息
披露等进行重点检查。该清单列举了合规检查重点关注的内容，如是否违反禁令、违反
法定义务和风险管理要求、未履行对投资者和借款者的保护义务、违反信息披露要求、
关键领域违反监管要求，以及其他违反有关法律、法规和监管规定等。2018 年 12 月，
P2P 网贷风险专项整治工作领导小组办公室发布了《关于做好网贷机构分类处置和风险
防范工作的意见》（简称"175 号文"），针对 P2P 网贷机构的风险状况进行有效分类，
并明确了一一对应的分类处置方案。2015—2018 年与网络借贷相关的法规如表 5-2
所示。

表 5-2　2015—2018 年与网络借贷相关的法规

日期	法规名	文号	发布部门	主要内容
2015 年 7 月 4 日	《国务院关于积极推进"互联网＋"行动的指导意见》	国发〔2015〕40 号	国务院	促进互联网金融健康发展，提升互联网金融服务能力和普惠水平，鼓励互联网与银行、证券、保险、基金的融合创新，培育一批互联网金融创新型企业
2015 年 7 月 14 日	《关于促进互联网金融健康发展的指导意见》	银发〔2015〕221 号	中国人民银行等十部门	明确网络借贷机构的信息中介性质；规定网络借贷业务由银监会负责监管
2016 年 4 月 12 日	《互联网金融风险专项整治工作实施方案》	国办发〔2016〕21 号	国务院办公厅	重点整治 P2P 网络借贷和股权众筹业务、通过互联网开展资产管理及跨界从事金融业务、第三方支付业务、互联网金融领域广告等行为
2016 年 4 月 13 日	《P2P 网络借贷风险专项整治工作实施方案》	银监发〔2016〕11 号	原银监会等十五部委	摸底各地经工商登记注册的网贷机构，互联网企业与银行业金融机构合作开展业务情况；整治和取缔互联网企业违规或超范围开展网贷业务，以网贷名义开展非法集资等活动
2016 年 4 月 13 日	《开展互联网金融广告及以投资理财名义从事金融活动风险专项整治工作实施方案》	工商办字〔2016〕61 号	原工商总局等十七部门	规范互联网金融广告及以投资理财名义从事金融活动的行为，防范和化解潜在风险隐患
2016 年 4 月 14 日	《通过互联网开展资产管理及跨界从事金融业务风险专项整治工作实施方案》	银发〔2016〕113 号	中国人民银行等十七部门	专项整治具有资产管理业务相关资质但业务不规范、未取得金融业务资质但开展金融活动、具有多项金融业务资质，综合经营特征明显的互联网企业
2016 年 8 月 17 日	《网络借贷信息中介机构业务活动管理暂行办法》	银监会令〔2016〕1 号	原银监会等四部门	网络借贷限额的规定、网贷机构的禁止行为、信息披露要求、出借人的义务等
2016 年 11 月 28 日	《网络借贷信息中介机构备案登记管理指引》	银监办发〔2016〕160 号	原银监会等三部门	规定经营范围、公示、法定代表人承诺、备案内容、ICP 许可、银行存管、最终期限等信息；补充《暂行办法》相关规定

续表

日期	法规名	文号	发布部门	主要内容
2017 年 2 月 23 日	《网络借贷资金存管业务指引》	银监办发〔2017〕21 号	原银监会普惠金融部	通过银行存管实现用户资金和平台的隔离；提高网贷平台门槛、要求平台至少须有百万左右的成本
2017 年 6 月 29 日	《关于进一步做好互联网金融风险专项整治清理整顿工作的通知》	银发〔2017〕119 号	中国人民银行等十七部门	做好严格准入或备案管理；确保整治期间辖内互联网金融从业机构数量及业务规模双降；逐步压降机构存量不合规业务至零，不得新增不合规业务
2017 年 8 月 25 日	《网络借贷信息中介机构业务活动信息披露指引》	银监办发〔2017〕113 号	原银监会普惠金融部	网络借贷信息中介机构及其分支机构须向社会公众公示网络借贷信息中介机构基本信息、运营信息、项目信息、重大风险信息、消费者咨询投诉渠道信息等相关信息
2017 年 12 月 13 日	《关于做好 P2P 网络借贷风险专项整治整改验收工作的通知》	网贷整治办函〔2017〕57 号	P2P 网贷风险专项整治工作领导小组办公室	做好辖内存量网贷机构的整改验收与备案登记工作，引导行业回归信息中介本质，坚持小额分散功能，定位线上经营模式，建立合理定价机制
2018 年 3 月 28 日	《关于加大通过互联网开展资产管理业务整治力度及开展验收工作的通知》	整治办函〔2018〕29 号	互联网金融风险专项整治工作领导小组办公室	规范和整治互联网资产管理业务；明确资产管理业务为金融业务，须纳入金融监管；未经许可依托互联网发行销售各类资产管理产品属于非法金融活动

2019 年后，监管部门一直延续严格的监管态势。2019 年 1 月，互金整治办、网贷整治办向各省市互金整治小组办公室下发了《关于进一步做实 P2P 网络借贷合规检查及后续工作的通知》（简称"1 号文"），宣布将于 2019 年一季度开始，开展合规检查工作以及整改效果的验收检查。2019 年第三季度，互联网金融风险专项整治工作领导小组和 P2P 网贷风险专项整治工作领导小组联合召开网络借贷风险专项整治工作座谈会。会议指出，整治工作将继续严格落实降机构数量、降行业规模、降涉及人数的"三降"要求，在合规检查、接入系统、数据核验等工作基本完成的基础上，将整改基本合格纳入监管试点，包括动态监测和穿透式监管，加大良性退出力度。到 2020 年 11 月，原银保监会宣布，互联网金融风险大幅压降，全国实际运营的 P2P 网贷机构到当年 11 月中旬完全归零，标志着中国的 P2P 借贷市场实际上已经消失。

本节用 3 张图来描述和记录这一兴衰历程。图 5-1 比较了 2012—2019 年累计运营平台数和正常运营的平台数量。可以看到，到 2012 年年底，我国累计出现的网贷运营平台为 166 家，其中有 150 家正常运营，问题平台数量较少。从 2013 年起，问题平台和累计运营平台数均开始加速出现。2013 年累计运营平台数为 679 家，而到 2014 年累计运营平台数就达到了 2 670 家，2015 年更是达到了 5 121 家。但是，从正常运营的平台数来看，2015 年达到正常运营平台数量的巅峰 3 433 家，此后逐年下降到 2016 年的 2 448 家、2018 年的 1 073 家，以及 2019 年的 344 家。到 2020 年年底，正常运营平台基本清零，也就是说，到 2020 年年底这一市场基本消失。

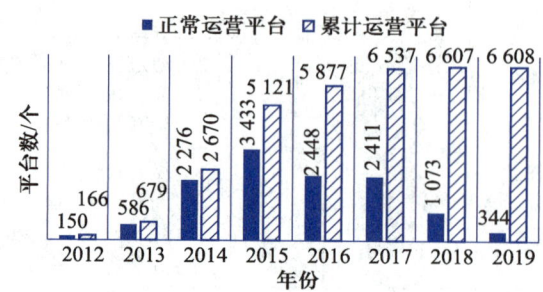

图 5-1 正常运营平台数和累计运营平台数

资料来源：根据公开资料整理。

与平台数量变迁态势类似的是网络借贷的交易规模。图 5-2 展示了 2014 年以来的月度新增交易额。可以看到，随着时间的推移，最初月度新增交易额存在爆发式增长，从 2014 年 1 月的月度新增 117 亿元到 2017 年 7 月的 2 540 亿元，投资者对这一市场投入了极大的热情。于是，我国网贷交易余额在 2014 年已经跃升至世界第一，达 2 530 亿元（约合 380 亿美元），超过了美国（66 亿美元）和欧洲（39 亿美元）；而在巅峰时期的 2017 年，网络借贷年度交易总额达到 2.3 万亿元。此后则开始走下坡路：到 2019 年 12 月，月度新增为 428 亿元，回到了 2015 年年初的水平。

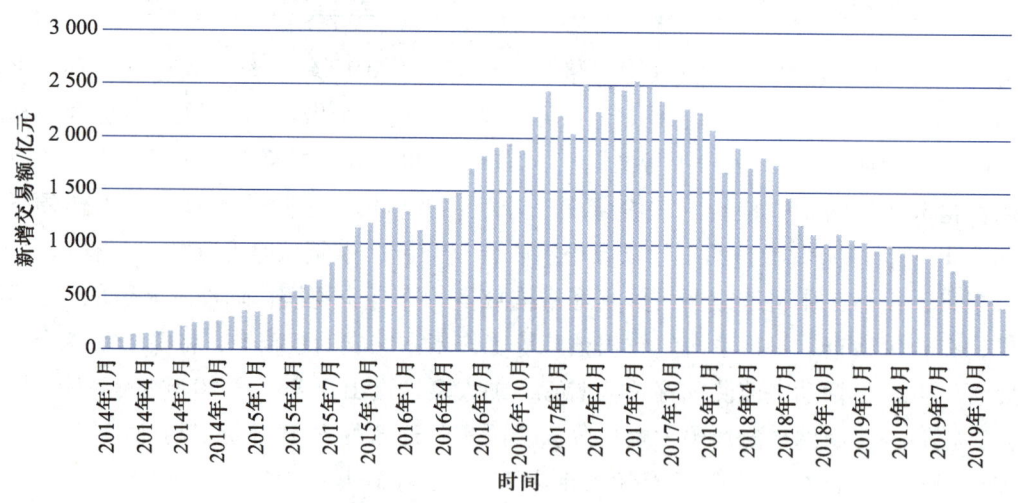

图 5-2 网络借贷月度新增交易额

资料来源：根据公开资料整理。

第三张图考察个体对个体网络借贷兴衰的视角是媒体情绪。在这 10 多年的网络借贷发展进程中，媒体不仅见证和报道了潮流方向的变化，在一些时候还领先于事件的发生。黄益平等（2018）收集了从 2013 年 1 月到 2019 年 10 月间约 1 800 万条经济和金融新闻大数据，并从媒体关注度和新闻文本情绪指数这两个维度来展现媒体对中国金融科技市场的媒体报道净情绪。若该指标大于1，表明积极情绪新闻的比例高于消极情绪新闻的比例，若该指标小于1则反之。可以看到，在余额宝上线之前的大部分时间，新闻文本情绪的主流是负面情绪。但是，从2014年下半年起，媒体对于互联网金融的情绪逐渐升温，截至2015年12月，每周净情绪指数基本呈上升趋势。e租宝事件虽然是负面新闻，但情绪指数此后又有回升，表明媒体对e租宝事件的解读，更倾向认为该事件是个例。此后，对互联网金融的热潮开始消退，2016年8月《网络借贷信息中介机构业务活动管理暂行办法》发布后，媒体对于互联网金融发展的态度较为悲观。如图5-3所示。

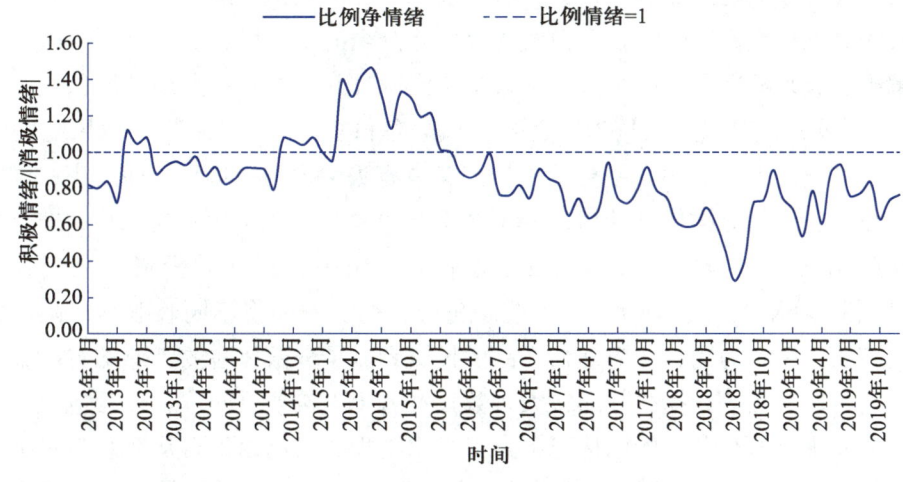

图5-3 2013—2019年金融科技新闻文本情绪指数

资料来源：根据公开资料整理。其中，比例净情绪=积极情绪/│消极情绪│。

第四节 个体对个体网络借贷衰落的原因

一、个体对个体网络借贷的异化

要理解P2P兴衰的历程，就需要理解其业务模式如何从个体对个体信息中介这样一个理想状态，逐渐异化成信用中介乃至庞氏骗局的历程。本节介绍P2P行业在此十余年的发展变化。

最早成立于2007年的拍拍贷采用的是网上直接借贷的业务模式。作为纯粹的信息中介，该平台上的所有交易都在网上完成，平台也部分承担借贷过程中产生的种种风险。2009年，红岭创投在深圳成立，开启了对投资者的资金作担保或者兜底、以保障投资者资金安全的模式。2010年，3名毕业于北京大学和清华大学的80后创办了人人贷，其业务重点是针对具有较好发展潜力的人群发放贷款。到2012年，不同所有制、不同背景的P2P平台相继涌现，如宜信旗下的宜人贷、平安集团旗下的陆金所、国家开发银行旗下的开鑫贷等。

但是，P2P 平台运营过程中逐渐出现一些问题。就业务模式来看，最早成立的拍拍贷采取真正的点对点直接借贷，拍拍贷不参与借贷双方的资金往来，不承担违约风险。这一模式遇到的瓶颈是投资者出借意愿不高、规模增长缓慢。从金融基础设施来看，大批个人和中小企业都没有完善的征信记录——截至 2015 年年末，有信贷记录的自然人为 3.8 亿，有信贷记录的企业为 577 万户。一方面，没有征信记录的借款者违约成本低，会影响风险自担的投资者的出借意愿；另一方面由于直接投资渠道较为有限，居民缺乏有效投资工具，投资者习惯于刚性兑付而不愿承担风险。大多数投资者认为，P2P 项目与银行存款和理财产品类似，平台必须确保自己拿到预期的本金和利息。因此，本质上由投资者承担全部风险的投资模式难以保障资金的稳步增长。

为解决资金来源问题，网络借贷平台演化出两种新模式：一是以红岭创投为代表的"全兜底"模式；二是以人人贷为代表的"风险备付金+组合产品"分散风险的"半兜底"模式。在全兜底模式下，平台给出稳定又具有吸引力的平均年化回报率，同时为不同级别的投资者提供分类保障计划，如 VIP 会员可享受本息全额垫付保障，非会员的本金垫付保障为 50%。当借款者不能按期偿付时，由平台担保向投资者完成兑付。在"半兜底"模式下，平台一方面设立风险备付金，另一方面将不同收益与风险的标的拆分打包，相当于平台为购买相应理财产品的投资者做了分散风险的资产配置。如果风险定价总体上可以覆盖违约损失，那么大多数投资者可以按期收回本金和相应收益；在资产配置未能实现完全分散风险的情况下，一旦出现损失，则由平台从风险备付金中拨出一部分偿付投资者。"半兜底"模式成为大部分平台采用的业务模式，在实践中帮助平台拓展了业务规模，扩大了利润空间，但代价是将借款者逾期、违约等相关信用风险全部或者部分集中到了平台自身。

拆标打包模式带来了三个新问题：第一，对投资者的专业能力、时间、精力要求高。由于借款期限常为 24~36 个月，等额本息是最为常见的还款方式，投资者不仅要决定是否借贷给无数细分标的，还要为一笔投资带来的多次、陆续还款再次做决策。第二，如果按照拆分的细标和分期付款支付，一笔仅 100 元的出借可能会衍生出数百乃至上千次小额支付行为；而 P2P 平台多为没有支付牌照的互联网背景企业，小额海量支付成本高昂。第三，投资者往往倾向投资较短期限的标的，而借款者希望借款期限较长，因此投资者与借款者的需求存在期限错配。平台要实现快速拆标打包，就需要有大量投资者和借款者以实现对多样化需求的快速匹配，但大部分平台的投资者和借款者数量有限。

作为解决上述问题的工具，自动投标、资金池、滚动募资开始进入公众视野。为提高资金使用效率和投资收益、方便投资者管理出借期内的回款，平台为投资者提供了自动投标，即投资者可以选择在标的满期或者还款到账后，由平台自动帮助做出投标的安排。为降低支付成本，平台将同一投资者或者借款者在一段时间内的若干笔支付合并成一笔，再分别支付给投资者或者借款者，这样就出现了资金池。此时，投资者只需将自己的投资一揽子支付给平台，平台再将资金按标的汇集支付给借款者。这样，投资者不需要多次决策，从而大幅降低了支付次数。至于期限错配问题，网贷平台则通过如下居间服务来解决：当原投资者需要流动性的时候，就在平台示意要转让债权；经过平台撮合，新投资者受让原投资者持有的借贷债权，并获得其后的债权收益。如果转让成功，原投资者可以实现退出，否则就需要持有债权直至到期，这就形成了滚动募资。

自动投标、资金池和滚动募资的出现，将个体与个体的直接借贷关系转化成借贷双方分别与平台的支付关系。至此，投资者与借款者之间的现金流不再穿透，投资者自担风险不再可行，平台业务模式就逐渐由点对点居间服务转化为平台为投资者提供固定收益、平台为相关风险提供担保的模式。

在鼓励互联网金融创新的大背景下，2014—2015年，各地政府提出了不少鼓励网络借贷发展的措施，这为网络借贷爆发式增长提供了土壤。网络借贷平台从信息中介异化为信用中介的过程变得更为普遍，平台经营策略也向重流量、轻风控方向转变。这具体表现在以下三个方面：第一，平台对资金采取来者不拒的态度，对投资者的适当性甄别不足。根据网贷之家的调查，2017年网络借贷投资者至少有40%在40岁以下；八成投资者月收入在1万元以下，三成以上投资者月收入不超过5 000元。第二，网络借贷行业进入门槛低，导致大批平台涌入。平台重快速扩张、轻风控的经营策略，导致不少不合格的借款者获得资金。第三，出现重复借贷和多头借贷。

总结上述发展历程可知，在外部竞争加剧、内部获客成本高等因素的推动下，不少网络借贷平台的业务模式逐渐由做纯信息中介，转向做好风控、赚取贷款利差的信用中介，部分平台进一步异化成通过借新还旧的"庞氏骗局"模式来维持运营、赚取利润。

二、个体对个体网络借贷为什么不可持续

中小企业和个人"贷款贵、贷款难"，主要是因为信息不对称导致正规金融机构从中识别合格借款者的成本较高。正规金融机构的业务对象主要是前20%的优质借款者。对网络借贷平台来说，正规金融机构供给不足为其提供了巨大的发展空间，但如何从后80%的借款者中遴选相对优质借款者、给出合理风险定价，则是它们面临的主要挑战。

无论是线上贷款还是线下贷款，都不能忽略向中小微企业和个人贷款的信用风险，这些风险包括事前的逆向选择风险（资质越不好的借款者越倾向于借款）和事后的道德风险（获得贷款后倾向于不偿还贷款）。在传统的金融体系中，逆向选择主要通过事前的尽职调查和适当的审批来管理；应对事后的道德风险，则有担保、抵押品和风险保证金等方式。

随着互联网的快速发展，人工智能、大数据等新技术为应对信用风险带来了新的希望和新的对策。不仅大数据风控为解决事前逆向选择风险提供了新途径，新技术也为贷后管理提供了新的手段。例如，以汽车为抵押的网上贷款就是这样一种安排。借款者可

以将汽车作为贷款抵押品，但办好相关手续后即可驾车离开，平台将使用 GPS 跟踪汽车。如果车主不还贷款，平台仍然可以找到汽车。通过这种方式，平台节省了存储车辆的成本，车主可以继续使用车辆，即使它已经被用作抵押品。因此，数字技术有潜力减少信息不对称，并减轻信息不对称带来的不利影响，从而以更低的成本连接借款者和投资者。

然而，金融创新需要一些先决条件才能充分发挥作用，但在中国，这些先决条件尚未被满足。

（一）数字基础设施不成熟

中国发展网络借贷的数字基础设施至少在四个方面不成熟。

第一，作为发展中国家，中国的网络借贷是在金融抑制仍然比较严重的情况下实现快速扩张的。2015 年美国的人均 GDP 约为 5.6 万美元，约为英国人均 GDP 的 1.3 倍、德国的 1.4 倍；同期美国消费贷的人均交易额达到 2.8 万美元，约为英国的 2.9 倍、德国的 4.3 倍。中国则属于"未富先网贷"。2015 年中国的人均 GDP 约为美国的 15%，然而中国网贷借款者的人均网络筹资额却高达 3 万美元。虽然 2016 年和 2017 年，由于借款项目数的增长速度超越了行业规模增长的速度，导致人均借款额有所下降，但仍然与不少发达国家的人均消费贷水平相当。

第二，从借贷结构来看，沈艳和李苍舒（2019）将主要网络借贷结构模式概括为美国模式、英国模式和中国模式。其中，美国模式是少量的机构投资人对多数借款者的模式，即美国网络借贷市场的投资者以机构投资人和具有雄厚资金实力的合格投资人为主，2016 年其最低比例为 53%，最高比例超过了 90%。美国市场的借款者以个人为主，借款的主要目的是偿还信用卡或者其他已有债务的周转，网络借贷成为新债务的比重较低。

英国模式则是以大量个体投资者对应大量中小微企业借款者。从投资者结构来看，2017 年英国网络借贷投资额的 70% 来自个体投资者，30% 来自机构投资者。从借款者角度来看，2015 年英国 P2P 市场给中小微企业的贷款为 1.49 亿英镑，消费者贷款为 0.91 亿英镑，即企业贷款占 62%。

中国网络借贷结构则是借贷两端都以自然人为主。2017 年借贷总人数已经接近 4 000 万，为 2016 年人数的 2.6 倍，并超越投资者的数量；并且借贷在大批习惯于刚性兑付的年轻投资者和大批收入较低的年轻借款者之间发生。从借款端看，网贷之家对数家消费金融头部平台的抽样调查显示，超过八成的借款者年龄为 20~40 岁，月收入 4 000 元以下的超过 50%。

第三，英美两国都有较完善且相似的征信系统，其中美国征信分 FICO 主要由 Experian、Equifax 和 TransUnion 根据 FICO 公司提供的算法，各自采用有差异的数据构建，英国则由 Callcredit、Equifax 和 Experian 来构建类似的信用评分。因此，英美两国判断个体借款者资质的成本较低。比如，美国 Prosper 的借款者中 80% 的 FICO 分都在 680 分以上，LendingClub 的贷款也集中在优质个体借款者这一群体。与英美两国相比，中国的征信体系不发达，央行征信系统中有信贷记录的人数在 2015 年仅为 3.8 亿，且网络借贷平台一直不具备接入央行征信系统的资质。因此，网络借贷平台判别借款者信用状况的成本较高；而借款者逾期还款或者恶意赖账的信息不能纳入征信，违约成本相对较低。

第四，和英美等发达国家相比，中国在网络借贷金融统计方面还比较落后，缺乏全面细致的相关金融统计。英美两国对投资者中自然人和机构投资人的占比、企业贷和消费贷的占比、借款者资质、借款用途等，逐年都有较为详尽的统计。例如，统计显示，英国小微企业从 P2P 获得的贷款已经达到银行贷款规模的 15%。中国 P2P 在发展过程中，始终缺乏官方统一的统计口径，更没有可以和国际接轨的统计指标。

（二）业务模式的商业不可持续性

业务模式的商业不可持续性是中国 P2P 走向衰落的根本原因之一。如果平台确实具有强大的数据分析能力和风控能力，那么网络借贷的风险或可缓释。但是，大部分网络借贷平台缺乏有效的贷前、贷后风控和数据分析能力。由于网络借贷平台不能调用央行征信系统的数据，贷前"风控"最多收集一些简单的个人信息，贷后又缺乏合规的催收办法。换言之，由于信用信息缺乏，借款者进入门槛低，出现大量信用不良的借款者或者多头借贷现象，由此可能引发信用风险；网络借贷投资门槛低，投资者相信刚性兑付且承担风险能力低，在出现不利消息时容易因恐慌而挤兑，若平台的资金处于期限错配，可能导致流动性风险；平台运作不合规，一些线上"回租""回购"模式的实质是将消费金融、租赁等传统业务与网络借贷糅合在一起的违规操作，存在被监管部门取缔的合规风险；此外，还存在平台被黑客攻击或客户隐私信息被平台泄露而引发操作风险，以及网络借贷算法采用类似模型导致加剧顺周期波动而产生市场风险；等等。

就业务模式的商业不可持续性，李苍舒和沈艳（2018）的实证研究提供了相应证据：通过对 P2P 风险事件前后风险传染的研究，他们发现问题平台与正常运营的平台有很大差距，问题平台出现的最核心的原因还是其商业模式不可持续，并非无法事先预料的风险传染。商业模式不可持续的 P2P 业务带来了短期繁荣，但无法避免长期难以维系而最终走向衰落和衰亡的结局。

（三）监管态度从包容到严格

对金融创新的有效监管是识别金融创新商业模式是否可以持续的重要因素。与欧美等发达国家相比，中国对 P2P 的监管经历了前期十分包容而后期严格的历程，但欧美等国在业务出现之初就采取了严格的监管态度。

2008 年国际金融危机后，美国对网络借贷平台采取了非常严格的监管，其严格程度至少和对银行的监管相当。2008 年以后，美国网络借贷平台主要采取两种运营模式：

一种为直接借贷（direct lending），平台从机构投资人或者合格投资人处获取资金后直接投给借款者；另一种为平台借贷（platform lending），由第三方银行为每一笔贷款发行一份证券，对平台进行债权转让，而平台实际担任证券承销商的角色，再将证券卖给投资者。① 对于直接借贷，美国要求网络借贷平台在哪个州开展业务，就需要获得该州的经营牌照并遵守该州与借贷相关的各种法律。对于平台借贷模式，则应接受证监会的监管。

在英国，从 2014 年 4 月起，主要是行为监管局（Financial Conduct Authority，FCA）承担对 P2P 行业的监管，该局要求网络借贷平台需要持牌经营。在 FCA 接手之前就已经在运营的平台，可以凭持有的公平交易办公室牌照（office of fair trading，OFT）临时开展业务并重新向 FCA 申请牌照。FCA 成立后的平台则必须获得 FCA 发放的牌照才能运营。同时，英国 P2P 行业协会（P2PFA）在市场发展中也发挥了较为活跃的作用。另外，英国模式提出了用"监管沙盒"来测试创新产品的机制，这一机制可以在创新和防范风险之间做出较好的平衡。

与英美两国相比，在网络借贷发展的初期，中国采取非常宽松的监管态度。2007—2015 年，监管部门对网络借贷没有明确的监管文件，既不表态 P2P 必须做信息中介，也不说 P2P 不能做信用中介；既不设定资质要求，也不发牌照，直到 2015 年 7 月才明确网贷平台的信息中介定位，但也没有提出这样的定位的具体条件和要求。

监管态度的模糊，让 P2P 平台持续了野蛮生长的态势。为了发展业务，许多 P2P 平台开始做各种增信，从资金池到各种担保、兜底，形成了普遍的额度转换、期限转换、风险转换，实际就是做成了类银行的信用中介，将风险集中于平台自身。对于违约的借款者，要么野蛮催收，要么完全不催收，只是通过快速扩大资金周转量来维持平台的运转，这就不可避免地走向"旁氏骗局"：只有吸引越来越多的资金，平台才能正常运行；为了吸引更多的资金，甚至提供投资担保和虚假承诺。

2015—2017 年建立起的监管框架主要集中在三个方面：一是信息中介定位。如果严格执行信息中介定位，要求平台放弃增信措施，那么绝大部分平台都不可能合规。二是虽然后续确认了银保监会与地方政府共同承担监管的责任，但职责如何分工仍然不够清晰。三是备案制，即便定位为信息中介，监管部门也应该设立统一的准入门槛，发放牌照，但是备案标准迟迟不能公布，同时整改截止期限一推再推。

也就是说，在 P2P 行业经历了近 10 年的野蛮生长之后，逐渐明确的合规条件是绝大多数平台根本无法满足的。大量资金从 2018 年年初开始流出，并在年中达到了高峰，但是因为投资者无从识别平台的质量，所以资金流出就成为一个系统性的问题。由于越

---

① 以 LendingClub 为例：虽然借款者和投资人在 LendingClub 平台直接进行借贷交易，但是实际执行过程如下：a. 借款者向 LendingClub 提出借款申请，平台向 Web Bank 要求相应票据。b. Web Bank 将承兑票据转让给 LendingClub，而 LendingClub 则为 Web Bank 提供由投资人提供的资金。c. 平台向投资人发行一个独立的票据。d. 借款者偿还贷款，平台来支付给投资人作为投资回报。因此，投资者投资的是一个收益权票据，平台则收取一定的服务费用。

来越多的新的问题平台都是历史比较长、规模比较大的平台，基本上已经宣告行业的死亡。

（四）媒体扮演的角色

对于 P2P 这样的未成熟的金融市场，信息透明度对投资者的财务决策至关重要。由于监管不够完善、数据统计不够准确和具有可比性、企业信息披露不够等，投资者缺乏专业的投资理财方面的信息服务，主要只能依靠媒体来收集关于非成熟市场发展状况的信息。因此，与成熟金融市场相比，媒体在新兴金融市场中的影响力可能更大。

有学者通过考察媒体报道和新闻文本情绪，评估了媒体报道在网络借贷市场的作用。研究发现，媒体关注度和新闻文本情绪都会对交易量产生正向的预测能力，并且媒体报道影响市场交易的主要渠道是因其向投资者揭示了关于市场长期趋势的新信息。他们还发现，对小平台而言，被媒体报道本身比新闻是正面还是负面更重要，那么平台就可能通过炒作的方式吸引公众的注意力，从而影响交易量；而大平台的交易量对新闻报道的情绪敏感，这就对媒体报道中的客观性、公正性有更高要求。

第五节　中国个体对个体网络借贷兴衰的启示

第一个启示是，监管的目标不应局限于持牌经营机构；在监管手段上，功能监管和行为监管可能更适合监管数字金融企业。对于新的金融业务，只要业务模式具有金融业务的性质，那么无论经营机构是谁，都在监管范围内。而功能监管是指不论何种金融机构，对金融活动按照其性质进行监管，对具有相同功能和法律关系的金融产品按照相同的规则进行一致的监管。例如，无论是提供资金、风险分析模型还是提供渠道，只要该机构从事的是信贷业务，就要在统一的框架下接受监管。这样，功能监管就是从产品维度而不是机构的资产负债表维度进行管理，就对表外业务具有独特的监管效力。另外，对数字金融平台还应加强行为监管，以法律合规和消费者保护为重点，着重关注关联方交易、平台垄断、数据产权和个人隐私等问题。

第二个启示是，加强数字基础设施建设的紧迫性。由于无法进入央行的信贷体系，平台无法有效识别借款者的风险，也就无法进行高质量的大数据风控，因此，需要不断加快征信系统的建设，明确应当如何收集数据、如何审计用于分析数据的算法，以及如何识别数据源的真实性、及时性和适宜性，从而促进真实信息共享，并保护数据隐私。

第三个启示是，需要大力发展监管科技，以跟上创新步伐，改变监管落后于创新的被动局面。对于如何确定商业模式是否可以持续，2019 年以来，中国人民银行借鉴英国"监管沙盒"而设立的"金融科技创新试点"是发展监管科技的重要尝试。这一监管科技的创新至少在三个方面不同于传统的金融试点。第一，金融科技试点侧重于创新测试。这适合处于金融创新前沿的企业，需要发现它们是不是真正的创新，从而防范相应的风险。传统的金融试点侧重于测试发达国家的成熟企业是否也能进入中国市场。第二，金融科技试点提供了宽松的创新环境。传统金融试点的重点是提供宽松的市场环境，主要是选择部分地区或特定个人，对试点单位或地区给予税收、工商登记等优惠政策。第三，金融科技试点涉及监管机构和企业之间的动态互动与协作，共同发现真正的创新。传统的金融试点侧重于静态干预。综上所述，金融科技试点与传统金融试点可以相辅相成，共同促进金融创新。

第四个启示是，发展未成熟金融市场时，需要兼顾恰当的舆情管理，增加信息透明度。监管部门可以通过制定明确的规则，惩罚那些通过媒体炒作来提高投资者的关注度以牟取暴利，以及通过发布虚假的正面新闻或关于对手的负面新闻来影响投资者的决策的机构。

本章小结

本章的学习重点包括理解中国个体对个体网络借贷发展的特征和事实；掌握个体对个体网络借贷兴起的背景、主要存在的类型，以及中国个体对个体网络借贷与国际个体对个体网络借贷的差别；认识中国个体对个体网络借贷异化的原因和过程；梳理其衰落的主要原因；探讨个体对个体网络借贷的兴衰对于处理创新与监管的关系等方面的启示。

本章的学习难点包括掌握为什么中国个体对个体网络借贷衰落的根本原因是商业不可持续性，以及通过中国个体对个体网络借贷的兴衰总结创新与风险的关系。

即测即评

复习思考题

1. 发达国家和发展中国家的 P2P 网络借贷有什么不同特征？

2. 为什么个体对个体网络借贷在中国短期内会获得迅猛发展，达到全球规模最大的程度？

3. 为什么个体对个体网络借贷会衰落？对我们有什么启示？

4. 网络借贷行业退出后，所留下的市场空白由哪些金融业态补充？

第六章

大科技信贷

大科技信贷是指大科技公司利用大科技平台快速、海量、低成本地获客并积累数字足迹，同时运用大数据和机器学习算法进行信用风险评估，为大量的个人与小微企业提供信贷服务的新型业务模式。本章将介绍大科技信贷这一信贷模式形成和发展的背景、运行机制、相关文献和案例，以及面临的挑战。

大科技信贷有两大促成因素，一是传统金融系统的普惠性信贷供给不足，二是数字技术进步。大科技平台和大数据分析等的应用，可以改善信贷管理中的交互便利、风险评估和还款管理，使得成规模的小微企业和普通个人的信贷服务成为可能。因此，大科技信贷以数据替代抵押，是一项革命性的普惠金融创新，甚至同时也会削弱"金融加速器"的抵押品渠道的作用，增强金融的稳定性。

目前这项业务创新也面临一些争议性的话题，有的怀疑这个新模式不能经受住经济周期变化的考验，有的认为它"普"而不"惠"，还有的担心它冲击传统银行。其中，有一些是对这个新业务模式的误解，还有一些则处于动态变化之中。随着监管政策的调整和业务创新的持续，未来大科技信贷还会持续不断地演变。

第一节 大科技信贷概述

大科技信贷（BigTech lending）是一种特殊的数字贷款。数字贷款（digital lending）是一种以数字技术支持信贷的业务模式。在学术文献和政策文件中，有一些含义相近的概念，如 Berg 等（2020）将金融科技贷款（FinTech lending）定义为基于借贷双方交互便利的特性或基于筛选监督技术的信贷业务。一些专家在定义数字信贷的时候，特意将传统商业银行排除在外。常见的金融科技贷款包括一些科技平台或电信公司提供的"先买后付"（buy now pay later，BNPL）型信贷，还有个体对个体（peer-to-peer，P2P）网络贷款，包括英国的 Zopa、美国的 LendingClub 和中国的拍拍贷。不过，中国的 P2P 平台已经在 2020 年清零，而 LendingClub 也在 2020 年停止接受个体投资者的资金，转为向机构投资者筹资，因而被称为集市贷款（marketplace lending）。

原银保监会定义了另一个概念——互联网贷款（Internet lending）。它是指商业银行运用互联网和移动通信等信息通信技术，基于风险数据和风险模型进行交叉验证和风险管理，线上自动受理贷款申请及开展风险评估，并完成授信审批、合同签订、贷款支付、贷后管理等核心业务环节操作，为符合条件的借款人提供用于消费、日常生产经营周转等个人贷款和流动资金贷款。互联网贷款的一个重要特点是由商业银行发放，这可能是因为银保监会负责对商业银行的监管。

　　未来也许可以更多地使用数字贷款的概念，它所关注的是信贷申请、审批、监督、还款流程的技术特性，而放贷机构本身不是关注的重点。在信贷业务这个领域，科技公司和商业银行很可能趋同。金融监管部门一直强调监管全覆盖，科技公司若想要放贷，必须获得正规的金融牌照。同样，商业银行也可以利用数字技术甚至对接大科技平台，支持信贷业务。

一、基本概念

　　大科技信贷是什么？有学者认为，主业为科技业务的大公司（大科技）提供的贷款就是大科技信贷。黄益平和邱晗（2021）则提供了一个更加具体的定义：大科技信贷是指大科技公司利用大科技平台快速、海量、低成本地获客并积累数字足迹，同时运用大数据和机器学习模型进行信用风险评估，为大量的个人与小微企业提供信贷服务的新型业务模式。Berg 等（2020）指出，数字贷款有两个关键环节，即交互便利和筛选监督。大科技信贷可以是个人贷款，主要支持消费；也可以是企业贷款，主要支持小微企业经营。这两者之间的界限有时候也不是十分清晰，特别是一些个体户贷款，其实很难区分究竟是用于消费还是经营。有的大科技平台就提供个人经营贷。目前，大科技信贷主要还是基于零售业务的逻辑，即便是小微企业贷款，企业主的人品和状况仍然是很重要的决定因素。

　　大科技信贷的一个基本条件是利用大科技公司或者大科技平台放贷。大科技平台一般是指依托于云、网、端等数字基础设施并运用人工智能、大数据等数字技术的新经济模式，常见的业务包括撮合交易、传输内容和管理流程（Huang 等，2023）。日常生活中经常用到的微信、淘宝、美团、支付宝、抖音都是国内的头部平台。大科技平台通常具有规模经济、范围经济、网络效应和双边市场等特性。国际清算银行指出，大科技平台商业模式的核心是三大互为强化的元素：大数据分析（data analytics）、网络外部性（network externalities）和交织性活动（interwoven activities），简称 DNA。

　　大科技信贷的两大技术支柱是大科技平台和大数据分析。运用到大科技信贷，两大支柱和 DNA 三大元素可以在三个方面改变并改进传统信用风险管理的功能：

　　第一，大科技平台的主要功能是为借贷双方提供交互便利，包括获客、积累数据和监督。发挥长尾效应的优势，平台可以快速、海量、低边际成本地获客。国内一些直接或间接支持大科技信贷业务的平台，如微信、淘宝、京东等，每家都至少拥有数亿活跃用户，这样首先就解决了触达、获客的问题，也是网络外部性优势的充分体现。用户在平台上从事社交、网购等交织性活动，就会留下数字足迹，数字足迹积累起来，就形成了大数据。大数据可以帮助实时监督用户的状况。与传统银行相比，大科技平台的优势是显著扩大了客户服务的规模，贷款申请与审批流程相对简单，大多数情况下不需要见面，还能全方位、实时地了解客户的运行状况。网商银行形成了"3-1-0"模式，即花三分钟时间填写贷款申请、一秒钟贷款资金到账、零人工干预。不过，在政府出台了一系列的数据保护法案之后，由于需要完成验证等合规要求，到账时间已经有所延长，但基本还是可以在几秒钟内完成。这种便捷性可以使借款人更容易获得贷款，但对部分借款人也可能产生过度借贷的问题。

第二，大数据与机器学习算法相结合，创新了信用风险评估方法。这其实也是"3-1-0"模式的一个基本前提，平台可以快速进行信用风险评估，甚至提前给出授信额度。这里的大数据主要指的是平台自有的数据，再加上平台从外部获得的一些数据，如央行征信数据、地方经济数据等，这个范围接近 Goldenstein 等（2021）提出的金融大数据的三个基本特征，即大规模、多维度和复杂结构。大数据信用风险评估模型的特点，主要是依靠社交、网购、电信等非传统数据预测违约概率，分析借款人的还款能力和还款意愿。机器学习算法同样很重要，主要是因为这些方法能够更好地处理大规模、多维度、复杂结构的数据。从已有的实践来看，大数据信用风险评估的可靠度比较高，更重要的是，为一大批信用历史短甚至从来没有获得过银行贷款的"信用白户"提供了信贷服务。

第三，大科技平台还有一个重要功能，就是改善还款管理，即缓解道德风险问题。用户长期在平台上活动，既留下了数字足迹，也建立了长期的交互关系。用户一旦违约，就会影响这种长期关系，对用户可能产生多种多样的惩罚作用。最直接的效应是影响用户在平台上的活动。比如，如果用户是一家在线商家，客户流量和业务规模可能下降；如果用户是一位在线消费者，其能享受的优惠或者参与的活动也可能减少。这其实就意味着违约是有成本的。这类平台关系也许可以被看作广义的"数字抵押"，其功能类似于传统银行的房产抵押，只不过抵押的不是实物房产。有学者指出，如果这类"数字抵押"是有效的，那么真正将违约率控制在较低水平的也许并非大数据信用风险评估模型。不过，近年来大科技信贷风控对线上数据的依赖度已经大幅降低，但线上"账户"依然是业务逻辑的核心元素之一。

二、发展驱动因素

大科技信贷是一项新兴业务，但各国发展的差异非常大。在 2019 年，按业务规模，排在前列的是中国、美国、日本和韩国。按业务占全国总信贷之比，中国第一，超过了 2%；印度尼西亚第二，超过了 1%；其他国家的占比都在 0.5% 以下。那么，究竟是什么因素造成了各国水平的差异？什么是大科技信贷发展的驱动因素？为了回答上述问题，Cornelli 等利用他们构建的一个关于金融科技信贷与大科技信贷的数据库，做了一些量化分析。他们发现，大科技信贷的发展水平与下面这些因素正相关：① 人均 GDP；② 银行的价格加成；③ 银行监管不严格；④ 地区的营商环境；⑤ 司法系统效率；⑥ 较低的银行贷款-存款比例（贷存比）。

综合来看，银行业竞争程度低、可贷资金多、监管不严格等都有助于促进大科技信贷的发展。因此，大科技信贷与银行信贷之间还是以互补关系为主，替代关系并不明显。

与上述研究类似，Bazarbash 等（2020）分析了"集市贷款"的驱动因素。这个研究虽然并不聚焦大科技信贷，但其结论同样有启示意义。他们发现，总体上，集市贷款与人均收入和互联网普及率正相关，但与传统金融发展水平负相关。消费领域的集市贷款与金融深度呈负相关关系，而且这个关系在低收入国家更明显。企业领域的集市贷款与传统金融机构的效率呈负相关关系。

这两项研究的发现与通常的理解是一致的，即无论是金融科技贷款还是大科技信贷，主要是为传统银行信贷提供一个补充，而不是替代传统银行信贷，起码到目前为止是这样的。

从与传统金融服务互补的角度来理解大科技信贷的发展，逻辑链条很清晰。大科技信贷服务的主要对象是普通消费者，特别是低收入家庭以及中小微企业，而服务这些普惠金融客户的难度非常大，主要有两个方面的问题，即"获客难"和"风控难"。低收入家庭和中小微企业数量大、规模小、不确定性大、地理位置分散，要想为他们提供信贷服务，需要找到他们，与他们建立交互关系。在传统金融部门，唯一的手段是开更多的分支行，以贴近客户，但开分支行的成本很高，服务低收入家庭和中小微企业的收入很难覆盖成本。此外，"风控难"的矛盾更加突出。信贷业务成功与否，取决于信用风险管理体系是否有效。放贷机构把贷款放出去之后，到期必须把本金和利息收回来，所以信用风险评估很重要，一是解决逆向选择的问题，即希望能够甄别出合适借款人；二是缓解道德风险的问题，强化还款管理。

传统银行做信用风险评估，无非以下几种手段：一是利用财务数据和打分卡模型做信用风险评估。关键是三个方面的财务信息——资产负债表、利润损益表和现金流表。二是根据抵押品发放贷款。对银行来说，抵押品可以同时缓解逆向选择和道德风险两个问题。即便还贷出现问题，银行的损失也能有效地得到控制。三是关系型贷款。银行通过持续、全方位地了解贷款个人或企业的情况，从而做出信贷决策。关系型贷款风控的实际效果不错，但成本很高。

显然，这三种风险管理办法并不能充分解决普惠金融客户"融资难"的问题。而大科技信贷无论是对解决"获客难"的问题，还是对缓解"风控难"的问题，都提供了新的解决方案。数字技术为弥补这方面的供给不足提供了新的选择，这应该就是大科技信贷发展的最关键的推动力量。

第二节　大科技信贷相关学术研究成果

大科技信贷是一项比较新的金融创新业务。从 2010 年阿里小贷开业到现在才十几年时间，而真正意义上的大科技信贷业务模式成型的时期就更短了。到目前为止，真正研究大科技信贷的学术论文还比较少，不过新增很快。Frost 等（2019）利用阿根廷的大科技信贷公司 Mercado Libre 的信贷产品 Mercado Crédito 的数据，将公司内部的信用分与传统征信的信用分进行比较分析。同样，Huang 等（2023）利用蚂蚁集团的线上小微信贷数据，对大数据信用评估模型和传统银行信用评估模型进行"赛马"分析。Beck 等（2022）则将对大科技信贷的关注点从线上转移到线下，为使用二维码支付的小微商家即"码商"提供的信贷服务。Gambacorta 等（2024）的研究聚焦大科技小微信贷中以数据替代抵押品的风控方式的宏观效应，特别是对金融稳定的影响。Huang 等（2018）的研究提供了大科技信贷影响企业动态的证据。Huang 等（2022）的最新研究分析了与传统银行的贷款相比，大科技信贷在货币政策传导方面的差异。

大多数学术论文的研究对象是广义的数字贷款，不一定是严格意义上的大科技信贷，但这些研究的问题与结论与大科技信贷高度相关。这个研究领域非常新，绝大部分学术论文都是在 2018 年之后完成的，数量增长很快；只是在许多问题上尚未形成共识，这可能是因为业务本身还算不上成熟，不少国家的监管框架也在发生改变。同时，不同的研究使用的案例、数据、方法不同，结论也会有差异。作为一个前沿的研究领域，其创新、进步的空间也很大。

Berg 等（2020）认为，数字技术对数字贷款的贡献主要体现在两个方面，即交互便利和筛选监督。大科技信贷的管理流程可以进一步分解成三个环节：交互便利（获客、积累数据和监督）、信用风险分析（建立在大数据与机器学习方法之上的信用风险分析模型）和还款管理（克服道德风险问题）。目前绝大部分的研究都集中在信用风险分析这个环节，对交互便利和还款管理的研究非常少。关于信用风险分析的文献，又可以按照关注的问题分为几类：非传统信息的作用；数据与方法的相对重要性；大科技信贷与银行贷款的比较；创新的主要获益者；对经济与金融的影响。下面就按照这个顺序对相关研究成果进行介绍。

一、交互便利与还款管理

交互便利和还款管理这两个环节都很重要，但可能不太容易进行量化的经济学分析，不过也有个别研究涉及了这两个问题。

交互便利很重要。调研发现，多位"码商"表示，愿意用网商银行提供的小微信贷的主要原因是方便，拿出来手机就可以使用，虽然年化利率不低，但可以随借随还，使用的时间不长，借款的额度也较小，承担的利息金额很小。Buchak 等（2018）分析了监管差异和技术优势这两大因素对美国按揭市场影子银行业务发展的影响。他们发现在监管约束更强的地区，传统银行的市场份额下降，而影子银行填补了这个空白。相比较而言，金融科技贷款机构更多地服务于优质客户，其定价也高于非金融科技类影子银行及传统银行。这表明金融科技贷款机构更可能是为借款人提供了便利，而不是节省成本。

还款管理更加关键。Gertler 等（2021）关于数字抵押品在解决信贷市场的信息不对称方面的作用的研究，提供了一个理解平台的还款管理功能的视角。他们发现，在不少低收入和中等收入国家，出现了一种利用数字抵押品进行担保贷款的新形式。数字抵押品依赖于"锁定"（lockout）技术，该技术允许贷款人暂时关闭抵押品对借款人的流动价值，而无须实际持有或者控制抵押品本身。Gertler 等借助乌干达使用太阳能家庭系统作为数字抵押品的学费贷款数据，在模型和试验的实证设定中研究了数字抵押品在信贷中的作用。他们发现，用数字抵押品担保的贷款大大降低了违约率（19 个百分点），并提高了贷款人的回报率（38 个百分点）。根据试验分析的结果，他们发现上述改进中大约 1/3 可归因于缓解（事前）逆向选择问题，而 2/3 则可归因于化解（事中或事后）道德风险问题。

二、非传统数据的价值

在大科技信贷甚至数字贷款出现之前，有不少研究关注非传统信息在信贷决策中的作用。Agarwal 和 Hauswald（2010）研究了在信息不透明的信贷市场上，物理距离对私人信息获取和使用的影响。他们分析了一个包含某大型银行所有小企业贷款申请的数据集，发现距离接近有助于软信息的收集。小企业在贷款可得性和贷款利率之间存在一个权衡：在其他条件不变的情况下，距离更近的企业更容易获得贷款，贷款利率也会更高；而随着距离的增加，贷款人收集信息和开拓市场的能力会随之减弱。

最近的一些研究开始分析数字足迹或大数据对信用风险评估的作用。Björkegren 和 Grissen（2020）检验了移动电话数据在预测贷款违约方面的作用。他们利用南美一家电信公司的数据，分析电信费用从预付制话费改为后付制话费后（一种实质上的信贷）的还款结果。通过匹配通话记录数据，发现移动电话数据中的行为特征可以预测违约。对于财务信息缺乏的群体，这个信用风险评估方法甚至优于征信机构的模型。

Berg 等（2020）分析了数字足迹对于预测信用违约的价值。他们利用德国一家线上家具店的消费者在一个网站登录、注册的信息，然后与这些消费者先买后付的信用违约数据进行匹配、分析。他们发现，即便是非常简单、容易获得的数字足迹，其信息含量也基本与征信的信息量相当，可以影响贷款的获得率和违约率。同样，Agarwal 等（2020）也分析了"数字移动出现"（digital mobile presence）的作用，他们利用一家印度的大型金融科技贷款机构的独特数据，发现从个人手机获取的数据可以代替传统征信机构的评分。

另外有两篇文章都使用了 LendingClub 的数据，虽然研究问题的设定不太一样，但基本结论是一致的，即平台上的非传统数据对于信用风险评估有重要价值。Jagtiani 和 Lemieux（2019）发现，从 2007 年到 2014—2015 年发放的贷款，借款人在 LendingClub 的评级和借款人的 FICO 分数之间的相关度迅速下降，表明 LendingClub 在使用越来越多没有被纳入 FICO 体系的非传统数据。另类数据的使用，使一些按传统标准本应被归类为次级贷款的借款人，得以进入较好的贷款等级，从而获得较低价格的信贷。Croux 等则使用 LendingClub 平台 2007—2018 年的全样本数据，发现即使在控制了借款人的明显风险特征、贷款特征和当地经济因素之后，LendingClub 自己的评级对于违约仍然有显著的预测能力，体现了非传统数据的重要作用。

Huang 等（2023）的研究是第一项真正利用大科技信贷的基础数据所做的分析。他们将基于大数据和机器学习算法的大科技信用风险评估模型与传统银行的信用风险模型进行对比，发现大数据确实可以较好地发挥支持风控的功能。Beck 等（2022）的研究进一步将信贷服务对象从全线上转向利用二维码收款的线下商家，发现大科技信贷不但可以服务这样的商家，而且有利于这些商家未来从银行获得贷款。

三、数据重要还是模型重要

即便只是从信用风险评估的角度看，数据也只是两大要素之一，另一个要素是模型。传统银行的信用风险模型主要运用传统财务数据和打分卡模型，而大数据信用风险评估模型则运用大数据和机器学习模型，可见方法同样重要。Costello 等（2020）通过随机对照实验方法评估了人类判断力在贷款结果中的作用。贷款人利用一个第三方机器生成的信贷模型作为决策的基准，即对照组；同时，设计了一个滑动条功能，贷款人可以在机器基准的基础上，加入额外的自由裁量权，实际上就是在机器决策的基础上增加了人的决策成分，从而形成了实验组。他们的研究发现，与对照组相比，实验组的未来投资组合级别的信用风险下降幅度更大，未来交易量的增加幅度也更大。在大多数情况下，实验组承担更多的信用风险，但也实现了更大的交易增长。这些结果表明，人类可能对多个变量进行优化（比如在最小化信用风险的同时最大化未来利润）。

Tantri（2021）则直接评估了在一个软信息占主导地位的信贷环境中，机器学习算法的作用。她的问题是，机器学习模型能否在不损害公平的前提下提高放贷效率？作者从一家印度银行获得贷款的数据中发现，机器学习算法可以在维持逾期率不变的情况下多放 60% 以上的贷款，或在维持放贷员批准率不变的情况下让拖欠率降低 33%。

Di Maggio 及其合作者（2021）则利用美国一家主要人工智能贷款平台（Upstart）提供的数据，分析大数据信用风险评估模型是否能够促成更加广泛的信贷渠道。他们将

Upstart 模型的实际结果与传统模型的反事实结果进行比较，发现如果使用传统模型，将导致被拒绝的概率增加 70%，并且即便被批准，利率也会更高。更准确的对违约的预测能力可以转化为更广泛的信贷渠道，特别是对于信用评分较低的借款人。

同样，Huang 等（2023）利用网商银行的 180 万笔小微贷款数据，对基于大数据和机器学习算法的大数据风险评估方法和主要依靠传统数据和信用评分卡模型的传统风险评估方法进行了赛马分析。他们发现，大数据风险评估方法都能更好地预测贷款违约率，而这种优势来源于信息和模型两个方面。就他们所用的特定样本而言，模型带来的改进要超过数据带来的改进。大科技平台的特有信息可以在信贷风险评估中补充信用历史数据，甚至在必要时，比如没有信用历史的时候，可以替代信用历史数据用于风险评估，这可以缓解由于缺乏信用记录导致的小微企业信贷可得性低的问题。Gambacorta 等（2024）的研究也得出了基本一致的结论。他们利用中国一家领先的金融科技公司的自营交易数据，比较了基于机器学习技术的信用评分模型和传统信用评分模型的预测效果。他们发现，在总信贷供给受到负冲击的情况下，基于机器学习和非传统数据的模型比传统模型更能预测损失和违约。一个可能的原因是，机器学习可以更好地挖掘压力时期变量之间的非线性关系。黄益平和邱晗（2021）的研究进一步从两个维度分析了数据对于模型预测能力的作用：第一，样本量越大，预测的结果更加精准；第二，数据的时效性越好，即预测的时滞越小，预测的结果更加精准。

四、与银行信贷的关系

大科技信贷与银行信贷之间是互补关系还是替代关系？

Di Maggio 和 Yao（2021）利用征信局的包括金融科技贷款和传统银行贷款的数据研究个人信贷市场。需要特别说明的是，这里的金融科技贷款机构主要是所谓的"集市"平台（也即之前的 P2P 平台）。与同地区、同特征的传统银行借款人相比，金融科技借款人的违约可能性明显更高。在获得贷款后，金融科技借款人的负债增加幅度也高于非金融科技借款者。有些令人惊讶的是，他们发现信用报告中的信息能够解释金融科技贷款机构利率定价的大部分变化，而传统贷款机构却不是这样。这是首次有研究表明，金融科技机构比传统贷款机构更注重信贷报告中最突出的硬信息数据。研究还发现，当信用评分较低和信用档案较为缺乏时，金融科技借款者比匹配的非金融科技借款者更容易违约，因此，这些被金融科技机构识别出来的借款人的资质可能不如传统贷款机构的借款者。这相当于反面验证了软信息的重要性，即如果没有足够多的软信息，金融科技贷款不见得有优势。

Ben-David 等（2021）发现，随着 2020 年 3 月新冠疫情的暴发，通过金融科技贷款机构提供的小企业贷款大幅下降。他们利用一个"集市"平台的小企业贷款申请、提供和接受的详细数据，探讨了金融科技借贷市场提供的信贷在新冠疫情期间大幅减少的原因。分析表明，信贷供应的减少不能仅仅用潜在借款人受疫情冲击的影响来解释，主要还是金融科技贷款机构资金紧张、失去为新贷款提供资金的能力，因为这些机构都是非存款机构。他们还解释了金融科技贷款机构与银行在多个方面的不同，这些差异有助于理解为什么二者在疫情期间的反应不同。首先，金融科技贷款本质上是交易性的，不依赖长期关系。其次，金融科技贷款机构不吸收存款，而是通过债务、贷款销售或股权为其放贷提供融资。因此，金融科技贷款机构在危机中暴露在不同的动态中，它们更有可能经历财务限制和投资者减少的局面。最后，金融科技小企业贷款机构通常不要求提供抵押品，而银行在发放贷款时往往依赖于实物抵押品。

五、创新的主要获益者

大科技信贷最突出的正面效应就是其普惠性。借助非传统数据和机器学习算法进行信贷决策，最重要的功能就是为传统数据和传统方法提供重要的补充，从而为缺乏信用记录的"信用白户"提供信贷服务。Bjorkegren 和 Grissen（2020）认为，利用移动通话数据评估信用风险的方法可以成为面向无法被传统银行覆盖群体提供信贷服务的基础。而 Jagtiani 和 Lemicux（2019）发现，使用非传统数据来源的信息可以让信用记录较少或不准确的消费者获得信贷。Agarwal 等（2020）也指出，对于收入和教育水平较低的借款人，以及居住在金融服务水平更低地区的借款人，使用替代性数据进行信贷决策的边际收益更高。Gambacorta 等（2024）的研究揭示，对于信用历史较长的借款人，使用基于机器学习和大数据的金融科技信用评分技术的模型，其比较优势趋于下降。Huang 等（2023）发现，规模更小的企业和来自更小城市的企业在金融科技风险评估方法下比在传统评估方法下的违约概率更低，因此大科技信贷有望覆盖未被传统银行服务的群体。Liu 等（2022）的研究也发现，大科技信贷通常规模比较小，而且借款人往往会在到期前归还贷款，所以其主要功能可能是为小微企业提供流动性支持，而不一定是为扩大业务规模所做的投资。

Botsch 和 Vanassco（2019）发现，在银行与客户之间的学习关系进展中的获益是异质性的。随着高质量借款人与贷款机构的关系发展，银行会降低其贷款利率，同时贷款额度会增加。相反，低质量借款人的贷款利率会上升，同时贷款金额下降。Di Maggio 等（2021）的研究结论也非常相似，即受正面影响最大的借款人是无形的优质借款人，他们信用评分低，信用历史短，违约倾向也较低。Fuster 等（2022）利用美国抵押贷款数据，运用传统模型和机器学习模型预测违约。结果显示，黑人和西班牙裔借贷者不太可能从引入机器学习中获益。

六、对经济与金融的影响

有一小部分研究分析了大科技信贷对消费的影响。纪洋等（2021）利用中国一家头部大科技信贷平台的数据，发现信贷可以显著提高个人的消费水平。而 Suri 等

（2021）对肯尼亚的一个案例做了分析，发现金融科技信贷可以让家户变得更加稳健，这些家庭在面对负面冲击的时候，减少生活开支的可能性下降了 6.3 个百分点。

Huang 等（2018）首次提供了由大数据驱动的金融科技服务如何影响企业动态的证据。借助阿里巴巴的数据，他们评估了平台信贷对小企业规模分布的因果影响。他们发现，平台信贷促进了企业筛选，使得规模更大、客户评价更好的线上商家市场份额的增长更快。信贷可以刺激企业的增长，特别是当对商家产品的需求扩大时。他们还证明了一个动态效应的存在：阿里巴巴赋予商户的信用评分与他们的市场份额和消费者评价高度相关。企业的市场地位和平台的信贷之间形成了一个反馈回路，加速了企业的筛选，影响了企业的规模分布。Hau 等（2021）也验证了，将大科技信贷发放给阿里巴巴电商平台上的商户能促进它们业务量的增长。

黄益平等（2022）首次研究了大科技信贷对货币政策传导的影响。他们利用一组独特的大科技信贷与传统银行贷款数据，比较了这两类贷款对货币政策调整的反应。他们发现，大科技信贷对货币政策调整的反应是不对称的。与传统银行贷款相比，大科技信贷在货币政策扩张的时候反应更大，其反应差异主要也体现在广延边际，集约边际的差异并不显著，但在货币政策收缩的时候，大科技信贷的反应反而更小。

Gambacorta 等（2023）的研究则分析了在信贷决策中以数据替代抵押可能带来的宏观经济含义。他们发现，银行的抵押贷款很容易造成"金融加速器机制"。这个机制的抵押品渠道意味着，抵押品价格即房价上升，会导致信贷扩张，而这又会反过来导致房价上升。这个机制很容易造成房价波动的自我加强，从而引发金融不稳定。此外，大科技信贷以数据替代抵押，改变了信贷决策的行为。比如，传统银行贷款与房价呈高度正相关，但大科技信贷与房价几乎没有关系。这个关系的变化，很有可能改变未来金融稳定的局面。

七、学术研究的几个初步共识

关于大科技信贷的学术研究刚刚起步，业务实践也还在快速的迭代、演变过程中，许多文章的结论也并不完全一致。不过从这些研究中还是能够看到一些初步的共识，以及存在争议但值得进一步深入探讨的问题。

第一，非传统信息可以支持信用风险评估，提高违约预测的准确性。非传统信息包括传统银行已经在使用的软信息，比如借款人的行为与人品；一些已经存在的非财务信息，比如司法判决、水电费、贸易关系等；在大科技平台上的数字足迹，包括社交、电商的数据等。

第二，在大数据信用风险评估中，数据与方法同样重要。大数据确实包含许多有价值的信用信息，但只有机器学习算法才能较好地抓取"大规模、多维度、复杂结构"的数据中的信用信息成分，包括许多变量的动态效应以及相互之间的交互作用。

第三，大科技信贷的一个重大贡献在于其普惠性。新的预测违约方法不仅可以帮助进一步改进传统信用评估方法的效果，更重要的是可以覆盖数据不完整、信用历史短等过去很难被传统银行覆盖的客户，特别是"信用白户"。

第四，目前，大科技信贷与银行贷款之间主要呈互补关系。除了信用风险评估方法不一样，从而适应的主要客户群体有差异，两类贷款也存在不同的特征，主要体现在贷款规模有差距。一般而言，银行贷款利率要低很多，但大科技信贷借钱手续简单，还可以随借随还，即便年化利率不低，但利息费用并不高。

第五，大科技信贷通过提高便利性扩大市场份额、同时利用"数字抵押"改善还款管理。这两个机制都很重要，但都需要进一步研究验证。

第六，大科技信贷具有重要的宏观经济含义。大科技信贷具有很强的普惠性，从而有利于经济稳定与增长。大科技信贷也可能影响货币政策的传导机制及其有效性。大科技信贷以数据替代抵押品进行信贷决策，有可能弱化"金融加速器"的抵押品渠道。

总之，关于大科技信贷的创新和研究还处于非常动态的变化过程中，这也意味着还有许多可以进一步拓展的学术研究空间。

第三节　大科技信贷在中国的发展

大科技信贷是一项新兴的金融业务，是基于大科技平台发展起来的。不过，大科技平台本身也是一个非常新的经济现象，其最初出现到现在也还不到 30 年，有些头部平台从建立到跻身头部平台行列只花了 10 年甚至更少的时间。我国在 1994 年接入互联网，2008 年、2013 年分别采用 3G 和 4G 通信技术。2007 年 1 月 9 日，苹果发布第一款智能手机。2009 年 2 月 18 日，国内也推出了第一款智能手机"魅族 M8"。根据 2022 年第一季度的数据，我国已经建成 5G 基站 155.9 万个，位居全球第一；5G 智能手机的渗透率为 84%，高于北美的 73% 和西欧的 76%。2021 年，我国的互联网网民达到 10.32 亿人，互联网普及率达到 73%。在 2020 年 6 月公布的估值超过 10 亿美元的独角兽平台公司排行榜上，前两名分别是美国（228 家）和中国（122 家）。这些数据说明，过去十几年数字技术创新与应用突飞猛进，许多数字技术基础设施与工具已经成为生产与生活环节的必要组成部分。

大科技信贷的雏形最早应该是在中国形成的。2010 年，电商平台阿里巴巴的阿里小贷开始在线上为电商提供信贷服务，这可能是大科技信贷最早的业务。虽然现在各国的一些大科技公司也都在提供类似的信贷服务，比如阿根廷的 Mercado Libra、印度的 Paytm 和美国的亚马逊，但考据它们的业务起点，似乎都要比阿里小贷晚至少 1~2 年。不过，阿里小贷一开始所采取的业务做法跟传统小贷公司很像，只是把流程搬到了线上。真正转向用大数据分析的方法做信用风险评估，大概始于 2015 年前后。因此，也很难说大科技信贷这个业务模式是中国原创的，美国一些机构如 LendingClub 利用非传统数据分析信用风险的时间可能要早于中国的平台。

国际清算银行的经济学家们根据搜集到的数据以及他们自己所做的估计，建立了一个数字贷款的数据库。数据库中包括两类贷款：金融科技贷款和大科技信贷。这里的金融科技贷款其实主要就是 P2P 贷款或集市贷款。我国的 P2P 行业经历了一个从兴旺到消亡的过程，2016 年其交易规模达到顶峰，在全球也名列前茅，但之后不断萎缩，直到 2020 年 P2P 平台被全部清零，P2P 行业算是彻底退出了中国的历史舞台。中国大科技信贷的发展轨迹正好相反，2014 年其规模在国际上并不算突出，2015 年开始赶上来，到 2016 年就已经占据全球第一的位置。在 2019 年，中国的大科技信贷业务不仅保持全球第一，其在国内总信贷中的比例也超过了 2%，这个比例远高于居第二的印度尼西亚的 1%，而其他国家的比例都在 1% 以下。所以，可以毫不夸张地说，大科技信贷是一项国际前沿的金融创新，更是一个十分重要的"中国故事"。

中国的大科技信贷从 2016 年开始稳居全球第一的位置，有一个很重要的原因，就是原银监会推动成立民营银行的政策努力。三家民营的新兴互联网银行就是在那段时间成立的：腾讯旗下的微众银行成立于 2014 年、蚂蚁集团（阿里）旗下的网商银行成立于 2015 年、小米和新希望集团旗下的新网银行成立于 2016 年。这三家都是有正规银行牌照的大科技信贷机构，代表了第一类大科技信贷业务。它们依托的平台各不相同，因此在用户和数据方面存在一些差异，但依托大科技平台和大数据分析两大支柱，改进交互便利、信用风险评估和还款管理三方面功能的基本运行机制是一致的。最先成立的微众银行主要依托社交媒体平台微信以及微信支付，网商银行主要依托电商平台淘宝、天猫以及支付宝，新网银行则建立了一个开放银行平台，对接其他大科技平台如美团、滴滴等提供信贷服务。

微众银行的主要服务对象是消费者，2023 年其个体客户的数量达到了 3.99 亿，相当于每 3.5 个中国人中就有一个是微众银行的客户。"微粒贷"是其纯线上小额信用循环消费贷款产品，后来又设置了微粒贷经营版，主要是为个体户服务，但信贷管理主要还是依靠零售逻辑。从 2017 年起，微众银行推出线上无抵押企业流动资金贷款"微业贷"，截至 2020 年年底，已经为 56 万家小微企业提供了信贷服务。根据 2021 年年报，截至 2021 年年底，微众银行的企业贷款余额为 979.9 亿元（占总贷款余额的 37.2%），个人贷款余额为 1 593.3 亿元（占总贷款余额的 60.5%），其中消费贷与经营贷分别为 1 439.7 亿元（占 54.7%）和 153.7 亿元（占 5.8%）。由此可见，微众银行的业务正在从以消费信贷为主转向消费信贷和企业信贷并重。2020 年的消费信贷占比只是略超过一半（54.7%），而且低于 2019 年的水平（57.9%）。新网银行的情形可能也大致相似，即以消费信贷为主，但企业贷或者经营贷占到一定的比例。网商银行的业务比较独特，主体就是小微企业（包括个体户）贷款，这是因为它是从阿里小贷和蚂蚁金服分离出小微企业贷款这一块业务，单独成立的一家银行。2023年年底，微众银行、网商银行和新网银行的不良率分别为1.46%、2.28%和1.71%。这些比例比前几年有所上升，现在尚不清楚这些是周期性的波动还是趋势性的变化，值得密切观察。

第二类大科技信贷业务是各大科技平台通过小额信贷公司的牌照提供的服务，实际上在原银监会发放银行牌照和消费金融公司牌照之前，基本上都是采取这种类型的业务。最有代表性的应该是蚂蚁金服的借呗和花呗。电商平台京东曾经成立京东金融，也有类似的产品，如京东白条。京东白条可能是国内第一款线上为用户购物时提供的"先消费、后付款""30天免息、随心分期"的信用产品，于2014年2月先在京东商城推出，次年开始融入其他一些消费场景。京东科技旗下有四家小贷公司，分别是重庆京东同盈小贷、重庆京东盛际小贷、北京京汇小贷、上海京汇小贷。蚂蚁集团的借呗是一种消费信用信贷，而花呗则类似于京东白条，在2015年4月正式上线，主要用于购物。2020年年底，蚂蚁集团在暂停上市流程之后，开始了建立金融控股公司的整改工作。当时信贷规模达到1.73万亿元的借呗、花呗也是整改工作的重要内容之一。根据监管的要求，蚂蚁集团成立了全国性的重庆消费金融公司，承接原先区域性牌照小贷公司的业务。2021年9月，花呗接入了央行征信系统。2021年11月，借呗更名为信用贷。

第三类大科技信贷业务则包括形形色色的助贷。三家新型互联网银行和几家大科技平台的小额信贷公司的业务中都包含相当大比例的"联合贷款"。比如，在新冠疫情期间，网商银行一家就与超过100家传统商业银行合作发放贷款。当时业务增长很快，主要是因为疫情期间的隔离措施影响了传统银行开展业务。同时，这些银行缺乏低成本、高效率的风控手段，而对于大科技平台来说，资金则是一个主要的约束。因此，大科技平台和传统商业银行合作，前者帮助获客、评估风险，后者提供资金，一起发放"联合贷款"，可以算是一种共赢。

我国的大科技信贷从无到有，在短短的几年间做到了全球规模第一；与此同时，金融监管政策也不断地调整、改进。多种形态的大科技信贷业务在发展过程中确实也出现了一些值得关注的问题。首先，数据权益和个人隐私的问题非常突出。为此，自2020年以来，已经有多部相关的法律、法规出台。其次，许多大科技信贷业务依托小额信贷公司牌照，既不真正合规，也可能产生大的风险。小额信贷公司原本是区域性的，所以一般由地方政府发牌照，但大科技信贷却是全国性的，这样风险传播面就超出了发牌机构的视野；而且因为缺乏存款资金，一些平台通过发行资产抵押的金融产品（asset backed securities，ABS）来筹集资金。再次，消费信贷也容易产生过度借贷的问题。大部分大科技信贷业务都是以消费信贷为主，而且规模都做得很大，"先消费、后付款"形式的消费信贷非常便利，可能增加冲动消费、过度借贷的风险。最后，大数据信用风险评估也可能引发新问题。比如，在联合贷款模式中，大科技平台不出资，会不会由此造成道德风险问题？许多中小银行同时使用几个科技公司的服务，会不会造成风险共振的问题？

第四节 案例：网商银行

网商银行由蚂蚁集团联合多家股东单位共同发起成立，是最早的几家民营新型互联网银行之一，于 2015 年 6 月 25 日开始营业。网商银行在创立之初就以服务小微企业、支持实体经济、践行普惠金融为使命，希望做互联网银行的探索者和普惠金融的实践者，为小微企业、个人创业者和农村经济主体提供高效、便捷的金融服务。

网商银行最初的业务是从蚂蚁集团和阿里小贷继承过来的。阿里小贷业务始于 2010 年。阿里巴巴在 2003 年 5 月成立电商平台淘宝，在 2004 年 12 月上线了支付宝，后来电商业务加速发展，这样一部分电商商家就有了融资的需求。阿里巴巴开始尝试与一家大型国有商业银行建立合作关系，由阿里巴巴向银行推荐资质比较好的电商商家，银行在进一步筛选之后，向一部分电商商家提供贷款。可惜的是，银行几乎都拒绝了电商商家，因为这些在阿里巴巴看起来还不错的电商商家无法达到银行贷款的基本门槛，这让阿里巴巴下决心独立开展这项业务。2009 年阿里小贷项目组成立，2010 年阿里小贷正式开始提供贷款。

因此，网商银行一开始的目标客户群就是小微企业，基础客户是电商平台上的商家。其风险管理框架的关键是大数据信用风险评估，即利用电商商家留在平台上的数字足迹，包括交易、支付、客户评价等数据，同时运用机器学习算法构建风险评估模型，预测违约率，支持信贷决策。与微众银行和新网银行不同，网商银行从来没有将消费信贷当作主要业务。截至 2016 年 12 月末，网商银行累计向小微企业发放贷款 879 亿元，服务小微企业 277 万户，户均贷款余额为 1.5 万元。这些数字表明，在数字技术的支持下，银行完全有可能为数量庞大的小微企业提供非常小规模的信贷服务，这为发展普惠金融提供了一种现实可能性。

网商银行是一家独特的新型银行，它是全国第一家将云计算运用于核心系统的银行，也是第一家将人工智能全面运用于小微风控、第一家将卫星遥感运用于农村金融、第一家将图计算运用于供应链金融的银行。作为一家科技驱动的银行，网商银行不设线下网点，借助实践多年的无接触贷款"3-1-0"模式（3 分钟申请，1 秒钟放款，0 人工干预），为更多小微经营者和农村经济主体提供纯线上的金融服务，让每一部手机都能成为便捷的银行网点。

在 2015 年成立的时候，网商银行就确定了三大业务战略：

（1）服务小微客户：利用阿里巴巴电商平台上客户积累的信用数据、行为数据，向这些通常无法在传统金融渠道获得贷款的小微客户发放"金额小、期限短"的纯信用小额贷款。

（2）服务农村市场：结合阿里巴巴集团"千县万村"计划，利用"村淘合伙人"模式，结合消费品下乡、农产品上行，以农村生态圈等信贷场景，推进农资农具购买、农产品上行等特定金融服务。

（3）服务各类中小金融机构：依托风险识别能力、科技系统能力和数据分析能力，为各类中小金融机构提供风险管理能力和各种综合服务，帮助他们更好地服务用户。

在随后的几年里，网商银行的战略重点经历了一些调整。自2018年起，服务中小金融机构不再是其战略重点之一，但其加紧了与中小金融机构的业务合作，通过合作获取资金与软信息，以便更好地服务客户。2019年，以与中小银行合作为宗旨的"凡星计划"初见成效，当年网商银行与超过400家银行建立了合作关系。2020年在新冠疫情期间，合作的商业银行进一步增加到700家。在2021年，网商银行的自我定位是，围绕"让天下没有难做的生意"的宗旨，以"为每一个诚信经营的小微商家提供相伴成长的金融信用服务"为使命，全力打造"小微的首选银行"。以小微客户成长为内核，深耕内外生态场景，围绕普惠小微、产融小微和农村客户三个核心客群，建设"普惠银行、交易银行、开放银行"。

如果说网商银行最初的服务对象主要是阿里巴巴电商平台上的商家，那么自成立以来，它一直在通过各种途径拓展其客户群体，其中比较大的拓展有三次。

第一次拓展从网商银行一成立就开始了，就是依托阿里巴巴的"千县万村"计划和"村淘合伙人"模式，为县域小微企业和农村经济主体提供信贷服务。2018年前后，网商银行形成了三种县域业务模式：数据化模式、"线上+线下"熟人模式和供应链金融模式。2020年，基于卫星遥感和高光谱农作物识别技术相结合的卫星风控系统推出，解决了农业生产经营数据获取难的问题，有效满足了农业种植大户的信贷资金需求。2021年年末，在"大山雀"卫星遥感技术的助力下，全国已经有超过60多万种植大户获得了无接触贷款。同时，网商银行还与全国1 000多个涉农区县政府建立了合作关系，累计超过2 000万县域小微经营者和"三农"群体获得了网商银行的信贷服务。

第二次拓展发生在2017年，支付宝在全国推广二维码支付，最终覆盖了近1亿个线下门店和个体户（"码商"）。网商银行快速跟进，推出了"多收多贷"信贷，一开始以交易数据为核心，建立了线下商户的风险模型。到年底，网商银行已经服务了571万小微客户。为"码商"提供信贷服务，是普惠金融实践的一次大突破。"码商"的数量非常大，仅支付宝覆盖的就有1亿户，而且几乎都是非常小的小微门店甚至游动摊贩。网商银行的数据显示，"码商"在使用二维码支付一年以后，获得授信的概率可以达到60%，两年之后则可以达到80%。

第三次拓展始于2018年，网商银行开始探索供应链金融业务，打通销售、供应全链路。通过存贷融资、预付融资、自保理融资等业务探索，形成打通品牌核心企业的供应商端和线下门店融资服务体系，将线上数据化融资能力进一步延展到线下，拓展小微业务服务空间。2020年，网商银行发力供应链金融，依靠区块链技术为供应链场景中核心企业的下游经销商提供"3-1-0"模式的数字化金融服务方案，到年末已经与超过100家核心企业建立了合作关系，覆盖下游经销商的80%。2021年，网商银行发布了基于数字技术的供应链金融解决方案——"大雁系统"，超过 500 家品牌接入了系统。

与此同时，网商银行在 2019 年开设了针对卡车司机的"金融支持计划"，先过路、后收费。至 2020 年，在全国的 600 万余辆重卡中，每五辆就有一辆使用了网商银行提供的 ETC 卡服务，高速出口先抬杆后付费。2020 年，网商银行又进一步赋能物流产业，使用人车轨迹拟合模型，破解司机与货车所有权不匹配的难题，并通过大数据模型测算司机的可贷额度。

上述业务的拓展过程同时也是信用风险管理的创新过程。如果说网商银行风控模型的核心元素是线上数字足迹和机器学习算法，那么自成立以来，它一直在尝试运用新的信息和方法来改进风控的效率。首先，"码商"业务的增加等于将纯线上的客户转向了线下的客户。其次，供应链金融的产品矩阵——大雁系统——主要利用产业链上下游之间的交易关系，与原有信贷服务的最大差异在于它以交易场景为中心，客户的业务、收益与风险都与交易场景高度关联，从而丰富了信用风险管理的方法并提升了其有效性。再次，与传统金融机构和地方政府合作的一个重要价值，就是可以获得许多线下的数据。金融机构拥有丰富的关于客户群的软信息，而地方政府则拥有诸如税收、社保、司法等方面的数据，这些线下数据可以作为线上数字足迹的重要补充，也可以提高信用风险评估的质量。最后，网商银行一直在尝试利用创新手段提升风控的质量，更好地为小微企业和农村客户提供服务，"大山雀系统"和"大雁系统"就是突出的例子。网商银行还尝试智能交互的提额，客户可以通过自己上传合同、图片等资料提升信贷额度。

网商银行已经成为一家非常有特色的小微服务银行。截至 2023 年年末，其总资产达到 4 521 亿元，资本充足率为 11.3%；累计服务小微企业 5 300 万户，其中 80% 以上从未在银行贷过款。这些小微贷款的平均规模为 3 万多元，其中 70% 以上的期限不到 3 个月，单笔贷款利息成本低于 100 元。显然，网商银行的小微贷款的主要功能是满足日常运营的流动资金需求。将来网商银行的业务模式肯定还会进一步演变，作为一家有特色的"小微银行"，其在普惠金融特别是数字普惠金融的实践中走出了一条新路。

然而，网商银行大科技信贷业务的发展也面临一些问题与挑战。一是股权结构与贡献不对等。网商银行是由当时的蚂蚁集团发起成立的，其业务也与阿里巴巴的电商及蚂蚁集团的支付宝有密不可分的关系，但根据监管的要求，蚂蚁集团只能占 30% 的股份。二是不能"远程开户"，制约了资金的稳定与成本。网商银行只能开设 II 类账户，不能从事一些银行交易，如存取现金、向非绑定账户转账等。因此，网商银行的负债以同业拆借、市场融资为主，这可能降低资金的稳定性，同时提高资金成本。当然，这些年网商银行的资金结构也在逐步改变，非存款资金的比例从 2016 年的 59.5% 下降到了 2023 年的 34.2%。三是贷款利率依然偏高。虽然网商银行的单笔贷款规模很小，期限很短，其资金成本也相对较高，但网商银行的贷款利率还是高于一年期贷款市场报价利率（LPR）（2021 年为 3.8%）及银行中小企业平均贷款利率（2021 年为 5.6%）。网商银行自称每笔贷款运营成本仅 2.3 元，且不良率只有 1.53%，也许可以在"普"的基础上进一步提升"惠"的力度。四是贷款规模过小。网商银行客户的普遍反映是确实很方便,"随借随还",利息成本也不是很高,但额度太低,除了临时性地补充一下流动性,很难真正支持经营活动。可能也是出于这个原因,大科技信贷与商业银行贷款之间主要还是互补关系。网商银行近年来的业务拓展和风控创新,在一定程度上也是为了更好地服务小微企业,提高贷款额度,支持实体经济。

第五节 运营机制分析

为了展示大科技信贷的运营机制,下面将通过对几个实证分析结果的介绍,回答四个问题:① 大数据风控模型比传统银行模型更可靠吗? ② 谁是大科技信贷的主要获益者? ③ 大科技信贷是否会对银行信贷产生溢出效应? ④ 大科技信贷如何影响金融稳定?介绍的几个结果都来自利用网商银行逐笔小微贷款数据所做的实证研究,且每个研究用的都是不同的样本。取材于对同一个研究对象的分析,其好处是不同的研究之间有一致性,缺点是其代表性会受到限制。不过,跟其他文献做对比,就会发现基本结论是相同的,虽然在一些细节上存在差异。

一、大数据风控模型

网商银行的基础业务是为电商平台上的商家提供信贷,而支持信贷决策的手段是运用机器学习算法和线上数字足迹做信用风险评估,预测违约率。为了验证这一套信用风险评估的方法是否靠谱,Huang 等(2023)利用网商银行在 2017 年 3—8 月发放的 180万笔电商贷款数据,设计了一个赛马分析。他们主要比较、考察了两匹"马":第一匹是传统银行信用风险评估模型(模型一),这个模型的两大基本元素是传统数据和打分卡模型;第二匹是大科技信用风险评估模型(模型二),其两大基本元素是大数据和机器学习算法。所谓的"赛马",就是利用同一组数据来运算两个模型;将 180 万样本分为两组,第一组 77 万用于训练模型,余下的 103 万用训练好的模型做预测,最后看检验的结果,预测准确率高的模型胜出。为了分别反映数据与模型的贡献,他们还增加了两匹"马",一是大数据和打分卡模型的组合(模型三),二是传统数据和机器学习算法的组合(模型四)。

分析结果可以通过一个受试者工作特征曲线(receiver operating characteristic curve,ROC)来展示(见图 6-1)。在图 6-1 中,横轴代表正常贷款被错误地识别为违约贷款的比例,纵轴则代表违约贷款被准确地识别出来的比例。显然,越接近图的左上角,模型的性能越好。图中的 4 条 ROC 曲线分别代表了 4 匹马,最上面的是大科技信用风险评估模型,最下面的是传统银行模型。这已经证明,对于 180 万样本来说,大科技模型要比传统模型可靠得多。中间还有 2 个模型,说明在模型一的基础上,不管置换数据还是置换方法，都能够改进预测的准确率。这也说明对大科技模型更可靠这个结果，数据和模型都有贡献。在这个分析中，模型的贡献似乎比数据更大一些。直观地看，数据的优势可能反映在两个方面，一是实时，二是行为，这两点对预测违约都十分重要。模型的优势应该主要是处理大数据中各变量的非线性作用以及相互之间的交互作用。

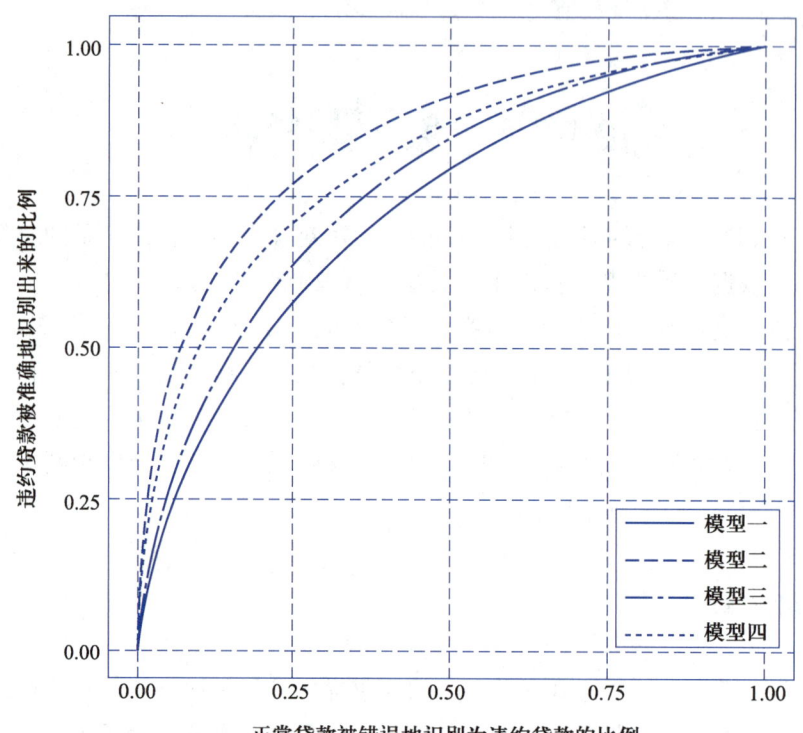

注：模型一：传统数据+打分卡模型；
模型二：大数据+机器学习算法；
模型三：大数据+打分卡模型；
模型四：传统数据+机器学习算法。

图 6-1　信用风险评估模型的受试者工作特征曲线（ROC）

比较不同模型中不同变量的相对重要性，既可以看出模型方法的特点，也可以反映单个变量的贡献。传统模型中最重要的四个变量都是信用历史，即是否有违约记录，其余变量的重要性都很低。在大科技模型中，各变量的重要性的差异并不太大，从第 1 个到第 14 个，重要性系数从 1.0 缓慢下降到 0.63；但在传统模型中，第 14 个变量的重要性系数只有 0.1。所以，在大科技模型中，庞大的变量都发挥了作用。同时，一些非传统的变量如网络效应分（衡量一家电商在整个电商平台上的相对重要性）、同一个注册地的时间和客户好评数等，都发挥了很重要的作用。只有一个信用历史记录发挥了重要作用，但也已经排到 10 名之外了。这些表明，大数据在大科技模型中的作用很大，但在传统模型方法中却体现不出来。

二、主要获益者

前文分析使用的是电商的数据，就应该在这个前提下来理解几条结论。大科技信用风险评估模型更为可靠，主要是对这个特定的群体，即缺乏财务数据和抵押资产、有丰富的数字足迹的小规模的平台用户而言的。离开这个基本场景设定来讨论模型优劣，意义不大。比如，不应该从上述结论来推断，商业银行也应该用同样的方法来评估其传统客户的信用风险。那么，在给定的样本里，大科技模型的表现是否还会呈现异质性？Huang 等（2023）的一个分析可以提供一些思考的线索。他们首先从原先的样本中选取了曾经从银行贷过款即有信用历史的小微企业组成一个子样本，然后构建了三种数据，即信用历史数据、平台上的所有数据（大数据）以及两者之和，并分别运用打分卡模型和机器学习算法（随机森林模型）来估算信用风险评估模型。评估的方法依然可以用前面提到的 ROC 曲线，但 ROC 曲线还有一个表达方式，即曲线下的面积（area under curve，AUC）。显然，AUC 越大，模型的可靠性越高。一般的经验是，如果 AUC 超过 0.6，表明模型可用；如果超过 0.7，表明模型质量不错；如果超过 0.8，则表明模型的性能相当好。

利用征信数据和打分卡方法的模型，其 AUC 为 0.74，说明如果有信用历史，银行也能比较可靠地为客户做信用风险评估，但如果利用征信数据和大科技平台的大数据，同时运用随机森林方法，AUC 可达到 0.87，这应该是一个罕见的高分。这说明大数据和新方法可以大幅度提高模型的可靠性。这个结果最重要的点不在于此，而是如果仅仅利用平台上的大数据做信用风险评估，其 AUC 同样可以达到 0.83。也就是说，对于90%以上的从未从银行借过钱、因而也没有征信积累的小微企业来说，大科技模型同样可以为它们提供靠谱的信贷服务。这才是大科技信贷模式的真正价值所在，也是其普惠性的充分体现。

Huang 等（2023）做的另一个分析是将小微企业按照交易规模和城市等级分成不同的组，然后同时用传统模型和大科技模型做预测。那些大科技模型预测的违约率比传统模型更低的企业组则会从新方法中获益，因为预测违约率更低，意味着企业从大科技信贷获得贷款的可能性高于银行贷款。以企业的交易规模分类为例，交易规模低于 10 万元的小微企业获得更低预测违约率的比例超过了 50%，而交易规模超过 50 万元的企业获得更低预测违约率的比率都不到 30%。这个例子清晰地表明，从大科技信贷业务模式中获益最大的是那些特别小的企业，而当业务规模达到一定水平以后，大科技信贷的优势就不再突出了。按城市等级分类所做的分析也得出了类似的结论：处于三、四线城市的企业要比处于一、二线城市的企业获益更多。

这几项分析的基本结论与文献的大多数发现是一致的，即越小、越地处偏远、越缺乏征信积累的企业，越能从大科技信贷模式中获益。

三、向传统银行的溢出效应

大科技信贷的普惠特性不仅仅体现在可以为很多"信用白户"提供信贷服务。这些借款人在获得大科技信贷之后，就会在央行征信系统里留下信用记录，这样就可以开始积累信用历史。将来再去银行贷款，银行就可以到征信系统查询企业的信用历史并做出贷款决定。正如前面已经验证过，只要有信用历史，即便传统银行也可以做出比较靠谱的信用风险评估。将大量的"信用白户"转化为有征信记录的企业，是大科技信贷一个十分重要的贡献。Beck 等（2018）关于二维码支付与大科技信贷的研究为这样的转化提供了实证证据。网商银行和微众银行最初的客户都是原有大科技平台上的用户，从 2017 年开始，两大支付平台开始铺开线下的二维码支付工具，这样就相当于将 1 亿左右的门店、摊贩和其他个体户纳入了支付系统。虽然这些"码商"与原有平台用户不同，但二维码支付工具的使用，也在系统中留下了交易数据。网商银行开始利用这些数据为线下的"码商"提供信贷服务。

Beck 等从网商银行提供的码商贷款数据中随机抽取了 50 万个样本进行分析。他们发现，"码商"使用二维码支付超过一年，获得网商银行授信的概率接近 60%；如果超过两年，这个概率则会提高到 80%。这既是大科技平台利用数字支付技术拓展市场的一个成功案例，也非常清楚地反映了这种业务的普惠性。

Beck 等进一步发现，"码商"无论是获得授信额度还是实际支用贷款，都有助于将来获得银行贷款，但实际使用贷款的溢出效应要远远大于授信额度。其作用机制应该是，授信数据不会进入央行征信系统，但实际支用贷款会作为信用历史记录到征信系统。也就是说，"码商"获得授信之后并不会产生信用记录，只有在实际支用之后才会形成，而对于商业银行来说，信用历史是支持贷款决策最重要的因素之一。Beck 等的研究表明，"码商"在获得大科技信贷授信之后，获得银行贷款的概率也会上升，不过幅度不是很大，三年之后提升接近 3%。但是，"码商"在实际支用大科技信贷后，获得银行贷款的概率会显著上升，并且随着时间的推移，这种溢出效应变得越来越明显，一年后约 7%，两年后约 13%，三年后约 17%。如果将银行贷款分为抵押贷款和信用贷款，会发现溢出效应主要集中在信用贷款，对抵押贷款的影响非常小，这可能是因为抵押贷款重点关注的是抵押品的价值，其他信息包括软信息和信用历史，反而变得不那么重要了。

四、"金融加速器"的抵押渠道

依赖抵押品为中小企业提供信贷服务，在世界各国是一个十分普遍的现象，即便在发达国家也是如此。根据金融稳定理事会的调查，在瑞士、巴西、新加坡和土耳其等国，中小企业贷款中抵押贷款的比例均超过 80%。中国的比例要低很多，但仍然有超过 50% 是抵押贷款。中国政府自 2013 年以来一直致力于化解中小企业融资难题，采取了一系列的措施，包括鼓励大型金融机构设立普惠金融部并明确提出每年中小企业贷款比例上升的监管要求。这些举措对于提高中小企业贷款和降低抵押贷款在总贷款中的比例，应该是发挥了作用的，虽然中小企业"融资难"的问题尚未彻底根除。

普遍的抵押贷款会导致美联储前主席伯南克及其合作者所称的"金融加速器"。因为银行根据抵押品发放贷款，抵押品的价值就很重要，即抵押品值钱，信贷规模可以高一些，反之亦然，但这个机制很容易放大金融市场的波动。例如，房地产市场繁荣的时候，作为抵押品的房产的价值就会上升，这样就可以增加银行信贷，而信贷的增加又会反过来进一步推动房价的上涨。繁荣的房地产市场会变得更加繁荣，主要是因为"金融加速器"发挥了作用。反过来，如果房价下跌，抵押品价值下降，银行就可能收缩信贷，而这又会进一步压低房价。在极端的情形下，初始房价小幅度的下跌，最终有可能被放大成巨大的市场震荡，甚至酿成金融危机。这就是"金融加速器"的抵押品渠道。

然而，大科技信贷会改变这一机制，借用诺贝尔经济学奖获得者 Bengt Holmstrom 的话，"数据是新的抵押品"。因为有数据，放贷机构就不再需要抵押品。Gambacorta 等（2023）的研究专门分析了这种以数据替代抵押的信贷模式对于"金融加速器"的抵押渠道的影响。他们同样抽取了 2017 年 1 月至 2019 年 4 月网商银行 200 万家客户的月度数据，其中包括三类贷款的信息：大科技信贷、银行抵押贷款和银行信用贷款。实证分析表明，三类信贷对房价的反应截然不同：大科技信贷对房价反应最小，银行抵押贷款对房价反应最大，而银行信用贷款的反应居中。他们还测算了信贷与房价的弹性系数，其中，抵押贷款的弹性系数最大（0.58），即如果房价下跌 10%，抵押贷款会收缩 6%；银行信用贷款的弹性系数为 0.21，对房价有反应但幅度不大；而大科技信贷对房价的弹性系数在统计上不显著。这说明以数据替代抵押之后，"金融加速器"的抵押渠道被显著弱化了，这应该是有利于促进金融稳定的。

大科技信贷减弱了对房价的反应，那肯定会增强对别的变量的反应。Gambacorta 等的研究考察了其他几个变量，其中一个有意思的变量是网络效应分，主要衡量商家在整个支付网络中的重要性，网络效应分高的企业有类似于线下经济中核心企业的地位。之前 Huang 等（2023）的研究已经发现，网络效应分在大科技信用风险评估中的作用非常大。在这个研究中，Gambacorta 等也发现，大科技信贷对网络效应分的反应非常大，亦即网络效应分数高，大科技信贷规模就大。银行的两类贷款也都有反应，但幅度要小很多，而且抵押贷款比信用贷款的反应更弱。所有贷款类型都对网络效应分有反应，可能是因为这个分能反映出企业的经济实力或者重要性。但是，大科技信贷的反应最大，这既可能是因为这是其主要的数据基础，而银行的抵押贷款可以看抵押品，银行的信用贷款可以看软信息；也可能是因为只有大科技公司才能准确地衡量一家企业在网络中的重要性。

第六节　总结与讨论

从 2010 年形成雏形算起，大科技信贷的发展历程还很短，业务创新依然十分活跃，监管政策也在不断调整，因此大科技信贷还不能算是一个成熟的业务模式。但是，大科技信贷发展十分迅猛，我国更是走在了世界前列。无论是在机构看具体的业务操作，还是从学术角度看全面的业务创新，大科技信贷确实展示出一些独特之处。一方面，非传统数据可以支持信用风险评估，无论是电信系统的通话记录还是科技平台的数字足迹，都可能包含可以支持违约预测的信用信息，这样就为服务"信用白户"开辟了一条新的途径；另一方面，借助于大平台的长尾效应等特性，大科技信贷的客户群规模可以显著放大，一家平台可以拥有数亿个人客户，可以为数千万家小微企业提供贷款，而且快速、高效、无接触。以上这两个方面同样重要，前者帮助克服"风控难"，后者帮助克服"获客难"，两者结合在一起，相当于为普惠型信贷提供了一个新的解决方案，而中国是其中一个非常重要的实践者、引领者。

但是，这个业务模式也存在不少争议点，大部分问题在介绍文献与案例的时候都已经提到过，这些问题值得从业者、监管者和研究者深入思考。这里选择其中的四个问题进行总结性的讨论。

第一，大科技信贷风控模型尚未经受过经济周期变化的检验。这是许多国内外监管官员的一个共同担忧，虽然现在看这些大数据信用风险评估的做法比较有效，但一旦经济周期发生大的变化，风控模型是否还能保持有效？这个问题很合理，但不一定真的存在。其合理性在于大数据分析本来就是基于现有数据，况且大数据分析重视相关性，较少挖掘因果关系，所以，如果大环境改变了，那么基于旧数据所做的预测的准确性必然下降。但是，大数据分析的一个重要特点恰恰是不断利用最新数据更新迭代，而不是死守基于历史数据的结论。与传统模型相比，大科技信贷更多地依靠实时数据和行为变量，这正是预测准确性的重要支撑。所以，即便经济周期发生改变，大数据所包含的信息内容也会随之发生改变，更何况大科技信贷的期限都很短，调整起来也容易。几家新型互联网银行在新冠疫情期间的表现已经提供了很好的证明。新冠疫情暴发后，微众银行和网商银行的违约率都有所上升，但几个月之后，违约率很快就下来了。所以说，经济周期的改变肯定会带来一些变数，但大科技信贷承受冲击的能力应该高于传统银行贷款，新冠疫情期间的数据也支持这样的判断。

第二，大科技信贷与银行贷款之间的互补关系。目前尚未看到两者之间存在替代关系的充分证据，这可能是因为大科技信贷利用了一套完全不同于传统银行的信用风险管理框架，所服务的客户群有很大的差异。当然，大科技信贷的额度也都非常小，小到银行无法提供服务。这个差异化的优点是大科技信贷作为传统金融服务的补充，在普惠金融方面做出了独特的、难以替代的贡献，但它有一个先天的缺陷，相当一部分大科技信贷的借款者抱怨信贷额度太小，无法真正帮助经营活动的扩张。信贷额度小，主要是由大科技风控模型的特性决定的，如果贷款额度大幅度提高，违约预测的准确性就可能明显下降，所以提高贷款额度的前提是改进风控手段。近年来，几家大科技信贷平台所做的一系列的创新和拓展，如挖掘供应链上的交易关系、引入地方政府和中小金融机构的线下软硬信息、运用卫星遥感技术等，无一不是为了改进风控的质量、提高贷款的额度。同样，随着数字技术的普及，商业银行的服务也可能下沉。无论发生哪种情形，将来大科技信贷和银行贷款之间是互补关系还是替代关系，都可能出现变数。

第三，大科技信贷"普"而不"惠"。监管部门明确提出信贷产品要明确表明其年化利率，这是保护消费者利益的一个具体举措。之前许多影子银行、互联网金融产品误导消费者的现象很普遍。不过，大科技信贷的年化利率都很高，许多学者与官员认为它"普"而不"惠"。当然，信贷机构在控制风险的前提下，应该努力降低贷款利率，但对于大科技信贷的年化利率，可能需要具体情况具体分析。首先，2021 年商业银行中小企业贷款的平均利率为 5.6%，至于近年来贷款利率的下降，在一定程度上是监管政策或者说行政要求的结果，而不是完全市场化的产物。其次，大科技信贷平台不像商业银行那样有大量廉价的存款资金，其资金成本要高许多。最后，大科技信贷的额度都非常小、期限也非常短，如果考虑每笔贷款都有固定的沉没成本，转化成年化利率，自然会比较高。如果一定要压到商业银行的利率水平，必定无利可图。对于借款人来说，关键是"随借随还"，利息成本可以承受。因此，不宜对这类补充性的信贷服务僵化地要求同样的年化利率水平。当然，如果新型互联网银行也能像传统银行一样获得大量的廉价存款，同时不断地提高效率、改善风控，都可以为降低贷款利率创造条件。

第四，科技和金融的合作关系。大科技信贷这个业务模式最初是由科技公司创造出来的，后来大科技公司与商业银行之间开展了许多业务合作。一方有客户、有资金，另一方则有数据、有方法，两者结合正好互通有无，可以实现共赢。但是，如果银行完全依靠大科技公司来触达客户并控制风险，也有可能产生道德风险问题，即大科技公司帮助银行完成业务，收取服务费，资产与风险却会留在银行的资产负债表上。如果全国的中小银行都依靠少数几家大科技公司的服务，或者即便科技公司数量众多，却使用类似的逻辑与手段，可能还会产生风险共振的问题。所以，监管部门明确提出银行风控不能外包，但实际上大部分中小银行缺乏做到风险"不外包"的科技能力。监管部门选择的一条合作途径是建立大数据征信公司，目前国内已经落地了两家。客观地说，业务开展并不理想，可能是因为大数据征信有效的前提是数据是活的，并且最好留在系统里面，这一点与传统征信不同。大数据征信要基于不断地动态迭代，不能单独拿出来，况且不同平台的数据预测违约的逻辑也不相同。另外，现在设立的新公司，在制度安排上也存在明显的不足。科技公司作为小股东之一，缺乏贡献数据和分析的激励。大数据征信这条路要走通，公司治理和数据安排可能都需要做出较大的调整。

本章小结　　本章围绕大科技信贷这一新型信贷模式展开，分析了其形成背景、发展机制和案例，尤其关注其在普惠金融中的贡献。大科技信贷的核心在于利用大数据分析和大科技平台快速获客、风险评估与管理还款，以数据替代传统抵押品，为个人与小微企业提供低门槛的金融服务。这一模式克服了传统信贷难以覆盖低收入家庭和中小企业的局限性，同时大幅提升了信贷服务的便利性和覆盖面。

　　尽管如此，大科技信贷也面临诸多挑战，包括能否经受经济周期的波动考验，以及是否真的能够实现"普"与"惠"兼得。同时，隐私保护、过度借贷和平台数据风险等问题亦值得关注。本章通过网商银行的案例，展现了这一模式在支持小微企业和普惠金融方面的潜力和创新，也反映出其在监管和市场环境中继续发展的方向。总体来看，大科技信贷不仅是一种业务创新，更可能对传统金融和宏观经济产生深远影响。

即测即评

复习思考题　　1. 大科技信贷与传统信贷模式的核心区别是什么？它在风险评估上有哪些创新之处？

　　2. 大数据和机器学习算法在大科技信贷中的作用如何体现？有哪些优势和潜在风险？

　　3. 网商银行的"3-1-0"模式如何为小微企业提供信贷支持？在实际操作中面临哪些挑战？

　　4. 大科技信贷能否完全替代传统信贷？试从服务对象、风险评估和监管要求的角度分析。

　　5. 结合案例，分析大科技信贷在解决普惠金融问题上的成效及其对社会经济的潜在影响。

第七章

商业银行数字化转型

我国的商业银行体系从改革开放开始重建，截至 2023 年年底，已经形成了六大国有银行、12 家股份制银行，以及 125 家城市商业银行、1 607 家农村商业银行、19 家民营银行和 41 家外资法人银行的基本结构。我国商业银行的规模已经居世界前列，但仍面临盈利能力不足、不良贷款率上升的风险。特别是数字金融的出现，对改革仍不充分的商业银行体系形成了较大的挑战，商业银行的数字化转型迫在眉睫。本章对数字金融与商业银行之间关系的文献进行梳理，并基于案例和数据对国内外的商业银行的数字化转型进行介绍，最后总结商业银行中数字技术的典型应用。

第一节 商业银行概述

一、商业银行的功能

商业银行是以营利为目的，以金融负债筹集资金，以金融资产为经营对象，具有信用创造功能的金融机构。

银行最主要的功能是信用中介。这一功能的实质是通过银行的负债业务（存款），把社会上各种闲散货币集中到银行，再通过资产业务（贷款）把它投向经济各部门。银行从投资收益和利息支出的差额中获取利润，同时实现资本的融通。能够吸收存款，是银行与其他金融机构的最大不同之处。

存款是银行的核心，其稳定性和对银行资产的贡献远大于贷款业务。因此，银行受到严格的监管，并需要取得牌照才可以经营。但是，存款也是银行脆弱性的来源。为避免存款挤兑，银行的第二个核心是风险管理。银行需要通过风险管理，保证其贷款投资在风险可控的同时能够实现足够的收益。为了避免信息不对称造成的逆向选择和道德风险，银行风险管理主要依靠信息管理或者使用抵押物。在信息方面，银行主要通过其传统的软信息优势（如对存款人的了解）与越来越多的硬信息（如企业财务报表）相结合，来进行风险控制。

除了信用中介之外，银行为了扩展存款业务，也会介入其他的金融服务，以更好地服务客户。例如，成为工商企业、团体和个人的货币保管者、出纳者和支付代理人，或是为客户提供理财服务和投资建议等。这些业务的加入对银行的影响是双面的。一方面，多元化的业务有助于满足客户需求，并产生范围经济；另一方面，业务的增加也带来了更高的协调成本和管理成本。因此，现有研究并没有发现银行多元化与绩效的正向联系。

二、我国现代商业银行的发展历程

我国现代商业银行的发展大致可以分为以下几个阶段。

（一）体系搭建（1977—1996 年）

我国现代银行体系的建设始于改革开放。在改革前的计划经济时代，金融体系的特点是"大一统"，人民银行既管宏观平衡、又提供商业性金融服务。因此，改革的第一步是通过剥离中国人民银行的商业性业务，建立五大国有银行，形成了中国人民银行与五家专业银行各司其职的二元银行体制，金融机构在组织体系上实现了政商分离。随后，我国继续扩展银行体系，相继成立了 12 家股份制银行，建立众多城乡信用社、城乡合作银行，并进一步剥离五大国有银行的政策性业务，推动五大国有银行转型为商业银行。三大政策性银行（国家开发银行、中国进出口银行、中国农业发展银行）和五大国有商业银行（中国工商银行、中国银行、中国建设银行、中国农业银行、交通银行）分离，分别成为两个不同的金融系统。1995 年 5 月，第八届全国人大常委会第十三次会议通过了《中华人民共和国商业银行法》，明确了"国有独资商业银行"的法律地位，以及其他各商业银行的性质、地位及与其他金融市场主体之间的关系，并为商业银行自主经营、提高资产质量提供了法律保障。

（二）体制变革（1997—2001 年）

1997 年 11 月，我国召开第一次全国金融工作会议，确定了一系列金融改革的方针、政策和措施。1999 年，财政部以全额拨款的形式，成立了华融、东方、信达、长城四家金融资产管理公司，剥离万亿元国有商业银行不良资产。上述改革措施充实了国有商业银行的资本实力，改善了财务状况。此外，中共中央成立金融工作委员会，对全国性金融机构组织关系实行垂直领导；同时，对金融业实行分业监管，中国人民银行专司负责监管银行业和信托业，成立证监会负责监管证券业、保监会负责监管保险业。

（三）开放竞争（2002—2010 年）

2001 年我国加入世界贸易组织（WTO），我国政府决定进一步加强对商业银行的监管，推进商业银行改革。2002 年 2 月，第二次全国金融工作会议召开，决定组建中央汇金投资有限责任公司主导中国银行业的重组上市，并成立国有银行改革领导小组，筹划国有银行改革方案；在金融监管上，撤销中央金融工作委员会，成立银监会。这一时期，五大国有银行先后完成股份制改造，并成功在境内 A 股及香港 H 股上市。

（四）深化改革（2011 年至今）

2011 年 5 月，中国人民银行发放首批 27 家第三方支付牌照，标志着非金融机构开始涉足商业银行传统的业务。2012 年 1 月，我国召开第四次全国金融工作会议，明确将继续深化金融机构改革，细化银行治理架构，放宽准入，鼓励、引导和规范民间资本进入。2014 年 1 月，民营银行试点启动，7 月批准首批三家民营银行的筹建申请。截至 2023 年年底，已有 19 家民营银行正式开业。2018 年 4 月，《中国银行保险监督管理委员会关于废止和修改部分规章的决定》宣布取消对中资银行的外资持股比例限制，即删除了原有的"单个境外金融机构及其关联方作为发起人或战略投资者向单个中资商业银行、农村商业银行以及作为战略投资者向单个金融资产管理公司的投资入股比例不得超过 20%、多个境外金融机构及其关联方投资上述机构入股比例合计不得超过 25%"的规定。这些举措进一步提高了银行业的开放竞争程度。

2017 年 7 月，第五次全国金融工作会议召开，要求金融机构应着力服务实体经济、防控金融风险、深化金融改革。会议决定设立国务院金融稳定发展委员会，切实稳定金融秩序、防控金融风险。2018 年 3 月，国务院将中国银行业监督管理委员会（简称"银监会"）和中国保险监督管理委员会（简称"保监会"）的职责整合，组建中国银行保险监督管理委员会。2023 年 3 月，在此基础上组建国家金融监督管理总局，统一负责除证券业之外的金融业监管。

三、我国商业银行的现状

截至 2023 年年底，我国商业银行体系主要包括 6 家国有大型商业银行（中国工商银行、中国农业银行、中国银行、中国建设银行、交通银行、中国邮政储蓄银行[①]）、12 家股份制商业银行（中信银行、中国光大银行、招商银行、上海浦东发展银行、中国民生银行、华夏银行、平安银行、兴业银行、广发银行、渤海银行、浙商银行、恒丰银行）、125 家城市商业银行、1 607 家农村商业银行、19 家民营银行和 41 家外资法人银行。从规模上看，国有大型商业银行和股份制商业银行仍然是商业银行中的主导力量。

虽然我国的银行体系发展已经取得了长足的进步，但改革尚未完成，银行的服务仍需进一步完善，可以反映在以下几个方面。

---

① 根据原银保监会统计口径，中国邮政储蓄银行自 2019 年起纳入"国有大型商业银行"类别。

（一）盈利能力下降

我国商业银行的净利润增长率大幅放缓，从 2011 年的 36.3% 下降至 2024 年的 10% 以下，同时，商业银行的资产利润率和净息差均逐年下降。利息差是商业银行的主要利润来源，利息差空间的压缩直接对银行的盈利能力产生挑战。

（二）不良贷款率升高

不良贷款是逾期贷款、呆滞贷款和呆账贷款的总称。从数据来看，从 2014 年开始，各类银行的不良贷款率几乎都呈现单调递增趋势。其中，农村商业银行面临的不良贷款率在各类银行中最高。不良贷款问题不仅严重制约商业银行的发展，还对金融稳定构成巨大隐患。

（三）盈利方式单一

长期以来，我国商业银行的营业收入来源主要为利息收入，对利息收入的依赖较强。国有银行和股份银行利息收入占比均在 60% 以上，甚至有些达到 80% 以上。因此，一旦利息收入受到下行压力，银行业的盈利能力自然会受到较大的冲击。

第二节　数字金融与商业银行

一、数字金融对商业银行的挑战

近年来，数字金融蓬勃发展，在存款理财、信贷融资、支付结算等多种业态迅速发展，不仅改变了人们的生活方式、交易方式，也对银行传统的"存、贷、汇"角色产生了重大冲击。在存款理财领域，许多用户转向选择余额宝等货币基金。智能投顾等新兴投资模式的出现，也对银行门槛较高的私人理财服务产生了挑战。传统银行面临着存款减少、顾客流失、理财产品分流等多个方面的威胁。在贷款融资方面，门槛低、手续便捷的线上贷款为长期被排斥于边缘的长尾用户带来了一种全新的融资体验。在支付结算方面，数字金融通过二维码支付等功能，切入丰富的交易场景，提高了交易效率。数字货币支付又进一步脱离了银行账户，有效解决了异地客户开户难等问题。数字金融不仅使得传统银行业的各项业务都受到了巨大的冲击，还使得传统银行赖以生存的线下渠道从过去获取客户、触达客户的"利润中心"，变成如今客户稀少的"成本中心"。因此，数字金融对传统商业银行的中介地位和经营模式都构成了巨大的挑战。

二、数字金融如何影响商业银行

借贷双方之间的信息不对称一直是信贷市场的中心话题。传统金融机构（如商业银行）由于在信息收集和规模经济方面的优势，长期以来一直担任着缓解信息不对称的角色。然而，金融科技创新通过对数字技术的广泛应用，挑战了传统金融机构的优势地位。

（一）数字金融对银行的竞争性替代

IMF 和欧洲中央银行最新的联合报告指出，金融创新主要体现在两个方面。第一，信息（information）的新形态，主要指使用新方法收集并分析客户数据。尽管金融业越来越多地参考客户的线上数据来进行信用评分，但是评分本质上依旧参考的是所谓的"硬数据"（收入、就业时间、资产和负债）。这一评分方法导致了两点问题：①"硬数据"存在顺周期偏差；② 新企业家、非正式工人等没有足够的金融数据可供查阅。为了解决这两点问题，金融科技在"硬数据"的基础上，还使用了在线搜索和购买的历史记录等非金融数据。如果该技术能与人工智能和机器学习结合，这些非金融数据不仅比"硬数据"信用评估更为准确，还能推动普惠金融的发展。第二，信息沟通的新渠道（communication）。一方面，各种电子平台的兴起增加了消费者的线上记录及可供查阅的数据；另一方面，新的技术推动了金融业的竞争。亚马逊、Facebook、阿里巴巴等平台开发了更多的金融服务，在支付、资产管理和金融信息提供等方面与银行展开竞争。新技术还使银行为客户提供远程服务，促进了银行间的跨地域竞争。

Thakor（2020）探讨了金融科技在支付、信贷、保险方面的创新以及对于银行业的影响。研究认为，金融科技最大的破坏潜力就在于支付领域。新货币市场工具的出现对货币政策具有重大影响，而数字货币最终将取代现金。在信贷领域，研究认为 P2P 贷款在短期内不会取代银行，但当银行受到资本约束时，P2P 平台将会从银行手中抢走一些市场份额，为那些长尾借款人提供担保贷款。关于智能合约，研究认为这很可能从根本上改变金融合约，在密集和广泛的边际上都会产生变化。

类似地，Cai（2018）分析了金融科技的两种应用——众筹和区块链对于银行等金融中介的影响。研究表明，众筹和区块链这两种创新，可能以不同的方式破坏传统金融中介。具体地，众筹平台取代了传统的金融中介机构，成为新的中介机构。与众筹类似，区块链也创建了新的中介机构，即区块链固有的信任元素使区块链能够消除某些金融领域（但不是所有金融领域）对中介机构的需求。

Tang（2020）利用 LendingClub 的贷款申请数据，并利用银行证券化资产负债表外资产的监管变化，发现 P2P 平台和银行在消费信贷市场中是替代品关系。Jagtiani 和 Lemieux（2019）发现，通过使用额外的信息来源，P2P 平台可以识别 FICO 分数低但实际上信誉良好的借款人，并能够以比传统银行更低的利率向他们发放贷款。

Phan 等（2020）基于印度尼西亚市场的研究发现，金融科技公司的增长对银行绩效产生负面影响。研究发现，每新增一家金融科技公司，将造成银行 NIM、ROE、ROA 和 YEA 平均下降 0.53%、9.32%、2.07% 和 0.48%。另外，金融科技对大型银行的影响大于对小型银行的影响，对成熟银行的影响大于对较年轻银行的影响，对国有银行的影响大于对民营银行的影响。

Fung 等（2020）分析了金融科技是否导致了金融机构的脆弱性。他们使用来自 84 个国家的上市银行的面板数据样本，利用引入金融科技监管沙盒作为外生冲击，并检验金融科技对金融机构脆弱性的异质效应。研究发现：① 当我们忽略市场特征时，金融科技创新的冲击对金融机构的脆弱性没有显著影响；② 促进金融科技发展，会降低（增加）新兴（发达）金融市场中金融机构的脆弱性；③ 金融科技的发展会通过影响金融机构的盈利水平，进而影响金融机构的脆弱性。

（二）数字金融成为银行的补充和催化

Tang（2019）的研究分析了在消费信贷市场中，P2P 贷款平台是作为银行的替代品，还是作为补充。文章利用监管变化对银行信贷供应的外生冲击，发现 P2P 贷款在为高收益银行借款人提供服务方面是银行贷款的替代品，但在小额贷款方面却是银行贷款的补充。

Hodula（2022）通过分析 78 个国家 2013—2019 年的调查数据发现，金融科技信贷平台可以作为传统银行信贷的补充和替代品。研究表明，在集中度较低、流动性较高和更稳定的银行部门，银行和金融科技信贷平台往往不会为同一客户竞争，而是作为补充共存。相反，在不太稳定和高度集中的银行部门，金融科技公司则对银行信贷有替代作用。

Lee 等（2021）基于 2003—2017 年的数据，考察了金融科技行业的发展是否会影响中国银行业的成本效率和对于金融科技的使用。文章中的金融科技行业发展指数使用企业级数据构建，衡量了整个金融科技行业和四个子行业的发展程度，包括：① 信贷、存款和融资服务；② 支付、清算和结算服务；③ 投资管理服务；④ 市场支持服务。研究结果表明，金融科技创新不仅提高了银行的成本效率，而且提高了银行对于数字技术的使用率。在市场支持服务创新的情况下，这种双重效益更为显著。

Sheng（2021）探究了金融科技发展对银行向中小企业提供信贷能力的影响，通过分析 2011—2018 年中国各省银行的贷款记录，发现金融科技有效促进了银行业对中小企业的信贷供应。此外，与小银行相比，金融科技对大银行的中小企业信贷增长的影响更为显著。

（三）数字金融对银行影响的边界条件

关于数字金融对银行的影响，Stulz（2019）认为要从创业型的金融科技企业和大型的科技平台两个角度分别进行讨论。创业型的金融科技企业的作用更多是金融细分领域的补位。借助新的沟通渠道，这些公司往往聚焦某种单一金融服务，并只需要取得该业务的执照。这使得这些新企业相比于业务多元化的银行，更为敏捷和高效，因而提供的服务可能具有价格优势、速度优势以及便捷优势。大型的科技平台则更为特殊。它们更多地掌握客户的"数字足迹"，这种大数据的优势是小型创业公司所不具备的。同时，这些平台借助网络外部性，可以产生较大的规模效应，并通过切入多种服务，增加与用户的触点，具有较强的用户黏性。由于金融服务往往不是孤立存在的，而是在其他的商品交易中附带产生的，这些网络平台往往同时具有更强的沟通优势。

数字金融对银行的影响，也取决于国家的宏观环境。例如，美国的互联网巨头并没有在金融领域产生类似中国的大型科技平台的影响力。相关研究发现，一国的数字金融的发展与该国的银行集中度、存贷差以及监管松弛度都呈现正相关关系。从这个角度可以看出，数字金融与银行的关系，很大程度上受到该国现有金融体系发展情况的影响。

三、银行的数字金融转型

Boot 等（2021）认为，大型科技平台比起传统银行，在信息和沟通方面的优势都更强。即使没有牌照，它们也可以通过与持牌机构合作的方式来降低合规成本。银行即使与平台合作，成为平台生态的一部分，也仍然面临着脱媒的风险。为了避免被数字平台取代，银行也可以进行科技投资，甚至将自己建设成一个平台。关于这一点，Chen 等（2019）的实证结果也发现，当金融科技初创公司的创新对传统金融行业的价值产生了负面冲击时，如果金融行业中的领导企业在研发上也加强投入，则受到负面冲击的影响会较小。因此，有实力的银行可以采取数字金融转型的战略。

信息技术采用与非金融企业绩效之间的关系已得到大量研究的探讨，但关于信息技术采用对银行绩效影响的研究很少，产生这一现象的主要原因之一是缺乏银行层面的 IT 支出信息。Berger（2004）提供了银行业技术变革的三个例子，即网上银行、电子支付技术和信息交换，并讨论了技术变革对生产率增长和市场结构的潜在影响。还有学者使用时间趋势作为残差来衡量银行业的技术变化，并发现技术进步降低了银行成本。然而，时间趋势是一个"包罗万象"的变量，无法将技术变革与其他因素（如放松管制和组织结构变化）区分开来。最近的研究已经开始探索信息技术更为直接的衡量方式。Beccalli（2007）以 1995—2000 年 5 个欧盟国家的 737 家欧洲商业银行为样本，实证表明 IT 服务投资对银行盈利能力和利润效率有积极影响。Koetter 和 Noth（2013）采用了一种类似于 Beccalli（2007）的方法，发现 IT 投资提高了银行的生产率，从而改善了其绩效。Scott 等（2017）关注了对于 SWIFT 技术的采用，发现采用 SWIFT 对银行长期盈利能力具有积极影响。另外，Pierri 和 Timmer（2020）使用个人计算机的数量作为信息技术采用的指标，发现 2008 年国际金融危机前对信息技术采用程度较高的银行，在金融危机期间的不良贷款率的增幅明显较小。

针对数字金融技术的采用如何影响银行，Chen 等（2019）基于 2003—2017 年的专利申请数据，应用机器学习方法对技术创新进行了识别和分类，对金融技术创新的价值提供了大样本证据。研究发现，大多数金融科技创新为创新者带来了巨大的价值，而区块链尤其有价值。对于整个金融行业而言，物联网（IoT）、智能投顾和区块链是最有价值的创新类型。当技术创新由非金融初创公司提出时，它们对金融行业的绩效存在消极影响，但大力投资创新的金融机构可以避免这种负面冲击。

Cheng 和 Qu（2020）利用 2008—2017 年中国商业银行的数据，利用网络爬虫技术和词频分析构建并测量银行金融科技指数，探讨了银行金融科技使用对信用风险的影响。结果表明，国有银行金融科技的发展速度快于其他银行。此外，在银行金融科技的五个分类中，互联网技术的发展领先于人工智能技术、区块链技术、云计算技术和大数据技术。研究发现，银行金融科技显著降低了中国商业银行的信用风险。进一步分析表明，在大型银行、国有银行和上市银行中，银行金融科技对信用风险的负面影响相对较弱。

Alkhazaleh 和 Haddad（2021）基于约旦银行业的问卷调查的研究发现，银行金融科技服务的可用性、可得性、易用性、交易成本以及金融科技的服务安全性，对银行的客户满意度有着积极而显著的影响。有效的金融科技服务能够帮助和保护客户，从而增加银行收入和促进经济增长。类似地，Mor 和 Gupta（2021）基于 47 家印度商业银行业的研究发现，将人工智能应用到客服、虚拟助理以及 ATM 机中，能够显著提升银行效率，能够将由内部因素或决策失误导致的技术无效率平均降低到 11%。研究表明，人工智能能够提高资产水平、减少不良资产，特别是对于国有银行来说。

总而言之，面对数字金融的变革，商业银行需要积极地借助科技的力量，结合自身优势，实现自我升级与转型。下一节将对国际和国内商业银行的数字化转型进行详细介绍。

第三节　商业银行的数字化转型实践

一、国外商业银行的数字化转型实践

由于欧美对金融的监管比较严格，传统金融也发展得比较成熟，互联网和科技平台更多的是作为银行的补充，并未产生正面的竞争。尽管如此，在技术发展和消费者需求的推动下，欧美的大型银行都在数字化方面进行了大量的投资与创新。国际领先的商业银行在数字化转型方面具有以下几个特点：

第一，国际代表性商业银行大都制定了数字化转型战略，并提升至全行战略高度（见表 7-1）。

表 7-1 国际代表性商业银行的数字化转型战略

商业银行	数字化转型战略
摩根大通	制定移动优先、数字万物战略，以提升客户体验
高盛	定位科技公司，将科技应用提升到全行战略高度
德意志银行	提出平台化创新（platform revolution）战略，打造数字化时代的平台银行，推动核心业务数字化、端到端流程再造、数字生态构建
西班牙对外银行	定位为 21 世纪数字银行，推动传统业务的数字化转型、优化客户体验、布局金融科技等，愿景是成为数字化时代最好的银行
荷兰国际集团	提出向前思考战略，打造差异化的数字客户体验（differentiating digital customer experience），根据客户需求和偏好，提供新的银行服务，不断提升客户体验
桑坦德银行	制定游轮和快艇战略，推动传统业务（游轮）数字化转型，并建立独立运营的平台（快艇）推动创新业务发展
花旗银行	先后提出移动优先、数字银行等战略，以关注客户核心需求为重要业务抓手，加强自身数字化能力建设，积极与外部伙伴合作
星展银行	先后提出带动亚洲思维、生活随兴、星展随行等战略目标，愿景是成为并肩谷歌、亚马逊的一流科技公司，将银行数字化繁为简，为广大客户提供更美好的生活体验

第二，在组织上，这些银行重视科技人才的引进与培养，着力打造具有创新文化的敏捷组织。例如，通过将业务与技术人员形成跨职能和跨部门的项目小组，协同开发金融科技产品；采用创新小组、创新竞赛等激励措施，积极鼓励员工创新。摩根大通的技术人员约 5 万名，占员工比例的 20%，高盛的技术人员占总员工的比例达25%。而根据中国互联网金融协会发布的调查报告，国内 60% 的银行的技术人员占比小于 5%。

第三，国际领先银行对技术的投入比例高，这些银行普遍通过自主或外部合作方式设立数字工厂、创新实验室、研发中心等组织，以促进创新。麦肯锡 2018 年调研显示，部分国际领先银行将税前利润的 17%~20% 投入金融科技。例如，摩根大通 2019 年技术预算占 2018 年营业收入的 10% 以上。而根据中国互联网金融协会发布的调查报告，在被调研的国内银行中，60% 的银行的技术投入占税前利润的比例低于 3%。

第四，布局方式更为多元，大量通过投资并购等方式布局金融科技，生态合作更加开放。麦肯锡 2018 年对全球百家领先银行的调研显示，一半以上的银行与金融科技公司建立了合作关系，其中 1/3 采用投资的形式布局金融科技企业。例如，花旗银行通过设立创新实验室（innovations lab）、花旗风投（Citi ventures）基金等方式布局金融科技。麦肯锡 2019 年的调研显示，在全球资产排名前 100 的商业银行中，79% 的银行与金融科技公司开展合作，通过 API 为生态合作伙伴开放数据服务。例如，西班牙对外银行、荷兰国际集团、星展银行、花旗银行、苏格兰皇家银行等国际领先银行均建立了 API 平台，为金融科技公司等第三方机构提供接口服务。

二、国内商业银行数字化转型实践

本部分通过选取 2010—2021 年从公开渠道至少能够获取三年年报的银行，从商业银行的战略数字化、业务数字化和管理数字化三个维度来构建"中国商业银行数字化转型"指标体系，能够对我国商业银行的数字转型情况和发展趋势形成较为全面、客观的衡量。指数包含 246 家银行，分别为 6 家国有大型商业银行、12 家股份制商业银行、128 家城市商业银行、54 家农村商业银行、29 家外资银行和 17 家民营银行。从总资产的分布情况，样本银行在各个年份的总资产均占到商业银行总资产的 96% 以上，具有较强的代表性。

（1）战略数字化。关注银行整体战略层面对数字技术的关注程度，具体通过计数银行年报文本中对数字技术关键词的提及频率进行构建。本子指数使用"文本学习法"，借助机器学习方法识别了 6 大类共 124 个数字技术相关关键词，分别为人工智能类、区块链类、云计算类、大数据类、线上化类、移动化类。

（2）业务数字化。关注银行将数字技术融合于自身提供的金融服务的程度。基于数字技术引发的银行业务变化，本子指数通过数字化渠道、数字化产品、数字化研发三个维度，对银行业务的数字化进行衡量。其中，数字化渠道通过银行当年是否推出了手机银行（App）、微信银行进行衡量；数字化产品主要关注互联网理财、互联网信贷以及电子商务的推出情况；数字化研发则通过数字技术相关专利的申请数量进行衡量。

（3）管理数字化。关注银行将数字技术融合于治理结构和组织管理的程度。本子指数通过数字化架构、数字化人才、数字化合作三个维度，对银行的管理数字化进行衡量。其中，数字化架构通过银行是否在内部进行组织架构的调整，以及是否设立金融科技子公司进行衡量；数字化人才通过银行高管团队、董事会中具有信息科技背景的高管、董事的占比来衡量；数字化合作方面，通过银行在当年是否开展了与外部科技公司的投资合作进行衡量。

（一）整体情况：从"互联网+"到"金融科技"

从商业银行总体数字转型总指数来看，我国商业银行数字金融转型逐渐深入，指数保持逐年上升态势，但增速逐渐趋缓。我国商业银行的数字转型指数从 2010 年的 14.20 增长到 2021 年的 94.42，增幅接近 7 倍。这证实了近年来商业银行大力实施互联网金融及数字金融转型的特征（见图 7-1）。

从增长率来看，数字转型总指数的年度增长率波动较大。2010—2012 年，数字金融尚未形成趋势，行业整体转型水平较低，增长也较为缓慢。2013 年行业数字转型进入"快车道"，2013 年相较上年的增长率达到 47.6%。2014 年之后稳步增长，但增速逐年放缓。

图 7-1　商业银行总体数字转型总指数及增长率

这一行业整体的增长趋势与近年来数字金融的发展情况基本吻合。第一次的快速发展可能与 2012 年互联网金融开始推广、2013 年借余额宝东风飞速发展相关，银行业进入"互联网+"的转型阶段。2014 年"互联网金融"写入《中国金融稳定报告》，进一步推动了银行转型。2015 年 7 月 14 日，中国人民银行、工业和信息化部等十部门联合发布《关于促进互联网金融健康发展的指导意见》，之后转型增速放缓。

2017 年，中国人民银行成立金融科技（FinTech）委员会。2019 年，中国人民银行印发《金融科技（FinTech）发展规划（2019—2021 年)》，提出建立健全我国金融科技发展的"四梁八柱"，进一步增强金融业科技应用能力，推动我国金融科技发展居于国际领先水平。可以看到，这一时期银行业数字转型重新提速，进入了"金融科技"的转型阶段。

（二）转型的各维度差异：战略引领，组织滞后

如果将三个数字金融转型的子指数单独分析，可以看出，无论是战略、管理还是业务维度，在 2010—2021 年都有较大的增长（见图 7-2）；通过三个维度之间的对比可以看出，战略转型指数的增长最为领先也最为迅速。由此可见，战略是业务的先导，业务较战略而言有一定的滞后性，但管理转型的增速大幅滞后于战略和业务转型。因此，总体来看，商业银行在不同维度的转型程度差异较大，管理转型是需要加强的维度。

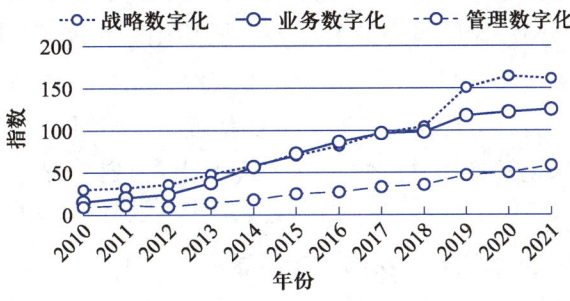

图 7-2　商业银行转型子指数

（三）转型的银行间差异：国有商业银行先知先觉，股份制增速迅猛

按银行类型来观察年报中对数字金融相关词汇的提及，可以看到，国有商业银行较早展现出对互联网金融的重视（见图7-3）。股份制商业银行在2016年后的"金融科技时代"与国有商业银行并驾齐驱。城市商业银行、农村商业银行的反应速度和关注强度则明显低于国有商业银行和股份制商业银行，后知后觉，发力迟缓。

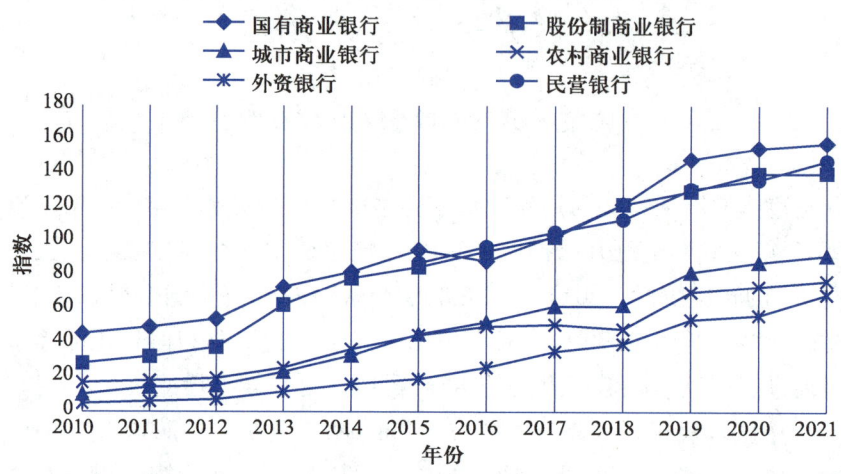

图7-3 不同银行类型转型指数

（四）数字化转型具体指标

1. 数字化战略：从线上化到科技化

在数字金融的发展早期，互联网金融是主要的形式。在这一阶段，各银行的主要行动是将传统业务线上化、电子化，主要是一种渠道的变化：将过去在线下网点办理的业务，"搬"到了网页或者手机端进行。而随着大数据、云计算、人工智能等技术在金融领域的应用，银行的研发重心也开始向金融科技在银行业务中的应用偏移。例如，将人工智能技术应用在智能投顾、智能客服、网点智能化改造等方面；将大数据、机器学习技术应用在风险管理和额度评估方面，实现更高效、更多维的大数据风控；等等。这一银行转型重心的变化也能够从各银行年报中对数字金融相关词汇的提及情况中体现出来。"电子银行"在2010—2013年的占比极高，随后则逐年连续下降；"互联网"则在2014—2017年上升，在2018—2021年减少。相应地，在这一时段，"金融科技""智能""大数据""供应链"等关键词占据了主要位置。银行对数字金融关键词提及上的转变，体现了银行数字化转型从单纯的业务"线上化"，到全方位的产品、服务、人才"科技化"的转变。

2. 金融科技专利：数量增长，头部效应明显

产品是企业的核心。数字金融产品的推出，是衡量商业银行数字金融战略的最直接也是最核心的部分。银行正在利用人工智能、大数据、云计算、物联网等数字技术手

段，更新核心架构、创新金融产品。2010—2021 年，我国商业银行申请的与数字金融相关的专利数自 2016 年迅速增加；2020 年和 2021 年，银行新增金融专利数分别达到7 709 项和 12 534 项。这些专利往往只集中于少数银行，呈现明显的头部效应。

3. 数字化渠道：逐步实现全面覆盖

银行的手机银行产品主要包括 App（手机应用程序）和微信手机银行。2010—2012年，多数银行无手机银行渠道，仅有部分大行开发了手机银行 App，为用户提供移动的线上银行服务。2013 年后，App 以及微信银行的开发都进入"快车道"；2016 年后，超过 70% 的银行同时拥有手机银行 App 和微信银行，而这一比例在 2021 年上升至 97%。值得注意的是，部分银行直接采取了开发微信银行但不开发自有 App 的方式。考虑到银行自有 App 用户黏性低、使用低频的问题，这种"轻量化"的研发路径，或成为未来的主要趋势。

4. 数字金融产品：大行全面进入，行业渗透仍低

按金融业务的属性，我们将商业银行的数字金融产品划分为三大模块：数字化理财产品、数字化贷款产品、电子商务产品。以下将介绍每一类产品的情况。

（1）数字化理财产品。互联网理财产品打破了跨行的交易壁垒，投资者无论持有哪家银行卡，都可以在一个平台上购买中意的理财产品。因此，线下传统理财和数字化理财在产品设计、目标客群方面都具有较大的区别，并不仅仅是线下理财产品的线上化。此外，人工智能等金融科技技术在理财业务上的应用，催生了智能投顾产品。从各类型银行的数字化理财产品开发情况看，2010—2013 年，开发数字化理财产品的银行比例较低，仅为行业整体的 10%，且以股份制银行、城市商业银行为主。2014 年后，受到余额宝等线上理财产品的冲击，各银行开始重视互联网理财产品的开发，开发互联网理财产品的银行比例迅速上升至 20% 以上。

（2）数字化贷款产品。大数据技术以及机器学习技术在贷款领域的应用，极大地提高了银行贷款的效率，降低了贷款评估的人工成本，使更多原来的"长尾用户"能够享受到金融服务。数字化贷款需要强大的技术能力和系统支持，整个审核、评估、放款的过程都要在线上进行，所以必须建设一个强大的数字化风控系统。从各类型银行的数字化贷款产品开发情况来看，2010—2013 年，开发数字化贷款产品的银行比例较低，不到行业整体的 10%，且以国有银行、股份制银行为主。随着数字金融技术的逐渐成熟，2015 年后，各银行开始对数字化贷款产品进行开发，2017 年和 2018 年分别达到行业的 34.3% 和 36%。

（3）电子商务产品。新崛起的大科技平台，特别是电子商务平台，通过掌握消费者的消费和物流信息，形成了独特的大数据，并进一步切入金融业务。银行等传统金融机构虽然有掌握资金流的优势，却没有商品流和物流信息，无法形成闭环，因此不少银行开始试水电商。目前来看，银行涉足电商领域主要有 B2C 和 B2B+B2C 两种模式。B2C 模式的服务对象主要针对个人客户，打开这类网上商城，手机数码、家用电器、服饰鞋包等产品一应俱全，同时也有不少银行以信用卡商城的形式构建自己的 B2C 模式。

除了自建平台外，也有银行选择与传统电商平台进行合作。例如，中国银行的海淘业务，就是其与境外第三方电商企业合作的，在中国银行官网，消费者可以选购海外品牌，并且享有一定的刷卡优惠。而采用 B2B+B2C 模式的银行，除了针对个人客户的网上商城外，还会针对企业客户开设商城。例如，中国建设银行设有"善融商务"企业商城，从事电子商务的企业供应商可以在平台上进行商品发布、在线交易、供应链融资等，而采购商也可在平台上进行批量采购、发布求购信息以及申请融资贷款等。在理想情况下，电子商务平台虽然具有积累用户使用数据、提升用户黏性的作用，但从目前各银行的电子商务发展情况来看，由于使用率低、开发成本高等问题，难以达到预期的价值，近年来其他银行并未在电子商务产品上有所行动。

5. 数字金融相关部门设置：从"小众"到"主流"

数字金融作为商业银行的转型方向，仅停留在认知层面是不够的，必须有相应的组织调整和准备。设立专门的数字金融部门，是布局、协调数字金融业务的重要环节。新部门的设立不仅有利于新业务的开展，而且可以对内部及外部都起到信号作用，显示出企业革新的决心和勇气。对传统商业银行来说，其创新业务的执行和整合往往受内部组织架构的历史包袱影响，难以跨越内部部门利益的鸿沟。因此，组织架构上的变革将有助于传统商业银行更加顺利、有效地实施数字金融转型。

2010—2012 年，大部分商业银行的数字金融业务还停留在单个业务的互联网化阶段，数字金融业务创新主要由各个部门牵头开展（如信息科技部、零售业务部等），正式设立数字金融相关部门（如互联网金融部、电子银行部等）的银行仍为"小众"，但这个数量也逐年上升。2015 年，超过 50% 的样本银行设置了数字金融相关部门，并渐成"主流"。2021 年这一比例进一步上升，达到了 87%。

6. 信息科技高管、董事：信息科技人才布局逐年完善

随着信息时代的到来，互联网、大数据技术在传统商业银行中的普及，以及信息技术在银行运营中的重要性，都将进一步提高。高管人才以及董事成员的信息技术背景和经验，能够对银行数字金融转型起到关键作用。一方面，这样能够引入专业技能，在传统银行的数字金融转型中提供战略方向上的把握；另一方面，相关的行业经验能够为银行带来技术以及人才等方面的资源，提高银行的转型效率。总体上看，拥有具有信息科技背景的高管及董事的银行比例在逐年上升，体现了各银行对管理人才的调整以及对科技人才储备的重视。

7. 数字金融相关合作、投资与收购：日趋广泛但多数浅尝辄止

商业银行可以基于已有的核心优势，通过与互联网企业的合作，构建合作平台、优化合作机制，促进各类与数字金融相关的金融创新业务快速发展。商业银行可以利用互联网企业的海量客户、数据优势，以较低成本寻求客户和业务拓展，合作创新；依托其云计算、社交网络、搜索引擎等信息科技，挖掘客户需求。从整体的数字金融合作、投资、并购情况来看，2010—2013 年，每年仅有少数其他银行进行与数字金融相关的投资、合作和收购；2014 年开始出现上升趋势，这和支付宝等网络支付的普及相吻合。

之后，数字金融的合作渐成主流，超过25%的银行会实施数字金融的相关合作项目。总体来看，股份制银行是数字金融相关合作的"先行者"，国有银行在这方面相对保守。全国性银行从2014年起大范围开展数字金融相关合作，其他银行则从2015年起才有所增长。从单年合作数量来看，多数银行"浅尝辄止"，仅开展1~2项数字金融相关合作。

专栏7-1　中国工商银行：金融科技时代，大象如何起舞？

一、"e-ICBC" 1.0：打造三大平台

2015年3月23日，中国工商银行（以下简称"工行"）在北京通过视频系统向全国发布了其互联网金融战略"e-ICBC"。这一战略主要包括"融e购"电商平台、"融e联"即时客服平台和"融e行"直销银行三大平台。

（一）率先上线的"融e购"

中国的互联网金融，实际上是依托网络购物发展起来的。正是先有了淘宝这样的电商平台，才触发了担保交易机制的诞生，进而才有了支付宝以及快捷支付，基于网络的应收账款融资和应付账款融资才愈加广泛。也正因如此，工行在进行自己的互联网金融转型布局时，首先将目光投向了电商领域——2014年1月12日9时，工行电子商务平台"融e购"正式上线营业。

电商平台已经有了淘宝、京东这样的巨无霸，工行入局的优势在哪里？实际上，探讨工行布局电商的优势并没有太大意义，因为工行此举之目的本也不是要打败其他电商巨头。如前所述，中国的互联网金融依托网络购物的发展而发展，对于银行来说，网络交易数据的意义非同一般。通过掌握和了解个人、企业的采购、销售、消费等交易数据，再结合银行已经积累的金融数据，银行能够更好地发展相关金融业务。

（二）"融e联"

"融e联"即时客服平台被外界称为"工行版微信"，是工行为顺应移动互联网时代客户沟通服务方式移动化、碎片化、社交化的发展趋势而推出的移动金融信息服务平台。以往，电话客服要先识别客户，而"融e联"则可以让客户经理建立一个群，变陌生人的服务为熟人的服务，降低沟通成本，变被动应答为主动推送。更重要的是，在这个平台上可以做交易，且所有数据都是工行的，能确保安全。"融e联"的建立一方面降低了短信通知的成本，一年可节约数亿元；另一方面推动了工行客服中心的转型，由成本中心向运营和销售中心转型。

（三）"融e行"

投资、理财一直是银行与互联网金融争夺的要地。工行"融e行"是国有大行中的第一家直销银行，通过提供精致产品体验，吸引新客户。工行"融e行"提供3类产品：存款、投资、交易：存款包括定期存款、通知存款和一款"节节高"产品；投资包括工银瑞信薪金货币市场基金、工银安盛财富宝；交易包括人民币账户黄金、人民币账户白银、积存金三大类。

二、"e-ICBC" 2.0：三平台一中心

2015年9月29日，工行在1.0版本的"三平台"之上，引入了网络融资中心。三个平台中，"融e联"对应信息流、"融e购"对应商品流、"融e行"对应资金流，三流合一，落脚点是更好地解决信贷问题，而这正是新成立的网络融资中心要做的事情。融资是金融最核心的功能之一，是对风险控制要求最高和服务实体经济最直接的金融业务。一直以来，从客户调查、信贷授权审批到放贷后的管理，银行业走的是一条专业化道路：凭银行对客户的了解，依赖信贷专业经验和人才。但是，随着中小微企业融资客户群体不断扩大，信贷服务的难度也在增加，信息不对称、线下调查成本高、准确性不高，导致小微企业风险难以把握，专业化信贷的做法不易覆盖到这些群体。而工行的网络融资中心则是要把更多的小微企业和个人信贷，从原来的专业化管理转为标准化管理。

具体做法是，网络融资中心对那些贷款额度相对较小、信息对称、适合标准化的信贷服务，运用互联网与大数据建立风险控制模型，完善产品和流程，实现线上自助操作、业务自动处理、风险精准监控。工行还成立了个人信用消费金融中心，开展无抵押、无担保、纯信用、全线上的消费信贷业务，支持扩大消费和消费升级，成为网络融资中心的重要组成部分。

三、"e-ICBC" 3.0：智慧银行

距离工行推出"e-ICBC" 2.0战略两年之后，工行进一步推出"e-ICBC 3.0"智慧银行战略，推进传统金融服务的智能化改造，构建开放、合作、共赢的金融服务生态圈，建设智能化的营销、产品、服务、风控体系，形成线上线下一体化的经营发展模式，打造线上线下一体化获客、活客、黏客的新型客户关系管理体系，推进工行向服务无所不在、创新无所不包、应用无所不能的"智慧银行"转型。更具体地说，"e-ICBC 3.0"智慧银行战略包括四大目标：

一是建立线上线下一体化的销售模式，构建开放、融合的服务生态，提升场景聚合获客能力，形成线上线下双擎驱动的销售模式。

二是持续打造极致体验的网络金融产品，建立业务、需求、研发、测试、投产人员一体化，适应互联网金融创新快速、迭代、容错需要的敏捷创新机制，持续推出拥有极致体验，能够打市场、赢口碑的撒手锏产品。

三是构建数据驱动和智能服务的业务模式，建设资金流、物流、信息流三流合一，行为和结果数据相融合的多元化数据平台，加快大数据和智能应用人才队伍建设，建设数据和智能技术驱动的营销、创新、风控和服务体系。

四是构建具有智慧银行特色的体制机制，以产品极致和场景创造为核心，以提升获客能力为目的，改革用人和分配机制，形成强大的市场推动能力、运营能力和风险控制能力。

第四节 数字技术在商业银行的典型应用

一、数字化的技术架构

（一）传统的集中式 IT 架构

核心银行系统是处理客户信息、存贷款产品、支付服务和总账的 IT 系统的总和。它通过整合后台系统，为信息系统及客户分析系统提供全面的数据，使银行快速灵活地为客户提供更多优质的金融服务，从而快速响应不断增加的客户需求和市场机会，拓展具有竞争力的业务模式。

中国银行业自 20 世纪 90 年代开始逐步实现电子化，陆续采用数据、操作、应用大集中的管理模式，即数据中心大集中时代，以革除各家分支行各自为政的弊病，实现网点和业务的数据集中。IOE，分别指 IBM（国际商用机器公司）、Oracle（甲骨文）和 EMC（易安信），三者分别是小型机、数据库和高端存储的领导厂商，一定程度上主导了企业的 IT 架构。它们组成的系统一度被视为大型金融企业后台的"黄金架构"。长期以来，我国银行系统采用的是集中化的 IT 架构：银行只有一个数据中心，用一两台大型机器处理全国业务。

由于银行业采用 IOE 为代表的 IT 基础体系，如此重要的金融机构 IT 整体都处于海外厂商的控制之中。可想而知，如若存在技术漏洞，或被主动植入漏洞，或者是国与国之间产生矛盾，供应商被要求停止技术服务，则金融业将处于安全风险之中。银行业去 IOE 化始于 2012 年 6 月发布的《国务院关于大力推进信息化发展和切实保障信息安全若干意见》（国发〔2012〕23 号），金融监管部门也期望银行逐年减轻对 IOE 的依赖程度。去 IOE 化在 2014 年、2015 年就成为金融科技领域的热门话题，但进展并不顺利。主要原因包括：首先，大型银行当前集中处理的业务模式对于服务器的稳定性要求极高，而 IBM 大型机/小型机的稳定性无人能及。其次，中小银行采用开放式平台架构，可以不用 IBM 服务器，但国产设备的性能、安全性、稳定性一直难以被信任。最后，服务器、存储、操作系统、数据库等基础设施，各层次相互依赖，难以单一替换，想要修改底层技术，其实是一个非常痛苦的过程，因为这涉及很多代码的重写、技术架构的重组、安稳的转移，难度可想而知。传统架构下成本居高不下、国家安全问题以及金融互联网化需要更灵活、更敏捷的系统等问题，共同推动了银行去 IOE 化，但出于安全、成本、系统复杂性等方面的考虑，传统银行往往不会主动去 IOE，而会利用系统折旧、更新换代之时选择去 IOE。考虑到一般银行系统更新换代的周期时间是 5 年，银行去 IOE 化将会是一个循序渐进的过程。

（二）分布式 IT 架构

随着银行业务的不断创新转型，IT 系统面临的业务场景愈加复杂，外部客户对银行 IT 系统的交易并发度、响应时间、使用便捷度等要求越来越高。近年来，云计算的运用加速推动传统商业银行从集中化的数据处理向分布式处理方式转变。云计算是一种以网络方式接入一个可扩展、弹性的共享物理或虚拟资源池的服务模式。云计算具有按需自助服务、通过互联网获取、资源池化、快速伸缩和可计量五个主要特点，具体可分为私有云、公有云、行业云和混合云四类。私有云是仅被一个云服务客户使用，且该资源被该云服务客户控制的一类云部署模型，可由云服务客户自身或第三方拥有、管理和运营，在云服务客户的场内或场外。在公有云和行业云中，根据云服务商提供的资源类型的不同，云计算服务模式分为软件即服务（SaaS）、平台即服务（PaaS）、基础设施即服务（IaaS）。IaaS 模式下，云服务商向用户提供虚拟计算机、存储、网络等计算资源，提供访问云基础设施的服务接口。用户可在这些资源上部署或运行操作系统、中间件、数据库和应用程序等。

与集中式架构相比，分布式架构具有多方面的优势：第一，银行系统业务量越大，依靠传统集中式架构下有限数量的服务器，其性能容易接近瓶颈，而分布式架构能提高并发处理能力；第二，分布式架构不再依赖于专用设备和软件，可大幅降低银行基础设施的投入成本；第三，分布式架构适应性更强，更具灵活性；第四，现有银行系统需要每时每刻都要响应客户请求，而分布式架构即便单节点出了问题也不会影响全部，可用性高；第五，传统集中式架构依赖昂贵的专用设备和企业软件，无法很好地适应云端部署的要求，而分布式架构更加轻量化、更加灵活，更适合在云端部署。

分布式系统已在电商体系（如谷歌、亚马逊、阿里巴巴等）使用了十余年时间，稳定性相对较高，但银行系统比较复杂，对稳定性和安全性有更高的要求，因此银行在实施分布式系统时往往十分慎重。多数银行还是采取核心系统使用集中式架构、外围部分采用分布式架构的方式。

（三）数字技术与银行业务架构的变迁

《银行数字化转型》的作者付晓岩对技术变迁与银行业务架构的关系进行了总结。20 世纪 80 年代，银行开始引入主机系统时，构建的业务系统是"高度"分散的。这一代架构是地区化的，大型银行内部以地区为单位划分网络，乃至省级分行都配备大型机。每个地级市都有自己的业务系统，不同城市间的业务无法联通。以一笔汇款业务为例，现在是实时转账、零级清算、秒级到账，而过去是多级清算。跨地区汇款，从一个城市的网点到自己的市分行，从市分行到省分行，从省分行到总行，再从总行到目标地的省分行，从省分行到市分行，从市分行到网点。可想而知，这种方式效率极低。

随着计算机性能的提升和网络的发展，银行对数据集中的需求越来越强烈，因为先有数据集中才能实现业务集中。大集中可以构建全行统一的业务系统，这对业务效率的提高是不言而喻的，但同时带来的问题也逐渐显露。由于新业务发展较快，经常出现上新业务就上新系统、"专机专用"的局面，即"竖井式开发"、烟囱林立的问题，这种做法对资源浪费极大。

2011年至今，云计算快速成为一项成熟技术，资源利用率明显得到改善；各大行也基于云架构来构建新的分布式应用，并持续改善主机下移进程，这就形成了银行业务系统独有的"集中式+分布式"的架构体系。未来，为适应面向数字化时代的开放与融合要求，深度参与生态建设，开放式架构将成为银行的必然选择。

专栏7-2　中国建设银行新一代核心系统

中国建设银行作为大型国有银行之一，自2010年开始筹划打造分布式银行核心系统，在分布式改造的过程中遇到诸多方面的困境和挑战。

一、数据资源庞大

金融数据呈爆炸式增长，众多金融环节的价值变现都需要缜密的数据收集与分析，集中式存储难以满足增长的数据量。从数据管理的角度来看，集群数量的增长会造成大数据系统的分散，不利于数据以及集群系统的统一管理和使用，进一步增加了数据化管理的难度。

二、数据实时性要求高

银行业实现数据处理、业务流程和客户感知的实时化服务至关重要，稳定地提供协同服务有助于提升客户体验与服务效率，并逐渐成为银行业数字化转型的战略目标。此外，银行顺应数字潮流的各项业务创新，如推出赋能兴企、智慧政务等服务，力求覆盖生产、分配、交换、消费全链条。这需要搭建高性能的实时数据处理系统，以支撑实时采集、实时分析、复杂计算与结果分析等。然而，在构建分布式银行核心系统的过程中，存在多台计算机协同困难的问题，如前后台连接交互不紧密导致的业务线条盘根错节，分布式改造与业务模式、流程重组、管理模式、信息化建设等内容的匹配性不足，等等。

三、数据安全性要求高

银行业是安全水平要求极高的行业，对数据隔离、生产隔离等要求十分严格，以力保数据信息的完整性和正确性，严防外部恶性行为的入侵。银行核心系统分布式改造促进了银行业务创新、提高了服务效率，但同时也容易出现数据异地传输过程中的缺失改变，数据安全、隐私保护等问题亟待解决。数据安全对银行业至关重要，利用数字安全技术与架构驱动自身安全能力提升迫在眉睫，分布式改造需要保证数据的一致性。

在建设核心业务系统的过程中，中国建设银行力争打破部门级、条块化框架，坚持企业级架构、以客户为中心、与时俱进、应用创新等理念，实现了全业务架构和IT架构的企业级组件化、参数化，实现了数据共享、流程整体优化和技术能力的复用，构筑支持业务快速发展的新兴科技底座。中国建设银行在 2020 年进一步启动业务中台、数据中台和技术中台三大中台的建设，以提高基础能力。数据中台强化数据入湖、数据加工整合与数据服务等流程的规范化，从而提高数据的供给能力。技术中台持续推进公共服务的敏捷、共享、复用，来丰富人工智能等模型，进一步优化分布式平台、区块链平台与敏捷研发平台等。"新一代核心系统"的建设具有重要意义，推动了业务创新、流程再造和机制变革，并引领了中国建设银行 "综合性、多功能、集约化、创新型和智慧型"的转型发展。

二、数字化的风控及信贷

商业银行经营的核心内容就是风险管理，而风险管理能力更是衡量商业银行经营管理水平的重要标准，也是提高运行效率、有效服务实体经济的基础。在传统风控中，人工审核和监督是必不可少的组成部分。同时，银行往往要求贷款人或贷款企业提供抵押物以降低风险。这种模式对于缺乏抵押物、单笔金额小的贷款是无法适用的，造成了长尾客户和小微企业从银行融资难的问题。银行对大数据、云计算、人工智能等技术的深度运用，使从风险识别、风险监测、风险预警到欺诈案件防控等诸多领域的风险管控能力都有了较大幅度的提高。在风险控制技术的提升下，面对长尾客户和小微企业的普惠金融成为可能。

生物识别技术利用人体固有的特征（指纹、声纹、虹膜、步态等），对身份进行验证。目前，指纹识别、人脸识别已经被广泛应用在支付验证、手机开户、信用卡申请等环节中，省去了烦琐的人工验证过程，节约了成本，提高了审核效率。

大数据技术的发展，能够对包含了大量的结构化和非结构化的互联网数据以及第三方数据进行实时采集，有效地解决了信息不对称的问题。在个人客户信息获取方面，大数据技术的应用可以全面采集用户行为信息并进行精准的用户画像，再结合各种风控模型，对客户的资信情况进行判断，能够提高银行审批的效率值和准确度。在企业客户信息获取方面，大数据技术可以集合工商、税务、海关、诉讼、环保等公共信息，以及从供应链中实时获取的订单、生产、物流、仓储等信息，通过智能风险控制模型，对企业进行实时的风险评估和控制。通过数据分析与挖掘技术实现对海量结构化与非结构化数据的低成本加工存储、快速统计分析，并综合运用实时流技术，能够实现对资金流、工作流、外部数据的实时获取和分析处理，从而及时、高效地做出风险监测和预警。物联网技术的发展将在贷后管理，包括质押物的监控、动产状态的实时跟踪等环节提供强有力的支撑。传感器、射频识别、工业二维码等技术的应用将从时间和空间两个维度保证实时监控的准确性，简化贷后流程，节约人工成本。

专栏 7-3 新网银行小微企业贷款

　　小微业务最核心的风险以及发展瓶颈来源于银行与小微企业之间的信息不对称。传统金融机构的评估中更多关注企业的经营情况。然而，相对于个人的交易和行为数据，企业真实的经营数据更难获得。为了解决这一问题，新网银行在小微业务方面，将企业与企业老板视为一个整体，采用将企业经营者个人（C 端）和经营实体（B 端）信息相结合的方式，借助数字科技和海量线上数据，完成自动化、智能化的风控流程。在申贷流程上，传统银行一般会通过 IPC（实地调查和信息验证）、信贷工厂的流程进行风控，新网银行则更多地采用线上模式，具体方式主要包括批量获客、电子进件、大数据分析和机器审批几个环节，自助化审批占比达到 99.6%，平均审批速度仅为 42 秒。相比于传统上门尽调的风控方式，新网银行的小微业务申请环节实现了"0 纸质资料提供、0 申贷成本"，借助金融科技力量极大地提高了民营小微信贷的审批效率。

　　具体地，新网银行目前针对经营者个人接入了包含金融机构和网贷信贷历史数据、电信运营商数据、社保公积金数据，航旅、教育、网络行为、消费、出行等社交数据，以对经营者本身的风险情况进行了较为全面的评估。同时，针对经营实体，则通过政府部门及航信发票管理平台等第三方机构，引入了工商、税务、司法、增值税发票、ERP 信息等企业真实的、不可篡改的经营性数据。基于这些多维的线上数据，运用机器学习算法和自研的风控模型，能够在极短时间内完成对经营实体运营情况的评估。

　　而从信贷质量的表现来看，新网银行小额贷款的整体不良率为 0.5%，远远低于中国人民银行和原银保监会发布的《中国小微企业金融服务报告（2018）》中所公布的小微企业贷款 5.9% 的平均不良率。这一较好的资产质量可能一部分由于新网银行基于金融科技实现的大数据智能风控，还有一部分原因则是新网银行小微业务较为分散、平均信贷额度较小，仅为 8~12 万元，相应地，资产不良较容易控制。

三、数字化营销

　　在互联网时代，用户访问 App 或者网站的时候，每看到一个页面、每点击一个按键等，所有产生的行为都有记录，这就产生了大量的行为数据。客户数据的沉淀可以帮助公司建立现有客户行为模型，让公司更加准确地预测客户将来的行为。

　　数据化营销的主要特征包括：① 精准性。通过目标客户画像分析，精准定位，触达客户。② 时效性。通过营销策略的数据反馈，分析投入产出比，不断迭代和优化获客渠道质量。③ 驱动性。销售额数据指标拆解到每个部门，通过数据指标驱动全员营销。

　　银行数字化营销可以通过用户画像实现精准投放。例如，中国农业银行启动智慧营销平台建设，建成全行统一的个人客户画像，强化客户分类、分群管理，丰富客户立体维度标签，加强大数据挖掘分析，精准把握客户多样化、个性化、场景化金融需求，开展精准营销和直销，覆盖客户1.4亿人次。

数字化营销可以实现千人千面，基于风险定价，银行可根据客户的风险信用评分以及客户对利率的敏感度，实现差异化定价。例如，中国建设银行运用大数据技术，基于小微企业涉税信息，精准定位小微客户，发放全线上办理的信用贷款"云税贷"；依托大数据技术，推出"跨境快贷"系列产品，定位小微外贸企业，提供纯信用、全线上融资服务。

数字化营销投放的每一条广告素材，都可以非常精细地追踪出客户通过率和授信率、后续平均额度、产生多少利润等。通过对获客成本、转化率、通过率等的分析，可以提高广告的回报率。例如，浦发银行研发了基于混合学习的精准营销模型，并应用于信用卡、点贷、基金等产品的定向销售，营销效能较传统营销模式提升了8~15倍，拉动消费信贷增长约39%，而营销成本较以往下降了15%。

数字化营销可以通过对各种业务数据的分析来激活沉默用户，驱动业务增长。例如，银行可以计算促销活动的有效性，通过促销活动与客户对话，设法让客户体验产品，增加用户的购买范围和数量，实现销售的增长。

专栏7-4　马上消费的数字化营销

消费金融企业马上消费依托大数据技术，对消费者行为数据进行深度挖掘，输出了超过1 400款基础标签，做到了全面解析用户的基本属性、社会属性、消费行为、兴趣偏好、社交偏好、资产特征、信贷特征等，使得用户画像更加立体全面。其通过大数据分析洞察用户偏好，通过多级数据分析，针对不同的客户、不同的产品、不同的渠道、不同的方式和不同的时机进行自动化精确匹配，在一定程度上实现用户个性化定制。同时，借助强大的人工智能算法，马上消费在与用户进行智能交互时，能够较为精准地对营销时机进行识别。此外，马上消费通过大数据技术对来自合作伙伴的营销渠道进行效果评估，通过信息的采集与分析对不同营销渠道与公司产品的适配程度进行分析，为提升线上营销效率做出了贡献。依托种种技术的创新与充分面向客户的差异化服务，马上消费能够有效地做到对于目标客户群体的精准"捕捉"，并进行"点对点"的高效营销，从而降低了企业的营销成本，提高了营销效率。

四、数字化渠道

（一）直销银行

银行在早期依靠信件、电话和自动设备，而后逐步发展为通过互联网和移动终端提供相关金融服务。在这个过程中，银行实体网点或者柜台逐步减少乃至消失，这样的银行又被称作直销银行。世界上第一家直销银行First Direct于1989年诞生于英国。它通过电话办理银行业务，没有设立分支网点和柜台，所以也被称为电话银行。随后，互联网技术迅猛发展，依托于互联网的直销银行开始在美国快速发展。1995 年，美国最早的互联网银行"安全第一网络银行（Security First Network Bank，SFNB）"建立，它开始尝试通过互联网提供 24 小时的金融服务，成为真正意义上的互联网银行。同年 10 月，美国花旗银行率先在互联网上设立网点，形成了虚拟银行的雏形。时至今日，直销银行这种业态已经在欧美国家发展了 30 多年，规模得到了迅速扩张，行业地位得到了迅速提升。

我国直销银行最早开始于 2013 年。2013 年 9 月 16 日，民生银行与阿里巴巴集团联合宣布筹备建立直销银行。两天后，9 月 18 日，北京银行宣布与荷兰 ING 集团合作推出直销银行，拉开了我国直销银行的发展大幕。2014 年 2 月，民生银行推出了第一家完全互联网化的直销银行"民生银行直销银行"。2014 年 3 月，中国人民银行下发《关于规范银行业金融机构开立个人人民币电子账户的通知（讨论稿）》，并于 2015 年 12 月正式下发《中国人民银行关于改进个人银行账户服务 加强账户管理的通知》，要求银行建立账户分类管理机制（其中 I 类是实体账户，II、III 类是电子虚拟账户），对账户进行分类管理，确定不同的账户功能、支付渠道和支付限额。账户分类监管的新规，放开了传统银行远程开户的权限，促进了以电子账户为核心的直销银行的发展。随着监管政策的放开，国内各大型银行、股份制银行、城市商业银行纷纷推出直销银行，包括兴业银行直销银行、平安口袋银行、浦发银行直销银行、江苏银行直销银行等。2017 年 1月 5 日，我国首家独立法人直销银行百信银行正式获批成立，标志着直销银行的发展迈入新的阶段。截至 2017 年年底，我国直销银行数量已达 113 家，具有独立直销银行App 的商业银行达到了 93 家。虽然各银行纷纷迅速推出直销银行，但目前的推广程度和用户接受程度仍然有限，直销银行资产规模仅占银行总资产规模的 0.2%。

目前，国内直销银行类型大概分为三种：一是互联网银行/民营银行，如微众银行、网商银行；二是银行内的事业部或子公司，如民生银行、兴业银行将直销银行作为银行内的独立事业部运作，江苏银行则计划将江苏银行直销银行设立为独立子公司；三是独立持牌机构，银行+互联网公司独立法人，如百信银行。

专栏 7-5　First Direct 银行

First Direct 于 1989 年由当时英国的四大银行之一米特兰银行（Midland Bank）创建。1992 年，米特兰银行被汇丰集团收购，First Direct 成为汇丰集团旗下汇丰银行（HSBC Bank plc）的一员。First Direct 从 1997 年开始提供网上服务，随着业务的逐渐扩张，目前拥有约 116 万名客户。作为一家典型的直销银行，First Direct 对其目标客户进行了精准定位。此外，其独特的品牌定位、丰富的客户互动、新颖的营销方式等成为其在英国本土市场上获得成功的重要原因。

First Direct 在对外宣传中着重强调自己与传统银行大有不同。例如，First Direct 网站整体采用了简洁且个性化的黑白配色，广告语为"If a tomato is a fruit, then we're a bank"

（如果西红柿是水果，那我们就是银行）、"We are to banks what the platypus is to mammals"（我们之于银行，如同鸭嘴兽之于哺乳动物）等。其视频广告也采取了鸭嘴兽作为象征，强调其与众不同。这样的宣传策略对年轻人具有较强的吸引力，也为 First Direct 赢得未来的潜在客户打下基础。2013 年，First Direct 被评为英国最酷品牌之一。

First Direct 拥有一个名为 First Direct 实验室的网站，客户可以在该网站提出关于银行的任何想法和建议，可以参与 First Direct 的问卷调查、评论某一新产品，也可以参与某一正在研发产品的设计。一方面，First Direct 实验室能够持续贴近客户，了解客户的最新需求，不断吸收新的想法，提高银行自身的产品质量和服务水平；另一方面，它能够传达出一种"我们是如此重视客户的想法"的形象，通过与客户交流互动，让客户参与银行的产品设计和服务改善环节，提高客户的参与感、认同感和品牌忠诚度。

（二）手机银行

电子银行业务主要包括利用计算机和互联网开展的网上银行业务，利用移动电话和无线网络开展的手机银行业务，以及其他利用电子服务设备和网络，由客户通过自助服务方式完成金融交易的网络服务方式。1997 年 4 月，招商银行正式建立了自己的网站，成为国内第一家网上银行。此后，各家银行纷纷开始布局电子银行业务。近几年随着移动互联网的发展，手机银行和微信银行也应运而生，成为商业银行与金融科技结合的关键点。移动互联网和智能手机的普及，更让手机银行得以迅速发展。据易观千帆数据统计，截至 2021 年 6 月底，手机银行全行业月活用户数总计 4.7 亿户，日活用户数总计 7 350.65 万户。目前，各行在手机产品打造方面都在引进移动互联网的概念，扩大与互联网企业的合作并改善用户体验，致力于打造移动互联网产品而非单纯的网银手机版。

然而，与其他手机应用相比，金融服务非高频应用，因此手机银行 App 仍存在用户使用频率低、活跃度不足的情况。业内人士普遍认为，随着数字化、智能化的转型升级，当前手机银行 App 渠道迫切需要开放化、智能化、综合化的平台升级，以提升银行服务能力，提高客户黏性。

（三）网点智能化转型

随着移动互联、人工智能、大数据、云计算等金融科技的快速发展与应用，以及客户行为模式的深刻变化，网点智能化、生态（轻型）化建设对传统运营模式、服务流程和思维观念开启了创新性、颠覆性革命，是商业银行深耕客户关系、真正实现以客户为中心的经营模式的重要突破口。中国银行业协会发布的《2020 年中国银行业服务报告》显示，截至 2020 年年末，银行业网点数量为 22.67 万个，年内改造营业网点 1.28 万个；全国布放自助设备共计 97.37 万台，利用自助设备交易笔数达 212.54 亿笔；行业平均离柜率已达 90.88%，同比提高 1.11 个百分点。目前，国内商业银行网点智能化转型的重点在于利用智能设备替代柜面人工，突出新设备、新布局、新流程和新服务；通过为传统网点增配自助发卡机、视频柜员机、超级柜台等具有远程交互功能的智能设备，再造业务流程，实现智能向导、全程智能办理。另外，一些银行还将网点业务与"刷脸""声纹"、AI、VR 等相结合，促进线上线下渠道协同，增加对客户的黏性。例如，2019 年中国工商银行、中国银行推出了基于 5G 应用的智能网点，通过摄像头可以第一时间识别客户身份，以此快速调用相关数据，做好服务准备。之后，客户只要通过几名工作人员指引熟悉流程，便可自助"刷脸"并进行手机验证，然后在智能柜员机上办理业务。

> **专栏 7-6　智能化银行设备一览**
>
> 自助取款机（ATM）：提款、查询余额、更改密码、进行账户之间资金划拨等功能。
>
> 自助存款机（CDM）：查询余额和存款等业务。
>
> 存取款一体机（CRS）：现金自动循环功能。
>
> 自助终端（BSM）：存折打印、对账单打印、支票存款、信封存款、缴费、充值。
>
> 虚拟柜员机（VTM）：通过远程视频方式来办理一些柜台业务。
>
> 超级柜台：通过硬件设备的集成和业务流程、交易凭证的整合，借助视频、影像、工作流、人脸识别等技术手段，实现柜面非现金业务的客户自主办理。

未来金融科技的发展将促进网点更加智能化。一是生物识别技术，如指纹、人脸、虹膜等的成熟，将更多地应用在网点身份识别环节，改变目前普遍采用的人工识别方法；二是基于互联网技术的云计算和大数据分析将更好地助力客户信息整理和营销，如智能叫号系统、产品推送系统等；三是金融科技如多媒体互动墙、触屏式叫号系统等将大幅度提升网点的科技含量并给予客户更为便捷的体验；四是二维码扫描、云闪付、声波支付、NFC 等支付技术将推动网点支付和结算的智慧化。智能化转型将带来运营效率的提高和人工成本的降低。同时，远程视频柜员机（VTM）、智能机器人、自动客户识别系统、互动触屏、网点移动终端（PAD）、自动业务处理设备（如自助发卡机）等设备的应用，将减少业务办理的时间和差错率，提高客户满意度。

与此同时，网点的智能化转型将高柜柜员逐渐转为低柜人员、销售支持等角色，从简单、重复的工作中脱离出来，进入内容更加复杂也更有挑战性的工作岗位。例如，网点的工作人员将更加深入社区，面对面与社区居民和企业进行互动，进行复杂金融产品的销售。线下基于人与人之间关系的服务对线上渠道标准化、模块化的金融服务是一种补充，同时帮助拓展线上触达不到的客户群体，进一步促进线上渠道与线下网点的互补与融合，从而实现全渠道经营。

> **专栏 7-7　建设银行智慧网点**
>
> 2018 年，中国建设银行在上海开设了一家"无人银行"网点，网点全程无须柜员参与办理业务，通过运用生物识别、语音识别、数据挖掘等最新金融智能科技成果，整合并融入机器人、VR、AR、人脸识别、语音导航、全息投影等前沿科技元素，呈现

一个以智慧、共享、体验、创新为特点的全自助智能服务平台。网点分为迎宾接待区、金融服务区、民生服务区、智慧社交区，所有业务办理均可通过精心设计的智能化流程提示实现完全客户自助操作。无人银行还提供一些非银行功能。 例如，提供5万多册图书供到店客户免费阅读，电子书还可通过App免费保存至客户手机；VR、AR游戏可供客户畅享，完成游戏还会获得小礼物；客户办理相关金融业务可在自助售货机上领取免费饮品等。

资料来源：中国银行业协会：《金融科技助推商业银行转型：路径与趋势》。

五、开放银行

开放银行这个名称起源于英国。长期以来，英国银行业不断兼并，导致前几大行几乎垄断了银行业市场。英国竞争与市场管理局（Competition and Markets Authority，CMA）在2016年发布的零售银行市场调查报告显示：在英国，银行有很强的客户黏性，前四大银行涵盖了80%的英国经常账户客户，这些占有市场优势的大银行无须努力竞争就能留住客户，而中小银行和金融科技公司却经营困难，极大地限制了市场的活力和客户体验的提升。英国政府希望通过金融数据共享，解决英国大银行垄断而导致的竞争不充分的问题，从而为本国中小银行和金融科技初创公司提供一个相对公平的环境，并促使银行业为客户提供更加优质的金融产品和更加便捷的服务。2015年8月，英国财政部牵头成立了开放银行工作组（the Open Banking Working Group，OBWG）。2016年3月，OBWG结合欧盟新出台的《支付服务指令2》（Payment Service Directive 2，PSD2）与《通用数据保护条例》（General Data Protection Regulation，GDPR）以及英国银行业发展现状，发布了《开放银行标准框架》（The Open Banking Standard）。

与传统的封闭式的银行模式不同，开放银行力求通过打破银行固有的边界，银行可通过API、SDK、小程序等方式，建立与合作伙伴的连接，使银行的金融数据、服务等触达人们生活的各项场景，从而扩大金融服务半径。开放银行有以下三个主要特点。

（一）以开放API/SDK/H5为手段

API的全称为application programming interface，即应用程序接口。API如同家用电器的说明书一样，只要知道如何使用，无须了解内部的运转流程，就可以用来调用功能或交换数据。根据数据接口的权限不同，API又分为内部API、伙伴API和开放API，其中开放API是开放银行的主要实现方式。对于银行来说，采用API接口的最大优势在于增加了数据的共享性和扩展性，却又不用对原本银行的核心系统做大幅度的修改，符合银行对业务的连续性和安全性的要求。除了主流的开放API这种手段外，还有SDK、H5等技术方式。SDK全称为software development kit，即软件开发工具包，在开放银行的语境下，是开放API的集成包，内部包含了API的集成逻辑。API好比一块块零散的乐高积木，第三方可以根据自己的要求组建想要的应用程序；SDK 则是银行已经组建好的积木模型，给第三方提供定制化的服务；H5 则像是所有积木都组建完成的产物，提供被访问银行全部产品和服务的链接，不包含定制化的功能。

（二）以平台合作为模式

开放银行以平台合作化、金融服务场景化为模式。手机银行高增长数据的背后是现有银行 App 金融服务模式的困境：一是银行 App 分流作用大于引流作用；二是银行 App 生态相对封闭，同质化竞争严重，难以满足客户个性化的需求。为满足客户对方便快捷、无处不在的金融服务需求，银行开始从自己的封闭生态中走出去，积极与各平台合作，将自身产品、服务等嵌入平台合作方中，从而将金融服务融入各方场景，形成合作、共享的平台生态，客户可在任意时间、任意场景下获得个性化的银行服务。

（三）以数据共享为本质

数据是银行最核心的资产，但开放银行并不代表所有数据的开放。基于"最少够用"原则，开放的数据一般为账户及交易数据。银行拥有与信贷强相关的金融数据，互联网金融公司也拥有许多非金融的行为数据，数据的共享对各方都有好处。对客户个人来说，数据共享可以使他们方便地对比各银行的服务和费用，从而选择最适合自己、最物美价廉的金融产品，有利于个人进行有效的资产配置和规划，大数据分析和人工智能等技术才能更好地运用到投资理财等业务中，从而更好地为客户服务。对于金融科技公司来说，可以通过银行开放平台提供的数据开发相关应用，繁荣生态，扩展业务范围。对于银行来说，开放金融数据虽然看似有所损失，但通过获取来自金融科技公司的数据，银行能更好地刻画用户画像和环境画像，大大缩短调查时间，有利于提高信贷的精准度、降低不良率。鼓励个人和机构通过自己的开放平台提供的数据开发相关应用，也有利于银行针对客户需求提供个性化的产品和服务，促进银行创新，从而为客户提供更为全方位的服务。对于社会来说，金融数据共享打通了各个"数据孤岛"，提高了金融运行的效率，降低了社会的交易成本，促进了金融市场的繁荣发展。

总而言之，开放银行是一种平台化的商业模式，通过与商业生态系统共享数据、算法、交易、流程和其他业务功能，为商业生态系统的客户、员工、第三方开发者、金融科技公司、供应商和其他合作伙伴提供服务，使银行创造出新的价值，构建新的核心能力。一方面，合作伙伴能够通过开放平台接入金融服务；另一方面，银行也可借助合作伙伴的力量，将银行服务搭载在生活场景中，既丰富业务形式，又直接触达用户。从客户前往银行的网点、线上渠道办理业务，到银行深入客户的生活和消费场景中提供金融服务，是银行向"以客户为中心"转变的重要体现。

专栏 7-8 微众银行

微众银行作为民营银行，由于受到"一行一店"规定的限制，最多只能在注册地所在城市建立一个线下营业网点。但是，单一网点的建设难以发挥网点的规模经济效应，反而会带给银行高额的成本负担，因而微众银行并未设立线下物理网点。在未进行渠道创新前，微众银行仅有电子银行渠道来营销获客，面临着渠道单一的问题。

因此，微众银行进行了开放银行渠道创新，建成了多元化的获客渠道。通过开放银行渠道，微众银行推出了微粒贷、微车贷、微装贷等一系列产品，分别嵌入社交场景、二手车买卖场景以及装修场景。这些场景平台拥有丰富的流量资源，通过在这些平台上提供金融服务，微众银行得以将平台用户转换为自身客户。此外，加上微众银行原有的包含手机银行、网上银行、微信银行和电话银行的电子银行渠道，微众银行建成了多样性、立体化的获客渠道体系。

本章小结　本章围绕商业银行的数字化转型，介绍了商业银行数字化转型的背景、现状以及数字金融在商业银行中的典型应用，其中包括很多国内外的实践案例。本章还介绍了商业银行数字化转型的相关理论，特别是关于数字金融与商业银行之间的关系，文献中有不同的观点，希望能够启发读者对商业银行数字化转型的战略和方向进行更加深入的思考和讨论。本章介绍的中国商业银行数字化转型指数，从量化的角度对中国商业银行的数字化转型进行了刻画，不仅可以对银行产业中转型的实践进行全景式的描绘和分析，也可以从多种视角、结合其他的变量进一步开展学术的研究。

数字金融的发展不能缺少商业银行这支重要的力量，但作为传统金融机构，商业银行如何应用和发展数字金融，推动行业更好地服务实体经济，仍是一个需要持续关注和讨论的话题。无论是商业银行转型的实践还是相关的理论，在今后的发展过程中一定会遇到新的问题和挑战，希望本章内容可以给这些问题与挑战的解决提供一些思路和启发。

即测即评

复习思考题　1. 数字金融与商业银行是替代还是互补的关系？银行的哪些功能被替代？哪些功能被互补和促进？

2. 大科技平台被认为是银行存在的最大威胁，你同意吗？你建议银行应该如何应对来自大科技平台的挑战？

3. 传统的银行有大量的线下网点，互联网时代很多消费者在线上办理金融业务，并且新成立的互联网银行并没有遍布各地的网点。网点的作用是什么？你认为银行是否需要线下网点？

4. 请结合本章介绍的国内外银行数字化转型实践，分析和总结我国银行数字化转型的难点和挑战，并提出应对措施。

5. 银行经历了从物理网点到自助银行机再到网络银行以及手机银行的变迁。比尔·盖茨曾说："Banking is necessary, banks are not." 你怎么理解这句话？你认为未来的银行会是什么样的？

第八章

数字供应链金融

近年来，供应链金融发展受到了学术界、实业界和政府部门的广泛关注。2020 年 9 月，中国人民银行等八部门出台《关于规范发展供应链金融 支持供应链产业链稳定循环和优化升级的意见》，建立供应链金融规范发展的政策框架。2021 年 3 月，"创新供应链金融服务模式"首次写入政府工作报告。服务实体经济是金融发展的重要使命之一，供应链金融致力于为产业链供应链提供系统性金融解决方案，以提高产业链供应链的运行效率，支持经济高质量发展。进入数字经济时代，传统供应链金融迎来数字化转型的机遇，大数据、物联网、区块链等数字技术的深度融合应用带来了很多的行业创新。通过本章的学习，可以了解数字供应链金融的主要模式，熟悉不同数字技术在供应链金融中的应用，并认识数字供应链金融的未来发展趋势。

第一节　数字供应链金融概述

一、数字供应链金融的概念及主要模式

（一）数字供应链金融的概念

数字供应链金融是指从供应链产业链整体出发，运用金融科技手段，整合物流、资金流、信息流等信息，在真实交易背景下，构建供应链中占主导地位的核心企业与上下游企业一体化的金融供给体系和风险评估体系，提供系统性的金融解决方案，以快速响应产业链上企业的结算、融资、财务管理等综合需求，降低企业成本，提升产业链各方价值。

从融资授信的角度来看，数字供应链金融是贸易融资产品的复杂延伸。供应链金融主要解决链上企业的短期融资需求，通过设计各种自偿性融资模型提高其资金可得性。尽管其金融服务的基础为银行主导的保理业务，但随着信息和数字技术的发展，当下主导供应链金融的可以是供应链的任一参与方，如综合性电子商务平台、金融科技企业等。

从资金运营的角度来看，数字供应链金融旨在优化运营资金和企业流动性。在供应

链内部，资金最终形成闭环回流，因此各个节点企业的财务状况、支付速度息息相关。供应链主导方通过对供应链内的信息流归集、整合、打包和利用，并配合成本分析、财务管理、风险控制等手段，提升链上资金的运营和企业流动性。

从企业联通的角度来看，数字供应链金融使上下游企业多维度、全流程贯通。信息平台是供应链金融运行的重要支柱，能将所有参与方连接起来，加强各方的联系沟通，削弱"信息孤岛"问题。信息平台与数字技术还保障了链上所有交易的真实可见，有益于核心企业将自身资信延伸到其他企业，帮助链上中小企业获得融资授信。

（二）数字供应链金融的主要模式

数字供应链金融常见的业务模式包括应收账款融资、存货（动产）质押融资、预付账款融资等。

应收账款融资是指以供应商与买方签订真实合同产生的应收账款为基础，为供应商提供的以合同项下的应收账款作为第一还款来源的融资业务。应收账款融资是最为常见的供应链金融业务。根据中国人民大学和万联供应链金融研究院的一项调查研究，有83.1%的被调研供应链金融企业均开展了应收账款融资业务，开展普及度居各类供应链金融模式之首。

存货（动产）质押融资是指融资企业以其存货为质押，向贷方申请贷款，存货接受第三方物流企业或监管机构的监管，并以该存货及其产生的收入作为第一还款来源的融资业务。在实践中，一种常见形式是仓单质押融资，即融资企业以第三方物流企业或监管机构开具的仓单作为质押物，向贷方申请贷款。仓单质押融资的优势在于，仓单背书后可转让、可出质；如果仓单符合期货交易所的要求，贷方在融资企业违约后对货物处置的灵活性会更强。

预付账款融资是指贷方替经销商向卖方支付货款，卖方收到货款后将货物移交给贷方指定的第三方物流企业或监管机构的仓库，经销商每向贷方还一笔贷款，仓库按贷方指令发放相应数量的货物。预付账款融资的具体形式也会依据不同的融资需求场景有一定的灵活调整。例如，针对物流车队等客户群体的运费垫付融资，其业务逻辑也类似于预付账款融资。

二、数字供应链金融的发展背景

供应链金融在我国已经历了近20年的发展，在提高金融服务实体经济效率等方面受到各界的普遍认可，但与此同时，随着产业链供应链的复杂度不断提高，传统供应链金融也面临着一定的瓶颈与挑战，迫切需要新的技术手段进行突破。此外，在数字技术与实体经济不断深化融合的背景下，产业数字化转型的需求日益增长，从产业端驱动着传统供应链金融的数字化转型与创新。

（一）核心企业信用难以实现多级传递

供应链金融业务的开展往往依托于核心企业的信用担保，然而，在很多情况下，核心企业的信用无法穿透供应链条上的下层企业，导致其对全供应链资金配给的促进与改善作用较弱，供应链末端的中小微企业融资问题难以得到有效解决。

一方面，从业务往来角度来看，核心企业通常仅与一级供应商或经销商发生直接业务往来，其供销系统记录的相关信息通常无法延伸覆盖二级及以下层级的中小微企业。同时，中小微企业的信息化水平低，企业征信难以全面真实反映公司的信用状况，这导致商业银行通常将合作对象限制于核心企业的一级供应商或经销商。

另一方面，从供应链管理角度来看，供应链金融对核心企业的供应链管理能力提出了更大挑战。核心企业需要适应供应链金融的发展，由原先的单纯以技术和品牌为核心竞争力的策略，转向产品链的整体运营，承担起供应链的资源组合与集成功能。若核心企业无法有效地整合供应链资源，将难以发挥供应链的协同优势，使银行可选择开发的供应链链条有限，从而限制了供应链金融的发展空间。

（二）"信息孤岛"制约信息传递与共享

信息不对称及"信息孤岛"是制约传统供应链金融发展的主要难题之一。当供应链条上的企业之间关联性较低，信息传递缺乏一致性时，企业之间容易产生"信息孤岛"。一方面，供应链条上较低层级的中小企业的信息化水平难以与核心企业和一级供应商或经销商的信息化水平相互匹配，导致低层级企业与核心企业及商业银行之间存在一定的信息壁垒，阻碍核心企业信用的传递；另一方面，供应链条上各方主体均是独立经营的法人单位，不同主体采用的企业资源计划系统、供应链管理系统均存在差异，从而破坏了信息传递的一致性及连续性，导致各企业的支付、结算等运作信息存在割裂，整条供应链的信息无法完全贯通。

"信息孤岛"问题加重了供应链金融的信息不对称，为金融机构带来很多风控盲区。在应收账款融资中，金融机构审查应收账款的真实性的难度较大，部分上下游企业合谋伪造应收账款合同以骗取贷款。例如，2017 年，国核商业保理股份有限公司"踩雷"辽宁辉山乳业集团有限公司，保理合同纠纷金额 5 000 万元；2019 年，承兴国际与北京京东世纪贸易有限公司之间的应收账款合同造假，导致诺亚财富旗下的一支 34 亿元私募基金出现违约。再如，在存货质押融资中，金融机构需要大范围地监测整条供应链的商流、物流以掌握存货状态信息，监测成本很高，一些关乎风险的重要信息难以在第一时间获知，这为企业操纵存货留下了可乘之机，导致"虚假抵押""一货多押"等乱象频生。这些供应链金融风险事件频发，迫使金融机构对供应链金融业务持谨慎态度。

（三）产业链数字化转型需求日益迫切

伴随全球迎来第四次工业革命，数字化、网络化、智能化成为产业转型升级的未来发展方向。数字技术在生产要素、市场结构、资源配置等方面驱动产业链供应链的转型升级。在生产要素方面，数据作为新型生产要素，提高了企业研发创新能力、运营效率以及供应链协作效率。在市场结构方面，数字技术的网络效应放大了规模优势，核心企业的竞争力、产业主导力增强，同时，数字技术赋能也为培育专精特新"小巨人"留下了更多空间。在资源配置方面，数字化产业配套服务提高了人、机、物的互联和协作能力，产品供给与消费之间的动态匹配机制不断优化，产业链供应链现代化水平不断提升。

数字技术掀起的变革也"倒逼"供应链金融在推动产业链供应链数字化转型方面发挥更加积极的作用。一方面，占据产业链主体的中小企业仍然普遍存在"不敢转型"的顾虑、"不会转型"的困惑，需要供应链金融作为第三方产业配套服务，为其提供与数字化转型相适应的融资性和管理性服务支持；另一方面，供应链金融作为连接核心企业与上下游中小企业的纽带，在供应链资源协调和整合方面具有优势。在企业数字化转型趋势下，也需要供应链金融继续强化产业链协同的功能，打造产业数字生态。

> **专栏 8-1　供应链金融的发展历程**
>
> 依据供应链使用信息技术的特征，供应链金融的发展历程可划分为雏形、电子化、平台化、智慧化四个阶段。
>
> 一、第一阶段：供应链金融的雏形
>
> 供应链金融始于大航海时代，主要为简单的票据贴现业务或仓储质押服务。18世纪，欧洲的银行开始引导企业进行跨国贸易活动，这可以被视为贸易融资的开端。存货质押融资在20世纪初于各国初见雏形。美国于1916年颁布《仓储法案》，使得仓储凭证逐渐标准化，流动性最强的农产品仓单既可以作为结算凭证在市场中流通，也可以向银行出质申请融资。20世纪初，中国开始出现类似存货（仓单）质押融资的押款业务，其中陈光甫创办的上海商业储蓄银行最先在上海、天津、汉口和无锡开展铁路押汇、货物栈单抵押放款等业务。
>
> 二、第二阶段：供应链金融电子化
>
> 赊销的交易方式推动了供应链电子化转型。赊销成为主流交易方式后，上游供应商极易面临资金短缺，并将直接导致后续生产经营的停滞。因此，上下游企业的简单买卖关系亟须突破。ERP技术的普及应用实现了供应链金融电子化，及时解决了上述难题。ERP系统的使用使企业的操作流程更加规范、动产质押管理更加透明，企业拓宽融资渠道、降低供应链管理成本、提高链上资金运作效率的目标有了实现路径。银行系统通过连接核心企业的ERP系统，可以对其历史交易记录、支付结算数据进行查验分析，从而提供融资授信。
>
> 三、第三阶段：供应链金融平台化
>
> 进入21世纪后，科技企业凭借互联网技术优势介入供应链金融。在此阶段，产业链、金融、互联网三要素结合，扩大了供应链金融的服务范围。其中，科技企业的主要贡献是搭建互联网平台，并基于云端储存的数据进行计算分析，从而设计出包含资

金流、信息流、物流的三维风控模型，以便商业银行和其他金融机构查验上下游企业的信用信息，并提供线上供应链金融服务。上下游的中小企业对核心企业提供授信支持的依赖度降低，因为其买卖货物或原材料的在线交易记录可用于抵押，更易获得贷款支持。

四、第四阶段：供应链金融智慧化

数字技术的飞跃给供应链金融带来了智慧化突破。数字技术联通了供应链内外的各级企业和金融机构，形成了横向加宽、纵向加深的立体化数字供应链，并赋予其智慧决策、数据质押、智能合约自动履行等新功能。例如，大数据为融资企业建立精准用户画像，降低企业信贷风险；区块链技术不仅有助于解决"信息孤岛"问题，而且能够防范交易数据被篡改和造假，增强交易的可靠性。

三、数字供应链金融的主要参与方

（一）商业银行

商业银行是供应链金融最主要的资金提供方。商业银行的供应链金融业务区别于普通的企业贷款业务。在供应链金融中，银行往往向供应链企业提供整体化融资方案，而非仅对某一个企业提供贷款。当供应链上下游企业同时面临资金约束时，银行通过制定合适的方案向上下游企业同时提供贷款，从而提高供应链的整体效率。

商业银行主导型数字供应链金融继承了商业银行在资金清结算等方面的优势，很多商业银行都开发了针对供应链的综合性融资产品。例如，招商银行"C+智慧票据池"的数字供应链金融业务，其票据池"不挑客、不挑票"（招行和他行的票据均认可）且接受"动态混合质押"，不再是相互独立的应收账款融资、存货质押融资或预付账款融资业务，极大拓展了服务对象、创新了融资产品。此外，随着电子商务的迅猛发展，银行业也与时俱进地推出了各类基于自营电商平台的银行供应链金融业务，延伸了供应链的商流、信息流，是银行拓展数字供应链金融业务的有益尝试。

（二）核心企业

核心企业在供应链中居主导地位，是供应链金融的重要参与者。在传统供应链金融实践中，核心企业承担了向中小企业提供信用担保的角色。其中，一种代表性业务模式是核心企业回购担保融资，银行向采购方提供信用支持，帮助采购方购买核心企业的货物，同时核心企业向银行承诺，若采购方不能及时偿还银行债务，核心企业可以将采购商保证金金额之外的部分货物进行回购。核心企业回购担保融资模式较好地降低了银行的货物质押变现的风险，从而降低了采购商的融资成本。

伴随数字技术应用不断深化，核心企业在供应链金融中的角色逐渐从"信用提供者"向"信息提供者"转变。在供应链金融向数字化转型后，供应链各企业之间的交易均能留下"数字足迹"，核心企业可以以此向金融机构证明供应链企业的信用水平，即通过提供信息而非信用担保的方式实现对中小企业的增信。相比于传统供应链金融，数字供应链金融对核心企业信用的依赖程度有所下降，但并不等于可以借助数据分析技术而完全取代核心企业的角色。核心企业仍然是供应链的中心网络节点，也是供应链维系竞争力的关键保障。

（三）电子商务平台

伴随互联网的普及和电子商务的发展，电子商务平台成为近年来新兴的供应链金融参与主体。为了提高采购和销售效率，缓解电商卖家"短、小、频、急"的融资需求，电商平台开始探索以自有资金向平台卖家提供信贷服务。电商平台的互联网属性使其能够更快地适应数字技术发展，并处理分析海量高维的线上交易数据。同时，电商平台可以依据不同卖家的交易特点进行供应链金融产品的个性化定制，并在每个交易周期后动态调整商家信用评级，对风控模型进行迭代和优化。例如，京东科技旗下的"京保贝"产品为京东商城自营供应商提供保理融资服务，企业可申请的融资额度随应收账款变化适时更新，供货即收款，帮助供应商获得充足的备货资金。

（四）物流企业

随着数字技术特别是物联网技术的普及应用，货物在入仓、监管、出仓和流通环节均能够采集到实时状态信息，以仓储物流为主要优势的物流企业在数字供应链金融中起着越来越重要的作用，主要扮演着协调者和监管者的角色。物流企业主导型数字供应链金融的优势主要体现在存货质押类融资业务。具体而言，物流企业在贷前审查环节对质押物价值评估有较为丰富的经验，可以根据质押物价值灵活调整信贷额度，更好地防范"虚假抵押""一货多押"等问题；在贷中贷后环节，物流企业可以实时动态监管货物状态，确保货物安全流通并实现预期的资金流，以保障贷款方有足够的还款能力。一旦贷款方违约，物流企业也可以快速对质押物进行冻结，减少资金损失。

第二节　　数字技术在供应链金融中的应用

大数据、人工智能、物联网、区块链等新一代信息技术的兴起与应用，正推动传统供应链金融向数字化与智能化转型，在解决传统供应链金融发展瓶颈方面取得了显著成效。数字技术应用能够更好地整合信息流、资金流、商流与物流，建立动态信用评价体系，从而实现资金的高效率、高质量投放，缓解信息不对称问题、提高金融服务效果。本节将分别介绍区块链、物联网、人工智能等关键技术在数字供应链金融的应用。

一、区块链技术的应用

区块链技术具有不可篡改、可追溯、去中心化等突出特性，其在数字供应链金融中的技术功能主要体现在信用拆解与传递、底层资产确权、智能合约防范履约风险三个方面。

（一）信用拆解与传递

区块链技术可以实现供应链企业信用的拆解与传递，有助于改善传统供应链金融存在的核心企业信用穿透性较差的问题。基于区块链技术的多层供应链金融体系可保证价值转移和信用多层穿透，有助于建立全链互信机制，同时实现生产商、分销商、零售商的三方共赢。一方面，"区块链+供应链金融"平台采取分布式账本技术、分布式部署存储，有助于构建全链信任关系。平台参与者的数据不再由单一中心化机构统一维护，使数据信息变得透明可信，为供应链金融优化升级提供强信任关系保证。另一方面，区块链技术为监管机构、核心企业以及金融机构等多方参与者的信用多级传递提供支撑，通过打通各层之间的交易关系，能实现多级信用流转、电子凭证分拆流转，延伸信用链条。

（二）底层资产确权

区块链技术有助于促进交易确权。区块链技术在资产管理领域具有重要的应用价值，有助于实现无形资产、有形资产等各类资产确权、授权和交易实时监管。一方面，针对网络环境下难以监管、保护的无形资产，区块链技术成为虚拟环境下知识产权保护的新方法；另一方面，针对存证、应收账款等有形资产，可以在虚拟环境下实现现实世界中的资产交易。以应收账款权利为例，通过核心企业 ERP 系统数据上链，实现实时的数字化确权，避免了现实中确权的延时性，对于提高交易的安全性和可追溯性具有重要意义。

（三）智能合约防范履约风险

区块链的智能合约技术有助于解决信用不可信难题。依托高效、准确、自动的执行合约，可有效缓解现实中供应链金融业务的执行难题。智能合约通过事前发行基于结果的筹资，事中自动监控和预警，事后按约自动执行，将回购款项从企业核心账户转移至金融机构账户，实时监管预警，遇到问题自动触发，从而提高了效率，减少了第三方干预、恶意欺诈或失误，进而抵御履约、操作等一系列风险。以存货质押融资为例，完成交货即可通过智能合约向银行发送支付指令，从而自动完成资金支付、清算和财务对账，提高业务运转效率，在一定程度上降低了人为操作带来的潜在风险与损失。

二、物联网技术的应用

物联网技术在供应链金融中的创新应用，有助于整合上下游企业、运输公司、金融机构、电子商务等资源，提高供应链管理效率及灵活性，降低企业的运转成本。物联网技术通过 GPS、生物识别等手段，对目标进行识别、定位、跟踪、监控等系统化、智能化管理，使各方参与者从时间和空间两个维度全面感知与监督动产的存续状态及变化，从而进行风险监控和市场预测，降低了企业项目投资风险。目前，物联网技术在数字供应链金融中的应用主要体现在仓储物流和监管环节。

（一）采集仓储与物流状态信息

物联网有助于现代物流活动在采购、在库管理、销售等环节进行创新，以提高物流市场信息质量及审计质量。按照物联网技术在不同环节的应用，物联网金融可以分为仓储物联网金融和货运物联网金融两类。仓储物联网金融是在仓储金融的基础上逐渐形成的金融服务，借助物联网技术对物资银行、仓单质押等服务进一步地延伸和发展。物联网技术在货物仓储环节的应用，能够将货物流转过程可视化，帮助银行和供应链各参与方了解供应链上各种货物的流动情况和数量质量信息，实现对货物全过程的动态定位和监控。货运物联网金融是基于货运车联网技术创新出的一种金融服务。利用金融管理和物联网管理的双向手段，能够针对货运卡车实现一车一卡的运作模式，同时集成卡车运营的其他商业服务，包括加油、车险等，从而实现金融服务的拓展与延伸。

（二）提升金融机构的监管效率

物联网技术也有助于提高金融机构的监管效率。智能物联网以动态的方式对企业信息流、资金流、物流以及工作流进行"可视化管理"，能分别从贷款前和贷款后管理提高供应链信用资质。就贷前而言，物联网辅助银行进行信用调查，加快贷款审批速度；就贷后而言，物联网通过实时感知、监控，降低银企信息不对称，提升贷后管理效率。与传统供应链金融业务环节不同，金融机构运用物联网技术可以直接监管物流、信息流和资金流，实现实时监管抵押物或质押物的位置、状态及权益归属，降低操作风险和物流监管风险，从而解决抽逃货物、重复质押等动产抵押或质押难题。

专栏8-2　普洛斯产融科技的数字供应链金融实践
普洛斯产融科技是普洛斯旗下链接产业端与金融机构的科技服务平台。普洛斯产融科技依托在产业科技应用领域的积累，提供仓库货物监管、供应链贸易验真、租赁物监控、物流监控领域的数字供应链金融科技解决方案，有效穿透并管理数字资产。

普洛斯产融科技的业务既包括应收账款融资、货物质押融资等常规的供应链金融解决方案，更具特色的是，还提供适用于不同产业金融场景的供应链金融科技产品。例如，仓库货物监管科技可应用于贷后货物监控，实现货物资产穿透，以支持货物融资业务的贷后管理；供应链贸易验真科技可应用于贷后商流监控，实现应收账款资产穿透，以支持应收账款保理业务的贷后管理；物流监控科技可用于贷后物流监控，实现物流轨迹验真，以支持物流场景下需要物流验真的金融业务。

三、大数据与人工智能技术的应用

在数字供应链金融领域，人工智能等技术应用在缓解信息不对称，降低融资成本以及增强监管力度等方面发挥重要作用。

（一）缓解信息不对称，降低融资成本

大数据与人工智能技术有助于缓解银行与企业间的信息不对称，从而降低企业融资成本。通过为中小微企业积累交易信息，人工智能技术能降低贷前搜寻成本、贷中监测成本和运营成本以及贷后管理成本，助力中小微企业获得融资。首先，人工智能技术通过信息采集、储存、计算，有效还原企业真实经营场景，缩减流程，降低企业搜寻成本、处理成本以及调查成本；其次，银行机构依托先进技术对小微客户信息进行深入分析和挖掘，应用大数据分析快速获取小微企业真实信息，结合企业融资需求、产业环境，综合评价客户的信用状况和资金需求，为企业量身定制相应的金融产品和服务方案，并持续对贷款信息进行动态监测，以提高贷款信息的公开度，降低中小微企业的贷中成本；再次，中小微企业依托互联网平台实现全流程线上化、智能化，降低网点运营成本；最后，大数据动态风控模式根据中小微企业线上行为建立实时风险预警模型，及时识别不同的逾期类型，从而提供差异化的催收、解决方案，进而大幅度提高了贷后管理效率。

（二）增强监管力度

大数据与人工智能技术同样有助于增强监管力度。通过信息交互验证、完善大数据风控模型、推进智能风控模式三条路径，人工智能技术能大幅度提高风控水平，缓解小微企业融资难题。其一，在信息交互验证方面，大数据金融将不同主体、不同渠道、不同维度的数据进行交互比对、相互验证、一致性检验、关联度分析，有效识别欺诈行为。其二，在完善大数据风控模型方面，依托技术优势建立动态、实时、多维的大数据分析、风控和征信模型，对小微企业的多维度信息进行深度学习和深入挖掘，实现模型的构建和训练、性能监控与自迭代，不断优化风控体系的模块、参数、评分标准，从而提高风控的精准度及模型的有效性。其三，在智能风控模式方面，大数据金融构建了完

善的大数据风控系统和标准化风险评分决策体系，为银行提供小微客户营销获客、贷款审批、贷后监控、催收全流程服务。

专栏 8-3　网商银行"大雁系统"

　　网商银行开发了数字供应链金融方案"大雁系统"。该系统依托核心企业和上下游中小微企业的供应链关系，通过大规模图计算和数据处理技术，根据品牌方及小微企业授权提供的交易证明，真实还原供应链贸易关系网络。传统供应链金融一般为"1+N"模式，"大雁系统"通过对每一个"N"的供应链网络关系进行再延伸，拓展为"1+N×N"模式。基于"大雁系统"，网商银行可以在供货回款、采购订货、铺货收款、加盟、发薪等生产经营全链路中，为中小微企业提供纯信用、无抵押、线上化的贷款支持。公开资料显示，与网商银行合作的品牌中，下游经销商及终端门店的经营性贷款可得率平均达到 80%。

四、数字供应链金融的不同风控体系比较

　　数字供应链金融可持续发展的关键在于形成贯穿全供应链的数字化风控体系。数字技术在数字供应链金融的风险体系中发挥了重要作用，但技术本身并非分辨不同风控体系的决定性因素，即使采用相同的数字技术，其技术落地方式和主要功能也不尽相同。综合实践经验来看，数字供应链金融的风控体系可以概括为两种模式：一种是大数据征信型风控体系，代表性实践如网商银行的供应链金融业务；另一种是监管运营型风控体系，代表性实践如普洛斯产融科技的供应链金融业务。对比两种风控体系，有如下几方面差异（见表8-1）。

表 8-1　大数据征信型风控体系和监管运营型风控体系的对比

项目	大数据征信型风控体系	监管运营型风控体系
底层逻辑	基于核心企业信用延伸	基于产业整体运营状况
风控核心	企业信用风险评估 概率思维、保障统计风险可控	验真与控货 保障供应链安全运营
风控手段	依托信息和模型优势，掌握高维度数据，运用机器学习算法	贴合产业场景，依托"四流合一"，运营关键点控制
适用范围	标准化、规模化、平行复制但在垂直细分领域不够精细	垂直细分领域精细化管理
成本特征	前期投入相对较小 快速上升	前期专业性投入大 先平缓后快速上升

在风控逻辑方面，大数据征信型风控体系主要是基于核心企业的信用延伸，通过大数据对融资主体进行信用风险评估，其底层逻辑是大数定律，侧重于预测企业还款能力，保障统计风险可控。大数据征信型风控体系与大科技信贷原理类似，本章不再赘述。与之不同的是，监管运营型风控体系的重点不在于预测企业还款能力，而是要通过监管手段来确保企业具备还款能力。监管运营型风控体系运用大数据、物联网、区块链等数字技术，实时掌控交易状态，对产业链运营状况进行验真，同时检验货物的安全性，防范企业的欺诈行为，以确保风险闭环、收入自偿、资金安全。

在风控手段方面，大数据征信型风控体系依托信息和模型优势，通过掌握高维度数据和机器学习算法进行风险控制。监管运营型风控体系更加侧重于对产业运营的关键点进行控制，强调商流、物流、资金流、信息流的"四流合一"。其中，商流是基础，商品的所有权发生转移，也是买卖或交易活动切实发生的体现。物流是手段，它打通着从生产、运输、仓储到销售的各个环节的底层数据通道。资金流是条件，是判定融资企业是否具备还款能力的重要条件。信息流是保障，通过数据对接和供应链上各类信息的交叉验证，形成关于融资主体更全面的数据支撑，从而完善切实可行而又高效的信贷模式。

在风控特征方面，大数据征信型风控体系具有标准化、规模化、可复制等特点，但在垂直细分领域不够精细，且由于前期投入相对较小，比较容易实现规模扩张，发展曲线呈现"快速上升"的特点。监管运营型风控体系在垂直细分领域更加贴合产业场景以实现精细化管理，前期需要产业管理型人才投入，经历长期积累，以探索监管的关键点。在形成有效的风险监管体系之后，整体系统就可以实现高效、安全运营，发展曲线呈现"先平缓后快速上升"的特征。

第三节　数字农业供应链金融

农业是我国国民经济的基础。面对农业生产过程中的融资难、效率低等痛点难点问题，数字农业供应链金融可以有效提高整个链条的资源整合能力和运作效率，帮助供应链上的成员建立长期合作关系，增强农业供应链上下游企业的商业信用和融资能力，促进农业供应链金融持续、稳定、健康发展。

一、农业供应链金融概述

农业供应链金融是指商业银行等金融机构从农业产业链出发，以特色农业和优势农产品的龙头企业为中心，利用龙头企业的信用为农户和中小微企业的信用增级，对其上下游企业、农户或消费者利益进行捆绑，通过设计金融产品，满足供应链各环节的融资需求，将单个主体的不可控风险转变为农业供应链整体的可控风险。

　　农业供应链包括农业生产前原材料的采购环节、农业的生产环节（种植及养殖）、农产品的加工环节、分销环节和最终消费环节。农业供应链金融的开展，需要将上述各个节点所涉及的商流、物流、资金流以及信息流进行有效整合，实现风险闭环控制。根据不同参与主体的构成，农业供应链金融主要可以划分为"农业企业+农户""农业企业+农业生产合作社""农业生产合作社+农户"和"农业核心企业+中小供应商"四种类型，分别从不同的切入点应对和解决了农业生产过程中的融资痛点问题。

　　在上述四种模式的基础上，还延伸出了更多主体参与的数字农业供应链金融模式。农业生产实现了由零星分布、单户生产向区域化分布、规模化种植养殖、订单化生产格局的转变，也形成了在原本模式基础上的融合创新，如"农业企业+行业协会+生产基地+农户""农业企业+农业园区+农户+金融机构""农业企业+农业生产合作社+农户+金融机构"等发展模式。尤其是"公司+农户+银行+保险+政府+科技+其他"的金融服务模式（即五里明模式），被认为是农业供应链金融的成功尝试，被学界与业界广泛关注。

二、传统农业供应链金融的风险挑战

　　农业供应链金融尽管能在一定程度上将单个主体的不可控风险转变为供应链整体的可控风险，但并不能完全消除农村金融风险，在实践中仍然面临农业生产风险、道德风险、系统性风险等挑战。

（一）农业生产风险挑战

　　农业生产具有生产周期长、季节性强等特点，容易产生资金缺口。一般而言，农户及农村中小企业经济实力弱，而农业生产期远远早于收获期，周期一开始就存在材料采购、设备购置等方面的资金缺口。此外，农户贷款具有分散、小额、缺乏抵押担保品等不利因素；农村中小企业的流动资金贷款本身不稳定因素多、风险大，贷款管理成本高。基于此，金融机构为其提供贷款的风险较大、服务动力不足，不愿意过分冒险，所以多选择退出。

（二）道德风险挑战

　　传统农业供应链金融较难实现对道德风险的约束，很容易受外部环境突变的影响而造成群体性违约现象。由于农户和农村中小企业经济实力不强且抗压能力弱，一旦农业生产受自然灾害的袭扰或市场突变的影响，就会产生大面积的信贷违约现象。金融机构较难甄别贷款农户和农村中小企业是否具有还款能力，需要事前付出较大的搜寻与选择成本，去降低信息不对称导致的道德风险。

（三）系统性风险挑战

　　农业生产中的违约现象经"羊群效应"放大后，有可能演变成系统性风险。由于农户们存在从众心理，会效仿"领头羊"或者其他农户的违约行为，从而形成"羊群效应"，并可能进一步触发系统性金融风险。由于农业供应链系统整体性强，来自供应链外部环境的风险可能沿着供应链在上下游企业之间传导和扩散；一旦龙头企业私下改变信贷资金用途，就有可能在农业供应链整体甚至行业内引发系统性金融风险，破坏供应链各成员、各要素之间的协调有序性，最终造成信用链的断裂。

三、数字技术赋能农业供应链金融

在物联网技术应用方面，物联网的赋能可以实现实时监控，大大提高农业供应链管理的效率与灵活性。运用物联网技术，农业供应链系统可使链上农业企业的产品在任何时间与地点都被实时监控，从而实现从土壤养护到温室栽培、从加工包装到冷链配送、从在线销售到独立订购、从农民组织到农业一体化发展。比如，金融机构可以利用卫星遥感技术获取不同光谱波段下的农作物遥感影像等信息，准确识别农作物面积与监测生长状况，为农户和农业企业贷前评估及贷后管理提供数据支撑。

在区块链技术应用方面，区块链技术不仅有助于提高链内企业的互信水平和运行效率，还为保障食品安全提供了有力的技术支撑。在"区块链+农业供应链金融"模式下，只要产生了交易，其业务信息就会被记录到相关的主体账户中且不被篡改，同时还可以利用智能合约来提高信用约定的执行力，避免信用欺诈。基于区块链技术，农业供应链内各个参与主体将能获得真实有效的经济活动数据，在农业供应链内部完成资金的交易和业务的交割，从而提高交易的精度和效率。此外，区块链食品安全可追溯系统和安全标志与追踪制度可以为各方提供一致性信息，有助于增加优质农产品与农业服务供给，一定程度上保障了农产品的食品安全。

在大数据与人工智能技术应用方面，数字技术能为农业供应链金融提供更有效、更准确的预测。从技术原理方面看，大数据和人工智能技术既能将农业供应链内发生的经济活动绘制出详细的数据图谱，又能直接用数据语言对农业供应链内企业进行可穿透式管理，弥补了传统农业生产管理中的技术短板。例如，放置在农业供应链各环节的激光扫描仪或传感器会自动收集相关主体的各类信息，并持续地将各种数据传输到云端服务器，最终这些数据交由人工智能进行分析和处理，为金融机构寻找贷款人、提供贷款、控制放贷风险提供依据。

第四节　数字供应链金融的创新价值与挑战

数字供应链金融既是一种金融创新，也是一种供应链管理创新。从金融创新角度来看，数字技术构建智慧化风控体系，使得核心企业信用依托于供应链贸易关系传递至上下游中小企业，从金融供给端降低贷款成本，进而降低企业的融资成本。从供应链管理创新角度来看，数字供应链金融的价值在于促进供应链信息互联互通，缓解"信息孤岛"问题，从而推动供应链整体现代化水平的提升。不过，数字供应链金融尚处于起步发展阶段，仍面临一些挑战，需要引起相关方面的警惕。

一、数字供应链金融的创新价值

（一）穿透式信用传递

数字供应链金融构建了供应链上下游企业的信用网络，使得核心企业的优质信用能够实现穿透式信用传递。尽管银行等金融机构开展供应链金融业务已有多年，但核心企业的信用通常只能覆盖与其直接进行业务往来的供应商或经销商，难以传递至低层级的中小微企业。这种单层信用传递限制了供应链金融普惠效应的发挥，中小企业融资难、融资贵问题并未从实质上得到改善。以区块链为核心的数字技术在供应链金融中的应用，将供应链票据进行拆分、流转，核心企业与一级供应商或经销商的债权债务关系便可以沿上下游传递起来。因此，核心企业的信用向整个链条进行辐射，即使是供应链末端的中小微企业，也能凭借核心企业所赋予的信用获得融资。这种信用网络结构，在智能化风险控制的保障之下，解决了传统供应链金融信用无法穿透的痛点，同时大大减少了"三角债"的处置成本，提高了整条供应链的资金运转效率。

（二）智慧化风控体系

借助大数据、人工智能、区块链等技术建立的智慧风控平台，数字供应链金融能够实现从贷前授信申请到贷后管理的全面智慧化升级，实现"让数据多跑路，客户少跑腿"的转变。首先，金融机构实时监管物流动态、交易进程等信息。通过将物联网、人工智能等技术融入供应链金融业务，金融机构可以实时对供应链上各个企业的运营情况进行动态跟踪监测，从而采取适当措施有效预防信用风险。其次，生成数字化智能合约。在区块链、物联网以及人工智能等多种数字技术的交叉应用下，可以基于真实交易生成数字化智能合约，规范各类参与主体的权利和义务，实现账户的自动清分，构建资金回流闭环。最后，金融风险处置方法更及时、更有效。在数字技术赋能之下，让金融机构和企业客户能在金融服务过程中及时发现并规避风险，对潜在风险"早识别、早发现、早预警、早处置"。

（三）供应链信息互联互通

数字供应链金融有助于促进供应链信息互联互通，缓解供应链企业间的"信息孤岛"问题。运用数字技术，金融机构可以提供对特定产品相关风险信息的查询、基于模拟场景预测风险、根据历史趋势分析比较并对风险和回报进行预测分析，以及根据个人或公司对风险和长期投资回报率的容忍度提出建议，为中小微企业提供信息共享平台。物联网主要依托传感器和互联网，对企业的信息进行及时收集、归纳、整理，建立庞大的信息数据库。区块链技术的应用保证了供应链中的上游和下游企业能够同步交易信息，共识机制有助于保障上链信息的真实可靠性，在每个企业的隐私信息得到保护的前提下实现授权共享，促进了供应链的信息透明性，为更多创新性供应链管理解决方案打造了坚实的信息基础。

（四）供应链数字化转型

数字供应链金融能够推动供应链数字化转型，并提高供应链的韧性和抗风险能力。企业通过接入数字供应链金融系统，打通供应链各参与方原本存在的"信息孤岛"，能够提高企业对供应链运营状态的洞察力。一方面，这可以帮助企业优化内部管理效率。比如，管理层通过高效的投资提高企业绩效，使管理层可以获取公允报酬，减少了攫取控制权私利、浪费企业资源等代理成本。另一方面，这可以提高供应链的敏捷性和韧性。"反向定制"的产销模式就是通过数字化赋能提高供应链敏捷性的一个很好的例子。当出现外部冲击或不确定性时，数字化能够帮助供应链各个企业快速响应，并给出上下游协同化的解决方案，精准实施固链补链，提升供应链的韧性和抗风险能力。

二、数字供应链金融的挑战

尽管数字供应链金融能够有效解决传统供应链金融中的许多痛点难点问题，但供应链金融在中小企业数字化整体水平较低、金融科技运用存在技术风险、数据垄断等方面仍面临诸多挑战。

第一，中小企业数字化整体水平较低。从长期来看，数字化转型可以提升企业的核心竞争力，但数字化转型不是一蹴而就的，需要大量的资金、人力、设备等投入。供应链核心企业的数字化转型通常走在前列，但上下游中小企业依靠自身实力完成数字化转型却十分困难。目前数字供应链金融的应用主体仍以大型互联网企业、核心供应链企业和集团公司客户为主。这些大中型公司的资源、资金、渠道相对丰富，具备发展数字供应链金融的优势，而供应链上的众多小微企业信息化、数字化程度较低，与金融机构无法深度互联互通，成为数字供应链金融难以触达全供应链企业的瓶颈所在。

第二，金融科技运用存在一定的技术风险。金融科技在推动供应链金融服务数字化的同时，也增加了网络攻击、技术故障等安全隐患。一方面，网络环境开放性较强，黑客攻击事件频发。不法分子通过恶意代码植入、拒绝服务攻击等手段扰乱正常的网络秩序，危害用户财产安全。近年来针对金融机构的高级持续性威胁、精准式网络攻击等手段愈演愈烈，数字供应链金融一旦发生网络攻击事件，将影响整条供应链的稳定性和竞争力。另一方面，网络环境及系统的复杂度增加，服务中断的风险不容忽视。随着金融机构推进数字化转型不断深入，系统架构的复杂度持续提升，影响网络环境稳定性和可靠性的因素有所增加，一旦出现系统设计缺陷、网络环境异常等情况，将引发服务中断等风险事件。

第三，需要警惕数据垄断问题。金融业是数据密集型产业，对数据的依赖程度较高，金融大数据的广泛应用更是促进了数据资源的爆发式增长，也引发了数据垄断等问题。数据垄断的形成有多重因素，既与数据的非竞争性、难以确权的特性有关，也与数字经济的网络效应特点有着密切联系。拥有数据优势的企业出于维持竞争优势的考虑，往往不愿意将数据分享给竞争对手，企图通过数据建立商业"护城河"。因此，虽然数据本身是非竞争性的，但在市场竞争的博弈之下，数据要素产生经济效益后，便有可能被企业视为竞争性资源，从而阻碍数据要素的流通和价值实现。如果不及时介入数据监管和市场规范，数据垄断可能诱发更多危害，如数据巨头企业滥用市场支配地位谋利、妨碍竞争对手获取数据资源、通过经营者集中手段阻碍竞争对手进入市场等，从而破坏了行业生态和市场竞争。

第五节　数字供应链金融的发展趋势

供应链金融作为连接产业和金融的枢纽，是做好"六稳"工作、落实"六保"任务决策部署的重要金融支持手段。近年来，国家高度重视供应链金融发展，出台了一系列相关政策。2017年10月，党的十九大强调，要推动互联网、大数据、人工智能和实体经济深度融合，在现代供应链等领域培育新增长点、形成新动能；2021年3月，政府工作报告首次单独提及"创新供应链金融服务模式"，将服务实体经济放到更加突出的位置。在一系列顶层设计下，我国供应链金融市场规模整体呈现递增趋势，在缓解中小企业融资难题、促进实体经济发展方面潜力巨大。

不过，数字供应链金融尚处于起步探索阶段，在风险防范与数据安全领域必然也面临着一定的问题与挑战。因此，如何保证数字供应链金融在风险可控的前提下，切实提高供应链运转效率及可持续发展能力、真正服务实体经济，是数字供应链金融未来发展亟须思考的重要问题。这不仅需要在技术、法律与监管层面有所配套，也需要政府、企业及技术提供方等相关利益主体的协同参与，如共同推动信息共享平台建设、设立数字技术应用标准、制定行业法律政策等。

一、强化数字技术应用

强化数字技术应用，保障数据信息安全。数字技术是促进供应链金融发展的重要推动力量，如何推进数字技术在数字供应链金融市场的落地与推广，是关乎未来数字供应链金融发展的重要问题，但在数字化发展过程中，数字技术应用也给数字安全带来了新的挑战，对隐私保护与数据处理能力提出了更高要求。一方面，随着时间的推移，数据只增不减，将占用大量存储资源，持续增加对数据存储与分析能力的需求。例如，区块链技术以分布式记账和不可篡改的特性正重塑金融交易中的信任关系，但其也存在"三元悖论"问题，使安全系统、效率系统、分布式系统在耦合过程中相互制约。另一方面，由于数字供应链金融往往涉及交易信息、信用信息等敏感性商业信息，如何增强授信平台对数据隐私的保护意识和能力也是亟须关注的重点与难点问题。

二、鼓励业务模式创新

鼓励业务模式创新，助推产业转型升级。为创新数字供应链金融业务模式，首先应积极与高校、研究机构等开展合作，加快推进共识机制、密码学算法、跨链技术、隐私保护等关键核心技术创新。例如，建设供应链金融研究中心或实验室，开展产品研发和行业标准测试，推广应用供应链金融的新技术、新模式。与此同时，更要发挥核心企业的带动作用，加强商业银行、平台企业、供应链上下游企业的协同整合，优化供应链资金流，进而促进整个产业数字化和智能化，实现产业降本增效、节能环保、绿色发展和创新转型。

三、规范服务实体经济

规范服务实体经济，促进市场健康发展。数字供应链金融在提高市场运行效率的同时，也面临如何有效防范金融风险尤其是系统性金融风险的问题。为推进数字供应链金融市场高质量发展，一要搭建新型金融公共服务基础设施，二要设立金融风险监测防控中心。一方面，应充分发挥供应链票据交易所、融资服务平台和动产融资统一登记公示系统等金融基础设施的支持与引导作用，为资金进入实体经济提供安全通道，使符合条件的中小微企业能够享受成本相对较低、更加高效快捷的金融服务；另一方面，应推动政府、银行与核心企业之间的互联互通与信息共享，通过建立失信企业惩戒机制，严厉打击融资性贸易、恶意重复抵质押、虚假标的与交易等违法行为，确保资金流向实体经济，推动市场规范运行。

四、完善监管合规机制

完善监管合规机制，构建系统发展生态体系。政府应完善相关政策与法律法规，保护和激励上链企业的合法权益。例如，在符合相关监管规定的前提下，对供应链上的核心企业在申请设立小额贷款、融资担保、商业保理、融资租赁等方面给予支持。同时，探索制定区块链等数字技术应用的监督机制和认证体系，为产业健康发展营造良好环境。这需要遵循技术发展规律，深入研究数字技术对个人信息保护、数据跨境流动等方面的影响，将数字技术纳入合适的监管框架之内，从而既有效防范系统性风险，又避免固化架构对技术创新造成阻碍。此外，强化各主体的信息披露责任，构建智能合约的合规审查和审计机制，积极推进行业自律。

本章小结　　服务实体经济是金融发展的重要使命，为了精准服务供应链产业链的完整稳定，提高供应链产业链的运行效率，供应链金融应运而生。然而，传统供应链金融一直面临着核心企业信用穿透能力较弱、供应链各参与方存在"信息孤岛"、企业虚假抵押和骗贷等瓶颈，制约着供应链金融的发展。

　　数字供应链金融是数字技术与供应链金融相结合的创新模式，为缓解传统供应链金融面临的问题提供了一种新的解决方案。大数据、物联网、区块链等数字技术在供应链金融中的交叉融合应用，形成了贯穿于全供应链的数字化风控体系，其中两种代表性风控体系包括大数据征信型风控体系和监管运营型风控体系。数字供应链金融既是一种金融创新，也是一种供应链管理创新。在数字技术赋能下，数字供应链金融能够将核心企业信用穿透式传递至供应链的中小企业，构建更加智能化的风控体系，防范企业道德风险，降低企业融资成本。同时，数字供应链金融也有助于打破供应链"信息孤岛"、实现信息互联互通，推动供应链数字化转型，提升产业链供应链的现代化水平。为了推进数字供应链金融实现健康可持续发展，未来数字供应链金融应更加强化数字技术应用、鼓励业务模式创新、规范服务实体经济、完善监管合规机制。

即测即评　

复习思考题　　1. 数字供应链金融有哪些主要模式？需要哪些市场主体参与？各类主体的职能是什么？

　　2. 传统供应链金融在发展过程中面临哪些瓶颈和挑战？数字技术是如何突破这些瓶颈的？

　　3. 大数据征信型风控体系和监管运营型风控体系的主要区别是什么？

第九章

数字化财富管理

数字技术的发展给财富管理行业带来了前所未有的变革，余额宝、互联网货币基金等新型理财产品的出现为财富管理提供了新的发展思路，客户群体的代际变化、传统财富配置方式吸引力的下降对财富管理机构提出了新的要求。大数据、人工智能、云计算等技术的发展和应用将从多个方面赋能财富管理，解决了财富管理行业中的许多痛点。各国都在紧抓机遇，积极进行财富管理的数字化转型。通过本章的学习，可以建立起数字化财富管理的基本概念和框架，理解数字技术在财富管理中的作用，了解智能投顾产品的特点和发展、以余额宝为代表的中国互联网理财平台的发展以及中国数字财富管理市场的发展和监管。

第一节　财富管理的概念和数字技术的应用

一、财富管理的概念

（一）财富管理的定义

财富管理是指以客户为中心，在对客户的财务信息和非财务信息进行收集、分析和评估的基础上，根据客户的实际需求为其制定出一套较为全面的财务规划，并通过向客户提供现金、保险、投资组合等一系列的金融服务，对客户的资产、负债、流动性进行管理，以满足客户不同阶段的财富需求，帮助客户达到降低风险、实现财富增值的目的。

数字化财富管理是指运用人工智能、大数据、云计算、区块链、机器学习等数字技术进行的财富管理，其服务内容与传统财富管理的服务内容基本一致，只是服务的方式和手段能更加凸显数字化和科技化。

（二）财富管理与资产管理的关系

财富管理与资产管理既有区别又有联系。财富管理和资产管理的区别在于资产管理更多的是提供标准化产品，以风险和收益的最优平衡为目标，其主要工作集中在财富管理全业务流程的右端；财富管理除了资产管理外，还要兼顾客户端，要不断了解客户的需求并为其提供个性化的资产配置服务。财富管理和资产管理的联系是资产管理是财富管理的一个环节，财富管理全业务流程的资产管理端相当于一个标准的资产管理行业。

二、财富管理的业务流程

在实际操作中，财富管理已经形成了一套标准化的业务流程，具体包括五个步骤：引流和获客、评估客户需求和风险偏好、投资策略和资产配置、执行交易、再平衡和风险管理。

（一）引流和获客

引流和获客是财富管理机构发展的重要前提。引流是指通过各种渠道来吸引客户，并试图与客户建立起沟通的渠道。获客是指在引流的基础上，通过对潜在客户的筛选并在与之进行多次沟通的过程中建立稳定的服务关系。线上广告的精准投放已成为数字化财富管理时代引流的主要渠道。

（二）评估客户需求和风险偏好

评估客户需求和风险偏好主要是通过收集客户的资产负债、收入和支出、社会保障、商业保险等财务信息，以及健康状况、出生日期、学历、职业、婚姻状况、工作行业、风险容忍度、风险承受力、财富价值观等非财务信息，通过对这些信息进行分析来判断客户的需求和风险偏好，从而形成一个涵盖全面信息的准确的客户画像。

按照可投资资产规模的差异可将客户划分为长尾客户、中产阶层、大众富裕和高净值客户四种类型，不同类型的客户群体对财富管理的需求及风险偏好也有所差异。总体而言，资金规模越大的群体，个性化财富管理的需求越多，对收益率的要求也更高，同时能接受更复杂的金融产品；资金规模越小的群体，对风险的厌恶程度越高，对金融资产的安全性、流动性要求较高，同时希望财富管理具有成本低、操作便捷等特点。如图 9-1 所示。

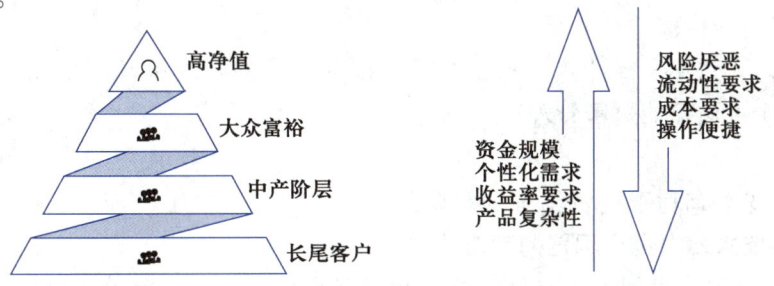

图 9-1　不同类型投资者的财富管理需求和风险偏好

（三）投资策略和资产配置

在充分评估客户需求和风险偏好后，就需要为客户制定系统的财富管理方案，具体包括投资策略和资产配置。不管是投资策略还是资产配置，都是基于特定的产品。在投资策略的制定过程中，需要与客户进行反复商讨和确认，然后根据投资策略为客户推荐合适的财富管理产品和服务，并让客户能够清晰地了解该财富管理方案实施后其未来的财务状况及生活质量。

（四）执行交易

执行交易的过程就是根据前面制定的投资策略和资产配置方案来进行相应产品和服务的购买过程，具体包括申购产品、赎回产品、跟踪分析等。

（五）再平衡和风险管理

由于市场瞬息万变，客户的财富管理需求也可能在外界因素的影响下不断变化，这就需要对财富管理方案进行再平衡和风险管理。具体而言，再平衡和风险管理是指定期根据市场变化和客户需求，对投资策略和资产配置进行调整和风险管理，以更好地实现客户的财富管理目标的过程。财富管理的全业务流程如图9-2所示。

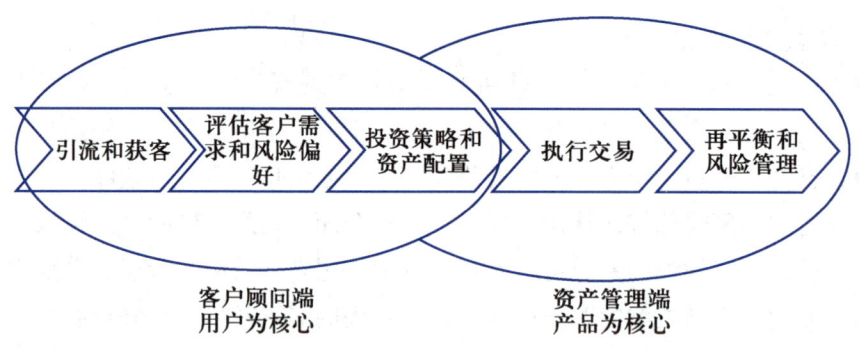

图9-2　财富管理的全业务流程

三、数字技术赋能财富管理

区块链、大数据、云计算、人工智能等数字技术的发展推动了财富管理行业的变革，并从各个方面赋能财富管理。

（一）数字技术有利于投资组合的科学配置

1. 数字技术助力资产配置的动态优化

数字技术不仅可以快速了解投资者的风险偏好，而且可以通过数据和算法为投资者进行资产的动态优化配置。数字技术虽然无法保证投资者稳赚不赔，但能更好、更快速地实现风险和收益平衡。此外，在数据挖掘、规律寻找的过程中，算法模型也会不断地学习迭代，进一步优化资产配置组合。

2. 数字技术使得基于投资者效用的资产配置模型得以付诸实践

目前大部分资产配置理论模型都是在马克维茨的投资组合理论模型的基础上发展而来的，比如 Black-Litterman 模型、风险模型，这些模型都是基于对投资者风险厌恶的假设；Adler 和 Kritzman（2007）提出的全范围模型（full-scale）则允许投资者自由设定效用函数，放弃了对风险的测度。该模型通过选定的投资者效用函数，遍历所有可行组合，然后依靠历史数据计算出不同时间段内各个组合的效用，最后选定能够实现最大化期望效用的资产组合，即最优投资组合，同时也是最符合投资者适当性原则的策略。

（二）数字技术减少投资者的行为偏差

个人投资者受情绪和认知局限的影响在投资决策过程中会存在过度自信、投资种类单一、羊群效应、重视收益忽略风险等行为偏差。投资者的行为偏差一方面会影响个人财富管理目标的实现，另一方面可能引起市场的波动。依据固定算法确定的投资策略可以在很大程度上减少人为因素的影响，从而有效避免行为偏差。D'Acunto 等（2019）的研究发现，智能投顾可以帮助投资者提高投资组合的多样性，从而降低投资组合的波动率、提高收益率，减少投资者的行为偏差。Rossi 和 Utkus（2020）通过分析美国的智能投顾产品，发现智能投顾通过增加国际权益资产和固定收益投资的方式，有效降低了美国投资者的本土偏好。

（三）数字技术使财富管理具有普惠性

数字技术使长尾客户获得财富管理服务成为可能。过去由于传统高成本客户服务模式的限制，长尾客户无法获得财富管理服务。数字技术在客户端的应用可以极大地提高财富管理机构的获客能力，及时捕捉客户需求，降低了财富管理机构的服务成本，从而使长尾客户能够获得财富管理服务，使财富管理具备普惠性。

第二节　国外数字化财富管理的发展

一、智能投顾

谈到数字化财富管理，智能投顾是无论如何也难以绕开的。智能投顾作为金融危机以后兴起的一种新型财富管理模式，对推动财富管理行业的数字化进程发挥了巨大作用。

（一）智能投顾的概念

关于智能投顾，目前没有统一的概念。2017 年美国证监会（SEC）认为，如果投资顾问为客户提供的投资理财服务主要依托于计算机程序算法、大数据等新技术,那么这类服务都可称为智能投顾业务。2018 年 4 月,中国人民银行等四部门发布的《关于规范金融机构资产管理业务的指导意见》(简称《资管新规》)中将智能投顾定义为运用人工智能技术开展投资顾问业务。虽然目前对智能投顾的定义有所差异,但它们都强调了两点:一是利用大数据、人工智能等数字技术为投资者提供服务;二是投资决策主要依托计算机,投资过程尽量避免人为参与。

相比于传统投顾,智能投顾具有很多优势,如图 9-3 所示。

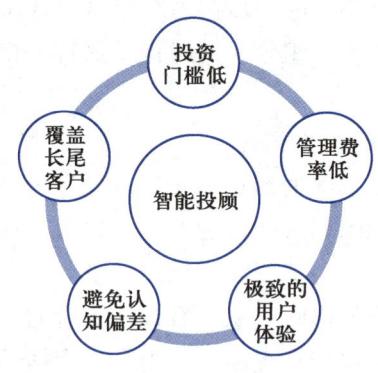

图 9-3　智能投顾的优势

(1)投资门槛低。在美国等发达国家获得人工投顾服务的投资门槛为 10 万美元,而在中国这个门槛为 50 万元。智能投顾的推出使得客户获得投顾服务的门槛大大降低,如蚂蚁集团和全球最大的公募基金公司 Vanguard 合作推出的智能投顾产品"帮你投"的投资门槛只有 800 元,Betterment 的投资门槛为 0 美元。

(2)管理费率低。目前,大部分智能投顾的管理费率不超过 1%,有的甚至不收费。例如,Wealthfront 对前 10 000 美元不收管理费,对于超过的部分每年按照资产总额的 0.25% 收费;Betterment 首次提供长达 1 年的免费管理服务,后续则收取 0.25% 的费用。

(3)覆盖长尾客户。智能投顾借助数字技术大大缩短了金融交易的链条,降低了财富管理的服务和交易成本,这使得体量巨大的长尾客户获得专业化的财富管理服务成为可能。

(4)极致的客户体验。首先,智能投顾可以为客户提供 7×24 小时的服务,提升客户体验;其次,智能投顾可以为客户提供更加个性化的财富管理服务,满足不同客户的财富管理需求;再次,智能投顾可以向投资者展示更加透明的投资过程,并提供更加友好的用户交互界面;最后,数字技术可以极大地提高服务效率,让客户享受到极速的财富管理服务。

(5)避免认知偏差。人工投顾在为客户提供服务的过程中,或多或少地会受自身因素的影响,无法做到完全的客观、独立,而智能投顾则是基于一套科学的算法为投资者提供投资决策服务,在一定程度上可以避免认知偏差。

（二）国外智能投顾的发展

自 2010 年 Betterment 推出全球首款智能投顾产品以来，智能投顾深受个人投资者的欢迎，并一直保持着高速的发展趋势。截至 2022 年年末，全球智能投顾管理资产规模已达 2.45 万亿美元。相比于中国，国外智能投顾的发展历史较长，目前也涌现了一批知名的大型智能投顾平台，如 Wealthfront、Betterment 等，其中 Wealthfront 已成为美国智能投顾的独角兽。下面以 Wealthfront 为例，介绍国外智能投顾的发展历程及其快速崛起的原因。

1. Wealthfront 的崛起

Wealthfront 的前身 Kaching 是一个社会投资网站。2008 年 12 月，Kaching 正式成为注册投资咨询顾问公司。2011 年，Kaching 更名为 Wealthfront，正式转型为财富管理公司，同时也是智能投顾平台，主要借助计算机模型和技术，为客户提供个性化的投资组合建议。2013 年 1 月，Wealthfront 的资产管理规模达到了 1 亿美元。2015 年 Wealthfront 开始飞速增长，到 2016 年 2 月，其资产管理规模已达近 30 亿美元，而后一直保持着较快的增长速度。到 2022 年，其资产管理规模已超 270 亿美元，成为美国智能投顾的独角兽。同年，全球规模最大的财富管理公司之一瑞银集团宣布收购 Wealthfront。

2. Wealthfront 的业务模式

Wealthfront 提供的主要产品和服务是自动化的投资组合理财咨询服务，主要包括为用户开户、账户管理和投资组合评估。用户可以通过 Wealthfront 平台进行投资，投资的标的为 ETF 基金。此外，Wealthfront 还为客户提供其他服务，如税收损失收割（tax-loss harvesting）、税收优化直接指数化（tax-optimized direct indexing）等，但这些服务在整个公司业务中所占的比重较小。

Wealthfront 的主要盈利模式是向用户收取咨询费。对于账户金额低于 10 000 美元的用户不收费；对于账户金额高于 10 000 美元的用户，前 10 000 美元不收费，对超出的部分每年收取 0.25% 的咨询费。Wealthfront 以其低廉的服务费用和较低的投资门槛，吸引了大量中等收入的年轻人。

3. Wealthfront 迅速崛起的原因

以 Wealthfront 为代表的智能投顾迅速崛起，离不开以下几个方面的支持：一是数字技术的发展。智能投顾能以低廉的价格、高效的服务和多样化的资产配置方案服务客户，其背后离不开强大的数字技术和数理模型的支持。二是较为成熟的 ETF 市场。美国智能投顾配置的资产主要是交易费用低、透明度高、流动性强的 ETF 基金，成熟的 ETF 市场为智能投顾提供了丰富的投资工具，从而满足了不同客户的个性化需求。三是信息披露充分。智能投顾更多的是系统的自动交易，而其能够吸引大量客户的一个重要原因，是充分的信息披露赢得了客户的信任。智能投顾产品会将产品信息、存在的风险等信息充分地告知客户，并定期发布产品报告，让客户充分了解产品的状态。四是监管。美国对于智能投顾的监管框架是清晰且成熟的，所有智能投顾产品在推出之前都需在美国证券交易委员会进行登记，并且与传统投顾遵循相同的法律规定。

二、数字化财富管理市场

（一）美国

数字技术的发展培育了一批财富科技公司，改变了原有的财富管理市场格局。美国具有世界领先的科学技术，这也为一批财富科技公司的发展提供了成长的沃土。据 BCG 的统计，2000—2017 年，美国金融科技公司累计融资额占全球总额的 60% 以上，同时诞生了 Wealthfront、Betterment 等著名的财富科技公司。财富科技公司的崛起也改变了原有的市场竞争格局。2010 年以前，美国的财富管理市场的主体是四大证券经纪商和传统财富管理机构；2010 年之后，财富科技公司也在市场竞争中占据了一席之位。

随着数字技术在财富管理行业的应用，传统的财富管理机构意识到了数字化财富管理的巨大市场，也在通过自主研发或者并购的方式积极开展数字化财富管理业务，不断进行数字化转型。例如，Vanguard、Charles Schwab、Fidelity 借助原有的巨大客户群体和强大的资源优势，纷纷推出了智能投顾产品，以实现其在智能投顾领域的快速发展。各大财富管理机构也在纷纷提升科技人才的比重，不断进行机构的数字化改革。例如，高盛现在拥有 9 000 多名程序员和工程师，超过全体员工总数的 1/4；摩根大通每年在技术上的预算支出超过 15%，其 2019 年预算支出约 115 亿美元。

（二）英国

2012 年年末，《零售分销审查》的实施激发了一批财富科技公司的兴起。2008 年国际金融危机后，英国的独立理财顾问（independent financial adviser，IFA）开始逐渐替代银行，成为资产管理产品分销的头部机构。由于 IFA 的盈利模式是以销售量为基础的佣金模式，机构与客户之间存在一定的利益冲突，违规销售、误导销售现象频发。为了有效规范资产管理市场，2006 年，英国金融服务监管局颁布了《零售分销审查制度》（Retail Distribution Review，RDR），在强化 IFA 资质的同时禁止理财顾问收取佣金获利。2012 年年末，RDR 正式实施，大批客户由于无法接受新的收费模式以及质疑 IFA 专业能力，无法继续享受原有的财富管理服务，英国的财富管理市场突然出现空白。此时，一批财富科技公司抓住了这一市场机遇，推出了一系列以低费率、低投资门槛、智能投资组合推荐和高透明度为特点的理财产品，迅速吸引了大量客户，财富科技公司也由此得到了迅速发展。例如，财富科技公司 Nutmeg 在 2017 年的资产管理规模就达到了 11 亿英镑。

金融服务监管局的积极监管态度和适当性措施，促进了英国数字化财富管理市场的发展。2016 年，金融服务监管局意识到数字化财富科技的巨大潜力，发布了《理财顾问市场回顾》，承认数字技术在财富管理领域的应用可以有效缩小财富管理供给与需求的缺口。为了推动数字化财富管理的发展，金融服务监管局与 16 家财富科技公司和金融机构成立了 Advice Unit，以解决财富科技公司在运营中的监管问题，以此不断完善数字化财富管理的监管框架；此后，金融服务监管局还推出了监管沙盒，以更好地平衡创新和监管。

面对财富科技公司的迅速崛起，以及金融服务监管局对数字化财富管理的积极监管态度，一批老牌财富管理公司纷纷布局数字化财富管理领域。例如，Hargreaves Lansdown 和 Brewin Dolphin 在 2016 年后也上线了智能投顾产品，保险公司 Aviva 以收购财富科技初创公司 Wealthify 的方式来布局数字化财富管理。

第三节　中国数字化财富管理的发展和监管

一、中国财富管理市场和财富管理机构的特点

（一）中国财富管理市场的特点

1. 市场潜力巨大

第一，中国居民的可投资资产规模大，且较大的可投资资产规模仍保持着较快的增长速度。2021 年，招商银行和贝恩公司联合发布的《2021 中国私人财富报告》显示，2020 年，中国个人可投资资产总规模达 241 万亿元，2018—2020 年的年均复合增长率为 13%。第二，财富管理需求日趋多元。随着越来越多的投资者步入中年，他们对子女教育、医疗、养老等需求不断增加；此外，越来越多的 80 后、90 后以及 00 后进入财富管理市场，他们更加注重用户体验、更易接受科技变革所带来的各种便利，这就要求财富管理机构不断创新和完善财富管理产品。

2. 传统财富配置方式的吸引力下降

第一，房地产作为最具吸引力的投资品的时代已经终结。我国城镇居民家庭住房拥有率高、老龄化进程的加快降低了房地产投资的需求。第二，银行存款和理财产品的吸引力持续下降。传统金融产品收益的下降和打破刚兑的市场环境，将促使投资者投向传统理财以外的、更加多元的金融产品。

（二）中国财富管理机构的特点

我国的财富管理机构主要由基金公司、证券公司、商业银行、新兴的第三方财富管理公司、金融科技公司和互联网金融平台组成，不同类型的财富管理机构具有不同的特点。

基金公司与证券公司在投研、资产配置、投资策略等方面的丰富经验，使得其从产品分析到资产配置等方面都具有相对领先优势，可以为客户提供专业、科学的资产配置方案，但其客户管理、服务等方面的经验相对不足，无法满足各类用户的个性化需求，从而无法提供良好的服务体验。近年来，基金公司和证券公司也在借助金融科技的发展

积极探索财富管理的数字化转型。

商业银行在客户数量方面具有绝对优势，但在技术水平和资产管理的专业性方面略有不足。商业银行的客户群体庞大，基本覆盖了全部的客户群体。其中，一部分是长尾客户，主要偏好投资存款、银行理财等低风险产品；另一部分是高净值客户，主要通过私人银行进行财富管理。长期受限于传统业务模式，使得商业银行在技术水平和资产管理专业性方面稍显不足，这一点在股份制银行和城市商业银行上体现得尤为明显。依托良好的客户基础优势和金融科技的快速发展，商业银行正不断改革创新、积极探索数字化转型。例如，招商银行在 2016 年 12 月推出银行业首个智能投顾产品"摩羯智投"，江苏银行在 2017 年 8 月推出"阿尔法智投"。

第三方财富管理机构可以根据客户特征与需求，并结合不同的应用场景，为客户提供与其需求相匹配的财富管理服务，但这些机构多数没有资管牌照且不具备投资能力，目前仅充当大型持牌机构代售资管产品的销售渠道。少数拥有公募基金销售牌照、私募基金管理牌照、保险销售牌照的第三方财富管理机构，它们除了发行和销售部分资管产品，也开始涉足资管业务与投顾业务。

金融科技公司拥有先进的技术，但大都缺乏客户群体和金融牌照，主要通过与传统金融机构战略合作的方式，为客户提供分散化的投资组合和个性化的资产配置方案，将技术与金融服务深度融合，驱动数字化财富管理的发展。部分金融科技公司所提供的智能化解决方案已覆盖了财富管理机构价值链的各个环节。

大型互联网平台拥有海量的用户基础和先进技术，在大数据获客、风控、营销等方面具有领先优势，这不仅能够帮助客户构建分散化的投资组合，还可以为客户提供个性化的资产配置方案。此外，互联网平台还进一步向 B 端业务延伸，在输出数字科技赋能金融机构的同时，更加注重平台自身的发展建设，不断构建金融生态系统。例如，蚂蚁集团依托平台用户，对各类技术和算法不断优化，最终与平台用户共建金融生态系统。

二、　余额宝和中国互联网理财平台的发展

（一）余额宝

2013 年 6 月 13 日，支付宝和天弘基金合作推出了余额宝。余额宝的上线开创了中国互联网理财的先河，也在市场上引起了很大的轰动，由此，2013 年也被称为中国互联网理财元年。借助支付宝庞大的客户群体，余额宝以操作简便、低门槛、零手续费、T+0 交易、高利率等优势迅速吸引了大量客户。余额宝推出 6 天后，其用户数量就突破了百万，1 年后其用户量达到了 1 亿，管理的资产规模也超过了 5 742 亿元，成为中国最大的货币市场基金。余额宝的大受欢迎也带来了一些"成长的烦恼"。为了提高用户体验、减轻单只基金规模过快增长的压力，天弘基金发布公告称，自 2017 年 5 月 27 日零时起，个人持有余额宝的最高额度调整到 25 万元。此后又进行了

几轮调整。一年后，为了顺应不断加强的监管趋势，消除大众对单一基金管理过大规模资产可能引发系统性风险的担忧，2018 年 5 月，余额宝平台开始向其他基金公司开放，陆续接入了博时基金、中欧基金、广发基金等 20 多家基金公司。根据天弘余额宝 2023 年报，截至 2023 年年末，余额宝的用户数已达到 7.5 亿，资产管理规模达 7 116 亿元。

余额宝作为一种新型的理财产品，在短时间内资产管理规模能够实现如此快速的增长，主要归功于以下因素：一是依托支付宝平台。平台海量的用户和庞大的资金沉淀为余额宝的快速发展奠定了基础；此外，支付宝作为中国领先的第三方支付平台，具有很强的品牌效应，容易获得客户信任。二是精准的市场定位。余额宝将客户定位于未被传统金融服务覆盖、资产规模偏小但客户数量众多的年轻群体，而这些群体往往不会将资金存于银行等传统金融机构。三是良好的客户体验。一键开户、操作简单的特点使得理财变得简单、快捷；另外，余额宝会显示每日收益、累计收益、7 天年化收益率等信息，让客户感受到了理财的快乐。四是市场时机合适。2013 年正值股市低迷、银行业"钱荒"的时期，余额宝作为资金的提供方可以获得较高的利率，而余额宝在推出的初期也将 7 日年化收益率从 4% 提高到了 6%，这样的收益率远高于银行活期存款。随着时间推移，余额宝的收益率已大大降低。天弘余额宝 2023 年报显示，截至 2023 年 12 月 31 日，该基金本报告期净值收益率为 1.806 7%。

（二）宝宝类产品——互联网货币基金

余额宝的推出为基金销售渠道提供了新思路，其短时间内取得的巨大成功也催生了一批宝宝军团。2013 年 6 月余额宝推出后，8 月腾讯也推出了对接华夏现金增利货币基金的"活期通"，10 月百度理财推出了"百度百发""百度百赚"等，12 月网易理财联合汇添富基金推出了"现金宝"。2014 年 1 月，苏宁通过对接广发基金、汇添富基金推出了"零钱宝"，同月微信"理财通"平台上线；3 月京东推出了首款货币基金"京东小金库"；4 月新浪微财富平台推出了"存钱罐"。宝宝军团的大量涌现给传统财富管理机构带来了巨大冲击，传统财富管理机构也顺应时代潮流，陆续推出了一些宝宝类产品，如广发银行的"钱袋子"、兴业银行的"掌柜钱包"等。

随着互联网货币基金的快速发展，为规避潜在的风险，完善市场秩序，2017 年 8 月开始，我国监管部门对货币基金的监管开始趋严。2017 年 9 月，中国证监会发布《公开募集开放式证券投资基金流动性风险管理规定》，针对货币市场基金的流动性风险管控做出了专门规定。2018 年 6 月，中国证监会、中国人民银行联合发布《关于进一步规范货币市场基金互联网销售、赎回相关服务的指导意见》，进一步规范了互联网货币基金的发展。

目前，我国互联网货币基金的规模和增长速度虽然都有所下滑，但在货币基金中依然占据重要地位。截至 2019 年一季度末，78 只互联网宝宝对接的 122 只货币基金的总规模约为 4.44 万亿元，如图 9-4 所示。

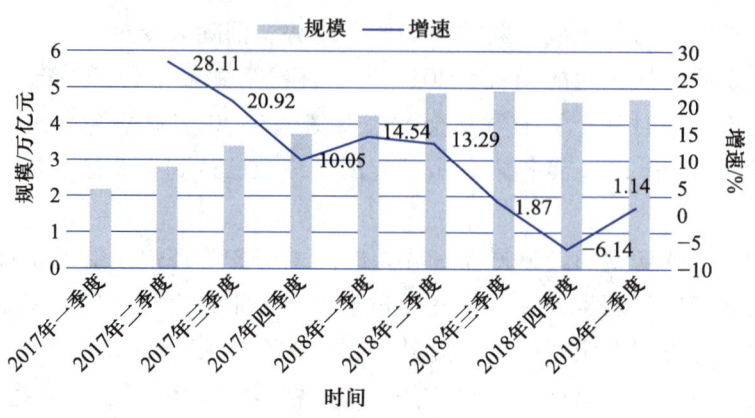

图 9-4 互联网宝宝规模趋势

资料来源：融 360 大数据研究院。

（三）互联网基金销售平台

随着我国财富管理市场的发展以及数字技术的广泛运用，一些大型互联网平台在基金代销市场中所占的份额不断提升。中国证券投资基金业协会公布的 2021 年第一季度销售机构股票+混合公募基金保有规模数据显示，蚂蚁（杭州）基金销售有限公司以 5 719 亿元的市场规模排名第二，而上海天天基金销售有限公司以 3 750 亿元的市场规模排名第五（见表 9-1）。在流量时代，以蚂蚁、天天基金为代表的互联网独立基金销售平台正在崛起。

表 9-1 2021 年第一季度销售机构公募基金销售保有规模

排名	机构名称	股票+混合基金保有规模（亿元）	非货币市场公募基金保有规模（亿元）
1	招商银行股份有限公司	6 711	7 079
2	蚂蚁（杭州）基金销售有限公司	5 719	8 901
3	中国工商银行股份有限公司	4 992	5 366
4	中国建设银行股份有限公司	3 794	4 101
5	上海天天基金销售有限公司	3 750	4 324
6	中国银行股份有限公司	3 048	4 572
7	交通银行股份有限公司	2 381	2 483
8	中国农业银行股份有限公司	2 268	2 468
9	上海浦东发展银行股份有限公司	1 656	1 708
10	中国民生银行股份有限公司	1 512	1 566

资料来源：中国证券投资基金业协会。

互联网基金销售平台的典型代表是蚂蚁集团，其在发展过程中不断进行战略调整，最终发展成为大型的金融科技开放平台。蚂蚁集团的前身是成立于 2004 年的支付宝，主要解决消费者和卖家在网上交易过程中所出现的不信任问题。2009 年，移动端支付宝 App 推出。2011 年，二维码支付开始应用。2013 年以前，蚂蚁集团的基础和核心仍是以支付宝为基础的支付业务。2013 年 6 月 13 日，余额宝的推出标志着蚂蚁集团开始布局支付以外的其他金融业务，并逐步确立了普惠金融的发展方向。2014 年 4 月 10 日，招财宝作为投资理财开放平台上线。2015 年 8 月，智慧理财平台蚂蚁聚宝 App 开始上线。此时，蚂蚁集团已由单一的支付宝、余额宝逐渐演变成一个大型的"理财超市"。2015 年 9 月，蚂蚁集团启动了"互联网推进器"计划，将金融科技作为其未来重要的发展战略。2017 年 6 月，蚂蚁聚宝全面升级为蚂蚁财富，并上线了"财富号"，与各个金融机构进行产品对接并向其开放最新的 AI 技术。2018 年，蚂蚁集团又推出了蚂蚁链 BaaS（blockchain-as-a-service）平台，致力于打造一站式服务，解决金融、零售、生活等多场景的区块链应用问题。2019 年，蚂蚁集团与先锋领航集团共同打造的智能投顾产品"帮你投"正式上线，开始提供基金投顾服务。现在，蚂蚁集团已经成为一个大型的金融科技开放平台，其数字金融科技平台的收入占总收入的比重在 60% 以上。蚂蚁集团各业务板块的收入情况如表 9-2 所示。

表 9-2　蚂蚁集团各业务板块的收入情况

单位：百万元

业务板块	2020 年 1—6 月		2019 年 1—6 月		2019 年度		2018 年度		2017 年度	
	金额	占比	金额	占比	金额	占比	金额	占比	金额	占比
数字支付与商家服务	26 011	35.86%	22 994	43.76%	51 905	43.03%	44 361	51.75%	35 890	54.88%
数字金融科技平台	45 972	63.39%	29 291	55.75%	67 784	56.20%	40 616	47.38%	28 993	44.33%
创新业务及其他	544	0.75%	256	0.49%	930	0.77%	745	0.87%	514	0.79%

互联网基金销售平台在壮大自身的同时也促进了合作伙伴的发展壮大。蚂蚁财富伙伴大会公开数据显示，2020 年与蚂蚁合作的金融机构中，在过去一年，20 家机构的用户规模增加了 100 万以上，18 家机构的资产规模增加了 100 亿元以上。

三、中国智能投顾和基金投顾试点

（一）中国智能投顾的发展

1. 发展历程

中国智能投顾的发展大体可分为三个阶段。

第一阶段：2014—2016 年的探索期。由于证监会发放的投资顾问牌照数量极其有限，对于涉及投资咨询、资产管理以及金融产品销售的监管十分严格，再加上复杂的申请流程、对申请资格的高标准要求，上述 3 种牌照的获得变得十分困难。2014 年，由于缺乏投资顾问牌照，一些初创的金融科技公司通过机器人咨询或依托人工智能为投资者提供财富管理服务，并试图在财富管理行业复制 P2P 网贷监管套利的故事。随后，第三方财富管理公司和 P2P 平台也纷纷加入了智能投顾市场，以吸引更多的散户投资者，并希望将来监管机构能够放松牌照的要求，或在申请牌照时能够获得一些先发优势。

第二阶段：2016—2019 年基于销售端的收费模式。随着互联网金融监管的不断加强，智能顾问监管框架在 2016—2017 年逐渐形成，商业银行、基金、证券公司基于不同的战略需求纷纷推出智能投顾产品。一些机构试图通过智能投顾来吸引客户；一些机构则将智能投顾纳入了公司的发展战略，以此来提高运营效率和客户满意度。在该阶段，中国智能投顾的发展存在两方面的约束：一是智能投顾只能为用户提供投资建议，不能代替客户进行投资操作；二是基于销售端的收费模式存在投资顾问与客户利益冲突的弊端，可能损害投资者利益。

第三阶段：2019 年至今基于咨询端的收费模式。智能投顾发展的一个重要里程碑是 2019 年证监会启动的公募基金投资顾问业务试点。从客户利益出发，推动智能投顾收费模式从销售端向咨询端转变，给财富管理行业以及智能投顾市场带来全新的发展机遇。基金投顾试点机构在为客户提供个性化投资组合策略的同时，也可以代替客户做出投资决策以及执行基金的申购、赎回等交易。试点推动了智能投顾逐渐向咨询收费模式转变。

2. 发展现状

智能投顾在中国虽然处于发展初期，但具有巨大的市场潜力，传统金融机构、互联网公司、金融科技公司纷纷加入了智能投顾市场的竞争中，在智能投顾市场中形成了三足鼎立的态势。

传统金融机构具有强大的客户资源和产品资源优势，目前推出的智能投顾产品更多针对 C 端客户。商业银行具有良好的客户基础，可以通过历史数据的积累更好地了解客户特征、识别客户需求；基金公司与证券公司具有专业的投研能力和丰富的策略组合，可以为客户提供专业的资产配置方案。传统金融机构借助金融科技的力量所推出的智能投顾产品深受客户青睐，如招商银行的"摩羯智投"，在上线不到一年的时间内，其资产规模就突破了 50 亿元。

互联网公司具有庞大的 C 端流量客户和技术优势，依托技术优势在互联网平台为 C 端客户提供灵活的投资组合。蚂蚁集团、腾讯金融科技等不仅拥有先进的技术，还拥有大量的客户群体和金融牌照，能够借助大数据、AI 等技术为客户提供个性化的智能资产配置管理方案和产品。例如，蚂蚁集团基于大数据分析为客户提供智能化的基金推荐服务，上线半年，其实名用户量就突破了 1 200 万。

金融科技公司具有技术和业务双重优势，纷纷布局智能投顾产品。目前，同花顺、雪球等都布局了智能投顾市场。雪球旗下的蛋卷基金推出了自行调仓的功能，为客户提供了类似智能投顾的服务；同花顺的 iFinD 通过对大盘的实时分析，并结合金融数据库、舆情监控系统等，为用户提供 A 股市场投资建议。

（二）中国基金投顾试点

2019 年 10 月 25 日，中国证监会下发《关于做好公开募集证券投资基金投资顾问业务试点工作的通知》（简称《基金投顾试点工作通知》），标志着我国公募基金投资顾问业务试点工作正式启动。拥有公募基金投资顾问业务试点资质的机构可以接受客户委托，在客户授权的范围内，按照协议约定为客户进行投资基金具体品种、数量和买卖时机的选择，并代替客户开展基金产品申购、赎回、转换等交易申请的业务。截至 2022 年 8 月底，60 家机构拿到了基金投顾试点批文。公募基金投资顾问业务试点正式启动后，获批的试点机构陆续推出了相应的基金投顾业务，基金投顾在摸索中前进。整体来看，我国的基金投顾在"从 0 到 1"的过程中，在产品设计、管理业绩、客户体验等方面都交出了较为满意的答卷，监管方面还需要根据试点的推进不断完善。获得基金投顾业务试点资格机构名单如表 9-3 所示。

表 9-3 获得基金投顾业务试点资格机构名单

时间	类型	机构名称
2019 年 10 月 25 日	基金公司及其子公司	易方达基金、南方基金、华夏基金、嘉实基金、中欧基金
2019 年 12 月 13 日	第三方独立销售机构	腾安基金、蚂蚁基金、盈米基金
2020 年 2 月 28 日	银行	中国工商银行、招商银行、平安银行
	证券公司	国泰君安证券、中信建投证券、申万宏源证券、银河证券、国联证券、中金公司、华泰证券
2021 年 6 月 25 日	基金公司	博时基金、广发基金、招商基金、工银瑞信基金、兴证全球基金、交银施罗德基金、汇添富基金、银华基金、华安基金、鹏华基金
	证券公司	中信证券、招商证券、国信证券、兴业证券、东方证券、安信证券、浙商证券
2021 年 7 月 2 日	基金公司	富国基金、建信基金、景顺长城基金、民生加银基金、华泰柏瑞基金、万家基金、申万菱信基金
	证券公司	山西证券、平安证券、光大证券、东兴证券、南京证券、中银证券、国金证券、中泰证券、华安证券、东方财富证券、财通证券
2021 年 7 月 9 日	基金公司	国泰基金、国海富兰克林基金
	证券公司	华西证券、华宝证券
2021 年 8 月 10 日	基金公司	农银汇理基金
	证券公司	华创证券、渤海证券

资料来源：根据公开资料整理。

接下来将分别介绍我国基金投顾产品的概况、管理业绩和投资者情况。

1. 产品概况

（1）"四笔钱"和场景化的理念被广泛运用。"四笔钱"是通过"活钱管理、稳健理财、长期投资、保险保障"的区分来帮助投资者建立自身的理财系统。经过几年的行业实践，这一理念已被越来越多的试点机构所接受。此外，部分机构还增加了一些场景化的策略理念，如华夏财富的查理智投设立了教育、养老、资产增值三大场景，每个场景下还会根据不同人群进行细分。如表 9-4 所示。

表9-4　部分试点机构"四笔钱"理念的产品策略

试点机构	投顾产品	活钱管理	稳健理财	长期投资	保险保障
中欧基金	水滴智投	活钱管理	稳健理财	财富成长	人生规划
易方达基金	易方达投顾	保守理财	力求战胜通胀	希望财富增值、追求高收益、积极挖掘权益机会	
腾安基金	一起投	要花的钱	求稳的钱	生钱的钱	兜底的钱
国联证券	国联投顾	睿安盈	睿稳健、睿平衡	睿进取、睿精选	
华泰证券	涨乐星投	打理闲钱	跑赢通胀	追求收益	
中金公司	A+基金投顾	流动性账户	稳健账户	增值账户	
盈米基金	且慢	活钱管理	稳健理财	长期投资	保险保障
嘉实基金	嘉实财富投顾	货币增强	固守优选	权益甄选	

资料来源：根据公开资料整理。

（2）基金投顾产品的策略极大丰富且更加细化。经过多年的发展，基金投顾产品的策略丰富度明显提升，其中最具代表性的是中欧财富投顾和南方基金的司南智投，其投资策略分别由最初的 8 种和 3 种增加到了 13 种和 20 种。此外，基金投顾产品单一策略的细分程度也极大改善。例如，华夏查理智投中，养老智投策略可细分为 60 后智享财富组合、70 后智赢人生组合、80 后智领未来组合和 90 后智享自由组合，教育智投策略又分为常青藤教育金组合和国内培优教育金组合。各类投顾试点机构产品策略数量比较如表 9-5 所示。

表9-5　各类投顾试点机构产品策略数量比较

试点机构	嘉实（智盈慧投）、申万宏源、银河、国联	易方达、蚂蚁、腾安、中金、中信建投、国泰君安、盈米、华泰	嘉实（嘉实投顾）、华夏、中欧	南方	嘉实（嘉贝智投）①
策略数量	1~5 个	6~10 个	11~15 个	16~25 个	其他

（3）基金投顾产品的投资门槛较低。目前推出的基金投顾产品的起投金额大都在 1 000 元及以下。其中，"且慢"的投资门槛最低，为 100~500 元，"查理智投""易方达投顾""水滴投顾""一起投"等的投资门槛都是 1 000 元，只有个别投顾产品的少数投资策略的起投金额较高，如"司南定制"系列的起投金额为 10 万元。

（4）年费制是目前基金投顾产品的主流收费模式。现已推出的基金投顾产品的收费标准集中在 0.15%~1.5%/年，大部分策略的费率在 1%/年及以下。部分机构还对投顾费用推出了打折优惠活动。

---

① 提供了多个策略，但单个投资者只能看到自己的最优策略。

（5）系统推荐和自行选择是目前基金投顾产品所提供的策略选择方式。系统推荐是指通过调查问卷、大数据分析等方式向投资者推荐合适的投顾策略；自行选择是指试点机构将所有的产品策略向投资者展示，投资者根据自己的需求来自行选择。系统推荐虽然能够比较准确地把握客户需求，但可能存在与真实需求不相符的情况；而自行选择虽然比较简单、快捷，但有时候与投资者的真实需求不匹配。

（6）多数试点机构在自建 App 的同时还积极开拓外部渠道来推广产品。目前绝大多数的基金投顾试点机构都建立了自身 App 来展示其产品和策略，如蚂蚁基金、腾安基金、华泰证券、中信建投证券等；部分机构除自身 App 外还对外输出产品，在天天基金网、京东金融、腾讯理财通等外部平台上线其产品和策略，少数机构则以外部渠道为主。各基金投顾产品的投资门槛、费率、策略推荐方式及上线平台如表 9-6 所示。

表 9-6 各基金投顾产品的投资门槛、费率、策略推荐方式及上线平台

试点机构	投顾品牌	投资门槛（元）	费率（%）	策略推荐方式	上线平台
华夏基金	查理智投	1 000	0.2~0.5	系统推荐	自身 App+外部渠道
易方达基金	易方达投顾	1 000	0.2~0.5	自行选择	外部渠道
南方基金	司南投顾	1 000~100 000	0.2~0.6	自行选择	自身 App+外部渠道
嘉实基金	嘉实财富投顾	500~10 000	0.15~1	自行选择	自身 App+外部渠道
中欧基金	水滴投顾	1 000	0.15~0.75	系统推荐	自身 App+外部渠道
腾安基金	一起投	1 000	0.5~0.75	系统推荐	自身 App
蚂蚁基金	帮你投	800	0.5	系统推荐	自身 App
盈米基金	且慢	100~500	0	自行选择	自身 App
国联证券	国联投顾	1 000	0.2~1.5	系统推荐	自身 App+外部渠道
中金公司	A+基金投顾	1 000	0.2~1	自行选择	自身 App
华泰证券	涨乐星投	1 000~10 000	0.2~1	系统推荐	自身 App
申万宏源证券	星基汇	1 000~10 000	0.2~1	系统推荐	自身 App
中信建投	蜻蜓管家	1 000	0.3~1.5	系统推荐	自身 App
银河证券	财富星	1 000	0.32~1.2	系统推荐	自身 App
国泰君安	君享投	1 000~10 000	0.4~1	自行选择	自身 App

投顾产品的底层资产配置大都为全市场的公募基金，只有少数产品仅投资自家的基金，如嘉实投顾的固收优选类产品只投资本公司旗下的公募产品，而国联投顾的"睿稳健"、水滴投顾的"中欧年年乐偏债进取"、银河财富星的"稳健投"等则投资全市场的公募基金。

2. 管理业绩

（1）绝大部分产品都获得了较高的收益率。除个别货币增强类产品外，绝大部

基金投顾产品的收益率都显著超过了基准收益率，近一年的收益率集中在 5%～40%，超 75%的客户处于盈利状态。相比于其他产品，权益类产品的表现尤为良好，绝大多数权益类产品都获得了超高的收益率。

（2）产品规模和客户数量快速增长。经过一年多的发展，市场对基金投顾产品的认可度不断提高，其产品规模和客户数量都表现出了较高的增长速度，如蚂蚁基金的"帮你投"在推出的 100 天里规模就达到了 22 亿元，客户数量达到了 20 万人。

（3）产品的客户留存率和复投率较高。由于较高的收益率，目前已上市的基金投顾产品的客户留存率和产品复投率都处于较高水平，客户的留存率能达到 80%以上，产品复投率能达到 71%以上。

试点机构基金投顾产品的管理业绩如表 9-7 所示。

表 9-7　试点机构基金投顾产品的管理业绩

试点机构	投顾品牌	上线时间	产品规模	客户数量	留存率	复投率
华夏基金	查理智投	2019 年 12 月 16 日	—	截至 2020 年 11 月 2 日，超 3 万	87%	80%
易方达基金	易方达投顾	2020 年 9 月 1 日	截至 2020 年 11 月 2 日，约 4 亿元	—	—	—
南方基金	司南投顾	2019 年 10 月 31 日	—	—	>80%	>71%
嘉实基金	嘉实财富投顾	2019 年 12 月 24 日	—	截至 2020 年 10 月 30 日，约 3 万	—	86.6%
中欧基金	水滴投顾	2019 年 12 月 20 日	—	—	—	>75.6%
腾安基金	一起投	2020 年 8 月 12 日	—	—	—	—
蚂蚁基金	帮你投	2020 年 3 月 27 日	推出 100 天规模达 22 亿元	20 万	—	—
盈米基金	且慢	2020 年 10 月 22 日	超 70 亿元	超 9 万	96.8%	—
国联证券	国联投顾	2020 年 5 月 8 日	近 90 亿元	近 9 万	—	—
中金公司	A+基金投顾	2020 年 9 月 9 日	—	—	—	—
华泰证券	涨乐星投	2020 年 10 月 22 日	—	—	—	—
申万宏源证券	星基汇	2020 年 9 月 22 日	25 亿元	6 万	—	—
中信建投	蜻蜓管家	2020 年 9 月 7 日	超 10 亿元	3 万	—	—
银河证券	财富星	2020 年 5 月 15 日	超 20 亿元	超 5 万	—	—
国泰君安	君享投	2020 年 7 月 1 日	—	超 5 万	—	—

资料来源：根据公开资料整理。

3. 投资者情况

（1）80 后、90 后是基金投顾产品的主力客户群体。据 2020 年中欧财富投顾的统计（见图 9-5），80 后、90 后的基金投顾客户占比分别为 31.42% 和 31.98%，是基金投顾产品的主力，70 后和 00 后也占据一定的市场份额，其比重都在 15% 左右。此外，据国泰君安的统计，君享投的主要客户群体也是 80 后和 90 后，这二者的占比达到了 58.7%，其次为 70 后和 60 后。

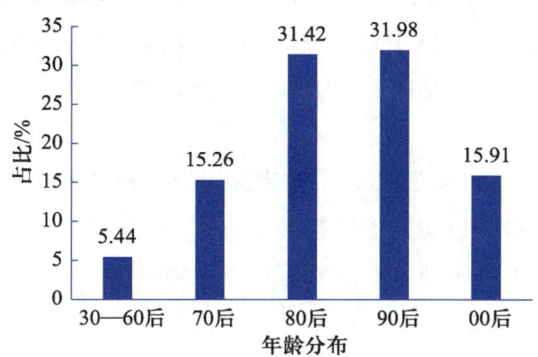

图 9-5　2019 年 10 月至 2020 年 10 月各年龄基金投顾客户占比

资料来源：中欧财富投顾：《试点 1 周年：公募基金投顾白皮书》。

（2）投资者所获得的投顾服务不断完善。目前大部分试点机构都会定期向投资者披露产品的策略报告、调仓解读，加强投资者对产品的了解；部分机构还以直播的形式讲解如何挑选产品、分析当前市场行情、解读产品策略等，不断加强投资者的服务能力建设。

（3）越来越多的客户能够获得良好的服务体验。很多基金投顾产品的智能化程度高、操作便捷，为投资者提供了良好的客户体验。比如，投资者购买蚂蚁基金的基金投顾产品只需在支付宝上进行，不需要打开别的 App，而且蚂蚁基金事前会根据投资者在淘宝、天猫等平台上的消费记录以及花呗的支付记录等进行大数据分析，为客户自动匹配与其合适的产品策略。为了提升客户的服务体验，部分试点机构与第三方代销机构合作，在天天基金、京东金融、支付宝等平台推出其产品，方便投资者的购买。

四、中国数字化财富管理的监管与挑战

（一）中国数字化财富管理的监管

2016 年以来，金融监管部门下发了一系列针对金融科技行业和资产管理业务的重要文件，以推动中国数字化财富管理的健康发展。其中，最重要的是 2018 年出台的《资管新规》，为资产管理业务制定了全面的监管框架。目前，中国数字化财富管理的监管还在起步阶段，未来中国的数字化财富管理的监管将不断完善，主要体现在加强持牌经营、穿透式监管和运用监管沙盒。

1. 持牌经营

2018 年 4 月 3 日互联网金融风险专项整治工作领导小组下发《关于加大通过互联网开展资产管理业务整治力度及开展验收工作的通知》，要求依托互联网公开发行、销售资产管理产品须取得资管业务牌照或者资产管理产品代销牌照。4 月 27 日，中国人民银行、原银保监会、中国证监会与国家外汇管理局联合发布《关于规范金融机构资产管理业务的指导意见》，要求金融机构代理销售其他金融机构发行的资产管理产品，应当符合金融监督管理部门规定的资质条件。该通知的下发有效整治了无任何资质或牌照、偿付能力较低以及风控水平差的中小型互联网金融平台，规范了财富管理行业。

2. 穿透式监管

《资管新规》全面确立了资管产品需强化穿透监管的思路，要求将资产管理产品的资金来源、中间环节与最终投向穿透连接起来，实现对金融机构业务和行为的全流程监管。穿透式监管的施行可以不断提升财富管理行业对金融风险的甄别能力，切实保护投资者的合法权益。

3. 监管沙盒

监管沙盒是在金融消费者权益得到保护、金融风险得到控制的前提下，监管部门通过合理放宽限制，在真实市场环境中测试创新业务的机制。2020 年 1 月 14 日，中国人民银行营业管理部发布《金融科技创新监管试点应用公示（2020 年第一批）》，公布了包括持牌金融机构、金融科技企业等在内的多个试点项目，开展金融科技创新监管试点。目前，北京、上海、重庆等 9 个城市已经推出了监管沙盒试点。

（二）中国数字化财富管理监管面临的挑战

中国财富管理的数字化转型时代已全面开启，相应的监管体系也在不断完善，现阶段中国数字化财富管理的监管仍面临着诸多挑战。

1. 创新和风险的平衡

在中国金融的发展中，创新走在前面，中国财富管理行业的发展也是如此。宽松的监管环境使得 P2P 平台、余额宝、网络众筹等产品不断上线，促进了财富管理行业的创新。然而，随着产品不断创新，金融风险事件也不断发生，如 e 租宝、快鹿、中晋等P2P 平台的频繁"爆雷"。如何在鼓励数字化财富管理行业创新的同时又将风险控制在一定范围内，是监管机构面临的重要挑战。

2. 客户隐私和数据安全

数字化财富管理服务需要收集大量关于用户财富状况、健康、投资等相关的敏感信息，财富管理机构依托这些信息对客户进行分析并为其匹配适合的投资产品；对于多机构联合推出的财富管理产品，用户的敏感信息可能还会被共享，保护数据、信息安全和用户隐私就变得尤为重要。

3. 监管创新

金融科技必将引领财富管理行业进入数字化、智能化时代，财富管理产品、模式和业态也会相应改变。监管机构也应及时做出改变，升级监管手段。如何适应新的模式和业态？如何从监督规则转变到监督数据？如何借助科技的力量大力发展监管科技？如何借助技术管理技术？打造专业、高效和精准的智慧监管体系？这些问题的解决都离不开监管的创新和升级。

第四节　案例：招商银行的数字化转型与帮你投

一、招商银行财富管理业务的数字化转型

在财富管理机构数字化转型浪潮中，招商银行积极拥抱金融科技，率先凭借数字化转型一举成为国内的"零售之王"。2016 年 12 月 6 日推出的国内银行业首个智能投顾产品"摩羯智投"，在上线不到一年的时间里资产管理规模就突破了 50 亿元，成为国内银行业智能投顾发展的引领者。经过多年的发展，招商银行正以招商银行 App 为依托，向更高层次的数字化转型阶段迈进，着力构建开放的财富管理平台。

（一）国内最大的财富管理机构

招商银行于 2016 年确立了数字化发展的战略，深入推进财富管理的数字化转型。面对金融科技蓬勃兴起及其可能给财富管理行业带来的深刻变革，招商银行在 2015 年的年报中确立了"内建平台、外接流量、流量经营"的互联网金融发展策略；在互联网金融发展策略的推动下，2016 年首次提及金融科技并提出了全面推进数字化，打造数字化招行的发展战略；2017 年开始稳步推进战略转型，明确了"金融科技银行"的发展定位，并将 1% 的税前利润设定为金融科技创新项目基金以支持"金融科技银行"的发展；2018 年加大力度推进金融科技赋能财富管理，金融科技银行建设开始由点及面慢慢铺开；2019 年在继续拥抱金融科技的同时开始注重客户体验和数字化风控系统的构建；2020 年开始进入更高级的数字化转型阶段，开始积极探索大财富管理，构建开放的财富管理平台。

数字化获客、数字化经营、数字化风控是招行金融科技的主要实施战略。首先，借助"招商银行"和"掌上生活"两大 App 构建的多个应用场景不断提升客户流量。"招商银行"和"掌上生活"两大 App 的月活跃用户数量由 2017 年的 4 500 万户增加到了2020 年的 1.02 亿户，年均增长率达到 32%。2020 年，这两大 App 中有 16 个应用场景的月活跃用户数量超过了千万。其次，通过场景营销、自媒体粉丝营销等新的社交营销方式使数字化获客比重保持在较高水平。截至 2020 年年末，招商银行借记卡和信用卡的数字化获客比重分别达到了 19.98% 和 62.82%。最后，借助数字技术打造的智能风控

平台"天秤系统",在识别和拦截电信诈骗交易中发挥了重要作用。招商银行 2020 年的年报显示,报告期内,"天秤系统"帮助客户拦截电信诈骗交易 8 万笔,拦截金额超过18 亿元。2018—2020 年招商银行借记卡和信用卡的数字化获客情况如图 9-6 所示。

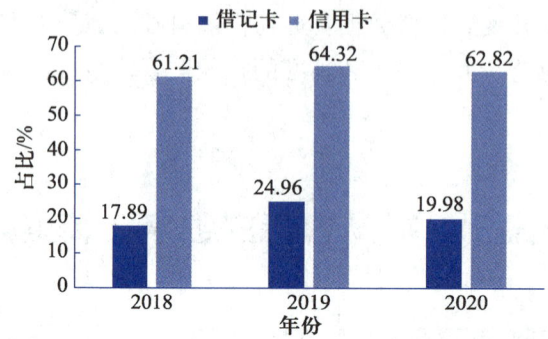

图 9-6 2018—2020 年招商银行借记卡和信用卡的数字化获客占比

资料来源:2018—2020 年招商银行年度报告。

数字化带动的零售业务转型成效有目共睹,财富管理业务保持快速增长态势。招商银行年末零售理财产品余额由 2018 年的 16 330.17 亿元增长到 2020 年的 22 171.72 亿元,年均增长率达到 12%;零售财富管理手续费及佣金收入也由 2018 年的 193.38 亿元增加到了 2020 年的 258.4 亿元,年均增长率达到 11%。截至 2021 年年末,招商银行零售 AUM 的规模突破了 10 万亿元,其"零售之王"的头部银行价值不断凸显。

(二)摩羯智投

1. 概况

2016 年 12 月 6 日,摩羯智投在招商银行 App 正式上线。摩羯智投是一个基于机器学习算法、以公募基金为基础、在全球范围内进行资产配置的"智能基金组合配置服务"体系,其主要功能包括目标风险确定、组合构建、一键购买、风险预警、调仓提示、一键优化、售后服务报告等,覆盖基金投资的售前、售中、售后全流程服务的各个环节。自 2016 年推出以来,摩羯智投累计服务客户超过 20 万人,2019 年各个策略组合累计销售规模突破 140 亿元。2020 年,摩羯智投进行了全面升级,投资更为聚焦,客户体验更为优化,费率也更加优惠。2022 年 6 月 25 日,招商银行向摩羯智投客户发布了《关于摩羯智投业务调整的公告》,表示自 2022 年 7 月 1 日起,招商银行将调整摩羯智投业务的后续相关服务,不再提供摩羯智投业务的购买、调仓、业绩展示、投资陪伴等服务,同时招商银行 App 将不再提供摩羯智投搜索等功能。已持仓客户的赎回交易不受影响。

2. 服务流程

(1)客户画像。摩羯智投首先会通过客户的预期投资时间和可承受的投资亏损幅度两个问题的调查,来了解客户的流动性安排和风险偏好,形成初步的客户画像。

(2)投资组合推荐。根据客户画像,为其推荐合适的投资组合,并对相应的投资组合进行介绍，包括投资组合成立以来的涨幅、不同基金类型的占比以及具体持有的基金名称和占比、持有时长与平均年化收益率及波动率的预期走势等信息。

（3）组合购买。客户在充分了解投资组合后，可通过一键购买的按钮进行快速认购。目前，摩羯智投设置的起投金额为 20 000 元，再次购买以 5 000 元起投；目前的费率是基金原申购费率的 1 折，每日会从基金资产中自动计提。

（4）售后服务。摩羯智投每月会发布运作报告，每天会更新投资组合盈亏情况，让客户充分了解投资状况。此外，摩羯智投系统会实行 7×24 小时的市场跟踪和监控，当投资组合的波动超出系统预设的界线时，系统会自动调整投资组合。

3. 发展中存在的问题

摩羯智投在推出的前两年发展迅速，在市场上引起了广泛的关注，但近几年其客户数量和资产管理规模增长乏力，发展中存在的问题不断凸显。

（1）底层资产种类单一。目前摩羯智投各个组合的底层资产配置主要以场外交易开放式的公募基金为主，主要配置股票、债券和货币基金等资产。而国外的智能投顾如Betterment、Wealthfront 等，其底层资产除在本国配置外，还涉及外国股市、新兴市场和大宗商品等资产，底层资产产品线更加丰富。

（2）客户画像不够精准。正如前文所提到的，摩羯智投的客户画像是通过两个问题来确定的，而且客户可以通过无数次修改问题答案的方式来获得其所想要的投资组合，这样的系统设置就无法保证客户回答问题的真实性，由此产生的分析结果也可能存在较大的误差。

（3）投资门槛高。目前，中国工商银行、中国银行、中国建设银行推出的智能投顾的投资起点金额分别为 10 000 元、10 000 元和 2 000 元，追加投资金额为 1 000 元、1 000 元和 2 000 元，而招商银行不管是起投金额还是追加金额都远高于上述银行。较高的投资门槛在一定程度上限制了客户数量的增长。

（三）财富管理平台

从 2020 年开始，招商银行的数字化发展战略向更高层次转变，开始以招商银行App 为依托构建开放的财富管理平台。财富管理平台一端连接资管机构和产品，通过与外部机构的合作不断完善财富管理生态系统的建设；另一端通过与客户的链接，让客户在享受招行服务的同时也能享受到其他优质资管机构的专业服务。目前，招行财富管理平台连接了百余家基金公司、多家私募机构、保险公司、信托公司、理财公司，累计代销各类投资产品 8 500 余款。入驻财富管理平台的企业可以自行建立自己的"招财号"，直接与客户对接并为其提供服务。2021 年，招商银行的报告显示已有55 家企业创建了自己的"招财号"。

财富管理平台的构建，进一步提高了招行财富管理业务的发展速度。2021 年上半年，招商银行 App 的投资理财客户数量同比增长 29.17%，理财投资销售额同比增长26.85%。此外，财富管理手续费也实现了高速增长，代理服务手续费、与财富管理相关的手续费及佣金收入分别同比增长 40.36% 和 33.6%。

财富管理平台的建立具有重大意义。一方面，平台通过整合多家优秀财富管理机构的产品创新、风险管理等能力，可以为客户提供更加优质、全面的服务；另一方面，通过平台生态系统的建立能够形成一个良性循环，招商银行及其合作机构都可以得到长足的发展。

二、蚂蚁集团与 Vanguard 集团的帮你投

（一）帮你投的成立

帮你投是由美国 Vanguard 集团与蚂蚁集团共同打造的全新一站式基金投资顾问，为用户提供选基、配置、调仓等全委托的资产管理服务，于 2020 年 4 月 2 日在支付宝 App 正式上线。其在推出后的 100 天内，成功吸引了 20 万名新客户，合计投资额达 22 亿元。

（二）帮你投的特点

1. 产品特点

（1）投资门槛低、服务费率低。相比于银行理财产品或者银行机构推出的智能投顾产品，帮你投的投资门槛较低，起投金额只有 800 元，使财富管理更加普惠化。在服务费收取方面，帮你投根据不同策略制定了不同的费率，但整体费率都处在较低的水平，如步步为营策略目前的费率为年化资产总额的 0.4%。

（2）真正的千人千面服务。一方面，帮你投上线了包括安睡增值策略、稳步增利策略、步步为营策略等在内的 10 种投资策略，系统会根据客户的需求、风险偏好等信息为其推荐与之相匹配的投资策略；另一方面，帮你投能够对每一个客户的持仓情况进行实时跟踪和监测，并根据监测结果及时进行资产优化调仓和再平衡调仓等操作，真正实现了千人千面的个性化财富管理服务。目前市场上的基金组合及绝大部分的 FOF 产品只能在某一时间进行统一调仓，无法提供财富管理的个性化服务。

（3）基于量化模型定制投资策略。帮你投是基于 Vanguard 集团的独家专利"全球资本市场模型"（Vanguard capital markets model，VCMM）对各类资产的收益及经济数据变量进行分析，计算并预测出各类组合的收益率，为客户定制各类资产配比策略，并根据市场变动进行自动调仓。

（4）全方位的陪伴服务。帮你投隔天会向客户推荐投资笔记，每周会有日评、周报、直播等多种投教互动，提供 7×24 小时的在线客服服务，全方位地陪伴投资者并给予投资者一定的指导。

2. 客户特点

（1）高知、年轻、在一二线城市居住。支付宝平台数据显示，第一批帮你投的客户群体中有近 4 成用户为职业白领，超 50% 的用户为 90 后，超 50% 的用户居住在一二线城市。这说明千禧一代的年轻人更加拥抱数字化、更容易接受智能投顾。

（2）交易频次低于普通基金用户。帮你投推出 3 个月内的用户数据显示，相比于普通基金用户，帮你投用户的交易频率下降超过了 40%，而且超过 30% 的用户追加了投资。这说明在专业的指导下，用户长期投资的意愿会大大增强。

（三）未来发展

帮你投借助支付宝平台庞大的客户群体及 Vanguard 公司丰富的投研能力，上线以来已累计服务客户超 200 万人，投资者教育内容覆盖 1 000 万人次，是目前国内最大的在线基金投顾产品。基于全球智能投顾未来广阔的发展空间以及中国基金投顾市场巨大的潜力，再加上 Vanguard 放弃了在中国申请公募基金牌照，预计未来会将更多的资源集中到"帮你投"中，通过其专业的投资能力助力中国客户实现财富管理目标，帮你投在未来还有巨大的成长空间。

本章小结　　本章从数字化财富管理的基本概念和框架出发，介绍了财富管理的概念、业务流程、数字技术的发展和应用。在此基础上，对美国、英国数字化财富管理的发展历程和现状进行了分析，以此来了解国外财富管理的数字化进程。本章重点介绍了我国数字化财富管理的发展和监管，包括我国财富管理市场和财富管理机构的特点、以余额宝为代表的中国互联网理财平台的发展、智能投顾在中国的发展现状、目前正在实施的基金投顾试点情况，以及中国数字化财富管理的监管及面临的挑战。最后以招商银行和帮你投为例，分析了传统金融机构数字化转型和智能投顾在中国的实践。

即测即评

复习思考题　　1. 中国已进入数字经济时代，各个行业都在进行数字化转型，尤其是财富管理行业。请谈谈未来中国数字化财富管理的发展趋势。

2. 目前市场上已经发布了多种智能投顾产品，请选择一种你感兴趣的智能投顾产品，分析其产品策略、市场规模、投资者等特征。

3. 现在打开手机就能实现扫码付款、在线支付、转账、购买基金等。请结合实际思考财富管理的数字化转型给我们的生活带来了怎样的影响。

4. 请简要介绍中国数字化财富管理的发展历程。

5. 监管是数字化财富管理的重要环节，请介绍目前中国数字化财富管理监管采取的一些措施，以及未来可能面临的挑战。

第十章

数字保险

本章所关注的数字保险，既包括保险公司利用数字化手段所进行的保险经营活动，也包括数字技术所支持的新型场景化保险、保障类产品。本章分为四部分，第一部分综述传统保险的起源与国外数字保险的发展，特别是国外 P2P 保险的现状，作为讨论我国数字保险发展的基础；第二部分介绍我国互联网保险业务的发展，包括行业现状、传统保险公司的数字化转型、专业互联网保险公司的建立；第三部分具体介绍网络互助这一新型业务形态，包括它和 P2P 保险的区别与联系、对保险科技的应用以及发展中遇到的一些问题；第四部分讨论数字保险的监管。

第一节　保险行业发展的历史起源与国际动态

保险的"人人为我，我为人人"的思想可以追溯到远古时代。公元前 3000 年左右，中国的商人为了降低在湍急的河流中翻船造成的货物损失的风险，把货物分散在多艘船只中；公元前 18 世纪中叶左右，《汉谟拉比法典》中记载了一种特殊的贷款形式，如果商人装在船上的货物在海上航行时被偷，可以被免除贷款；如果商人的船只顺利返航，则支付给借款人较高的利息。公元前 600 年左右，希腊人和罗马人建立了"友好协会"的组织，对于死亡的成员提供丧葬费用，并对其家庭提供一定的补助，体现了保险"人人为我，我为人人"的核心思想。

作为当时的世界经济贸易中心，英国成为现代保险的发源地。17 世纪 80 年代末，爱德华·劳埃德（Edward Lloyd）的咖啡馆在伦敦营业，吸引了从事海运贸易的商人和船主聚集在一起讨论最新的航运信息。他们自发组织起来缴纳一定的费用共同分担海盗打劫、不利天气等因素造成的货物损失，形成了海上保险的雏形。后来，数家海上保险公司在伦敦成立。1666 年 9 月，大火席卷整个伦敦，损毁了上万所建筑物，人们意识到为自己的房屋购买保险的必要性。此后，伦敦商人尼古拉斯·巴蓬（Nicholas Barbon）成立了第一家火灾保险公司。

一、传统保险的主要形式与现状

保险公司根据其组织形式主要可以被划分为两类，即相互保险公司和股份保险公司。相互保险公司由保单持有人所有，消费者缴纳保费加入相互保险，所有保单持有人共同分担少数成员发生保险事故时造成的损失。保单持有人投票选出相互保险公司的董事会，董事会指定合适的管理人员负责相互保险公司的运营。保单持有人既是相互保险公司的消费者，也是相互保险公司的所有者。与之相比，股份保险公司由全体股东所有，一般来说，保单持有人不是公司的所有者，除非其同时购买了保险公司的股份。两类公司组织形式的不同，也导致两者在经营上各有利弊：

第一，股份保险公司的目标是利润最大化，当被保险人发生保险事故时，保险公司有动机拒绝被保险人的索赔申请，以减少赔付支出、增加利润，这在一定程度上加剧了被保险人"索赔难"的情况。因此，股份保险公司存在被保险人和保险人利益不一致的情形。相互保险公司的目标是维护被保险人的利益，保证被保险人遭受损失时获得赔付。因为保单持有人同时也是相互保险公司的所有者，不存在被保险人和保险人利益不一致的情形。

第二，对于股份保险公司每年的净利润，股东具有完全的决定权，保单持有人没有权利分享。对于带有分红性质的保险，保单持有人也仅能分得部分利润。与之相比，相互保险公司的保单持有人对于公司利润具有完全的决定权，可以选择以现金的方式领取，或者用来减免未来的保费。

第三，股份保险公司可以通过发行新的股份满足其融资需求，可以更好地应对困难局面或者业务扩张计划。与之相比，相互保险公司的融资渠道较为狭窄，只能通过借款或者提高保险费的方式获得新的资金，不能通过发行股份的方式融资。

两种类型的保险公司各有千秋，在保险市场中也都占据一定的份额。不过，伴随着保险公司业务不断扩张的需要，相互保险公司在融资渠道方面的劣势更为凸显。20世纪末，世界范围内出现了一波"去相互化"的趋势，许多相互保险公司转型为股份保险公司，相互保险公司的市场份额不断减少。以美国为例，截至2013年，股份保险公司的资产份额为78%，而相互保险公司的资产份额仅为18%。根据国际合作和相互保险联盟（International Cooperative and Mutual Insurance Federation，ICMIF）的统计，2017年世界范围内相互保险的市场份额为26.7%。不过，在很多国家，相互保险依然占据超过一半的市场份额（奥地利59.9%；芬兰56.2%；荷兰55.9%；法国51.8%）。

目前，中国已成为全球第二大保险市场，而相互保险在2017年以前却几乎处于空白状态（2017年占比仅为0.2%），《中华人民共和国保险法》中一直没有提及相互保险形式。2017年以前，全国唯一的一家相互保险公司是2005年成立的阳光农业相互保险公司，主要顺应当时国家对农业保险的试点和保险制度的创新。与之相比，2017年世界第一大保险市场美国和第三大保险市场日本的相互保险份额分别为39.9%和42.2%。2015年1月，原保监会发布《相互保险组织监管试行办法》，首次正式规定了相互保险组织的设立条件、会员的权利与义务、业务规则等基本制度。2016 年 6 月，原保监会正式批准众惠财产相互保险社、信美人寿相互保险社和汇友建工财产相互保险社三家相互保险组织的筹建，三家相互保险社分别聚焦信用保证险、健康险、工程质量险领域。2017 年 2 月，众惠财产相互保险社成为《相互保险组织监管试行办法》颁布后国内首家开业的相互保险组织。2017 年 5 月和 6 月，信美人寿和汇友建工也先后开业。目前我国的相互保险占整个保险市场的份额仍不足 1%。

　　一个行业的创新往往在基于该行业基本运营规则的基础上，抓住该行业的核心痛点，能够更好地满足行业发展的需要。近十年以来，数字保险的发展正是顺应了上述趋势。一方面，传统保险公司利用数字化技术提高运营效率，着力解决产品同质化严重、定价单一、理赔难等一直困扰保险业的难题；另一方面，大型科技公司和新兴的金融科技企业积极涉足保险业。它们在遵循保险业"人人为我，我为人人"核心思想的基础上，抓住股份保险公司被保险人和保险人利益不一致的问题，减少甚至完全避免保险公司的参与，开发了去中心化的业务模式——P2P 保险和网络互助。

二、保险与科技融合的国际动态：P2P 保险

（一）P2P 保险的由来

　　过去十年，金融科技的飞速发展显著冲击了传统金融业的业务模式。借贷领域成为金融科技率先发力的领域，全世界范围内出现了一批 P2P 网络借贷公司，为 P2P 保险的出现奠定了基础。2005 年 3 月，Zopa 在英国成立，这是世界上第一家 P2P 网络借贷公司；美国的前两大 P2P 公司是 Prosper 和 LendingClub，分别成立于 2006 和 2007 年；中国的第一家 P2P 网络借贷公司是 2007 年 6 月在上海成立的拍拍贷。已有文献发现，金融科技所带来的额外信息对 P2P 网络贷款的结果具有显著的预测能力。比如，Lin、Prabhala 和 Viswanathan（2013）以及 Freeman 和 Jin（2017）发现，借款人的社交关系（朋友的数量、朋友是否参与竞标等）能够很好地预测贷款是否通过、贷款利率和贷款违约的概率；Herzenstein、Sonenshein 和 Dholakia（2011）以及 Gao 和 Lin（2015）注意到，借款人在网络借贷平台提交借款申请时，可以添加文字描述解释借款的原因、借款的使用目的、借款人的可信性等。他们发现文字描述的语调和内容可以帮助预测贷款结果。Pope 和 Sydnor（2011）发现借款人进行借款申请时提交的照片同样包含有价值的信息。他们发现黑色皮肤的申请人获得贷款的概率更低，即使获得贷款也需要支付更高的利息，但他们事后违约的概率也更高。Ravina（2019）则发现，相貌出众的申请人获得贷款的概率更高，即使他们事后违约的概率也更高。Berg 等（2020）则发现，网络足迹在预测贷款结果中同样发挥了重要作用，如使用安卓系统、在夜间购物、使用免费邮箱的消费者违约概率更高。

　　与金融科技在借贷领域的创新相比，金融科技在保险领域的渗透则略显滞后。直到2010 年，Friendsurance 在德国成立，成为世界上第一家聚焦 P2P 保险的公司，保险科技开

始获得各界的关注。美国保险监督官协会（National Association of Insurance Commissioners，NAIC）将 P2P 保险定义为被保险人自发汇聚资金、自我组织、自我管理保险合约的创新模式。P2P 保险的核心是一群具有相同思想、相同保险需求的人聚在一起，设计一套可控、可靠、公开透明的保险机制并降低成本。欧洲保险和职业养老金监管局（European Insurance and Occupational Pensions Authority，EIOPA）将 P2P 保险定义为具有风险分担职能的数字化网络，一群具有相同保障需求或者相似风险特征的人聚集起来，汇聚资金形成共同账户抵御风险。每年年末，若共同账户的资金出现盈余，则返还给每位成员。

（二）P2P 保险的主要模式

在过去十年内，P2P 保险主要经历了三代模式：经纪人模式、保险人模式和自我管理模式。

"经纪人模式"（the brokerage model）的主要代表是 Friendsurance 公司，消费者在 Friendsurance 平台上选择加入一个"群组（group）"，群组内的成员一般由家庭成员、朋友或者同社区的居民组成。消费者缴纳的保费一部分进入群组的一般账户，另一部分进入负责承保的保险人账户。对于被保险人小额的赔付申请，首先从群组的一般账户支出；对于一般账户无法满足的大额赔付申请，再由保险人账户支出。保险到期后，如果群组的一般账户尚有余额，会以现金红利的方式返还给被保险人。需要注意的是，这种模式仍然需要传统保险公司的参与（保险人账户），Friendsurance 只是充当保险经纪人的角色，因此被称为"经纪人模式"。法国的 Inspeer 公司也采取了类似的模式，其专注于车险业务，消费者在加入群组后，群组内的成员共同分担免赔额部分的损失。

"保险人模式"（the carrier model）以美国的 Lemonade 公司为代表。其主要针对租客和屋主销售房屋损失保险，消费者在 Lemonade 平台加入某个群组后，首先向平台缴纳保险费，Lemonade 会收取 20% 作为平台运营费用，另外的 40% 汇聚到群组中应对未来可能遭受的损失，最后的 40% 的资金会统一用来购买再保险，以应对可能出现的大额损失。保险到期后，如果群组的资金仍有剩余，Lemonade 会代表成员将资金捐赠给某慈善机构。此种业务模式下，P2P 公司不是单纯的保险经纪公司，而是将风险留在了公司的资产负债表内，因此需要申请保险公司的牌照。

最近几年，区块链的广泛应用促成了以 Teambrella 为代表的 P2P 保险第三代模式的出现，即"自我管理模式"（the self-governing model）。消费者以家人、朋友等为基础组成群组，可以共同制定保险条款、接受新成员的标准、赔付申请是否通过等。更为关键的是，区块链等技术的使用实现了保费缴纳和赔付支出的自动化：消费者缴纳固定的数额（保费）进入电子钱包，当赔付申请通过后电子钱包会实现自动拨付，保险到期后剩余的钱也会自动返回给每个成员，Teambrella 只收取固定的比例作为管理费用。此种业务模式下，P2P 公司将自己定位为技术服务供应商，只负责维护平台的正常运营，不承担任何风险。

不难看出，美国保险监督官协会对 P2P 保险的定义侧重于第三代模式，而欧洲保险和职业养老金监管局对 P2P 保险的定义则侧重于第一代和第二代模式。

（三）P2P 保险与传统保险的异同

下面我们着重对比国外的 P2P 保险与传统保险的异同。通过前面回顾整个传统保险的发展史，不难看出，P2P 保险仍然遵循了传统保险风险共担的思想，其核心逻辑没有发生变化。P2P 保险诞生的主要驱动力在于消除股份保险公司存在的被保险人和保险人利益不一致的问题，保险期结束后剩余的资金会全部返还给被保险人。值得注意的是，相互保险公司的保单持有人也具有分配盈余的权利。那么，P2P 保险与相互保险公司相比，其改进的地方有哪些呢？

第一，P2P 保险是基于共同利益的会员制，会员规模远远小于相互保险公司。实践当中，P2P 保险有时也被称为微型的相互保险（micro-mutual insurance）。P2P 保险群组内的成员要么来自相同的家庭，要么是朋友，要么是住在同一社区的居民。由于彼此非常熟悉，一定程度上减少了成员的道德风险：如果某位成员发生保险事故，会给具有共同利益的其他成员造成损失，这种责任感会促使每位成员更加谨慎小心。此外，会员之间彼此熟悉也能有效减少不必要和不合理的赔付申请。与之相比，相互保险公司的保单持有人之间更多的是陌生的关系，人数远远超过 P2P 保险的某个群组的人数。

第二，P2P 保险对于互联网等信息技术的使用更加广泛，承保和理赔的线上处理极大地降低了运营成本，使得 P2P 保险的保费更具吸引力。

第三，前两种模式的 P2P 保险只是实现了部分的去中介化，投保人仍然将部分风险汇聚和转移到保险公司，而第三种模式的 P2P 保险则实现了完全的去中介化，不需要保险公司的参与，风险只是在成员内部实现了分散和转移。与之相比，如果投保人从相互保险公司购买保险，风险相应地汇聚和转移给相互保险公司，相互保险公司负有赔偿和给付的义务。

然而，我们也必须意识到，P2P 保险的业务模式存在一定的局限性。第一，基于共同利益的会员制使得每个群组的成员数量有限，P2P 保险主要集中在损失金额有限的小额险种，如共担免赔额、房屋损失保险等。对于损失金额较大的险种，一旦某位成员发生保险事故，群组内每位成员需要承担的损失会非常大，现有模式将不具备可操作性。第二，与相互保险公司不同，P2P 保险群组内的成员彼此非常熟悉，某个成员发生保险事故时，可能会出于自尊心而犹豫是否申请赔偿，担心申请赔偿后可能遭到其他成员的排挤。对于重大疾病保险来说，上述问题尤为凸显。

第二节　我国互联网保险的发展

一、互联网保险行业现状

互联网保险业务，是指保险机构依托互联网订立保险合同、提供保险服务的保险经营活动。因此，本节聚焦于数字保险的第一个层面——保险公司的数字化转型。中国的互联网行业在过去十多年得到了快速普及，为开展互联网保险业务奠定了坚实的基础。越来越多的保险公司开始经营互联网保险业务。2011 年，有 28 家保险公司涉足互联网保险业务，占比为 22.95%；2021 年，经营互联网保险业务的公司已达 133 家，占比为 73.89%（见表 10-1）。互联网保险业务率先在人身保险公司中得到快速普及，2014 年以前，经营互联网保险业务的人身保险公司的数量及占比远远超过财产保险公司；2014 年之后，越来越多的财产保险公司开始涉足互联网保险业务，其数量和占比逐渐超过人身保险公司。

表 10-1　经营互联网保险业务的公司数量及占比

年份	经营互联网保险业务的公司数量（家）	保险公司总数量（家）	占比（%）	经营互联网人身保险公司数量（家）	人身保险公司总数量（家）	占比（%）	经营互联网保险业务的财产保险公司的数量（家）	财产保险公司总数量（家）	占比（%）
2011	28	122	22.95	16	62	25.81	12	60	20.00
2012	34	132	25.76	22	69	31.88	12	63	19.05
2013	60	135	44.44	44	70	62.86	16	65	24.62
2014	85	136	62.50	52	71	73.24	33	65	50.77
2015	110	148	74.32	61	75	81.33	49	73	67.12
2016	121	158	76.58	61	77	79.22	60	81	74.07
2017	131	171	76.61	61	86	70.93	70	85	82.35
2018	131	179	73.18	62	91	68.13	69	88	78.41
2019	133	179	74.30	62	91	68.13	71	88	80.68
2020	134	180	74.44	62	92	67.39	73	88	82.95
2021	133	180	73.89	60	93	64.52	73	87	83.91

资料来源：根据公开资料整理。

保险公司主要通过两个渠道经营互联网保险业务：第一，自营平台，主要包括保险公司官网、微信公众号、移动端 App 等；第二，第三方销售平台，包括综合类电商平台（淘宝、京东、携程网等）和第三方中介平台（慧择网、中民网等）。特别值得指出的是，保险公司依靠第三方销售平台提供的场景和流量优势，与其合作开发了许多创新型产品，如退货运费险、账户安全险、航意航延组合险等，带动了互联网保费收入的增长。表 10-2 展示了 2014—2021 年来自自营平台和第三方销售平台的互联网保费收入情况。不难看出，来自第三方销售平台的保费收入占绝对主导地位。

表 10-2　2014—2021 年来自自营平台和第三方销售平台的互联网保费收入

年份	互联网保险保费收入（百万元）	自营平台（百万元）	第三方销售平台（百万元）
2014	85 900	10 400	75 500
2015	223 400	11 700	211 700

续表

年份	互联网保险保费收入（百万元）	自营平台（百万元）	第三方销售平台（百万元）
2016	229 900	42 700	187 200
2017	187 700	41 000	146 700
2018	188 900	51 100	137 700
2019	269 600	60 000	209 600
2020	290 900	51 200	239 700
2021	377 870	58 230	319 640

资料来源：根据公开资料整理。

从时间趋势来看，互联网保险在2015年前的发展较为迅速，2015年之后增速趋缓。表10-3列出了2011—2021年互联网保费收入的变化。互联网保费收入从2011年的32亿元快速增至2015年的2 234亿元。2015年之后，伴随着监管层对互联网保险业务的规范与传统保险公司的费率改革，互联网保费的收入增速趋缓，2021年互联网保费收入达到3 778.7亿元。

表10-3　2011—2021年互联网保费收入情况

年份	互联网保险保费收入（百万元）	互联网人身保险保费收入（百万元）	互联网财产保险保费收入（百万元）
2011	3 200	1 000	2 200
2012	11 100	1 000	10 100
2013	29 100	5 400	23 700
2014	85 900	35 300	50 600
2015	223 400	146 600	76 800
2016	229 900	179 700	50 200
2017	187 700	138 300	49 300
2018	188 900	119 300	69 500
2019	269 600	185 800	83 900
2020	290 900	211 100	79 800
2021	377 870	291 670	86 200

资料来源：根据公开资料整理。

当前，互联网保险行业呈现较高的集中度。表10-4和表10-5展示了2022年上半年互联网保费收入排名前十的财产保险公司和2021年互联网保费收入排名前十的人身保险公司的情况。财产保险方面，中国平安以28.90%的份额排名第一；众安在线作为中国第一家专业互联网保险公司，占据19.80%的份额，排名第二；前十名财产保险公司的互联网保费收入的总和占互联网产险保费收入的比重高达86.30%。人身保险方面，中邮人寿依靠大股东中国邮政的银行网销渠道优势，以 11.50% 的份额位居第一位；前十名人身保险公司的互联网保费收入的总和占互联网人身保费收入的比重为 73.40%。

表 10-4　2022 年上半年互联网保费收入排名前十的财产保险公司

排名	公司名称	互联网保费收入（百万元）	占比（%）
1	中国平安财产保险股份有限公司	15 310	28.90
2	众安在线财产保险股份有限公司	10 530	19.80
3	中国人民财产保险股份有限公司	4 550	8.60
4	中国太平洋财产保险股份有限公司	4 410	8.30
5	泰康在线财产保险股份有限公司	4 190	7.90
6	中国人寿财产保险有限责任公司	1 850	3.50
7	国泰财产保险有限责任公司	1 660	3.10
8	中国大地财产保险股份有限公司	1 220	2.30
9	天安财产保险股份有限公司	1 140	2.10
10	阳光财产保险股份有限公司	970	1.80

资料来源：中国保险行业协会：《2022 年上半年互联网财产保险发展分析报告》。

表 10-5　2021 年互联网保费收入排名前十的人身保险公司

排名	公司名称	互联网保费收入（百万元）	占比（%）
1	中邮人寿保险股份有限公司	33 480	11.50
2	国华人寿保险股份有限公司	25 480	8.70
3	中国人寿保险股份有限公司	25 320	8.70
4	建信人寿保险股份有限公司	24 970	8.60
5	工银安盛人寿保险有限公司	22 550	7.70
6	泰康人寿保险有限责任公司	20 370	7.00
7	中国人民人寿保险股份有限公司	19 500	6.70
8	合众人寿保险股份有限公司	16 920	5.80
9	中国人民健康保险股份有限公司	14 500	5.00
10	中国平安人寿保险股份有限公司	10 850	3.70

资料来源：中国保险行业协会：《2021 年度人身险公司互联网保险业务经营情况分析报告》。

推动互联网保险迅速发展的行业代表，既有积极进行数字化转型的传统保险公司，也有从创立之初就实现数字化的新型保险公司。下面将分别介绍两类公司的代表——中国平安与众安在线。

二、传统保险公司的数字化转型：以中国平安为例

中国平安成立于 1988 年，是中国第一家股份制保险企业。成立之初，中国平安是一家在深圳市经营的区域性财产保险公司，员工数量只有 13 名，公司总资产 5 400 万元，年营业收入仅有 700 万元。经过 30 余年的发展，中国平安已经成长为一家大型科技型保险集团和金融服务提供商。2023 年，公司名列《财富》世界 500 强第 33 位，排名全球金融企业第 5 位。按保费收入计，平安寿险和平安产险分别是中国第二大寿险公司和第二大产险公司。

（一）中国平安早期的数字化尝试

中国平安的数字化转型，并不是在互联网保险迅速发展的最近十年才开始的，该公司所孵化的陆金所、平安好医生等互联网平台也无法完全代表中国平安的转型思路。其实，自公司成立，中国平安就一直谋求利用互联网等先进技术重塑公司业务链条，达到提高经营效率和拓展营销渠道的目的。早在 20 世纪 80 年代，公司在刚成立时便引入了电脑办公，并且第一张保单就出自电脑，是国内最早实现全国网络一体化办公的金融机构。2000 年，中国平安建立 PA18.com 金融门户网站，是一个基于互联网的支付系统和电子商务平台，能够为用户提供一站式的综合金融服务。比如，用户可以在 PA18.com 金融门户网站实现网上购买保险（货物运输险）、证券交易、网上车险理赔申请等功能。此外，该网站还为公司的代理人提供基于个人手提电脑和掌上电脑的销售支持应用程序，可以快速生成保险建议书。不过，因为 PA18.com 项目过于超前，尤其考虑到中国当时拥有电脑的家庭非常少，更不用说通过上网享受各种服务，后来它以失败告终。但是，通过该项目，我们可以更好地理解为什么中国平安后来可以成功实现数字化转型，成为大型的科技型金融企业。

（二）中国平安的技术研发与应用

数字化转型的基础在于大数据、云计算、人工智能等技术的研发和应用。中国平安并没有采取技术外包或者与科技服务商合作的方式，而是自建研发团队，保证科技业务的发展。截至 2023 年 12 月 31 日，中国平安拥有超过 2 万名科技开发人员，其中科学家逾 3 000 名，集团累计科技专利申请达 51 533 项。申请专利涵盖了人工智能、区块链、云技术、大数据和安全等领域，在人脸识别、声纹识别、疾病预测等方面处于全球领先地位。比如，中国平安的人脸识别技术准确率达 99.8%，声纹识别文本相关准确率达 99.7%。

在科技研发的基础上，中国平安将技术应用在核心金融业务中，实现降本增效和拓展营销渠道的目标。比如，2010 年，平安寿险率先在全国范围内推出移动展业销售模式，寿险代理人通过笔记本、EPOS 机等方式为投保人办理投保，实现了无纸化投保。

2012 年，平安寿险移动展业平台的使用率已经超过 95%；2013 年进一步提升至 98%。移动展业平台自推出至 2013 年，其间为 1 100 万客户提供保险保障等金融服务，贡献保费超过 880 亿元，每年为公司节约运营成本上亿元，每年可节约高达 900 吨的纸张。2015 年，平安寿险将人脸识别技术应用到保险业务的办理，客户通过刷脸即可办理保单服务。2017 年 5 月，平安产险利用集团自行研发的"智能调度引擎"和"智能网格"技术，推出"510 城市极速现场查勘"服务，实现城市日间车险现场报案 5~10 分钟内到达现场并进行事故处理。此外，平安产险还利用人工智能技术实现图像定损，对于小额车险案件实现秒级定损和极速理赔。2018 年，平安产险实现为 62.6% 的客户提供自助理赔和视频理赔等服务。2019 年，中国平安打造的智能语音机器人累计服务量 8.5 亿次，覆盖整个公司 83% 的金融销售场景和 81% 的客户服务场景，每年可降低座席成本 11%。

（三）中国平安的数字生态建设

与其他传统金融机构相比，中国平安数字化转型的最突出的特点是不仅利用大数据、云计算、人工智能等技术升级现有业务系统，实现降低成本、提高经营效率、拓展销售渠道的目的，还运用科技自建生态，积累流量，然后将核心金融业务嵌入生态中，用生态反哺金融。在中国平安的年报中，公司提出大力推动"科技赋能金融、科技赋能生态、生态赋能金融"的目标。其中，"科技赋能金融"指的是第一层次，即利用科技提高传统金融业务的运营效率；"科技赋能生态、生态赋能金融"指的是第二层次，即通过科技打造新的生态，将金融业务嵌入新的生态。

中国平安利用最新科技培育新的生态，用生态赋能核心金融业务。以 2012 年陆金所的成立为标志，中国平安开始应用科技打造非传统业务。在 2014 年，中国平安正式提出核心金融业务和非传统业务同时发展，并将互联网金融业务与传统的保险、银行、投资业务并列。起初，中国平安围绕"医、食、住、行、玩"五大场景构建新的生态；伴随着业务拓展和实践经验的积累，中国平安调整发展策略，锁定与核心金融业务密切相关的金融科技与医疗科技领域，着力搭建金融服务生态圈、医疗健康生态圈、汽车服务生态圈、房产服务生态圈、智慧城市生态圈等五大生态。

金融服务生态圈的核心平台是陆金所。陆金所的全称是上海陆家嘴国际金融资产交易市场股份有限公司，于 2011 年 9 月注册成立，其网络平台于 2012 年 3 月上线运营。中国平安注意到占金融资产大多数的非标资产（各类贷款、企业应收账款、理财产品、委托贷款、信托贷款等）主要集中在资产负债表内，缺乏流动性。在此背景下，陆金所应运而生，为非标金融资产提供交易平台。后来，陆金所也涉足 P2P 网络借贷业务，由陆金所发布借款信息，平安融资担保公司进行风险审核并提供担保。伴随着国家对 P2P 业务的收紧，陆金所也逐渐退出 P2P 业务。在发展过程中，陆金所不断调整战略定位，致力于发展线上财富管理和个人信贷业务，陆续推出零活宝、变现通、富盈增长、公募基金等产品，同时为金融机构和地方政府提供全套金融解决方案。陆金所的注册用户数从 2014 年的 500 万增至 2021 年的 5 162 万，2017 年首次实现盈利，如图 10-1 所示。2020 年，陆金所实现营业收入 520.46 亿元，净利润 122.76 亿元，并于 2020 年 10 月 30 日在纽约证券交易所上市。陆金所为中国平安的银行、资产管理等业务提供了新的获客渠道。

图 10-1　2014—2021 年陆金所的注册用户数

资料来源：中国平安。

医疗健康生态圈的核心平台是平安好医生。2015 年 4 月 21 日，中国平安宣布旗下首款互联网健康管理 App 平安好医生上线，为用户提供在线咨询、预约挂号、在线购药、健康直播、健康资讯、健康计划等服务，致力于打造一站式、全流程的健康医疗 O2O 服务平台。具体地，平安好医生通过自建的医生团队，可以为用户提供 7×24 小时的在线咨询服务，成为用户的家庭医生；通过签约外部医生，提供复诊随诊服务；与大型医院合作，提供预约挂号服务；提供 B2C 全国送药和主要城市 1 小时送药上门服务；通过签约外部机构，为用户提供体检、基因检测、牙齿保健等 O2O 服务。2018 年 5 月 4 日，平安好医生在香港联交所主板上市。截至 2020 年 12 月 31 日，平安好医生累计注册用户达 3.73 亿，日均咨询量 90.3 万人次，实现营业收入 68.66 亿元，自有医疗团队人数 2 247 人，外部签约医生人数 21 116 人，合作医院逾 3 700 家，合作药店数达 15.1 万家，与 160 多家医美机构、430 家中医诊所、近 1 800 家牙科诊所、近 2 300 家体检中心合作。平安好医生通过提供医疗服务和健康管理服务汇聚流量，为平安的健康保险产品提供场景，带动保险业务的发展。

汽车服务生态圈的核心平台是汽车之家和平安好车主 App。中国平安通过建立汽车相关消费服务的生态圈，与汽车制造商、汽车经销商、汽车 4S 店、修理厂、保养连锁店合作，提供汽车交易、汽车过户、汽车检测、汽车修理、汽车导航、汽车保养、加油优惠等服务，致力于成为中国最大的汽车电商服务平台。2020 年，旗下平台汽车之家实现营业收入 86.59 亿元，12 月移动端日均活跃用户达 4 211 万。

截至 2023 年 12 月 31 日，平安产险的平安好车主 App 的注册用户数量超过 2 亿，累计绑车车辆超过 1.36 亿。汽车之家和平安好车主平台为中国平安的汽车贷款和汽车保险业务提供了广泛的获客渠道。

房产服务生态圈的核心平台是平安好房和平安城科。2014 年 3 月，中国平安成立平安好房，为房产生态圈搭建全产业链一站式服务平台。平安好房陆续开通了新房、海外房产、金融、好管家、二手房、租房等频道。2015 年，平安好房与世茂、雨润、碧桂园等数十家大型房地产开发商建立合作关系，在 51 个城市开通新房交易业务，通过平安好房实现新房房产成交规模超过 1 500 亿元。截至 2015 年 12 月 31 日，平安好房平台注册用户数 700 万。值得注意的是，中国平安在房产服务生态圈的开拓并不像其他四个生态圈那样顺利。2018 年，平安好房改名平安城科，去掉了房产交易业务，转型为云平台供应商，主要为各个城市住建部门提供房产交易相关系统和技术支持等业务。截至 2019 年 12 月 31 日，平安城科签约城市 61 个，协助政府打通"信息孤岛"，提升工作效率。2020 年，中国平安在年报中已经不再提及房产服务生态圈，平安城科的业务可以被看作智慧城市生态圈的一部分。

　　智慧城市生态圈并不是平安初期着力打造的生态圈，而是伴随技术的进步和实践的积累，最近几年才开始重点开拓的。2017 年，中国平安首次在年报中提及打造智慧城市生态圈，提出要通过科技为城市赋能，在民生相关的领域布局"智慧城市云"。比如，在智慧医疗领域，平安帮助地方政府的医保业务提供控费和账户管理等服务，降低医疗成本开支；在公共健康领域，平安帮助地方政府开展疾病防控和疾病预测，建立传染病、多发病、慢性病预测和防范管控模型；在城市财政领域，平安与多个地方政府合作，打造智能化的公共资产负债管理平台，提升城市资产负债管理水平和效率。截至 2020 年 12 月 31 日，平安智慧城市业务累计服务 151 个城市、160 万家企业、1.04 亿市民。中国平安运用自主研发的人工智能、区块链、云技术等先进科技帮助政府搭建政务一体化平台，提高政府治理效率。通过智慧城市生态圈，中国平安一方面可以将科技输出，提高营业收入，另一方面有助于更好地了解用户和客户，丰富用户画像和数据。

　　通过搭建五大生态圈，中国平安积累了大量的互联网用户，促进了核心金融业务的交叉销售。图 10-2 展示了中国平安 2016—2021 年互联网用户数量和个人客户数量的变化。其中，互联网用户指使用中国平安旗下五大生态圈对应的子公司和核心金融子公司的互联网服务平台（包括网页和移动 App）并注册生成账户的用户；客户指持有中国平

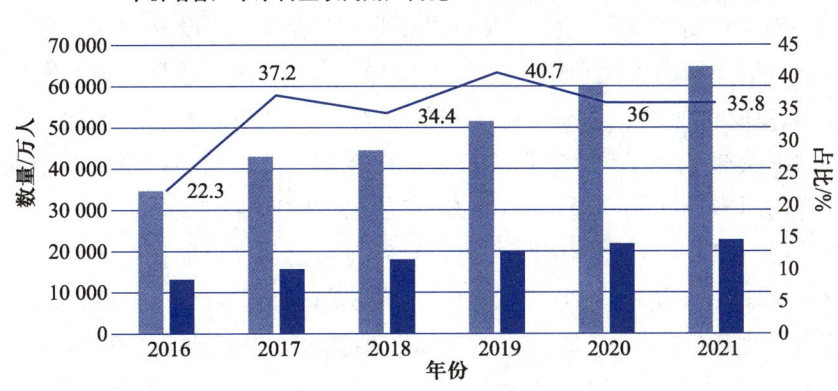

图 10-2　中国平安互联网用户和个人客户的数量

资料来源：中国平安。

安核心金融公司有效金融产品的个人客户。2016 年，中国平安的互联网用户数量和个人客户数量分别为 3.46 亿人和 1.31 亿人；2021 年，互联网用户数量和个人客户数量已经分别增至 6.47 亿人和 2.27 亿人。值得注意的是，2017—2021 年，每年新增客户中，有 34%~41% 的客户来自互联网用户。中国平安成功地将互联网平台积累的流量转化为自身核心金融业务的客户。

三、专业互联网保险公司的建立和发展——以众安在线为例

（一）众安在线的成立与发展

众安在线是一家完全依托互联网的财产保险公司。其成立的背景是保险监管部门积极推进专业互联网保险公司的试点工作。2013 年 2 月 17 日，原保监会发布《关于筹建众安在线财产保险股份有限公司的批复》，同意浙江阿里巴巴电子商务有限公司、深圳市腾讯计算机系统有限公司、中国平安保险（集团）股份有限公司等九家公司共同发起筹建众安在线财产保险股份有限公司，进行专业互联网财产保险公司的试点。此外，公司业务范围仅限于互联网相关的财产保险业务，不设分支机构。2013 年 10 月 16 日，原保监会发布《关于众安在线财产保险股份有限公司开业的批复》，公司的注册资本为人民币 10 亿元，公司的业务范围包括：与互联网交易直接相关的企业/家庭财产保险、货运保险、责任保险、信用保证保险，上述业务的再保险分出业务，国家法律、法规允许的保险资金运用业务，经保监会批准的其他业务。2013 年 11 月 6 日，众安在线财产保险股份有限公司正式开业。

2014 年，众安在线服务商业个体和个人创业 2 亿人次，投保件数近 10 亿件，提供风险保障近 20 万亿元。在充分肯定众安在线发展模式的基础上，原保监会扩大了互联网保险的专业经营试点，又先后批准三家专业互联网保险公司。2015 年 11 月 7 日，原保监会发布《关于泰康在线财产保险股份有限公司开业的批复》；2015 年 12 月 31 日，原保监会发布《关于安心财产保险有限责任公司开业的批复》；2016 年 2 月 6 日，原保监会发布《关于易安财产保险股份有限公司开业的批复》。新设立的这三家专业互联网保险公司的注册资本同为人民币 10 亿元，公司的业务范围同样是：与互联网交易直接相关的企业/家庭财产保险、货运保险、责任保险、信用保证保险，上述业务的再保险分出业务，国家法律、法规允许的保险资金运用业务，经保监会批准的其他业务。可以看出，监管部门对专业互联网保险公司的试点仅限于财产保险领域。

作为中国第一家专业互联网保险公司，众安在线自创立伊始便受到了广泛关注，业务规模迅速扩大。2017 年 9 月 28 日，众安在线在香港证券交易所上市，发行价为 59.7 港元，发行当日收盘价为 65.2 港元，对应市值高达 938.8 亿港元。2020 年，众安在线的保费收入为 167.09 亿元，服务被保用户 5.24 亿，成立仅七年便跃居财产保险行业第九位、互联网财产保险市场第一位。表 10-6 列出了众安在线的创始股东及持股比例。值得注意的是，九家创始股东中，有三家是中国大型的互联网公司：阿里巴巴持股

19.9%；腾讯持股15%；携程持股5%。此外，有一家股东是中国大型保险公司：平安保险持股15%。成立之初，众安在线只能开展部分财产保险业务。2014年3月，保监会同意众安在线增加短期健康/意外伤害保险业务。2015年5月，保监会同意众安在线增加机动车交通事故责任强制保险、机动车商业保险和保险信息服务业务。

表 10-6　众安在线创始股东结构

创始股东名称	持股比例
浙江阿里巴巴电子商务有限公司	19.90%
深圳市腾讯计算机系统有限公司	15%
中国平安保险（集团）股份有限公司	15%
优孚控股有限公司	15%
深圳市加德信投资有限公司	14%
深圳日讯网络科技股份有限公司	8.10%
北京携程国际旅行社有限公司	5%
上海远强投资有限公司	5%
深圳市日讯互联网有限公司	3%

资料来源：众安在线。

表 10-7 展示了众安在线的主要财务指标。保费收入从 2014 年的 7.941 亿元增至 2023 年的 296.85 亿元，年均增长率为 49.53%。2014—2016 年，受益于投资收益的增加，众安在线在承保利润为负的情况下，实现了正的净利润；在经历 2017—2019 年净利润为负后，于 2020 年实现了 2.54 亿元的净利润。伴随着保费规模的不断扩大以及保险与科技的深度融合，众安在线的综合成本率从 2017 年的 133.10% 降至 2023 年的 95.20%。

表 10-7　众安在线的主要财务指标

指标	2014 年	2015 年	2016 年	2017 年	2018 年	2019 年	2020 年	2021 年	2022 年	2023 年
保费收入（亿元）	7.941	22.83	34.08	59.54	112.56	146.3	167.09	204.8	240.05	296.85
净利润（亿元）	0.37	0.443	0.094	-9.96	-17.97	-6.39	2.54	7.57	-13.84	38.45
综合成本率（%）	108.6	126.6	104.7	133.1	120.9	113.3	102.5	99.6	94.2	95.2

注：综合成本率=赔付率+费用率；赔付率=已产生赔款净额/已赚保费；费用率=保险经营开支/已赚保费。

资料来源：众安在线。

　　众安在线作为一家互联网保险公司，一开始的定位就不是传统保险产品在互联网渠道的销售，而是坚持"保险+科技"的双轮驱动模式。一方面，众安在线用大数据、人工智能、云计算、区块链等技术重塑整个保险价值链，尽可能实现从投保核保到理赔定损整个保险业务流程的线上化。此外，众安在线从生态系统合作伙伴的平台上挖掘保险需求，开发新的保险产品，将自己的产品嵌入合作伙伴的平台中，让消费者可以在日常生活消费的同时购买众安在线的产品。我们将这种业务模式称为场景化保险。场景化保险的设计与开发需要大数据的支持，众安保险将其系统接至中国人民银行征信中心、公安局身份识别数据库、汇法网、前海征信等数据库，丰富的数据可以帮助众安在线更好地分析用户画像并开发符合消费者需求的保险产品。另一方面，众安在线在保险业务运营的过程中不断调整和升级自己的系统，尤其是线上化的业务流程。2016 年 7 月，众安在线成立全资子公司——众安科技，并通过众安科技将自身的业务流程和科技能力产品化，输出给其他保险公司，帮助其他保险公司实现数字化转型。众安科技通过收取授权费和技术服务费等方式获得收入。下面对众安在线做更为全面的分析，探究众安在线取得快速发展的驱动力。[①]

（二）众安在线的生态系统与科技输出

对于保险业务，众安在线聚焦五大生态系统：生活消费、消费金融、健康、汽车和航旅。

对于生活消费，众安在线主要的产品是退货运费险。2013 年 11 月，众安在线和阿里巴巴合作在淘宝和天猫推出退货运费险。当消费者对网购的产品不满意发生退货时，经营退货运费险的保险公司承担买家因退货产生的运费。退货运费险的保费低廉，一般只有几元钱，且从购买运费险到申请赔付都可以在网购平台操作。2014—2016 年，退货运费险给众安在线带来的保费收入分别是 6.13 亿元、12.98 亿元、11.94 亿元。

对于消费金融，众安在线与小赢、趣店等互联网金融平台合作，针对互联网借贷推出信用保证保险，促进互联网金融平台的借款方和投资者完成信贷交易。

对于健康生态，众安在线的主要产品是尊享系列健康保险，对消费者因重大疾病产生的医疗开支提供保障，通过支付宝保险平台、自有平台等渠道销售。与传统健康险相比，尊享系列的特点有：第一，通过免赔额的设计降低保费，提高产品的竞争力；第二，除基本保障外，推出重疾绿色通道、赴日医疗、肿瘤特定药物等个性化服务；第三，将健康保险与线上医疗、买药服务融合，打造健康生态闭环，为客户提供疾病预防、健康管理、医疗服务、保险保障、快速理赔的一站式服务；第四，通过商保智能平台实现医疗数据在线直连和医疗文本的智能解构，提高线上理赔的比例，减少人力成本。2019 年，众安的健康险产品理赔结算的自动化率已经超过 90%。此外，众安在线与可穿戴设备制造商小米、魅族等合作，开发了创新型健康保险产品"步步保"，将个人运动数据与健康保险联系起来。每日达到一定的步行数，可以享受更低的保费和更高的保险金额。

对于汽车生态，众安在线的主要产品是"保骉车险"，即与平安财险合作的共保车险业务。众安在线负责车险的推广与营销，平安财险利用线下资源负责理赔。众安在线与平安财险就保费、赔付及其他成本按一定比例平摊。众安在线的获客渠道包括互联网平台和汽车后市场（如瓜子、毛豆等汽车新零售平台）。众安在线将保险科技应用到车险业务链，实现了线上视频理赔：第一步，通过视频客服远程指导发生事故的车主完成现场车损情况的记录；第二步，通过 AI 识别实现照片自动分类，利用算法识别车辆损

[①] 以下对众安在线分析所涉及的数据均来自众安在线招股说明书及年报。

失部位和评估损失情况；第三步，结合图片和大数据，自动计算理赔金额；第四步，通过光学字符识别技术，自动识别驾驶证信息，完成理赔定损。视频理赔服务上线后，平均结案时间缩短为 11 分钟，全流程人力成本节约近 37%。

对于航旅生态，2014 年 3 月和 2015 年 1 月，众安在线与携程合作，相继推出航空意外险和航班延误险，对客户因航空意外或航班延误进行赔偿给付。客户在携程购买机票的同时，可以选择购买众安在线提供的保险产品。

在五大生态系统中，生活消费和航旅生态的保险产品具有高频率、低保费的特点。然而，众安在线通过发展这两个生态的业务，可以积累海量用户的数据，同时提升众安在线的品牌知名度，有助于扩大众安在线在消费金融、健康和汽车生态领域的业务规模。众安在线的业务模式吸引了大批年轻用户，截至 2017 年 12 月 31 日，超过 60% 的用户年龄为 20~35 岁。2019 年，众安在线的保险产品累计服务被保用户 4.86 亿，35 岁以下的客户占比约 55%。

表 10-8 列出了 2014—2023 年众安保险五大生态系统对保费的贡献情况。2014 年，众安在线的保费收入几乎完全来自两大股东（阿里巴巴和携程）平台上销售的退货运费险、商家保证金保险和航空意外险。此后，众安在线着力减少对生活消费和航旅的依赖，将业务拓展至消费金融、健康和汽车生态。来自生活消费的保费占比从 2014 年的 92.2% 降至 2019 年的 25%；来自航旅生态的保费占比从 2016 年的高点 31.7% 降至 2019 年的 9%。依靠尊享系列健康险产品的热销，健康生态已经成为占比最大的板块，2019 年之后一直维持 30% 以上的比重。2019 年 12 月，众安在线的互联网医院业务正式上线，通过与第三方医疗集团的合作，为用户提供在线问诊、送药上门服务。2020 年，众安在线进一步将互联网医院的门诊服务纳入健康险保障范围，打造健康生态闭环。多种个性化服务和增值服务的推出，极大地提高了尊享系列的品牌认知和吸引力。通过与平安财险的合作，汽车生态的保费占比也维持在 5% 左右。消费金融生态的保费占比从 2014 年的 1.2% 一度增至 2018 年的 31%。此后，由于互联网借贷业务整体风险的提升，众安在线主动减少了信用保证保险的规模，2023 年消费金融的保费占比已降至 19%。

表 10-8　众安在线按生态系统划分的保费占比

单位：%

类别	2014 年	2015 年	2016 年	2017 年	2018 年	2019 年	2020 年	2021 年	2022 年	2023 年
生活消费	92.2	69.9	47.6	30.01	14	25				
消费金融	1.2	13.3	9.3	17.36	31	21	13	22	19	19
健康	0	0.9	6.9	20.22	25	33	40	38	38	33
汽车		0	0.1	1.33	10	9	8	5	5	5
航旅	5.6	14.1	31.7	24.12	13	9				
数字生活							38	36	38	43

注：2020 年，众安在线将生活消费与航旅生态合并，称之为数字生活。

资料来源：众安在线。

对于科技输出业务，众安科技的营业收入从 2017 年的 0.407 亿元增至 2020 年的 3.651 亿元。截至 2020 年 12 月 31 日，众安在线服务的保险行业客户数量达到 75 家，不仅包括国内的保险公司如太平保险、太平洋保险、中宏保险等，还包括国外的保险公司如日本的 Sompo。2020 年，众安在线与太平财险达成合作，帮助太平财险搭建新一代意外和健康保险系统，建立数字化运营能力，通过采用分布式技术框架，着力满足移动互联场景下高并发、高频次、碎片化交易的特点。

总的来说，众安在线在发展初期高度依赖其主要股东如阿里巴巴、平安集团和携程。业务起飞后，众安在线着力减少对主要股东旗下互联网平台的依赖，打造多样化的业务结构，开发了尊享系列健康保险等明星产品，提升了自身品牌的认知度。可以预见，公司未来通过自有平台获得的保费收入会进一步增加。

第三节　网　络　互　助

一、网络互助的诞生与发展

保险与科技的融合与创新在欧美国家和中国具有不同的表现形式：在欧美国家体现为 P2P 保险，在中国则体现为网络互助。网络互助是基于保险"人人为我，我为人人"的核心思想，利用互联网的信息撮合功能，将具有同质风险和相似保障需求的个体集合起来，通过协议实现个体之间风险共担的创新型保障模式。

2011 年 5 月，康爱公社（原名"抗癌公社"）成立，提出了"基于互联网的小额互保"的概念，是全国首家网络互助平台。其发起的公社规定会员免费加入，等待期为 1 年，当成员罹患癌症时，其他会员给予捐助。康爱公社成立后的三年内并没有得到资本的认可，直到 2014 年获得了天使基金的投资并开始团队化运营。2014 年 7 月，泛华金控旗下子公司点燃科技发起的"e 互助"上线运营，主要产品为抗癌互助计划，首次加入需预存 30 元，互助额度为 35 万元。其他的行业开拓者还包括夸克联盟（2015 年 3 月成立）、壁虎互助（2015 年 2 月成立）、众托帮（2016 年 3 月成立）、水滴互助（2016 年 5 月成立）等，都需要预存一定金额，才能成为会员。

2018 年，以蚂蚁金服推出"相互宝"为标志，各大互联网巨头纷纷涉足网络互助市场，它们凭借庞大的用户流量在短时间内迅速抢占市场份额。以参与分摊的人数为基准，超过千万级的网络互助平台包括蚂蚁金服旗下的相互宝、腾讯旗下的水滴互助、美团旗下的美团互助、轻松互助和众托帮。其他中小网络互助平台如康爱公社、e 互助、壁虎互助等的会员人数也超过百万。截至 2019 年年底，中国网络互助行业的总成员数量约 1.5 亿人，占中国人口总量的 10.7% 左右；2019 年全年领取互助金的成员约 4 万人次，分摊的互助金总额超过 50 亿元①。从赔付模式上来看，以相互宝和 e 互助为代表的互助平台采取给付制，即当会员罹患重大疾病时，按照协议规定的金额确定互助金；以水滴互助和轻松互助为代表的互助平台则采取报销制，按实际发生的医疗费用确定互助金。

根据蚂蚁集团研究院发布的《网络互助行业白皮书（2020 年）》，该研究院在 2020 年 3 月中旬通过支付宝问卷平台对网络互助进行了问卷调研。此次调研共回收 58 721 份有效问卷，调查结果显示：79.46% 的网络互助成员年收入在 10 万元以下，有 36.95% 的成员年收入在 5 万元以下；72.1% 的成员分布在三线及以下城市；约 87.07% 的成员表示有基础医保，68.40% 的成员表示没有购买商业健康保险；53.12% 的成员表示除自己以外，至少替一名家人参与了网络互助。不难看出，网络互助的会员群体主要集中在收入中等及偏低、医疗保障相对缺乏、重大疾病负担能力较低的人群，网络互助具有普惠金融的特征。

无论是国外的 P2P 保险，还是我国的网络互助，都可以实现从承保到赔付的整个业务流程的自动化，尽量减少人与人的直接接触。与之相比，传统保险公司主要依赖代理人、经纪人和银行网点销售保险。虽然国外的 P2P 保险和中国的网络互助都是保险与科技融合的产物，都是以"人人为我，我为人人"的风险共担思想作为发展业务的基础，两者之间仍存在一些差异。第一，P2P 保险的前两代模式并没有完全脱离保险公司的参与，并且经营 P2P 保险的平台需要申请保险公司牌照或保险经纪公司牌照，在现有监管规则下开展业务。中国的网络互助从业务模式上更像第三代 P2P 保险模式，它完全脱离了保险公司的参与，风险在成员之间分担，平台并不承担风险。第二，与国外 P2P 保险主要聚焦汽车保险的免赔额、房屋损失保险等赔偿金额有限的财产保险不同，中国的网络互助平台主要聚焦保障金额较大的健康保险。此外，国外 P2P 保险的群组规模较小，一般彼此熟悉，中国的网络互助平台充分发挥互联网的信息撮合功能，短时间内聚集大量具有相同保障需求的个体。阿里巴巴、腾讯、美团等互联网巨头的介入进一步放大了上述效应，旗下的网络互助平台的会员人数在短时间内迅速突破千万。第三，P2P 保险仍然沿用了传统保险"先缴保费，后享受保障"的业务模式，可以赚取死差益、费差益和利差益。与之相比，越来越多的网络互助平台采取"先免费加入，后分摊费用"的业务模式，网络互助平台收取一定比例的管理费。在这种模式下，网络互助平台只能赚取费差益，无法享有死差益和利差益。

二、网络互助的代表性平台：相互宝

2018 年 10 月 16 日，"相互保"在支付宝 App 上线，其全称为《信美人寿相互保险社相互保团体重症疾病保险》，由蚂蚁金服作为最大发起会员的信美人寿相互保险社承

---

① 资料来源：蚂蚁集团研究院：《网络互助行业白皮书（2020 年）》。

保。只要是年龄介于 30 天至 59 周岁、身体健康、芝麻分不低于 650 分的支付宝会员，都可以免费加入。① 如果成员遭遇重大疾病（99 种大病+恶性肿瘤）②，可以获得最高 30 万元的保障金，费用由所有成员分摊，"相互保"收取保障金额的 10% 作为管理费。每月 7 日和 21 日是公示期，14 日和 28 日是互助金及管理费分摊日。值得一提的是，原保监会副主席魏迎宁在 2019 年中国保险中介发展高峰论坛上提到，非寿险公司的管理费用将近 40%，人身险公司的管理费用将近 20%，而网络互助行业的管理费用基本保持在 8%~10%。可以说，更低的管理费用也是促使网络互助产品价格更低的因素之一。凭借支付宝平台的流量优势以及低门槛的加入方式，"相互保"上线仅 9 天便积累了 1 000 万用户。"相互保"一经推出便引发了保险界的广泛争论，焦点在于"先免费加入，后分摊费用"的模式，与传统保险"先缴纳保费，后享受保障"的模式完全不同。2018 年 11 月 27 日，信美人寿发布公告，称监管部门对其进行了约谈，并且对"相互保"的情况进行了现场调查。经调查后发现，"相互保"产品存在未按规定使用经备案的保险条款和费率、销售过程中对消费者进行误导性宣传、信息披露不充分等问题，要求其自 2018 年 11 月 27 日起停售。监管部门正式定性"相互保"不是保险，而是网络互助计划。支付宝也在同日发布公告，将"相互保"改名为"相互宝"，不再由信美人寿承保，而是由蚂蚁金服独立运营。暂时的挫折并没有阻挡相互宝的快速发展，截至 2020 年 3 月 27 日，相互宝的会员人数已经达到 1.052 9 亿，累计救助了 28 363 名罹患重大疾病的成员，募集互助金 40.42 亿元，平均每人获得互助金 14.25 万元。2020 年 11 月，相互宝人数达到峰值 1.058 0 亿。

图 10-3 展示了相互宝大病互助计划 2019 年 8 月第 2 期—2021 年 6 月第 2 期每期参与分摊的人数以及人均分摊金额的变化。③ 2019 年 8 月—2020 年 11 月，参与分摊的人数稳步上升；之后参与分摊的人数逐步下降，截至 2021 年 6 月第 2 期，参与分摊人数降至 8 208 万。人均分摊金额在 2020 年新冠疫情暴发初期出现短暂下降，但整体上呈稳步上升趋势：2019 年 8 月第 2 期，人均分摊金额为 1.44 元；2021 年 6 月第 2 期，人均分摊金额升至 6.54 元。

值得一提的是，相互宝从建立雏形到正式推出，在蚂蚁金服内部沉淀了近两年的时间，它的运营需要强大的保险科技作为支撑：信用评分体系的完善（芝麻分作为关键的准入条件）、人工智能技术的突破（理赔申请的自动化）、区块链技术的成熟（授权自动扣款）等。从流程来看，加入会员时，申请人直接在支付宝申请，系统结合申请人的芝麻分等条件对申请人进行风险评估后决定是否通过会员申请；参与分摊时，系统根据会员支付宝提供的扣款渠道实现自动扣款；罹患重病时，会员直接在网上提交材料（有效身份证件、疾病诊断证明书等），区块链技术的应用可以满足蚂蚁金服委托的第三方

---

① 最新版的规则对成员芝麻分的下限没有硬性规定，蚂蚁金服可以查询申请人的芝麻分，用于评估是否符合加入条件。

② 最新版的成员规则加入了 5 种特定罕见病。

③ 2019 年 8 月，相互宝进行了一次内部系统升级，升级前后的数据无法直接对比。

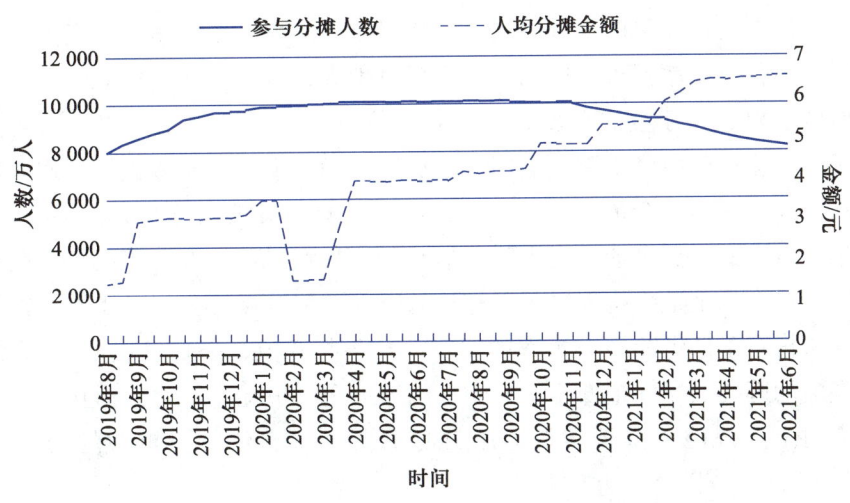

图 10-3　相互宝参与分摊人数与人均分摊金额的变化

公估机构看到申请人提交的材料，并对材料进行审核，审核通过后通过支付宝给付互助金。蚂蚁研究院在其发布的《网络互助行业白皮书（2020 年）》显示，相互宝已经基本实现了整个流程的线上化运行。

　　总的来说，相互宝作为中国的网络互助平台，其创新的业务模式具有如下优势：第一，尽可能多的个体数量。我们知道，大数法则是保险人计算保费的数理基础。当风险单位足够多时，保险人能够预测发生保险事故的数量，因为实际损失的结果会随着风险单位数量的增加无限接近从总体得出的预期损失的结果。然而，保险人面对的由被保险人组成的样本终究不是总体，每年的实际损失会围绕预期损失上下波动，这也体现出保险准备金的重要性。相互宝的思路是让参加会员的样本尽可能接近总体，从而让实际损失概率无限接近总体损失概率。第二，虽然是事后分摊，但是用户在加入相互宝会员时，需要同意《付款授权书》，授权蚂蚁金服代本人向支付宝发起扣款指令，从支付宝提供的扣款渠道中扣款。这样的模式能够尽可能保证罹患重疾的会员获得互助金。此外，事后分摊还省去了 P2P 保险模式下保险期结束后返还保费的步骤。第三，金融科技带来的额外信息能够很好地预测每位会员的风险水平。根据已有的关于 P2P 网络借贷的文献不难看出，网络足迹、申请人的相貌、文字描述的内容和语调等都可以很好地帮助 P2P 平台识别申请人的风险水平，这样的发现同样适用于相互宝。相互宝的成员规则中也提到，申请人应该知悉蚂蚁金服会通过公开渠道或合法的第三方机构（关联公司、保险机构、医疗机构、政府机关及其授权单位等）查询拟加入人的相关信息，用于评估是否符合加入条件。相互宝可以利用申请人在支付宝的相关数据和第三方数据预测他们的风险水平，有效减少信息不对称带来的逆向选择和道德风险，这说明了免费加入的背后是这些技术提供了强大的技术支撑和风控能力。

　　然而，相互宝的业务模式仍然存在一些潜在风险，也是监管部门关注的重点。第一，相互宝"先免费加入，后分摊费用"的模式意味着无法像传统保险公司那样积累准备金，用于应对疾病风险的上升以及某期赔付的突然增加。虽然相互宝庞大的会员数量能够让实际赔付发生率接近总体的预期疾病发生率，减少实际赔付的波动，但是这里有一个重要的前提是相互宝的会员数量需要保持稳定。假设相互宝的某期赔付金额增加，超出了部分会员的承受上限，这部分会员退出相互宝，继而造成下一期人均分摊金额的进一步增加，更多的会员退出相互宝，从而形成"分摊金额上升，部分会员退出；分摊金额进一步上升，更多会员退出"的恶性循环。第二，相互宝等网络互助平台并不是金融机构，没有像金融机构那样具有充足的资本。传统保险公司需要准备充足的资本来满足监管机构对于偿付能力充足率的要求。对于相互宝，一旦发生上述的恶性循环，有可能出现实际筹集的互助金低于需要支付的互助金的情况。此时，相互宝并没有明确说明如何应对上述风险，是否需要运用自身的资金来支付罹患重病的会员相应的互助金。

2021 年 12 月 28 日，相互宝发布公告，于 2022 年 1 月 28 日 24 时停止运行网络互助平台。在此之前，各大互联网巨头也相继主动关停网络互助平台：2021 年 1 月 31 日，美团互助宣布关停；2021 年 3 月 24 日，轻松互助宣布关停；2021 年 3 月 31 日，水滴互助宣布关停。截至 2024 年 10 月 30 日，中小网络互助平台如康爱公社、众托帮、e 互助仍在继续运营，但是大型互联网巨头的退出对于网络互助行业而言是一个巨大的打击。大型互联网巨头的退出固然受国家加强对平台经济的监管等因素的影响，也引发了我们对网络互助行业的盈利方式和业务可持续性等方面的深思。

第四节　数字保险的监管

一、国外监管部门对 P2P 保险的监管

随着 P2P 保险不断发展，其创新的业务模式也引发了监管层的关注。2017 年 6 月，欧盟正式确认由保险和职业养老金监管局负责保险科技市场的监管，并同意成立保险科技特别工作组。2018 年 6 月 23 日，监管局就保险科技公司的准入要求和潜在障碍发布调查问卷，征求各成员国的建议。2019 年 6 月，欧洲保险和职业养老金监管局发布报告，为欧盟各成员国如何监管保险科技市场、准入保险科技公司提供指导，尤其对 P2P 保险进行了分析与讨论。欧洲保险和职业养老金监管局认为，对保险科技市场的监管应遵循公平性（level playing field）、相称性（the principle of proportionality）、技术中性（technological neutrality）的原则，以维护保险消费者合法权益和市场稳定为核心目标，实行以业务为基础的监管。无论是传统保险公司还是新兴的保险科技公司，都应适用统一的监管法规，监管机构不应区分对待，应采取"相同业务、相同风险、相同规定"的准则。不管是什么类型的公司，监管层应首先分析开展的业务是否属于保险的范畴，若属于，则按具体业务对应的法规要求采取准入和监管措施。对于 P2P 保险的第一代

和第二代模式，监管局认为应该分别按照《保险销售指令》（insurance distribution directive）和《第二代偿付能力指令》（solvency II directive）进行监管。然而，对于前两种模式，监管局也承认新成立的保险科技公司可能在满足相应的监管要求方面存在困难。尤其是对于采用第二种模式的保险科技公司，需要按照《第二代偿付能力指令》的规定申请保险公司牌照，筹集足够的资本来满足偿付能力方面的要求。监管局认为，监管规定应该坚持以保护消费者利益和金融稳定为目标，对不同类型的企业一视同仁。保险科技公司可以根据自身规模，先申请中小型保险公司的牌照，后面随着业务的开展，逐步发展壮大。对于 P2P 保险的第三代模式，监管层进行了更多的分析与讨论，因为此类公司将自己定位为技术服务商，不承担任何风险，它们认为不应该按照保险公司或者保险经纪公司的标准来申请牌照。然而，监管局从开展业务的角度出发，认为它们经营的业务本质上确实是满足消费者的保险需求，而且有可能出现成员无法获得赔付的情况，无法保证消费者的合法权益。鉴于此，监管局对是否应该修改保险和保险合同的定义展开讨论，从而将此类企业开展的"类保险"活动纳入监管框架。

二、我国对互联网保险业务的监管

在中国互联网保险业务快速发展的同时，监管部门也陆续出台了相关的政策法规。2011 年 9 月 20 日，原保监会发布《保险代理、经纪公司互联网保险业务监管办法（试行）》，明确规定了保险代理公司、保险经纪公司开展互联网保险业务的条件，为之后慧择保险网、支付宝保险平台等互联网保险销售平台的出现奠定了基础。2014 年 8 月、2015 年 7 月、2016 年 8 月，国务院、中国人民银行等十部委、原保监会先后发布《关于加快发展现代保险服务业的若干意见》《关于促进互联网金融健康发展的指导意见》《中国保险业发展"十三五"规划纲要》，明确支持保险公司开展互联网保险业务，促进保险业销售渠道和产品的创新。2015 年 7 月 27 日，原保监会发布《互联网保险业务监管暂行办法》，首次给出了互联网保险的定义，对保险机构和第三方网络平台开展互联网保险业务设置了明确的准入条件。2016 年是互联网保险监管的重要转折点，监管部门注意到机构开展互联网保险业务存在不规范的情形，态度由之前的鼓励发展转变为加强监管和控制潜在风险。2016 年 1 月 29 日，原保监会发布《关于加强互联网平台保证保险业务管理的通知》，要求保险公司在互联网信贷平台开展保证保险业务时严格选择互联网平台，并加强保证保险的产品管理。2016 年 10 月 13 日，原保监会联合其他 14 个部门发布《互联网保险风险专项整治工作实施方案》，重点整治互联网保险高现金价值业务、保险机构依托互联网跨界开展业务、非持牌机构违规开展互联网保险业务。2020 年 6 月 30 日，原银保监会发布《关于规范互联网保险销售行为可回溯管理的通知》，详细规定了保险机构在自营网络平台上销售页面的内容，要求保险机构记录和保存投保人和被保险人在销售页面上的操作轨迹，以及保险机构在投保期间通过在线服务体系向投保人解释说明保险条款的有关信息。2020 年 12 月 14 日，原银保监会发布

《互联网保险业务监管办法》，2015 年发布的《互联网保险业务监管暂行办法》同时废止。

三、我国网络互助行业的监管挑战

自从网络互助诞生以来，其区别于传统保险的业务模式引发了激烈的争论，监管层也注意到网络互助行业发展初期，某些平台存在盲目扩张、诱导消费者以及承诺刚性兑付等问题，并实施了一系列的监管措施。2015 年 10 月 28 日，原保监会发布《关于"互助计划"等类保险活动的风险提示》，指出部分"互助计划"借助保险名义进行宣传，极易造成保险消费者将其与保险产品混淆。此类互助计划虽然与相互保险形式类似，但与真正的相互保险存在显著差异。此外，相应的互助平台并不具备合法的相互保险经营资质，没有保险牌照，保监会提醒消费者提高警惕，注意风险。2016 年 5 月 3 日，原保监会有关部门负责人就"夸克联盟"等互助计划有关情况答记者问，再次强调推出网络互助的平台不具备保险经营资质或保险中介经营资质，互助计划不是保险产品。相关平台在开展业务活动和宣传的过程中，不能使用保险术语，承诺责任保障，不得非法建立资金池。2016 年 10 月 13 日，原保监会在其网站发布关于印发《互联网保险风险专项整治工作实施方案》的通知，提出要重点查处非持牌机构违规开展互联网保险业务，以及互联网企业未取得业务资质依托互联网开展保险业务等问题。2016 年 12 月 20 日，原保监会发布《关于开展以网络互助计划形式非法从事保险业务专项整治工作的通知》，要求各保监局排查当地网络互助平台是否存在违规使用保险术语、诱导公众产生刚性赔付预期、以保险费名义向社会公众收取资金并非法建立资金池等行为，对存在上述行为的网络互助平台责令其限期整改。

从原保监会发布的一系列要求不难看出，监管层对网络互助的定性非常明确：网络互助不是保险，网络互助平台不具备保险经营资质或保险中介经营资质。从业务模式的角度分析，我国的网络互助和国外的第三代 P2P 保险模式更为接近，我国和国外的监管层面临相似的问题，即如何定性上述模式。2019 年 6 月，欧盟保险和职业养老金监管局在发布的有关保险科技最佳实践的报告中，对第三代 P2P 保险模式进行了深入的讨论，提出了多种可能的路线，比如，通过拓展保险和保险合同的定义将此类模式纳入监管、通过制定单独的 P2P 保险监管规定将其纳入监管等。无论是哪种方案，欧盟保险和职业养老金监管局的目标是将 P2P 保险的所有业务模式全部纳入监管。与之相比，我国的监管机构对待网络互助的态度稍有不同，一开始明确表示网络互助不是保险，网络互助平台不具备保险经营资质或保险中介经营资质。上述监管表态带来的问题是：网络互助应该由谁监管、如何规范？在整治网络互助平台的五年后，监管层仍然没有出台网络互助行业的监管条例或者其他监管措施，网络互助行业一直处于监管的真空状态。

从 P2P 网络借贷行业的监管经验来看，似乎更好的处理方式应该是尽快出台对网络互助行业的监管准则，明确业务边界，避免出现像 P2P 网络借贷平台那样全部退出的情况。与 P2P 网络借贷行业类似，网络互助行业确实存在一些问题平台将网络互助与保险混淆、违规承诺责任保障、非法建立资金池等情况，但与此同时，很多正规平台确实在坚持网络互助"人人为我，我为人人"的核心思想，将网络互助打造成分散疾病风险的重要渠道。

从业务模式上判断，网络互助体现了传统保险的一些特征，可以被归纳为一种类保险业务。第一，网络互助是为了满足消费者的风险保障需求而诞生的产品，其沿用了传统保险"人人为我，我为人人"的思想。第二，传统保险经营的主要准则大数定律在网络互助中仍然成立，尤其是对于如相互宝这样的大平台而言，甚至比传统保险公司更能满足大数定律的条件。虽然网络互助从"形式上"不能完全符合保险的运营规律，但从"实质性"金融监管的角度来说，网络互助平台的监管主体应该为原银保监会，即现在的国家金融监督管理总局。值得注意的是，网络互助与传统保险中的相互保险更为类似，鉴于中国相互保险业远远落后于其他主要国家相互保险业的事实，引导网络互助行业的健康发展有助于培养消费者的互助意识，帮助相互保险实现更快发展。此外，网络互助具有门槛低、分摊费用低、过程透明等特点，具有普惠金融的特征，可以对社会保障起到很好的补充作用。2020 年 2 月，《中共中央　国务院关于深化医疗保障制度改革的意见》颁布，明确表示"支持医疗互助有序发展"，并指出"到 2030 年，全面建成以基本医疗保险为主体，医疗救助为托底，补充医疗保险、商业健康保险、慈善捐赠、医疗互助共同发展的医疗保障制度体系"。规范和发展网络互助行业，有助于上述医疗保障制度体系的实现。

本章小结　　数字保险基于传统保险"人人为我，我为人人"的核心思想，结合数字化技术，提高了保险公司经营的效率，并创造了新的业务模式，减少了股份保险公司中被保险人和保险人利益不一致的问题，增强了被保险人的参与程度。然而，新的业务模式也给监管带来了新的挑战，非常考验监管部门的智慧。

即测即评

复习思考题　　1. 国外的健康保险一直存在覆盖率不足、保费高昂等问题，国外是否可以借鉴中国网络互助的业务模式为健康保险提供可供选择的替代方案？

2. 中国的保险机构如何解决互联网保险业务中高度依赖第三方平台的问题？

3. 中国的相互保险行业如何借助数字保险的发展提升自身的市场份额？

第十一章

数字货币

在数字技术的基础上，一些新型货币逐渐涌现，本章将其统称为"数字货币"（digital currency）。具体而言，当前讨论较多的数字货币包括三个类别：第一类是传统加密资产，即基于区块链等加密技术的资产，又被称为"虚拟货币"或"加密货币"，以比特币为代表。传统加密资产的价值波动剧烈，具有较高的金融风险，因此我国严格打击比特币挖矿与交易行为。第二类是稳定币，是一种特殊的加密资产，在加密技术的基础上增加了币值稳定机制，因此具有价值相对稳定的特点，以泰达币与 DAI 为代表。第三类是央行数字货币，即中央银行所主导发行的数字化法定货币，以数字人民币为代表，目前仍在研究与试点阶段。

本章围绕数字货币的发展历程，介绍了区块链、分布式记账、非对称加密、数字签名、币值稳定机制等具体原理。具体地，第一节介绍以比特币为代表的传统加密资产，包括其哈希函数、区块链、分布式记账、共识机制、工作量证明等内容；第二节简介稳定币的发展情况与币值稳定机制；第三节综述央行数字货币的国际进展与中国实践。

第一节　传统加密货币

比特币（Bitcoin）是最广为人知的加密货币，它诞生于 2009 年。自此之后，多种加密货币出现在市场上，它们通常采用与比特币类似的机制设计，被统称为竞争币（Altcoins），如以太币、莱特币、瑞波币等。比特币与竞争币都具有早期加密货币的共同特点：应用了相似的密码学原理、具有相似的发行与流通机制、币值波动都较为剧烈。我们将这类加密货币统称为"传统加密货币"。2014 年，一些新型加密货币开始采用特定的币值稳定机制，在一定程度上缓解了传统加密货币"币值波动剧烈"的问题，我们将这些新型加密货币称为"稳定币"。本节将集中介绍传统加密货币的运作机制，稳定币的具体内容将在下一节阐述。

截至 2021 年年底，加密货币的市场规模已经高达 2.6 万亿美元，占全球金融资产的 1%，成为一种不可忽视的新型资产。在设计理念上，加密货币旨在创造一种去中心化的货币，替代中央银行与商业银行体系，用加密技术实现货币发行与流通交易。因此，本节将主要阐述加密货币如何用加密技术替代现有银行体系。由于比特币是目前规模最大、价格最高也最广为人知的加密货币，下文将主要以比特币为例，介绍加密货币的三个常见属性与对应的加密技术。

一、去中心性：分布式账本与区块链

（一）账本与双花问题

支付体系的本质是一个记录货币产生、交易与销毁的数据库。[①] 这个数据库可以被通俗地称为"账本"。对于数字化支付体系而言，账本至关重要，其意义在于避免"双花问题"（double spending），即某人将自己的同一笔钱支付给甲时，就不可以再将这笔钱支付给乙。在非数字化的实体货币中，双花不具备可操作性，毕竟一张纸币在支付给甲的同时就不能再支付给乙，但在数字化的货币体系中，双花具备可操作性。例如，仅持有 100 元的某用户可以发起两笔支付，先支付给甲 100 元，再支付给乙 100 元。此时要避免"双花问题"，就需要在每笔交易发生前都查阅历史交易记录，即查阅账本。如果账本上记录某用户已经把一笔钱支付给甲，那么当该用户再用同一笔钱向乙支付时，该交易就应被判为无效交易。

（二）去中心化的账本

在银行体系中，银行是权威第三方，用一种"中心化"的方式查阅和更新账本，普通用户不需要查阅和更新账本，如图 11-1 所示。与银行体系不同，加密货币体系中不依赖于权威第三方，因此需要一种"去中心化"的方式来查阅和更新账本，即每位加密货币用户都可以查阅、更新账本，如图 11-2 所示。

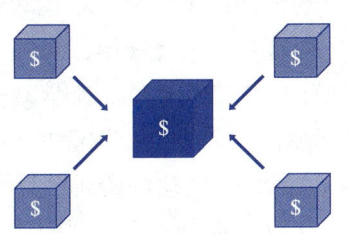

图 11-1　中心化金融体系示意图

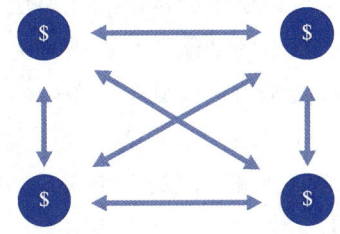

图 11-2　去中心化金融体系示意图

因此，对比银行体系，加密货币的账本具有"去中心化"的特点：每位用户都可以保存并查阅所有的交易历史，每位用户都可以判断新发生的交易是否有效，每位用户都可以更新自己所保存的账本，得到最新的完整交易历史。

---

① 此概念界定来自于 Gary Gensler 在 MIT 开设的课程 blockchain and money 的讲义第二章第 16 页，原文为"Payment systems are a method to amend and record changes in ledgers for money"。

（三）账本的数据结构——区块链

如前文所述，账本即支付体系的数据库，记录货币的产生、交易与销毁过程。那么，对于加密货币的账本而言，怎样的数据结构更有助于实现去中心化的运作呢？或者说，怎样的数据结构更有助于每位用户查阅账本呢？区块链就是符合条件的这种数据结构，它的正式名称叫作"带有哈希指针的链表"。下面，我们将分别解释区块、哈希、指针和链表。

区块是区块链的主要组成部分，英文名称为 block。它是过去一段时间内交易信息的集合。在比特币的账本中，大约每十分钟增加一个新区块，因此每个区块会包含过去十分钟的交易信息。

哈希是指哈希函数（hash function）。如果用 x 表示输入数据，用 hash( ) 表示哈希函数，则函数输出值为 $y=\text{hash}(x)$，这里的 y 又称哈希值（hash value）。其中，x 可以包含非常丰富的内容，也可以非常简单，无论 x 有多短或多长，哈希函数都可以生成固定长度的哈希值。在比特币中，x 是一个区块中的所有交易信息，y 是该区块对应的哈希值。比特币的区块链使用了 SHA-256 这种哈希函数，因此每个区块对应的哈希值都是256 位，如表 11-1 所示。

表 11-1　输入数据和 SHA-256 哈希值举例

输入数据	SHA-256 哈希值
1	0x6b86b273ff34fce19d6b804eff5a3f5747ada4eaa22f1d49c01e52ddb7875b4b
2	0xd4735e3a265e16eee03f59718b9b5d03019c07d8b6c51f90da3a666eec13ab35
Hello，World！	0xdffd6021bb2bd5b0af676290809ec3a53191dd81c7f70a4b28688a362182986f

区块并不是杂乱排列或者按照简单顺序排列的，不同区块之间通过"指针"相链接，用指针说明不同区块的先后次序，这就是链表的数据组织方式。在区块链中，哈希值充当了指针的功能，因此被称为"哈希指针"。从第一个区块开始，对区块 1 中的交易信息取哈希值，得到第 1 个哈希值；然后，把这个哈希值放在第 2 个区块的开头，再将"第 1 个区块的哈希值"与"第 2 个区块的交易信息"一起作为区块 2 的内容，一起取哈希值，得到"第 2 个区块的哈希值"；再将"第 2 个区块的哈希值"放在第 3 个区块的开头，与第 3 个区块本身记录的交易信息一起取哈希值，得到"第 3 个区块的哈希值"，以此类推。这样一来，所有的区块都会跟上一个区块通过"哈希值"联系在一起，形成一个链接的表，因此被称为"链表"，而哈希值在这条链表中充当了"指针"的角色，因此也被称为"哈希指针"。如图 11-3 所示。

区块链作为"带有哈希指针的链表"的数据结构，最大的优势就在于防止篡改、便于验证。只要任何一个区块中出现了任何数据的篡改，那么这个区块的哈希值就会变化，这个区块后面所有区块的哈希值也会相应变化。区块链的用户不需要去对照账本中的交易细节，只要发现最后一个区块的哈希值发生了变化，就能够立刻知晓区块数据被

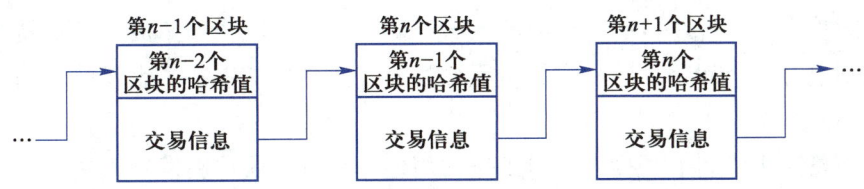

图11-3　哈希指针和链表结构

篡改了；而且用户不需要去细致寻找篡改的位置，只需要确认是从哪个区块开始出现了哈希值的变化，就可以确定哪部分交易记录被篡改。去中心化的支付体系没有第三方权威来维护交易记录，需要每位用户都参与账本的维护与验证。用区块链这种数据结构来记录交易信息，能够帮助普通用户快捷、方便地验证账本，因此可以更好地避免账本被篡改，保证了交易历史的真实有效。

二、通缩性：账本更新与共识机制

（一）共识机制与挖矿

在传统货币体系中，银行负责发行新币与记录新增交易；在加密货币体系中，新发货币与新增交易均记录在区块链中，加密货币以去中心化的方式完成"账本更新"。第一，每个用户都可以竞争参与记账，竞争成功者可以发布新的区块，并获得奖励。新的区块上会记录新增交易，而奖励就是最新发行的加密货币。第二，竞争规则是所有用户都接受并遵循的。在对于记账权与新币奖励的竞争中，被所有用户共同接受的竞争规则被称为"共识机制"。

不同的加密货币可以采用不同的共识机制。当前，主要的共识机制有以下两种。

1. 工作量证明（proof of work consensus model，POW）

工作量证明这一共识机制，要求用户去求解一道计算量较大的待解问题。待解问题的特点是，知道答案前难以计算，公布答案后易于验证。最先解出答案的用户，将发布自己的答案，其他用户进行验证。如果答案正确，该用户就竞争成功，获得了发布新区块的权利，也赢得了新发货币奖励。

该共识机制叫作"工作量证明"，是由于"知道答案前难以计算"这一特性。难以计算的特性意味着没有捷径，经验的积累、知识的拓展、技巧的应用都无助于求解过程，待解问题只能利用暴力求解法，通过多次试错来获得答案。最先解出答案的用户，通常是试错次数较多、运气较好而最早试出答案的用户，因此正确的答案就证明了该用户付出的工作量。

工作量证明的共识机制有两个好处：一是该机制以"工作量"为记账权设置了门槛，避免了用户随意更改账本、发布区块；二是该机制的竞争胜出者具有一定的随机性，求解成功的概率不受用户经验影响，因此避免了特定用户垄断记账权。另外，题目难度随用户整体算力而调整，即算力较高时题目难度增大，算力较低时题目难度减小，以确保不同算力下每个题目的计算时间大致相同，使不同区块的生成时间保持稳定。不过，该机制也有一个问题，就是求解过程本身没有意义，却消耗了大量的人力、电力资源，能耗高而效率低。

在工作量证明机制下，投入大量工作的用户才有可能获得新发货币的奖励，大量工作类似于"沙里淘金"，新发货币则相当于奖励的"金子"。因此，在工作量证明的共识机制下竞争记账权并获得新发货币的过程，又被称为"挖矿"。

2. 权益证明机制（proof of stake consensus model，POS）

权益证明机制根据用户的利益相关程度来分配记账权。拥有更多加密货币、更频繁使用加密货币、使用加密货币时间更长的用户，与加密货币体系更加利益攸关，会更希望货币体系顺利运转、更惧怕货币体系崩溃。因此，权益证明机制通过随机抽样、投票或其他机制，使利益更为攸关的用户有更大的概率获得记账权，即发布新区块并获得新发货币奖励。

在权益证明的共识机制下，用户不需要付出大量的工作量，因此没有"挖矿"的过程。

（二）比特币的发行规则与通缩属性

比特币采用了"工作量证明"的共识机制，即用户需要付出大量工作来破解问题，最早解出正确答案的用户获得记账权，能够发布最新区块，并因此获得新发比特币的奖励。这一过程中，新发比特币的奖励以工作量为前提，因此也被称为"比特币挖矿"。比特币的发行与交易记录的更新，均在新区块的发布过程中实现。

根据比特币的共识机制，其发行过程具有以下三个特点：

第一，通过区块链奖励发行新货币。所有新发货币都与新区块一起产生，新发货币定向发行给最早解题成功的用户，作为该用户的记账奖励。

值得注意的是，发布新区块的用户奖励由两部分构成：一是新发货币奖励；二是其他新增交易的用户所提供的"交易手续费"，用以激励有意记账的用户将新增交易尽快记录、发布。在比特币发展初期，新发货币奖励是发布新区块的用户奖励的主要构成部分，随着时间的推移，第二部分逐渐主导了发布新区块的用户奖励。

第二，新发货币奖励的减半规则。第一新区块的新发货币奖励为 50 个比特币，每新建 210 000 个区块（耗时约 4 年），奖励减半。

第三，限制总量。比特币一共有 2 100 万枚。在发行够 2 100 万枚比特币后，新发区块的新发货币奖励将降低为零。

比特币的总量限制和奖励减半规则，使其具备了一定的"通缩属性"。在比特币需求增加的情况下，比特币的供给增速逐渐下降，无法跟上需求增速，就会导致比特币供不应求，价格上涨。需要指出的是，大多数其他加密货币都没有总量限制，也没有奖励减半的机制，因此不会具有类似的通缩属性。

三、匿名性：交易验证与数字签名

在银行体系中，交易过程依赖于对用户身份的验证。在设立账户之前，银行要了解与调查用户的真实身份，以满足 KYC（know you customer）原则。在交易中，用户需要输入预先设置的密码，以确认使用者为用户本人，从而避免其他人滥用某个用户的账户。

然而，交易过程依赖于对用户身份的验证，意味着交易无法匿名进行，这在一定程度上会影响用户的隐私权利。早在 1992 年，美国伯克利大学的密码学家 Eric Hughes 和两位计算科学家 John Gilmore、Tim May 就意识到了这个问题。他们共同邀请了 20 位程序员与密码学家，发起了"密码朋克（Cypherpunk）"运动，号召大家运用密码学原理构建一套电子支付体系，从而确保使用者的隐私权利。Eric Hughes 在 1993 年发布了密码朋克宣言，明确提出身份认证影响了交易的隐私权利。宣言中提出两个理念，指导了后面若干年加密货币的创建与发展方向。第一个理念是，要保障隐私权利，就需要建立绝对匿名的支付体系。第二个理念是，用开源的代码建立去中心化的支付体系，替代以银行为核心的中心化支付体系。

为了实现隐私保护，加密货币用加密技术替代了身份认证，这是加密货币的名称中有"加密"二字的原因。具体而言，加密技术大致分为两类，即对称加密和非对称加密，加密货币交易主要依赖于非对称加密技术，特别是其中的"数字签名"技术。因此，本节将依次介绍非对称加密、数字签名、比特币账户的设立与交易。

（一）非对称加密与密信传输

加密技术是指"利用密钥来加密和解密的技术"，通常应用于有保密要求的信息传输，也可以在一定程度上保护隐私。

早期的加密技术以对称加密为主，即加密和解密均使用相同的密钥。具体而言，发信方将需要传输的信息原文（又称"明文"）用密钥加密，形成普通人无法理解的"密文"，把密文传送给接收方；接收方用密钥将密文进行解密，得到可以理解的明文，进而阅读信息。比如，一个简单的密钥可以是"按照字母表顺序把英文字母挪动一位"。即若明文是"meet at nine"，那么密钥会把每个字母都换成后一位的英文字母，如 m 换成它后面的字母 n、e 换成它后面的字母 f，则对应的密文就是"nffu bu ojof"。在现实应用中，以电影《小兵张嘎》的情景为例，如图 11-4 所示，如果老钟叔把"meet at nine（9 点见面）"发送给嘎子，一旦敌方窃听者截获信息，老钟叔和嘎子就面临危险。但如果老钟叔先用密钥加密，只把密文"nffu bu ojof"发送给嘎子，即便被窃听者截获密文，也无法马上理解密文的含义，老钟叔和嘎子的安全就得到了保障。

不过，在这个过程中，密钥需要妥善保存、不可泄露，即密钥必须是发信方（老钟叔）和接收方（嘎子）之间的秘密。要确保密文难以破解，必须首先确保窃听者不知

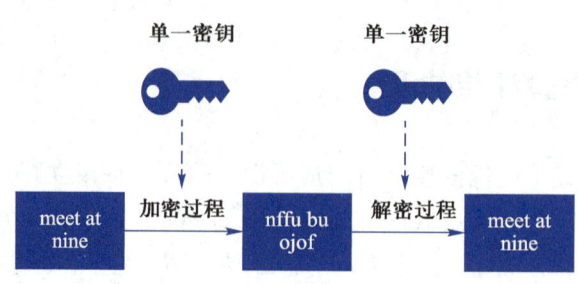

图 11-4　对称加密示意图

道密钥。这就是对称加密的原理、应用与局限。

显然，对称加密并不适用于加密货币的交易过程。在加密货币交易中，每个交易都需要被全体用户共同见证，需要在分布式的多个账本上记录，因此每个用户都有双重诉求：既要获知交易信息的真实内容，又要保障自己的身份信息不被暴露。这样的双重诉求，需要使用"非对称加密"技术。

在非对称加密体系中，加密与解密使用两个不同的密钥，其中一个可以对外界公布，叫作公钥；另外一个需要私下妥善保存、不可泄露，叫作私钥。这两个密钥具有对应关系，类似于数学上的互为反函数——公钥加密所得的密文，用私钥可以解密；私钥加密所得的密文，用公钥可以解密。在前面的例子中，嘎子作为接收方，他的公钥可以直接对外公布，不仅发信方（老钟叔）知道，敌人窃听者也可以知道；这个公钥所对应的私钥，则需要严格保密，只有嘎子自己知道。地下党老钟叔想发送信息给嘎子，需要先用嘎子的公钥把信息加密，如图 11-5 所示，"9 点见面"会变成类似于"2 * 7ab8poml"的一串难理解的字符，老钟叔把这串字符发给嘎子；嘎子收到后，用自己的私钥解密，就可以破解得到"9 点见面"的信息。敌方窃听者即便知晓嘎子的公钥，也截获了"2 * 7ab8poml"字符串，但窃听者没有嘎子的私钥，还是没办法破解。

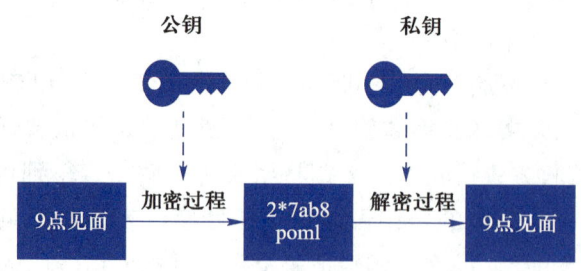

图 11-5　非对称加密示意图

以上密信发送的应用是非对称加密最简单的应用形式，上述过程已经初步具有了匿名支付体系的特征：一方面，信息隐私安全得以保证；另一方面，公钥本身还具有公开性，公钥不需要局限于收发双方，而是可以对外界公布——不仅老钟叔可以给嘎子发送加密的信息，所有人都可以获知嘎子的公钥，进而给嘎子发送加密信息。

不过，在密信发送中，密信的具体内容是被保护的隐私内容；而在加密货币交易中，用户的交易信息需要公开，并不是保密内容。因此，具体在加密货币的交易中，非对称加密不是以"密信发送"的形式应用的，而是以"数字签名"的形式应用的。

（二）非对称加密与数字签名

在理解非对称加密机制的基础上，本小节介绍数字签名的应用形式。密信传输是用加密技术将信息内容保密，数字签名则是将信息内容公开，用加密技术来确认发信人的身份。如图 11-6 所示，仍以小兵张嘎为例，在密信传输中，其他人是发信方，用嘎子的公钥加密信息，嘎子是信息接收方，用私钥解密信息——只有拥有自己私钥的嘎子能够破解密信内容，该过程做到了信息内容的对外保密；在数字签名中，嘎子变为发信方，用自己的私钥加密，其他人是接收方，用嘎子的公钥解密——若该信息能够被嘎子的公钥破解，则该信息一定是用嘎子本人的私钥加密所得，由此可以确认发信人的身份。数字签名被广泛应用于发送公开信息的过程，用于验证该信息的发送者身份，并确保该信息未被篡改。

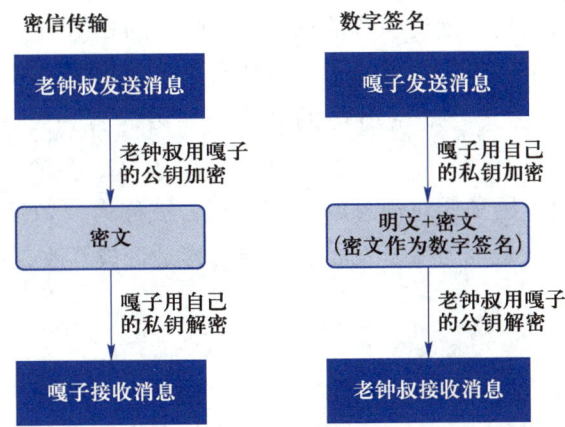

图 11-6　非对称加密与数字签名应用示意图（以小兵张嘎为例）

具体而言，如图 11-7 所示，嘎子想对外发布一条信息，告知所有的比特币用户，他将自己持有的 3 个比特币转给了老钟叔。那么，在这个过程中，为了维护整个比特币交易系统的真实可靠，其他比特币用户会担心两件事：第一，冒充问题。这条信息是不是嘎子发布的？比如，有可能嘎子需要自己保管比特币，不需要对老钟叔转账，但敌人伪造了一条信息，自称嘎子来发布虚假的转账信息。第二，篡改问题。嘎子发布的信息有没有被篡改？比如，有可能嘎子想把 3 个比特币转给老钟叔，但有敌人想办法篡改了这条信息，把 3 个币改成了 1 个币。

为了避免篡改问题和冒充问题，嘎子可以采用"数字签名"技术——嘎子在发布交易信息的同时，用自己的私钥对信息进行加密[①]，把密文和明文一起发布。其他用户同时收到两份信息后，就可以用嘎子的公钥对密文解密，将解密的明文与原始明文对照

---

① 实际操作中，被加密的内容是消息的"哈希值"，但这并不影响对数字签名的理解，因此本节从简处理。

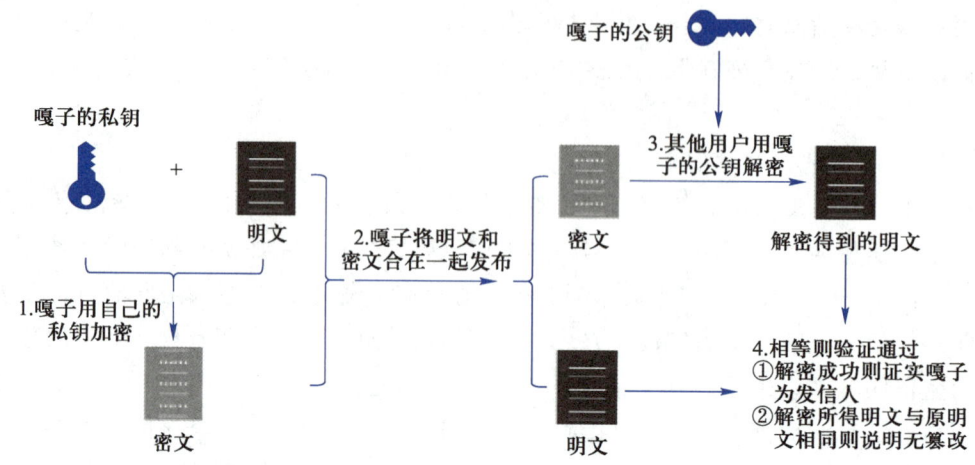

图 11-7　数字签名及验证过程（以小兵张嘎为例）

验证，内容一致则排除了上述两个问题。第一，排除冒充问题。其他用户用嘎子的公钥对密文解密，如果解密成功，则说明该消息确实为嘎子的私钥加密所得。既然只有嘎子知道自己的私钥，这一信息就只能是嘎子亲自加密的，因此能排除冒充问题。第二，排除篡改问题。对照信息明文与解密所得的内容，如果内容一致，说明该信息没有被篡改。

在上述过程中，嘎子用私钥对消息的加密过程，被称为"数字签名"。这种技术可以帮助其他用户验证消息是否为嘎子发布、发布内容是否被篡改，从而避免冒充问题与篡改问题。

（三）比特币账户的设立与交易

比特币账户在设立与交易中，就应用了数字签名这种非对称加密技术。数字签名替代了银行体系的身份验证，完全依靠公钥和私钥来确保交易的真实可靠。

比特币账户的设立，就是某个用户生成公钥、私钥的过程。与银行体系相对应，比特币系统中的账户名、账户账号都用公钥来表示，而交易密码则用私钥来表示。在银行体系中，账户和账户名是可以对外公开的，而密码只有用户自己知道；在比特币系统中，公钥是可以公开的，而私钥只有用户自己知道。

上述过程保证了比特币交易的匿名性。用户的真实身份并不重要，公钥本身就代表身份。一旦有了公钥和私钥，用户就可以利用公钥和私钥来参与比特币的交易。有很多软件、平台、算法可以帮助用户生成私钥、公钥，因此这一过程非常易于操作，没有门槛，任何用户都可以获取，并且在获取过程中不要求提供用户的个人信息，如姓名、所在地、性别、年龄等。同一个用户可以同时生成很多对公钥和私钥。在比特币交易体系中，每个公钥就代表了用户的交易姓名。除了用户的公钥，交易系统不会留下用户的其他个人信息，因此保证了交易的匿名性。

在比特币交易中，与银行的验证类似，交易系统要验证三个要点，才能确认一笔交易的真实有效：第一，资金充足问题，用户的钱是否足；第二，冒充问题，是不是用户本人发送的消息；第三，篡改问题，用户是否要转这么多钱。与银行系统不同的是，比特币交易系统的验证不是由第三方权威完成的，而是每个用户都有验证的权利。其中，第一个要点通过区块链技术和分布式记账已经得到了解决，即每位用户都可以看到比特币创立以来的完整交易过程，因此确知每个账户现持有多少比特币。第二、第三个要点都是通过数字签名来解决的。

需要额外说明的一点是，由于公钥的字符长度远远超过普通银行账户的账号长度，比特币系统为了简化公钥，采用了特定的流程来生成一个较短的比特币地址，且每个公钥都可以对应生成唯一的比特币地址。在实际的比特币转账过程中，大家所应用的账户名和账号就是比特币地址。在实际的验证过程中，大家要验证的内容不仅包括冒充问题和篡改问题，还要验证公钥与比特币地址是否具有对应关系。不过，这一过程较为烦琐，也不影响对加密货币交易过程的理解，因此不在此处展开说明。

四、争议与监管

以上就是对传统加密货币原理的简单介绍：通过区块链的数据结构实现去中心化记账，通过工作量证明的共识机制实现账本更新，通过数字签名的技术手段实现匿名交易。在具体的共识机制中，比特币设定了总量有限、新币发行速度每四年减半的特征，导致了一定的通缩属性；其他传统加密货币的共识机制往往不采用总量有限的设定，因此也不必然具备通缩属性。

鉴于比特币的价格波动剧烈，比特币的功能定位有较多争议，主要的争议焦点在于：它是可以作为交换媒介的合格货币，还仅仅是一种投机性资产？有一些研究认为比特币具有货币属性。比如，Schilling 和 Uhlig（2019）研究比特币的投机行为，并发现剧烈的价格波动不会丧失比特币作为交换媒介的功能。Hui 等（2020）聚焦于比特币的汇率动态性，发现比特币同时具有货币和加密资产的属性，可以视为二者的组合。也有若干研究提出了相反观点。例如，Gandal 等（2018）发现，因为比特币交易市场缺乏监管，比特币价格很容易受到操纵。White 等（2020）也指出，比特币未能执行记账单位的必要功能。Cheah 和 Fry（2015）甚至认为，比特币只是一个泡沫，其基本价格为零。事实上，当比特币的价格剧烈波动时，比特币持有者无法将其用于交易。总体来看，以比特币为代表的传统加密货币更像是一种投资资产甚至投机资产，并不是真正的货币。

考虑到传统加密货币波动大、风险大，我国为了维护金融稳定、保护社会公众的财产权益，一直对虚拟货币进行严格的监管。早在 2013 年，中国人民银行、工业和信息化部、原银监会、中国证监会、原银保监会即联合印发了《防范比特币风险的通知》，其中明确说明"比特币应当是一种特定的虚拟商品，不具有与货币等同的法律地位，不能且不应作为货币在市场上流通使用"，明确禁止各金融机构和支付机构提供与比特相关的服务。2021 年 9 月，为进一步防范和处置虚拟货币交易炒作风险，中国人民银行等十部门联合发布《关于进一步防范和处置虚拟货币交易炒作风险的通知》，再次明确虚拟货币的性质——"比特币、以太币、泰达币等虚拟货币具有非货币当局发行、使用加密技术及分布式账户或类似技术、以数字化形式存在等主要特点，不具有法偿性，不应且不能作为货币在市场上流通使用"，同时再次明确"虚拟货币相关业务活动属于非法金融活动"。

在警惕加密货币本身风险的同时，我国对其所衍生的相关技术则积极布局。习近平在中央政治局第十八次集体学习时强调，"把区块链作为核心技术自主创新的重要突破口，明确主攻方向，加大投入力度，着力攻克一批关键核心技术，加快推动区块链技术和产业创新发展"。因此，本章的学习重点在于加密货币的基本原理，而非传统加密货币本身。

第二节 稳 定 币

稳定币是指价格相对稳定的加密货币，其价格锚定于特定的资产。例如，规模最大的稳定币 USDT 的价格锚定于美元，1 单位的 USDT 预期可以兑换 1 单位美元。自 2019 年以来，稳定币的使用规模迅速扩大。2020 年，稳定币的总交易量已超过美国最大的第三方支付服务商 PayPal。

一、定义与类型

稳定币是指通过特定机制保持其价格相对稳定的一种加密货币。具体而言，稳定币在机制设计上有两个要点：一是锚定（pegging），即稳定币的价格锚定于现实世界的法定货币或贵金属。大部分稳定币都锚定于法定货币，如美元、日元或英镑；也有一些稳定币锚定于大宗商品或贵金属，如石油或黄金。二是抵押（collateralization）或算法机制。有些稳定币通过抵押资产来保持一定的内在价值；也有一些稳定币没有抵押资产，而是通过一定的算法机制来调整自身的供给总量，以期达到相对稳定的价格。

其中，不同种类的稳定币通常都采用类似的锚定机制。当前 90% 以上的稳定币均锚定美元，其余的多锚定黄金。因此，不同种类稳定币的差异主要在于抵押或算法机制。根据抵押或算法机制的差异，稳定币可以分为三种类型：

（1）链下抵押稳定币。链下抵押稳定币的抵押物是链下资产，即不依托于区块链而交易、在现实世界中长久存在的一些资产，如美元与黄金。目前交易量最大的稳定币 USDT 就属于链下抵押稳定币，其抵押物是美元。

（2）链上抵押稳定币。链上抵押稳定币的抵押物是链上资产，即依托于区块链而交易、在加密货币问世后才出现的资产，如比特币与以太币。目前规模最大的链上抵押稳定币是 DAI，其抵押物是以太币与其他加密货币。

（3）算法稳定币。算法稳定币没有抵押物，通过特定的算法来调整稳定币本身的总供给量，进而使其价格相对稳定。算法稳定币中比较有代表性的是 NuBits 和 UST。由于算法稳定币规模远小于其他两种稳定币，我们将主要关注链下抵押稳定币与链上抵押稳定币。

二、币值稳定原理

（一）链下抵押稳定币的稳定机制

链下抵押稳定币是中心化运作的，需要有一家实体公司来发行稳定币，并管理链下抵押资产。这类稳定币的锚定资产与抵押资产通常是相同的，大多具有 100% 的抵押比率。每发行 1 单位的稳定币，稳定币发行公司就需要在托管银行存入同等价值的抵押资产。若是锚定于美元的稳定币，即需要存入 1 单位的美元。这类稳定币的发行公司通常会承诺定期公示资产状况，以保证稳定币的总发行量不超过公司所持有的资产价值。

具体而言，以规模最大的稳定币 USDT 为例，其具体操作流程如图 11-8 所示。USDT 的发行公司叫作 Tether，Tether 公司接收用户的美元存款后，在区块链上发行等量的 USDT。例如，张三在 Tether 公司存入了 100 美元，那么他将从 Tether 公司获取 100 个新发行的 USDT 稳定币，并且可以在区块链上持有、交易这些稳定币。接下来，假设他用 100 个稳定币在李四那里购买了一件商品，区块链上记录了这笔交易，李四就成为 100 个稳定币的新主人。李四如果并不想持有 USDT 稳定币，可以找 Tether 公司将 USDT 兑换为美元，此时 Tether 公司会销毁 100 个 USDT，并将 100 美元支付给李四。

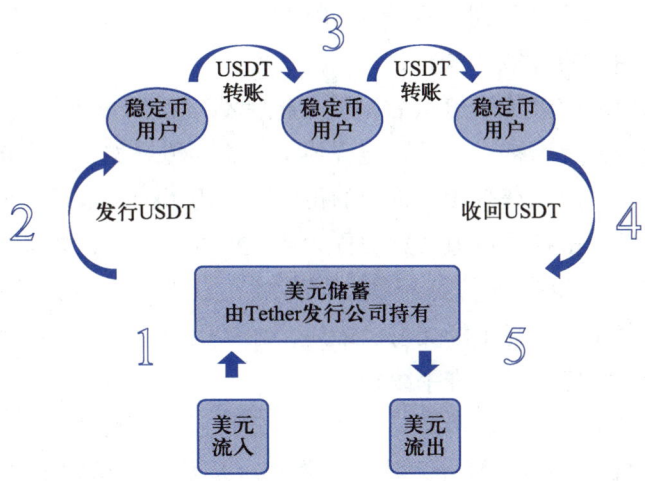

图 11-8　链下抵押机制（以 Tether 为例）

因此，在理论上，流通中的稳定币与 Tether 公司所持有的美元资产是等量的。稳定币发行量的增加意味着 Tether 公司要增持美元资产；稳定币发行量的减少则意味着

Tether 公司要同步减持美元资产。在现实中，Tether 公司曾出现美元资产不足的问题，引发了 USDT 币值的大幅下跌。监管层面正在积极推动稳定币公司的资产审计，但当前尚未形成正式的法规条例。

（二）链上抵押稳定币的稳定机制

链上抵押稳定币则是去中心化运作的，没有统一的稳定币发行公司，依靠预先编写好的智能合约代码来执行具体规则，其抵押物为传统加密货币，而锚定价格通常为美元或黄金。因此，链上稳定币的抵押物和锚定资产并不相同，需要及时获取抵押物、稳定币和锚定资产三者的价格信息，以判断抵押物价值是否充足、稳定币价格是否符合锚定资产价格。这种获取价格信息的过程，被称为"报价机制"，这是链上抵押稳定币执行抵押机制、达到锚定价格目标的关键。

链上抵押稳定币的报价策略主要有以下几种类型：第一，机构报价。委托报价机构获取最近 30 分钟内的抵押资产市场信息，包括交易量与交易价格，然后计算交易量加权的平均价格。第二，矿工报价与中位数奖励。首先，每个矿工在挖矿时要同时报出他所相信的市场价格，这样每个区块上都会保留下矿工的报价；其次，计算一定数量的区块上报价的中位数，作为真实市场价格；最后，为了让矿工有动机去报真实价格，最接近中位数报价的矿工会获得奖励，最偏离中位数报价的矿工会遭受惩罚。在此过程中，不同区块链生成的时间不同，且每个区块链到底由哪个矿工挖出来是随机的，因此矿工很难相互勾结而操纵价格。第三，用户报价与区间奖励。首先，每个用户在当前区块上报出他所相信的市场价格，这样每个区块上都会保留下参与用户的报价；其次，在下一个区块上统计用户报价的四分位数；最后，报价在 25 分位数与 75 分位数之间的用户会获得奖励，其他用户会受到惩罚。在这个机制中，每位用户都会尽量避免报出极端价格，并尽量向其他用户的价格靠拢。

利用报价机制获取准确价格信息后，链上抵押稳定币的抵押机制将执行如下操作：首先，用户将传统加密货币存入一个智能合约中，这些传统加密货币将作为抵押物被锁定而无法使用。其次，用户获得相应价值的稳定币。为了确保抵押物充足，用户能够获取的稳定币价值会低于抵押物价值，这被称为超额抵押。例如，如果抵押率最低要求为150%，用户利用价值 150 美元的抵押物，最多仅可获取 100 美元的稳定币。接下来，用户可以使用这些稳定币进行市场交易。最后，如果用户想换回抵押物，需要给原智能合约账户支付相应的稳定币及少许手续费。

以规模最大的链上抵押稳定币 DAI 为例，其抵押机制中有若干设计细节，可以帮助维持币值稳定：① 拍卖。当 DAI 所对应的抵押物（即传统加密货币）价值大幅下降时，为了避免抵押不足，智能合约将及时、自动地拍卖抵押物，拍卖价格要求使用 DAI 币支付。在抵押物卖出的同时，拍卖所得的 DAI 币由智能合约销毁。因此，抵押价值下降时，DAI 的发行量将自动减少。在此机制下，仍在流通中的 DAI 币均有充足的抵押物来确保价值，因此币值能够维持稳定。② 罚金。拍卖将产生较高的罚金，由抵押物所有者本人承担。因此，为了避免支付高额罚金，用户将尽力避免抵押不足，在实际操作中将尽可能地超额抵押。例如，如果拍卖的抵押率临界值是150%，即抵押物价值小于或等于稳定币价值1.5倍时执行拍卖，用户往往会实际抵押两倍甚至三倍价值的加密货币，这一机制也帮助了DAI币维持稳定。③ 利率与清算机制。在DAI的币值略微偏离锚定的美元价格时，稳定币将通过特定的利率机制（target rate feedback mechanism）促使价格稳定；当DAI的币值大幅偏离锚定价格时，智能合约还将自动停止所有的稳定币发行与交易，逐步核算剩余价值并为相关用户执行清算。

三、稳定币发展现状

稳定币在2014年出现，但在2018年之前均发展缓慢。从2019年开始，稳定币的供给量才出现了大幅增长。如图11-9所示，2018年，稳定币的总供给量尚不足千万美元；2020年年初，其总供给量约50亿美元；2021年上半年，这一数字迅速增加到千亿美元级别。稳定币之所以在2019—2020年迅速发展，一方面与加密投资需求的增加有关，投资者需要一种币值相对稳定的交易工具，用于在加密货币市场的投资与交易；另一方面则与去中心化金融（DeFi）的迅速发展有关，因为去中心化金融往往以稳定币为抵押物，用于借贷、互换等交易。

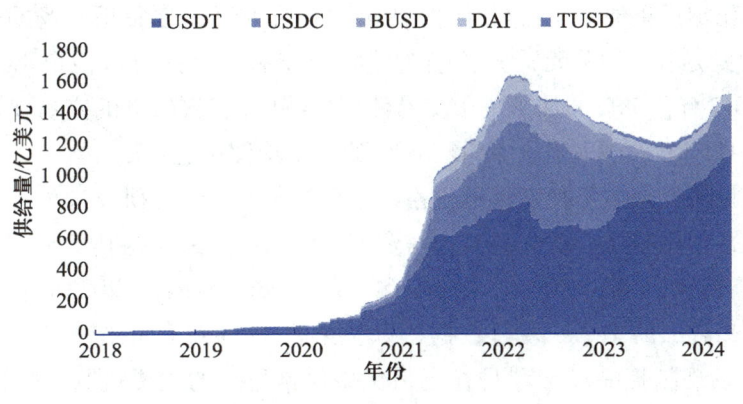

图11-9 稳定币总供给量

目前，超过99%的稳定币均锚定美元，约0.3%的稳定币锚定欧元，还有0.1%的稳定币锚定韩元，这与美元的国际储备货币地位是相一致的。目前市场份额最大的稳定币是USDT，它是一种链下抵押稳定币，也是最早出现在市场中的稳定币，在稳定币交易中占据了先发优势。如图11-10所示，USDT在2021年前所占市场份额一直在70%以上；2021—2023年，由于其他稳定币的发展与挤压，USDT的市场份额逐渐降到50%左右。另一种迅速发展的链下抵押稳定币是USDC，2022年其市场份额已接近25%，但受到2023年年初硅谷银行破产的影响，USDC出现了"脱锚"的情况，其供给量及占比均大幅下降。USDT在此期间补上了USDC留下的缺口，发行量和占比均再次回升。

除上面介绍的 USDT 和 USDC 这类链下抵押稳定币外，目前规模最大的链上抵押稳定币是 DAI，其市场份额略高于 5%。链上抵押稳定币实现了"去中心化"的运作模式，脱离了发行公司，依靠智能合约而自动执行相关操作。尽管它的市场份额较低，但它的运转模式一直受到较多关注，被视为在去中心化金融中大有可为的一种稳定币。

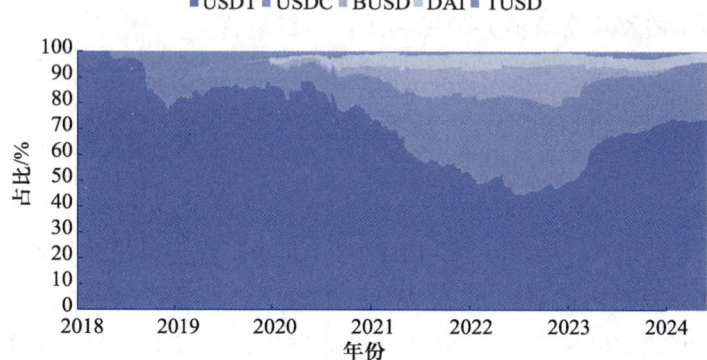

图 11-10　主要稳定币类别的占比

当前，稳定币已成为加密市场最常用的媒介，被称为"加密世界的数字法币"。相比于比特币，稳定币更便于交易与计价，从而改变了传统加密货币市场的交易范式。交易者通常将现实货币（如美元）先兑换为稳定币持有，再择时将稳定币兑换为其他加密货币。在 2017 年，50%的加密货币交易使用比特币，仅有 5%的交易使用稳定币；在 2021 年，只有 11%的交易使用比特币，60%的交易均使用稳定币。

当前，大量研究聚焦于稳定币的价格稳定机制，其中不少研究指出，抵押机制是关键。稳定币通常使用美元、黄金甚至加密资产作为抵押品来维持其稳定的价格。也有一些研究讨论了其他因素。例如，Lyons 和 Viswanath-Natraj（2023）使用来自 Omni Explorer 和 Etherscan 的 Tether 发行数据，以及来自 Coinapi 的稳定币/美元组合的交易和订单数据，发现抵押品和套利是稳定币保持价格稳定的主要机制。他们在以太坊区块链上引入 Tether 作为准自然实验，来测试投资者驱动的流动性是否稳定了稳定币的价格。总体而言，稳定币的独特作用逐渐被认可，Kristoufek（2021）利用稳定币在加密市场中的支付和结算作用，确定了稳定币的"加密法币（digital fiat）"的功能定位。

此外，随着稳定币的大规模应用，相关的金融风险受到研究者和金融监管者的普遍关注。例如，Griffin 和 Shams（2020）发现投资者利用稳定币的快速增长，以推高比特币和其他加密货币的价格，即发行稳定币的公司故意操纵比特币价格。同时，稳定币取代现有货币对政府构成的威胁和潜在的监管问题愈加严重。例如，随着更多交易使用稳定币，政府对资本流动的控制将变弱。总体而言，稳定币可能导致现有金融体系产生三大变化，并引入相关风险：

（1）构建桥梁。稳定币打通了"加密市场"与"现实金融市场"。在稳定币大规模应用之前，加密市场与现实市场的相关性较弱，其运行逻辑相对独立。在稳定币大规模应用后，一方面，稳定币发行方通过抵押美元、黄金等真实资产，将稳定币价格锚定现实资产价格，因而稳定币与现实世界存在关联；另一方面，稳定币大量用于加密交易，与加密市场同样存在关联。因此，以稳定币为中介，加密市场与现实市场之间产生了联系，不再相互隔离。

（2）代理美元。99%以上的稳定币都选择锚定美元，这些稳定币成为美元在加密世界中的代理，美国的货币政策也通过稳定币而影响加密市场。2021 年 6 月 16 日，美联储宣布未来将缩紧货币政策，当天加密市场大跌，主要币种下跌幅度为 3%～5%。可以说，稳定币显著强化了美元对加密市场的影响力。

（3）"超级通胀"风险。大量稳定币的抵押物并未经过严格审计，现有研究对稳定币多有超发、滥发的质疑。如果对稳定币的发行没有足够的监管与限制，稳定币有可能出现"超级通胀"，导致传统加密货币价格暴涨，形成价格泡沫，引发市场混乱。

因此，尽管稳定币在一定程度上缓解了传统加密货币的剧烈波动问题，但它仍给金融体系引入了诸多风险。如何有效监管稳定币，如何避免稳定币对国际金融秩序的威胁，是全球金融监管者亟待解决的重要问题。

第三节 央行数字货币

在金融科技与加密货币的冲击下，"央行数字货币"（central bank digital currencies，CBDC）成为近年来的国际热点话题，受到各国央行与国际组织的关注。本节将介绍央行数字货币的定义、类型、国际进展与中国实践。

一、央行数字货币的定义

国际清算银行对"央行数字货币"的官方定义为：满足特定条件的"央行发行的数字货币"。在此基础上，国际货币基金组织的员工简报对该定义补充了部分解释。具体而言，要界定某货币是否为"央行数字货币"，需要考察其是否满足特定条件——两个核心条件和两个必备条件。两个核心条件需要同时满足，两个必备条件只需要满足其中一个。

核心条件包括基础货币的发行属性和数字化的物质属性。基础货币是指该货币的发行者必须是中央银行，而不是商业银行或其他私人部门。这意味着"央行数字货币"是央行的负债，属于基础货币。例如，居民在商业银行的存款账户，其发行者是商业银行，虽然具备数字化的特点，但并不满足"央行发行"的特征。再如，黄金等贵金属，在特定历史阶段的特定地区也曾充当货币的职能，但其发行者并非金融机构，而是所有能够开采金矿的个体，也不满足"央行发行"的特征。而另外两种基础货币，现金与商业银行存款准备金，均由央行发行，属于央行的负债，与央行数字货币在发行属性上是一致的。

数字化的物质属性是指货币的物质形式是数字化的，而不是实体货币（physical cash）。比如，现金就是一种实体货币，不满足数字化的物质属性；商业银行的存款准备金则是数字化的，与央行数字货币在物质属性上具有相似之处。

在这两个核心条件下，我们就可以理解，为何微信、支付宝、信用卡、比特币、某银行在另一家银行的电子账户均不是央行数字货币，因为它们不是"基础货币"，不具备法偿性，没有列在央行的负债中，其安全等级不及"央行数字货币"，在货币政策中的地位也不及"央行基础货币"。

在两个核心属性的基础上，央行数字货币还必须至少满足以下两个必备条件之一，即脱离账户的价值属性或面向大众的应用属性。脱离账户的价值属性是指货币的价值在脱离账户后依然存在。要验证货币是否具有价值、排除伪造货币，需要验证货币本身，而非持有者的身份。比如，现金就满足这一价值属性，检验现金是否为假钞，仅需对现金本身的防伪标识进行判断，而不需要考察现金的持有者身份；存款准备金并不满足价值属性，它与商业银行的账户绑定在一起，要检验存款准备金的金额是否真实，需要验证持有机构的账户身份信息，无法脱离账户而对存款准备金进行验证。

面向大众的应用属性是指货币的应用范围不限定于资金批发市场，也不限定于银行等金融机构，而是面向零售市场，普通个体均可以使用。比如，现金满足这一应用属性，是每个自然人都可以使用的；而存款准备金限定于商业银行使用，不是每个普通人都可以获取的，不满足面向大众的应用属性。

在两个必备条件下，我们可以理解为何"数字化的央行货币"并不必然是"央行数字货币"。商业银行的存款准备金账户就是"数字化的央行货币"，但其价值基于账户，且其应用范围仅限定于商业银行而非面向大众，不满足任意一个必备条件，因此不能称为"央行数字货币"。

二、 基本类型与概念辨析

（一）央行数字货币的基本类型

根据以上定义，对核心条件与至少一个必备条件进行组合，可以将央行数字货币区分为三种类型：银行间市场的数字现金、居民的央行数字账户、居民的央行数字现金。其中，第一种面向批发市场，可以被称为批发型 CBDC；后两种面向零售市场，可以被称为零售型 CBDC。需要说明的是，这里的三种类型是从概念定义出发的理论上的类型，并不必然对应现实中已经出现的类型。

1. 批发型 CBDC：银行间市场的数字现金

这一类型对应的理论定义为"面向批发市场的无账户数字基础货币"。这一种类型的央行数字货币满足了条件一、二、三，即基础货币、数字化与脱离账户，可以理解为应用于银行间市场（资金批发市场）的电子现金。

它与普通现金的区别在于，可以线上转账、交易，不需要双方面对面进行现金交易，提高了交易效率；它与现有银行间账户的区别在于，不需要统一的账户管理体系，不需要特定权威机构统一记录相互转账、资金流动的信息，脱离账户管理体系也可以转账。

2. 第二种，零售型 CBDC：居民的央行数字账户

这一类型对应的理论定义为"零售市场的有账户数字基础货币"。这一类型的数字货币与当前的支付宝、微信十分相似，唯一的区别在于发行者是央行。它同时满足了条件一、二、四，即基础货币、数字化和面向大众。

与支付宝和微信相比，它的类似之处在于数字化和面向大众，仅发行者有所区别。支付宝由阿里巴巴集团管理电子账户，微信支付由腾讯公司管理电子账户，而央行数字货币则由中央银行管理每个用户的电子账户。

这类货币在技术上并不困难，相当于让中央银行为每个普通用户开通一个电子账户，由央行直接管理。长期以来主要国家的央行都没有这样做，一是因为管理过于烦琐，二是因为将对商业银行形成竞争压力。目前这一类型的数字货币重新回到各国央行的议题中，是因为受到两方面的冲击：一是随着金融科技的发展，数字支付迅速发展，产生了一定的风险。央行自己发行数字货币，可以为普通大众提供安全的电子支付工具，有助于降低金融体系的风险。二是现金使用的减少。以瑞典为例，其现金支付在总支付中的占比已不足 5%，央行有动机去维护法定货币的市场地位与市场信心。

3. 零售型 CBDC：居民的央行数字现金

这一类型对应的理论定义为"零售市场的无账户数字基础货币"。这一类型的数字货币与现金较为相似，唯一的区别是数字化，能够电子支付。它将同时满足第一、二、三、四所有四个条件，即基础货币、数字化、脱离账户身份和面向大众。

与现金相比，它能够实现电子支付；与常用的支付宝与信用卡相比，它不仅具有央行发行的基础货币特征，而且能够像现金一样脱离账户与身份信息使用。也就是说，它本身就具有价值，可以直接进行转账。脱离账户的价值属性也意味着匿名性，该类型的央行数字货币能够像现金一样满足匿名交易的需求。

（二）几个常见概念的区分

结合央行数字货币的定义与类别，我们需要对几个容易混淆的概念进行区分，包括央行数字货币（central bank digital currency，CBDC）、央行数字账户（central bank digital account，CBDA）与央行加密货币（central bank cryptocurrency，CBCC）。

央行数字账户包括央行为商业银行开设的数字账户，也包括央行为居民开设的数字账户。商业银行的存款准备金账户属于央行数字账户，居民的央行数字账户（前文提到的央行数字货币的第二种类型）也属于央行数字账户。因此，央行数字账户不等同于央行数字货币，其重合部分在于面向零售市场的央行数字账户。

央行加密货币特指具备加密属性的数字货币，即货币本身通过加密算法而保障价值，在交易中只需要验证货币本身的真假，而不需要验证持有者的身份信息。央行加密货币既可以应用于资金批发市场，也可以应用于资金零售市场，前者对应"银行间市场的数字现金"，后者对应"居民的数字现金"。因此，央行加密货币属于央行数字货币，但央行数字货币并不必然是央行加密货币。

三、国际进展与争议

下文基于各国央行资料总结了央行数字货币的国际进展，先介绍零售市场 CBDC 的各国进展，再简述面向批发市场的央行数字货币。

（一）零售市场的央行数字货币国际进展

基于各国央行的官方报告与讲话，表 11-1 对各国的研发要点进行了概述。在零售型数字货币的研究中，挪威与瑞典央行的研究最为充分。总体而言，有计划发行的国家表示过对宏观金融、资本流动、信贷冲击、法律问题等方面的顾虑，其中丹麦已明确表示不计划发行。结合各国的现有方案、研发举措与相关顾虑，表 11-2 最后一列总结了各国现有方案以及对我国的借鉴意义。

表 11-2　零售市场央行数字货币各国研发进展与借鉴意义

国家	类型	进展	背景与功能	主要顾虑	现有方案与借鉴意义
挪威	零售型	正在研发技术细节	现金使用量下降，拟建立备用支付体系，促进支付平台竞争	存款挤出效应	方案为注册制数字现金或封闭式数字账户，后者能够避免信贷冲击
瑞典	零售型	开展试验计划，已确定基本方案	现金使用量下降，希望实现普惠支付	法律可行性	方案为数字现金；该央行公开征集设计方案，与14家技术公司双边对话，已初步确定技术路线
芬兰	零售型	积极研究，尚无发行计划	现有支付体系不稳健	对货币政策的影响	尚无方案；该央行邀请各国央行代表参与讨论
英国	零售型	积极研究，尚无发行计划	现金使用量下降	宏观金融影响（存款挤出效应）	尚无方案；该央行公布有待研究的问题提纲，号召全球学者讨论其关注的问题
丹麦	零售型	不计划发行	已有双重支付系统	资本流动加剧	无方案；我国应借鉴其国际金融方面的考虑，协调我国资本账户开放与发行央行数字货币的关系

续表

国家	类型	进展	背景与功能	主要顾虑	现有方案与借鉴意义
冰岛	零售型	开始研究，尚无发行计划	现金使用量下降，拟建立备用支付体系，促进支付平台竞争	宏观冲击与法律问题	尚无方案
美国	零售型	重新考虑研发	支付体系发达	存款挤出效应、美联储对商业银行体系造成的压力	尚无美联储官方方案，但已有"数字美元"的讨论方案

从表 11-2 可见，除挪威、瑞典与冰岛外，其他国家大多仅处于初期研究阶段，侧重于概念分析。丹麦央行结合本国的具体情况，认为在资本账户开放的固定汇率国家不宜推行 CBDC。随着我国资本账户开放的推进，丹麦的相关分析具有重要的风险警示意义。挪威与瑞典的研究最为详细，特别是关于存款挤出的分析，对我国具有重要的借鉴意义。下文将详述瑞典的相关进展。

> **专栏 11-1　瑞典：普惠金融、可控的"存款挤出效应"与数字货币实验计划**
>
> 由于瑞典的现金使用量持续下降，同时移动支付迅速发展，瑞典央行于 2017 年春季开始研发数字货币，称其为 e 克朗（e-krona）。这一数字货币针对零售市场，作为现金的替代品，顺应了移动支付的发展趋势。截至 2024 年，瑞典已确定了基本的方案并进行了多轮测试。
>
> 在发行背景方面，瑞典央行的主要动机是应对现金持续减少的趋势。因此，瑞典与挪威对央行数字货币有类似的功能定位，即建立独立于现有体系的另一套移动支付体系，避免仅依赖单一体系的系统性风险；同时，通过央行加入移动支付领域，促进支付平台的竞争，提高服务效率与质量。
>
> 除此之外，瑞典央行更强调对"普惠金融"的保障，强调移动支付的"普惠性"而非"营利性"。当前的移动支付体系有较多的私人部门参与，具有一定的盈利导向，如支付宝与微信支付均会推送广告。在这种情况下，经济体中有一些弱势群体，难以适应目前的移动支付体系；也存在一些人群，对现金有更强的偏好，不愿意使用移动支付。随着现金使用场景的减少，这些人群的利益将受到损害。作为中央银行，瑞典央行认为自己有责任提供现金的替代品，这种移动支付方案要确保所有群体都能普遍使用，强调普惠性。为了保证数字货币的普惠性，瑞典央行特别强调数字货币的离线支付功能。在网络基础设施较差的地区或者地质灾害影响网络信号的情况下，临时的离线功能是支付体系正常运营的基本保证。值得一提的是，瑞典央行的数字货币同样计划采用双层运营体系，瑞典央行将首先向银行等机构发行数字货币，经由机构流向个人和企业。
>
> 在发行顾虑方面，瑞典央行对数字货币的顾虑相对较少。有些国家的央行（如挪威）担心银行存款大量转移到数字货币，影响银行的贷款供给。而瑞典央行就此进行

了测算，假设银行存款的减少会被批发性融资所替代，那么，即便央行数字货币的发行量接近 GDP 的 10%，银行贷款利率也仅会上升 0.08 个百分点。另外，瑞典央行指出，央行数字货币的实际需求是可控的，通过加入利率设计、交易摩擦等，央行有足够多的政策工具来应对潜在冲击。

在具体方案方面，瑞典央行决定优先开发"数字现金"，强调对现金的补充和替代，同时继续研究"数字账户"的可行性。之所以优先推进"数字现金"的技术开发与相关实验，主要是出于法律方面的考虑。针对"数字现金"，瑞典已有相关法律与管理条例，瑞典央行发行数字现金是合法行为。但对于"数字账户"，《瑞典央行法案》（Sveriges Riksbank Act）并未明确指出央行是否可以给普通大众开设账户。因此，在进一步研发"数字账户"之前，央行需要与其他中央部门协商。

除瑞典外，考虑零售市场 CBDC 的国家还有美国、英国、芬兰、冰岛、加拿大、日本、韩国等。其中，英国与芬兰央行虽然尚无具体的发行方案，但对于相关研究的推进较为积极。芬兰央行认为 CBDC 的研究重点是宏观问题，而非技术问题。2018 年 6 月，芬兰央行召开相关会议，集中研讨"央行发行数字货币的理由与权利"，并邀请国际货币基金组织、国际清算银行、欧洲央行、丹麦央行、英国央行、瑞典央行、挪威央行等机构代表参会讨论。英国央行没有发行 CBDC 的计划，但计划针对 CBDC 的宏观金融影响展开详细的研究，并且发布了有待研究的问题提纲，希望全球央行与学者能够共同加入讨论。

（二）面向批发市场的央行数字货币

基于资金批发市场已经实现了数字化，批发型 CBDC 主要致力于运用分布式记账技术提高现有支付和清算体系的稳健性与效率。具体而言，批发型 CBDC 可以带来如下好处：第一，避免了中央集中记账带来的单点故障问题，保障了资金交易的连续性；第二，资金批发市场的结算往往需要多个金融机构的直接或间接参与，涉及多方利益，分布式记账技术的使用可以有效地减少交易参与方的分歧；第三，提高跨境支付与结算的效率；第四，在分布式记账技术的基础上开发智能合约的使用。表 11-3 列出了不同国家或地区在批发型 CBDC 方面的研发进展。

表 11-3　批发市场央行数字货币的研发进展

国家或地区	类型	项目开始时间	主要内容
加拿大	批发型	2016 年 3 月	加拿大央行发起 Jasper 项目，探索分布式记账技术在银行间市场的应用。该项目已经进行了四期，其中第四期与新加坡金融管理局合作试验批发型 CBDC 在国际支付与结算中的可能性，以及不同区块链平台的融合
新加坡	批发型	2016 年 11 月	新加坡金融管理局发起 Ubin 项目，探索分布式记账技术在银行间市场的应用。该项目已经进行了五期，其中第四期与加拿大央行合作试验批发型 CBDC 在国际支付与结算中的可能性，以及不同区块链平台的融合

续表

国家或地区	类型	项目开始时间	主要内容
中国香港	批发型	2021 年 6 月	中国香港金融管理局联合三家货币发行银行发起 LionRock 项目，探究批发型 CBDC 的收益和风险，并进行 proof-of-concept。2019 年，中国香港金融管理局联合泰国央行试验批发型 CBDC 在国际支付方面的应用
泰国	批发型	2018 年 8 月	泰国央行联合八家银行发起 Inthanon 项目，探究批发型 CBDC 的收益和风险，并进行 proof -of-concept。2019 年，泰国央行联合中国香港金融管理局试验批发型 CBDC 在国际支付方面的应用
欧洲和日本	批发型	2016 年 12 月	日本央行和欧洲央行发起 Stella 项目，研究分布式记账技术在金融市场基础设施中的应用
法国	批发型	2020 年 3 月	法国央行邀请外部公司和个人提交设计申请，发起试验探索批发型 CBDC（数字欧元）在银行间市场的应用与融合

值得注意的是，加拿大、新加坡与英国联合发布的一份研究报告提出了一个大胆的设想：如果全球央行联合发行统一的数字货币，那么跨境支付的便捷性将大大提高。这一设想与 Libra 有一定的可比性，但发起主体将不是私营机构，而是众多中央银行。

专栏 11-2 中国央行数字货币实践

中国央行数字货币的名称为"DC/EP"，代表数字货币（digital currency）与电子支付（electronic payment），中文定义为"具有价值特征的数字支付工具"，后更名为"数字人民币"（E-CNY）。中国自 2014 年开始研发央行数字货币。2021 年 7 月，中国人民银行数字人民币研发工作组发布《中国数字人民币的研发进展白皮书》，进一步明确了相关设计要点。

从概念定义来看，我国的央行数字货币属于"居民的数字现金"类型，同时兼具四个属性：

第一，发行属性——基础货币。E-CNY 的发行者为中国人民银行，属于基础货币 M0。它具有无限法偿性，法律地位与安全性都是最高的，受到央行最后贷款人的保护，没有任何机构或个人可以拒收 E-CNY。这一点与比特币、支付宝都不一样。

第二，物质属性——数字化。不是实体货币，而是数字化的支付工具。

第三，价值属性——脱离账户。E-CNY 不需要账户就能够实现价值转移。它不需要绑定实名账户并验证持有者身份，在交易中只需要直接验证数字现金本身的价值，类似于纸币验证真伪的过程。

第四，应用属性——面向大众。E-CNY 的目标应用客群是普通大众，而非金融机构，即中国现阶段的央行数字货币设计应注重 M0 替代，而不是 M1、M2 替代。

因此，我国央行数字货币 E-CNY 的设计是针对零售市场的数字现金。然而，正如前文所述，这一类型的数字货币在具备便携、匿名优势的同时，可能会违背反洗钱的原则，也存在一些技术挑战。为了克服这些弊端，我国对上述框架进行了谨慎的技术安排，称为"分级限额安排"，以确保反洗钱原则；同时，为了避免"居民的央行数字账户"带来的大规模管理负担与效率损失，我国还采用了"双层运营体系"的管理机制，并设定了适当的制度摩擦。下文将介绍这两个特殊设计。

（一）分级限额安排

"居民的数字货币"可以像现金一样进行匿名交易，可能会违背反洗钱原则，因此，我国不仅在监管层面计划用大数据分析识别违法行为，还将采用"分级限额安排"，即对于未绑定账户的匿名使用者，数字货币仅可进行日常小额支付；如果要进行大额交易，需要绑定账户、核实身份。有学者将其表述为"账户松耦合"与"可控匿名"，即央行数字货币则应基于账户松耦合形式，使交易环节对账户的依赖程度大为降低。这样，既可和现金一样易于流通，又能实现可控匿名。

这一设定让我国的央行数字货币兼具"居民的数字现金"与"居民的央行数字账户"特点。对于匿名小额交易而言，CBDC 是"居民的数字现金"，可以脱离身份信息使用，满足了公众对匿名支付的要求，有效地补充了现有电子支付工具的不足；而对于大额交易而言，CBDC 是"居民的央行数字账户"，要求用户核验身份，上传身份证或银行卡，以保证反洗钱的原则。

在这样的机制设计下，我国的央行数字货币既具备了一定的匿名性，与单纯的央行数字账户有所区别；也具备了一定的账户身份属性，与纯粹匿名的央行加密货币也不相同。

（二）双层运营体系

对我国这种人口大国，"居民的央行数字账户"规模过大，难以管理，因此与现金投放类似，我国央行计划对数字货币采用双层运营体系，即中国人民银行对商业银行、商业银行或机构对个体用户。具体而言，由央行发行数字货币，商业银行在中央银行开户，按照百分之百全额缴纳准备金，个体和企业通过商业银行或机构开立数字钱包，个体与企业所持有的央行数字货币仍属于央行负债。

这样的运营体系具备三个优势：一是不改变现有货币发行流通体系，更容易实现法定数字货币对纸币的替代。二是可以调动商业银行的积极性，共同参与法定数字货币的发行流通，适当分散风险，加快服务创新。三是减少对商业银行存款的竞争，不成为对商业银行的竞争压力。

此外，我国央行数字货币还设计了"双离线支付"功能，只要手机上有 E-CNY 数字钱包，收支双方即使在离线状态下也可以实现支付功能，不依赖于网络，与纸钞现金类似。这一设计有利于在现有电子支付覆盖不足的地区推行普惠金融，也有助于应对网络信号中断的极端情境。

综上所述，我国的央行数字货币同时满足四个条件：央行发行、数字化、脱离账户、面向大众，是一种零售型的央行数字货币；同时补充了"分级限额安排""双层运营体系""双离线支付"等设计细节，兼具"居民的数字货币"与"居民的央行数字账户"特征，克服了"居民的数字货币"违背反洗钱原则的弊端，也避免了"居民的央行数字账户"规模过大难以管理的问题。在充分的技术准备和灵活的机制设计下，我国的央行数字货币可以同时满足小额交易的匿名性与大额交易的可控性，比现有的数字货币具有更高的安全性与法律地位，可以未雨绸缪地保护货币主权与法币地位，具有重大意义。

本章小结　　本章介绍了数字货币的基本类型与原理。第一，传统加密货币是一种新型资产形式，综合利用了区块链、数字签名等加密技术手段。理解这些技术原理，既是理解加密货币风险、局限的必要基础，也有助于理解它们在虚拟货币之外的广阔应用场景。第二，稳定币在加密货币的基础上增加了新的稳定机制设计，实现了一定程度的价值稳定，因此具有更多的货币属性，同时也为金融体系引入了新的风险。第三，央行数字货币可以区分为批发型与零售型，不同类型的央行数字货币具有不同的潜在问题与应用前景。

即测即评　

复习思考题　　1. 从网络上选择一种传统加密货币的白皮书，阅读后简述其发行与流程的机制设计。具体介绍，该数字货币采用了哪种共识机制？是否采用了非对称加密机制？是否采用了分布式记账？

　　2. 在 blockchain 的网页上，自己创造一个分布式的区块链记账。

　　3. 分别找到一种线下抵押稳定币、线上抵押稳定币和算法稳定币，对比其过去一个月内的价格走势。哪种稳定币具有最小的价格波动？

　　4. 厄瓜多尔在 2014 年曾经尝试发行央行数字货币，但在 2018 年因使用人数过少而停止运营。请查阅厄瓜多尔在 1998—2018 年的宏观经济与金融稳定方面的数据，解释为何央行数字货币的使用人数过少。

第十二章

金融大数据分析与数据治理

数据要素已经成为数字经济发展的关键要素。2020 年 4 月 9 日，《中共中央 国务院关于构建更加完善的要素市场化配置体制机制的意见》发布，首次将数据与土地、劳动力、资本、技术等传统要素并列为要素之一。根据《数字中国发展报告（2023 年）》的数据，截至 2023 年，我国数据产量已经达到 32.85 ZB，同比增长 22.44%。《2023 年中国数据交易市场研究分析报告》显示，2022 年中国数据交易行业市场规模为 876.8 亿元，占全球数据市场交易规模的 13.4%。我国数据的产量巨大，但使用效率还有待提高，同时，数据要素给金融业带来了机遇和挑战。一方面，金融大数据和算法能够帮助金融机构更好地了解客户需求、更精确地定位市场机会、更有效地管理风险，为金融机构提供更准确且全面的决策支持；另一方面，金融大数据的应用也带来了大量数据治理的挑战。

本章聚焦数字金融发展中的大数据分析和治理问题，从金融大数据的基本概念、应用场景、风险和挑战、数据治理的国际经验与国内实践等方面展开讨论，并给出了金融大数据的应用案例。具体来说，第一节介绍金融大数据的主要概念与特征；第二节介绍金融大数据的主要应用领域；第三节讨论金融大数据分析面临的风险与挑战；第四节探讨数据治理问题；第五节给出应用案例。

第一节　数字金融中的大数据

数字金融的发展离不开大数据。在本节中，我们首先给出"大数据"这一概念的内涵和主要特征，再介绍金融大数据的类型，以及金融大数据的主要作用。

一、什么是大数据

大数据的英文是"big data"，要理解什么是大数据，需要先定义什么是"数据"。data 是拉丁文 datum 的复数，根据词典的相关解释，其含义包含三个：一是作为推理、讨论或计算基础的事实性信息（如测量值或统计值）；二是由传感器等收集的信息，这些信息必须被处理之后才能使用；三是可以通过数字技术来传输或者处理的信息。我们采用这一定义，是因其与中文的"数据"含义最为接近，"数"反映测度或者统计值，而"据"则表达了作为推理、讨论或者计算的依据的含义。

大数据的定义可以说五花八门。比如，维基百科将大数据定义为，因为过大或者过于复杂而无法采用传统数据处理软件分析和提取信息的数据。麦肯锡对大数据的定义是，大小超过了常规数据库工具获取、存储、管理和分析能力的数据集合。

通常，对大数据的基本特征会指向 Brynjolfsson 和 McAfee 总结的三个"V"，即数量（volume）、速度（velocity）和多样性（variety）。就数量而言，随着互联网的使用日趋广泛，消费者在互联网上的数字足迹呈指数化增长。不仅样本的观测数量多，在有些场景中还有可能是总体数据。2013 年，每秒钟流经互联网的数据比此前 20 年存储在整个互联网上的数据还要多；2020 年，谷歌上平均每天的搜索量就达到了 35 亿条。就速度而言，当下数据从产生到收集之间的间隔越来越短，甚至成为实时收集的数据。而实时数据往往也有不少场景，如网络监控、交通监控、气象监控等，都具有实时分析的特点，即只允许分析结果存在毫秒或秒级延迟。例如，每年的"双十一"都要求平台可以在短时间内处理大量订单；开车时使用的导航系统，需要在发现车主偏航后很短的时间内发现问题并重新调整路线。多样性是指大数据的来源存在多种途径和多种类型。例如，近几十年来，基于卫星图像的研究和应用方兴未艾，有研究根据卫星图像中细微的色彩变化来估计印度尼西亚森林退化的程度；还有研究通过卫星传感器获取烟雾和灰尘数据，来观察印度尼西亚森林大火造成的空气污染扩散过程，并估计约 15 600 名婴儿死于大火造成的空气污染。

就金融应用而言，使用较为长期的卫星数据，不仅可以估计全世界范围内任何地区、任何农作物的产量的实时变化情况，还可以预估农田未来产出，研究影响农业歉收的原因。纪录片《太空的见证》利用 12 颗卫星提供的数百张影像资料，加上 5 路摄制团队跨越 6 省区的采访，向观众呈现了西藏墨脱如何经过几十年的努力修成公路并激活经济、新疆策勒两片绿洲的"握手"、青海共和光伏板行业带来的生态与生活的变化、云南省福贡县怒江河谷两侧大片大片森林的修复等。卫星传回的大数据，为记录中国脱贫攻坚战中青藏高原地区"三区三州"的变迁提供了翔实的资料。

但是，金融大数据除了通用的大数据所具有的特征之外，更有两个重要特征：一是高维度。在金融大数据分析中，实际的经济金融问题往往涉及许多变量，而这些变量之间具有高度的非线性特征，这就意味着预测中需要做降维处理，而如何能够恰当降维并提供相对准确的预测，就成为金融大数据分析的重要挑战之一。二是结构复杂。金融大数据中存在大量的非结构化数据，如文本、图片、音频、视频等，要从这些数据中提取语义等相关信息，就要求现有的金融大数据分析工具不仅能处理大规模的实时数据，还要能处理高维、非线性和复杂结构等问题，让大数据在金融分析中的重要性日益增加。

二、金融大数据的主要类型

金融行业是数据丰富的行业，也是数字前沿技术运用较充分的行业，因此涉及的大数据类型非常丰富。举例如下：

（1）交易数据。交易数据是指股票、债券、外汇、商品、加密货币等各类资产的交易信息，是金融领域最常见的数据类型之一。随着大数据时代的来临，不同类型的资产的交易价格、交易量、成交时间等信息，被以更为高频和实时的方式记录并传递给客户，又结合大模型等多模态分析范式，可用于分析这些资产的市场趋势和价格波动，并在此基础上预测未来的市场走势。

（2）风险数据。对各类风险的管理能力是金融机构长期可持续成长的关键，而金融业中涉及的风险主要包括信用风险、市场风险和操作风险等。与风险管理相关的数据包括借款人的身份信息、信用评分、账户余额、浏览历史、交易历史等数据；与企业客户相关的信息包括工商注册、借贷记录、各类财务数据，以及市场波动情况、操作失误等。这类金融大数据的出现和恰当运用，可以帮助机构更好地管理和规避风险。

（3）宏观经济和市场数据。如国内生产总值（GDP）、失业率、通货膨胀率等经济指标，以及各种市场指标、指数、股价、利率等数据，可用于分析宏观经济环境对金融市场的影响，并分析市场的整体表现和趋势。

（4）行业报告、新闻和社交媒体数据。这些数据涉及金融市场上的金融相关信息产品的生产、分发与传播。其中，行业报告和新闻分别反映专业金融机构以及新闻机构对金融市场的解读，而社交媒体数据是指来源于社交媒体平台上传和分享的推文、音频、视频和点赞、转发、评论等。社交媒体数据可以反映市场情绪和投资者情感，在近年来成为新兴的重要信息传播渠道，也是金融大数据的重要来源。

（5）传感器数据。传感器数据是指由工业设备、安装在机器上的传感器，甚至跟踪用户行为的网页日志等产生的信息。随着物联网在全球范围内迅速扩展，这类数据预计将呈指数级增长。医疗设备、智能仪表、道路摄像头、卫星、游戏和快速增长的物联网等传感器将在不久的将来提供高速度、高价值、海量的各种数据。金融机构可以利用来自设备和传感器的数据，如汽车保险中的驾驶行为数据、物流领域的货物跟踪数据等，应用到供应链金融的相关管理中。

（6）公开数据和政府数据。一些政府机构发布的数据，如就业数据、财政数据等，也对金融机构的决策和分析产生影响。

三、金融大数据的主要作用

首先，大数据可以增加信息的透明度。仅仅是让应当获取信息的各方及时获得相关信息，就存在巨大的价值。例如，在制造领域，集成来自研发、工程和制造部门的数据以实现并行工程，就可以显著缩短产品从研发到上市的时间，并可以促进质量提高。

其次，大数据可以对客群做更精准的分类和定位。例如，某互联网银行根据征信报告和社交媒体信息，可以进行更为精准的客户画像，为客户量身定制符合他们需求的贷款产品。

最后，大数据为人的决策增加数据和机器运算带来的依据。在很多过去靠拍脑袋做决定的领域，高管们现在可以依据数据来做出精准判断，从而对未来做出更精准的预测，进而做出更明智的决定。

简而言之，大数据有助于培育新业态、创造新的增长机会。那些大量消费者接触并购买各种产品和服务的公司、支持全球供应链的公司、处理数百万笔交易的公司，以及为消费者提供数字体验平台的公司等，都可能获得新的成长机会。大数据的使用将支撑新一轮生产率的增长，有助于提升消费者的福利。

第二节　金融大数据分析的主要应用

虽然金融业并非人工智能、大数据、云计算和区块链等高新技术的始发行业，但随着互联网、大数据、云计算、区块链、人工智能等技术在金融业的广泛应用，我国数字金融市场蓬勃发展。根据《第 53 次中国互联网络发展状况统计报告》，截至 2023 年 12 月，我国网络支付用户规模达 9.54 亿人，占网民整体的 87.3%。在新冠疫情的冲击中，我国互联网银行对小微企业发放的贷款及时帮助小微企业度过困境，发挥了灾害情况下的经济稳定器作用。

相较于传统数据，不少金融大数据具有获取迅速、覆盖面广、信息较为真实全面等特点。在过去几年中，金融大数据带来了不少重大技术创新，为该行业提供了方便、个性化和安全的解决方案。因此，金融大数据分析不仅改变了单个业务流程，还改变了整个金融服务行业。在本节，我们首先探讨金融大数据能发挥上述价值的原因，并列举具体应用领域。

一、金融大数据价值的内在逻辑

金融大数据是指可用于预测消费者行为和助力银行以及金融机构建立企业发展战略的大数据，可被分为结构化数据和非结构化数据。其中，结构化数据是指金融组织内部生成的、高度组织和格式整齐的数据，是可以放入电子表格中的数据类型。这类数据在传统分析和大数据分析中往往都是关键数据，典型的金融结构化数据包括日期、财务金额、利率等。非结构化数据可以看作结构化数据之外的一切数据，可以是文本数据，也可以是非文本数据；可以是人为生成的数据，也可以是机器产生的数据。这类数据存在于多个数据源中，一方面提供了重要的分析机会，另一方面，如何收集、处理和分析非结构化数据，也是一项重大挑战。

图 12-1 对比了传统数据分析和金融大数据分析对借贷业务作用的差异。对于金融机构而言，由于存在信息不对称，信用风险是借贷业务中最主要的风险。信用风险可以分为两种：一是事前风险，即逆选择风险，也就是越不具备还款能力的人越有动机借款；二是事后的道德风险，也就是一旦借款成功后，即便有还款能力，也未必有足够强的还款动机。

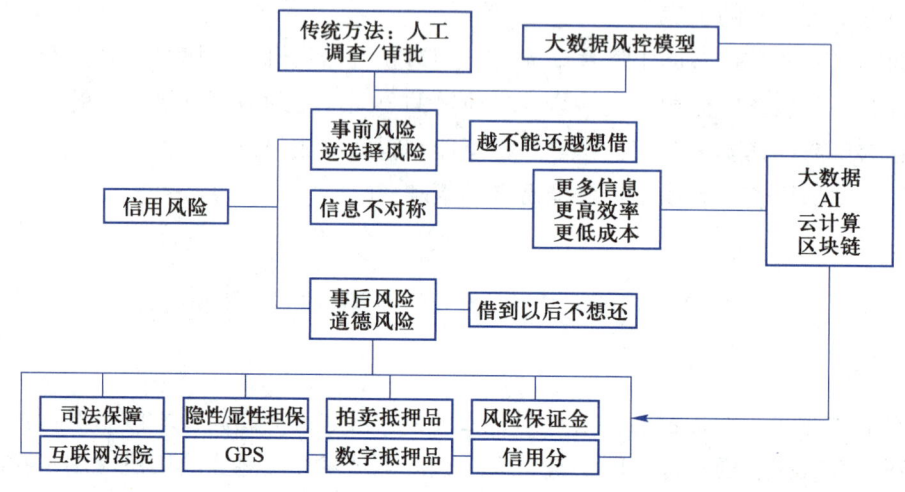

图 12-1　传统数据分析与金融大数据分析对借贷业务作用的差异

传统金融在防范这两种风险方面有丰富的经验。例如，为了防止逆选择问题，金融机构事前会做尽职调查，并加上一定的审批流程来控制。而对于事后不还款的状况，主要有四种方案：一是司法保障，即如果不还款就上诉到司法机构，通过司法裁决来保障自己的权益；二是隐性或者显性担保，即如果借款人不能还款，则由担保人或者担保公司来还款；三是拍卖抵押物，即如果借款人不能还款，那么就把当初借款时抵押的资产加以变现来补足金融机构的损失；四是风险保证金，即金融机构实际拨备的用以应对坏账的资金，以保障机构在出现坏账损失时仍然可以正常运转。事前风险与事后风险两者的信息不对称导致借贷成本过高。

但是，金融大数据和相应的分析，为有效降低借贷成本，从而推进普惠金融提供了新的可能。如图 12-1 所示，就事前防范逆选择风险而言，大数据为评估借款人的还款潜力提供了新的可能性，我们在后面的章节中将详细介绍金融大数据对风控的作用。从事后风险角度来讲，大数据分析也让新的风控手段成为可能。例如，互联网法院可以审判同时发生于多地的小额借贷相关的纠纷；在物质抵押之外，基于数字信息也会产生新的数字抵押品用于风险评估；基于个人的大数据建立起的征信体系，可以让个人的信用分成为新的评估风险的手段；基于大数据分析，车贷中出现新的业务模式，包括车主在抵押车之后，仍然可以把车开走，而放款方可以根据车辆的 GPS 来评估车的状况和相关风险。在新技术之下，因为有了更多的信息，各种信息的使用也更加高效，就可以减少信息不对称，从而用一个更低的成本来连接借贷双方。

二、金融大数据的主要应用领域

（一）数字征信

信用分是依据个人的信用状况，利用统计模型评估出的，供金融机构评估借贷风险大小的数值。一般来说，信用分越高则风险越小。在金融大数据出现之前，欧美等发达国家就有较为发达的个人征信体系。例如，在美国，使用最为广泛的就是由 FICO 公司开发的 FICO 分。这一信用分在 300~850 分，主要根据是否按时还款、债务收入比、信用历史的长短、新增的信用账户（是否多头借贷）等信息来评估个人信用状况。

我国央行征信报告包含个人的身份、配偶、居住、职业等基本信息，以及信用卡使用等个人借贷历史信息，对于了解个人信用状况具有重要作用。目前央行征信报告主要覆盖持牌金融机构。

2015 年 1 月 28 日，蚂蚁金服推出芝麻信用。芝麻信用采用国际通行的信用评分方法，分值为 350~950，包括身份特质（15%）、履约能力（20%）、信用历史（35%）、人脉关系（5%）和行为偏好（25%）。这里，身份特质是指使用相关服务过程中留下的身份信息，包括从公安、学历学籍、工商、法院等公共部门获得的个人资料。履约能力则包括享用各类信用服务时是否能按时履约，如租车是否按时归还、水电煤气是否按时缴费，以及通过消费状况来判断用户未来的履约能力等。信用历史指过往信用账户还款记录以及信用账户历史等。

（二）贷款授信

在信贷场景中，金融大数据分析的主要目标是在贷款发生前，通过对借款人的借贷历史、消费特征等行为的分析，评估用户的还款能力和还款意愿，为信贷决策中是否授信以及授信额度等提供可参考的依据。

我国大科技公司在基于大数据对普惠金融客户的授信方面做出了不少尝试。例如，由腾讯牵头发起设立的微众银行依托了腾讯社交平台的流量和数据优势，于 2015 年 5 月上线小额信贷产品"微粒贷"，并于 2015 年 9 月推出基于场景的"微车贷"、2017 年 11 月推出企业信贷业务"微业贷"等。这些贷款中，不少贷款具有普惠特征。微众银行的授信客户中，近 20% 客户为首次获得银行授信，约 77% 从事非白领服务业，约 80% 为大专及以下学历。2019 年，微众银行为民营企业中的 23 万户普惠型小微企业提供了信贷服务，其中 61% 为首次获得银行授信。而到 2022 年年末，微众银行个人用户已经突破 3.6 亿，约为"零售之王"招商银行个人用户数的 2 倍。该行触达的小微市场主体超过 340 万家，自有资金发放各项贷款余额 3 370 亿元。截至 2023 年年末，微众银行贷款和垫款总额为 4 145 亿元，比 2022 年年末增长 23%；吸收存款 3 755.28 亿元，比 2022 年年末增长 5.22%。

（三）风险控制

风险控制是金融的核心目标之一。大数据风控是指利用大数据分析和模型进行风险评估，为金融行业和个人用户提供全方位的安全保障。常见的业务场景有信贷、支付、精准营销等。在信贷场景中，大数据风控主要表现为预防在贷前、贷后等场景发生金融欺诈。

从技术角度看，反金融欺诈的技术包括设备指纹技术、身份认证技术、智能决策引擎技术等。其中，设备指纹技术是指金融机构为用户的每一个操作设备生成全球唯一的设备 ID 的能力。这一技术是精准分析设备用户的操作轨迹、评估欺诈风险的必要技术。身份认证技术需要确保身份认证过程的安全性和便捷性。由于生物特征具有唯一性，基于生物识别的身份认证与交易认证技术日益受到重视。智能决策引擎主要是指实时对交易进行风险判断，它在传统的规则引擎基础上，将机器学习嵌入整个反欺诈过程中。

随着大数据风控技术的使用，一些头部金融机构已经能通过低延时、高吞吐量的数据处理能力，将风控系统中的反欺诈提升到实时反欺诈的水平，从而将企业的风控系统升级为实时风控系统。

（四）保险定价

在金融大数据与保险行业的结合中，车险定价一直走在前列。其中，UBI 车险因其利用丰富的定价因子对车辆使用情况进行保费厘定等特点，已被发达国家广泛采用。UBI 可被理解为一种基于车辆使用情况的定价保险。通过综合车联网技术，利用智能手机或车载设备收集驾驶者的驾驶习惯、车辆使用的动态信息和周围环境等数据，建立人、车、路（环境）多维度模型来为车险定价，能够让定价方式更科学。

除了对传统的驾驶里程等指标的关注外，数据收集能力和大数据分析技术让 UBI 的定价模式以关注驾驶行为对出险的影响为主要特征。依靠车载自动诊断系统（OBD）设备、车载电子收集器和 GPS 技术等，UBI 保险定价模型收集驾驶里程、驾驶方式、驾驶路况、车辆的位置、速度、方向等信息，并识别不良驾驶行为，从而将动态驾驶行为因子引入车险定价模型，动态评估投保驾驶员的安全驾驶水平，并根据其驾驶表现给予相应优惠的定价。

（五）量化投资

在全球股票市场上，每天都有数十亿美元流动，分析师需要精确、安全、快速地监控金融大数据，以建立预测、发现规律并创建预测策略。将大数据和机器学习技术相结合的算法，正在彻底改变金融市场的交易和投资行为。金融大数据容许分析师和投资者不再只是简单地分析股价，还可以通过分析文本等各类大数据，来评估政治和社会各种趋势对股市可能产生的实时影响。

大数据的实时性特征的一个应用，为基于模型而展开的量化投资提供了可能。量化投资会使用大量数据，并且使用计算机进行自动分析，具有分析和响应迅速的特征。其一般速度能达到秒级，高频交易甚至是以微秒为单位的。

将大数据与其他数据相结合的算法交易，可以减少由于行为影响和偏差而产生的人工错误，帮助投资者和交易员从投资组合中获得更大收益。

第三节　金融大数据分析的问题与挑战

金融大数据在带来众多机遇的同时，也带来不少管理方面的挑战。企业的决策高层需要学会问恰当的问题，并且通过转型将决策范式变成基于数据证据的模式。目前，金融大数据在应用过程中也存在一些问题，如机器学习算法重相关关系而不重基于挖掘金融内在发展规律的因果关系分析等。如果在决策中高估大数据分析的模型算法的优势而忽略人的作用，就会带来新的金融风险隐患。本节讨论与金融大数据分析相关的问题与挑战。

一、金融大数据分析相关问题

（一）算法相关问题

这类问题可以被总结为至少三大类。一是算法黑箱问题。算法黑箱是指由于技术本身的复杂性和一些排他性商业政策，算法犹如一个未知的"黑箱"，用户不清楚算法的目标和意图，不知晓设计者和使用者对算法生成内容的责任归属，更无法评判和监督相关算法及其设计者和使用者。二是算法歧视问题。地位稳固的垄断平台或企业有能力运用大数据分析和用户画像，来对不同的用户群体进行歧视对待，以获取垄断收益，损害用户利益。从金融角度看，存在使用算法进行借贷决策到底是更公平还是会加剧歧视的问题。一方面，算法能够规避人的主观情绪所导致的有意识或无意识的歧视行为，另一方面，算法基于历史数据的决策本身也可能强化现有歧视。相关文献对歧视问题已经展开了一些研究，如 Robert Bartlett 等研究发现，金融科技算法能够减少传统贷款机构对少数族裔的借贷歧视，但是还不足以完全消除贷款定价方面的歧视。三是算法相关的责权利分担问题。大数据分析在提高了决策效能、实现了"零人工干预"等成就的同时，也带来了一些新问题，如当决策者是机器（交易员为算法或者顾问为机器人）时，如何做好相应的责权利分担的问题。例如，2021 年，在亚马逊工作的斯蒂芬·诺曼丁发现自己被算法解雇了。

与算法治理相关的问题还有不少，如茧房效应（使用算法将个人长期禁锢在根据其兴趣构建的信息环境中）、算法不平等（算法的内置歧视规则影响社会收入分配、福利的公平性）、算法共谋（平台经营者或平台内经营者通过算法进行共谋垄断）、算法共振（如算法使多个金融平台对某一事件迅速产生同方向的反应，加剧金融系统风险）等，在这里就不一一列举了。

（二）大数据相关技术风险

金融大数据分析往往需要和云计算、人工智能、区块链等技术相结合，这就可能产生网络风险、去中心化风险、算法风险、算力风险、数字资产相关风险等。

算法风险是指对算法的应用场景、数据、模型和结果等多方面未能有效地及时评估而产生的安全风险、运营风险和法律风险等。算法风险的来源可包含数据风险、模型风险、伦理风险等。其中，数据风险是指数据来源、数据质量、数据隐私等方面的问题给企业带来的风险；模型风险是指模型的选择和训练对算法结果的影响的风险；伦理风险是指算法使用过程中需要评估伦理和道德标准及社会责任义务等来保障算法合法合规合情合理等。此外，作为人工智能发展的重要基础设施，算力也面临着诸多风险和挑战，如不合理的算力布置可能造成资源浪费或运算不能及时完成、算力基础设施的保障不足也可能产生新的发展风险等。

（三）大数据相关的垄断

部分互联网平台和数字企业在生成、采集、存储和处理数据过程中，为了确保和巩固自身的数据利益和优势地位，处于市场支配地位的垄断企业可能会以大数据为武器来排除或限制市场竞争。具体来说，一些平台或企业可以运用垄断协议、拒绝交易、纵向约束等方式，策略性地设置数据访问和数据共享壁垒，增加用户转换成本，来提高其竞争对手进入市场的门槛和成本。垄断平台和数字企业也可能通过收购各类数据密集型企业，即"杀手型收购"的方式，来排除其竞争对手在以网络效应为特征的市场中获得必要的数据和用户规模，直接将竞争对手扼杀于萌芽状态，抢占未来市场的竞争位势。欧盟委员会竞争总司在对 Facebook 并购 WhatsApp 进行审查时着重提到这一点。

二、金融大数据分析的主要挑战

金融大数据分析面临的主要挑战，主要可以分为三大类：一是如何构建金融大数据要素市场；二是如何做好算法治理；三是如何做好数据隐私和信息安全管理。

（一）金融大数据要素市场的构建

数据这一生产要素的运用是大力发展数字经济的必要元素，若运用得当，将在技术创新和业务模式创新中发挥重要作用。目前，对数据的归属权和使用权等问题的界定仍然存在很多争论，对于市场主体可以用什么数据、不可以用什么数据，以及哪些数据可以用什么方式共享等，尚未形成一致意见。由于数据具有准公共品的特征，目前不少金融大数据的所有权的确权存在困难。虽然 2022 年 12 月发布的《中共中央 国务院关于构建数据基础制度更好发挥数据要素作用的意见》（简称"数据二十条"）提出"数据要素权属结构性分置"，即搁置数据所有权争议，关注数据资源持有权、数据加工使用权、数据产品经营权等分置的产权运行机制，但实际执行中仍有较为模糊的执行空间。

（二）金融大数据模型与算法治理

基于金融大数据的预测模型的具体执行步骤可以分为三个过程，即学习过程、测试过程和应用过程。以预测贷款人是否会逾期这一机器学习任务为例，第一步，获得历史贷款数据，其中既要包括有逾期的人员，也要包括没有逾期的人员；接着将这一数据分为两部分，即训练集和测试集；然后用训练数据模型得到相应参数。第二步，测试数据来检验预测能力的高低，进而调整参数得到最好的模型。第三步，预测能力最强的模型被用于实际场景中。

从上述步骤可知，在实际应用中，基于金融大数据模型的优势需要满足以下三个条件：第一，实际应用数据和历史数据没有重大结构变化；第二，训练数据有充分的代表性；第三，模型有可解释性，并且应用者能及时评估模型的适用性。如果这三个条件不能满足，那么基于金融大数据的模型就可能带来额外风险。

金融大数据至少有两个不同于传统数据的特征，一是结构变化更难检验，二是金融大数据的生成机制更复杂多变。由于我国数字经济和数字金融领域运用大数据的时间还比较短，跨越较长经济周期、体量大、颗粒度细的大数据系统尚在建设中。和传统数据不同的是，大数据难以在不同研究机构之间分享，不少算法模型如同"黑匣子"，难以用经典的检验数据结构变换的模型去识别大数据是否产生了重大结构变化。在这样的情况下，当经济和金融领域出现重大结构性变化，但是算法依据的模型却无法快速发现这种变化，还继续沿用过去运行良好的模型时，就会出现预测不准的现象。

基于金融大数据分析的模型在极大提高了运算效率的同时，也付出了相应的代价，模型解释性低就是一个主要问题。以金融机构是否需要给个人发放贷款这一决策为例，将大数据中维度成千上万的客户数据录入模型后，模型最终会给出具有某些特征的人可以发放贷款、而另一些特征的人不应发放贷款的预测。在传统金融模式下，贷款发放与贷款责任人之间有着密切关系，这就要求信贷员对于自己发放贷款的理由有清晰的认识。但是，基于机器学习的模型只给出了"发或者不发"的决策建议，并不会给出"为什么发或者不发"的原因，这就会让"知道你的客户"失去抓手。

（三）数据安全和隐私保护

数据和隐私泄露风险关系个人、组织乃至整个社会和国家的安全。近年来，数据泄露事件层出不穷，利用勒索病毒敲诈用户的事件也屡见不鲜。网络安全行业门户Freebuf发布的《2020年勒索病毒年度报告》指出，勒索病毒攻击已经从个人行为演变至高度专业化的团队产业，攻击目标从个人用户转向了企业用户、政府单位、医疗行业以及公共机构等。另外，对数据的非法收集、窃取、贩卖和利用行为已催生了庞大的数据交易地下产业链。数据一旦遭到泄露、篡改、破坏或者非法获取与利用，就可能对个人、组织的合法权益造成危害，甚至危及公共利益、国家安全。

加强金融大数据安全与其中的个人信息保护是解决"数据孤岛"问题的前提。作为数字经济时代的新型生产要素，数据需要开放共享、互联互通才能发挥更大的价值，但由于数据具有易复制性、非排他性、非竞争性，一旦泄露会有很大的负面影响，数字平台和数据驱动的企业对共享数据顾虑重重。只有保障共享过程中的个人信息保护和数据安全，才有可能整合多维数据，发挥大数据的真正威力。

加强金融大数据安全与其中的个人信息保护，也是我国参与国际合作与竞争的要件。当前世界各国数字经济持续高速增长，未来数字经济是全球经济增长的新引擎，大规模的数据跨境流动势在必行，提供个人信息保护和数据安全的体系和能力成为国际合作与竞争的重要组成部分。目前全世界已有 130 多个国家对数据和隐私保护进行了立法。例如，欧盟的《通用数据保护条例》（GDPR）大幅度提高了获取和处理欧盟数据的合规门槛，各国还通过签署国际协定的方式确立数据跨境流动的规则。个人信息保护和数据安全的合规是与数据处理相关的数字经济企业"走出去"和"引进来"的前提。

第四节　金融大数据治理

一、金融大数据治理的国外经验

在讨论我国的数据治理框架前，首先介绍欧美在治理数据生产要素方面的主要措施。总体来看，欧美数据治理及相关法规的重点集中于个人信息保护（相关措施将在"个人信息保护和数据安全"部分讨论）；对数据共享、数据使用中的经济利益的保护和权衡，则更多地依靠对已有的法律法规的执行，基本没有专门性的立法。

（一）美国

美国的普通法系采用财产权概念，因此数据的实质拥有者（如数字企业）或数据经纪商的数据交易行为具有天然的合法性，只需保证在交易过程中不侵犯个人隐私权。美国通过规制数据的实质拥有者或数据处理者的商业行为来规范数据交易。

美国的数据资产交易主要有两种模式：第一种是数据交易平台。平台作为中介，为数据供应方和数据购买方提供数据交易撮合服务，数据供应方、数据购买方都是经交易平台审核认证、自愿从事数据买卖的实体公司；平台对交易数据的质量和交易过程的安全有监管的责任和义务。第二种是综合数据服务平台。平台除了为数据供应方和数据购买方提供中介服务之外，还可以采集、处理和存储数据，为客户提供数据产品、解决方案等服务。

在算法治理方面，美国没有哪个行政机关被赋予治理算法的职责，而是由不同的行政机关探索以各种方式将算法治理纳入它们已有的职责范围。例如，联邦贸易委员会举行多次听证会，讨论竞争和消费者保护如何应对 21 世纪对算法和预测分析的使用；证券交易委员会通过一系列的指导文件强调，委托人责任和其他责任如何适用于算法驱动的投资顾问程序和算法交易。

美国对算法的治理，包括建立监管框架和立法两个组成部分。从监管角度看，2020年美国白宫科技政策办公室发布了《人工智能应用监管指南》这一标志性文件。该指南指出，人工智能的目标和人类创设人工智能的最初意图未必一致，有可能导致意外的负面后果；监管部门需要评估人工智能应用对隐私、公民权利、公民自由、保密性、安全可能产生的负面影响，以及可能产生的反竞争效应。该指南也强调，除了采取必要的监管手段外，为降低人工智能技术开发和应用的障碍，还应通过一些非监管手段促使人工智能应用更为可靠、稳健和可信，如行业政策指南或框架、试点项目和实验、私营部门和其他利益相关方发展的自愿协商一致的标准等。

从立法角度看，主要有《算法问责法》《算法正义和在线平台透明度法案》和《司法算法正义法》等法案正在立法过程中。其中，《算法问责法》要求大企业评估现有和新的"高风险自动化决策系统"的影响，包括自动化系统是如何设计和使用的（如所依赖的训练数据；系统对隐私、安全、公平造成的风险等），并要求企业对评估发现的问题提出恰当的解决方案。《算法正义和在线平台透明度法案》禁止在线平台在任何算法过程中歧视性地使用个人信息，并要求算法过程和内容调整的使用具有透明度。《司法算法正义法》则禁止利用商业秘密特权阻止辩护方在刑事诉讼中获取证据，规定建立计算取证算法测试标准和测试程序。

虽然美国尚不存在对算法审计和算法风险评估的法律要求，但已经有一些初创公司在填补算法审计和算法风险评估的空白。

（二）欧盟

欧盟认为，数据价值链和基于数据的商业模式各自不同，对数据共享问题采取一刀切的解决方案是不可行的，因此不应就数据共享采取横向立法，而应将基于信任的数据共享协议作为解决大多数问题的方式，使用合同法或竞争法来规制经济利益的侵害行为。

2018 年，欧盟委员会发布了《欧洲数据经济中的私营部门数据共享指南》，旨在从数据共享的法律、业务和技术等方面，为跨行业的数据持有和数据使用业务提供一个实用的工具箱。该指南给出了私营企业之间的数据共享协议的五项原则，即透明度、共享价值创造、尊重彼此的商业利益、确保不扭曲的竞争、最小化数据锁定；以及私营企业向公共部门提供数据的数据共享协议的六项原则，即使用私营部门数据的相称性，有限制的目的，无害，重复使用数据的条件，减少私营部门数据的局限、透明度和社会参与。

欧盟对人工智能和算法治理也提出了相应的监管框架，其重点是强调要为 AI 系统建立恰当的伦理和法律框架，确保其在全生命周期内安全、稳健、合法且符合伦理地运行，并最终造福人类。2018 年，欧盟发布了《欧盟人工智能》，提出以人为本的人工智能发展路径；2019 年 4 月，欧盟发布了《可信 AI 伦理指南》，指出可信 AI 的开发、部署和使用应基于 4 项原则，即尊重人类自主性原则、防止损害原则、公平原则、可解释原则；并应满足 7 项关键要求，即人类的能动性和监督、技术稳健性和安全、隐私和数据治理、透明性、多样性、非歧视和公平、社会与环境福祉和问责制。该指南还列出一份可信 AI 的评估清单，旨在为具体落实 7 项关键要求提供指导。同年发布的《算法问责制与透明的治理框架》是由欧洲议会未来与科学和技术小组发布的一份系统性研究报告。报告提出了提升公众的算法素养、公共部门建立算法问责机制、完善监管机制和法律责任制度、加强算法治理的国际合作这 4 个不同层面的政策建议。

二、金融大数据治理的国内现状

在本部分我们讨论与个人信息保护基本技术相关的去标识化与匿名化技术，以及与信息保护和数据安全均密切相关的隐私计算技术的行业现状。

《中华人民共和国个人信息保护法》（简称《个人信息保护法》）定义，"去标识化，是指个人信息经过处理，使其在不借助额外信息的情况下无法识别特定自然人的过程""匿名化，是指个人信息经过处理无法识别特定自然人且不能复原的过程"，并规定个人信息不包括匿名化处理后的信息。常用的去标识化和匿名化技术包括统计技术、密码技术、抑制技术、假名化技术、泛化技术、随机化技术、数据合成技术等。

在大量数据可被获得的今天，实现真正的数据匿名化的难度越来越高。2006 年，Netflix 为改善其电影推荐服务，举办"Netflix Prize"算法竞赛，公布了包括部分用户对电影的评分和评分日期的匿名数据库。得克萨斯大学的研究人员通过对比分析发现，匿名用户进行的收视率排名与互联网电影数据库上实名用户给出的排名是匹配的，说明 Netflix 的匿名化规则无效。2017 年 7 月，两位研究者从 300 万德国公民的匿名浏览历史数据集中重新识别出多位政治家，并据此得到了其医疗信息和性取向结论。

隐私计算是个人信息保护和数据安全领域的前沿技术，其主要目标是使数据"可用不可见"、实现数据价值的流通。国家工业信息安全发展研究中心 2021 年 5 月发布的《中国隐私计算产业发展报告（2020—2021）》指出："现阶段，隐私计算指带有隐私机密保护的计算系统与技术（硬件或软件解决方案），能够在不泄露原始数据前提下，对数据进行采集加工分析处理分析验证，包括数据的生产、存储、计算、应用等数据处理流程的全过程，强调能够在保证数据所有者权益、保护用户隐私和商业秘密的同时，充分挖掘发挥数据价值。"

隐私计算技术包括安全多方计算、联邦学习、可信执行环境、同态加密、零知识证明、差分隐私等。隐私计算技术尽管尚不成熟，但在金融、医疗、政府和智慧城市、电商等行业已有不少应用场景。例如，为解决小微企业贷款风控数据不足的问题，微众银行联合多家外部合作伙伴一起搭建基于联邦学习的风控模型；翼方健数基于自身的隐私安全计算技术平台，汇聚厦门等多个城市各医疗机构的健康医疗数据，并引入第三方服务机构来处理和挖掘原始数据。另外，区块链和隐私计算的结合也是行业热点。2021 年 7 月，隐私计算联盟发布的《隐私计算与区块链技术融合研究报告（2021）》指出："通过将隐私计算和区块链相结合……既能在数据共享过程中有效保护个人信息，实现数据的安全流通，还能为数据的真实性、数据确权等合规问题提供可行解决方案。"

但是，这些技术的当前版本的计算效率和安全可靠性尚处于初步阶段。例如，安全多方计算和联邦学习受制于网络传输的带宽、通信速率和网络稳定性；根据联邦学习的中心服务器收集的信息可能反推出输入的数据信息。在大规模或实时性要求较强的场景下，往往难以在保护隐私的同时达成高效的计算性能。

随着隐私计算技术的逐步成熟，这些技术的商业化甚至平台化也将逐步推上日程。《中国隐私计算产业发展报告（2020—2021）》指出："隐私计算产品市场规模约为 10 亿，基于隐私计算的数据交易应用模式市场或将达到千亿级。"隐私计算等技术在培育要素市场方面将发挥重要作用，因此具有广阔前景。

三、个人信息保护和数据安全的国际比较

总体来看，欧盟和中国在个人信息保护方面的法令较美国更为严格。个人信息保护和数据安全是大国竞争的重要战场。因为个人信息保护和数据安全领域的技术尚不完善，各国都更多地依赖相关法规和监管框架。就法令的制定来看，欧盟的 GDPR 是针对整个欧盟的，我国的《个人信息保护法》也是国家层面的综合立法。美国没有中央联邦层面的数据隐私法，但加利福尼亚州、纽约州等州各自制定了隐私法。例如，《加州隐私权法案》是消费者保护领域的个人信息保护专门立法。

就立法的目标来看，欧盟和中国的立法将个人权益视为核心，美国各州则更关注平衡消费者保护和企业发展的关系。总体来看，欧盟和中国对企业获取信息的要求更为严格。例如，欧盟和我国立法要求个人对数据处理中的同意必须是明确的、在充分知情的情况下做出的。对敏感个人信息处理要求单独同意，要求在数据处理活动之前披露数据处理者的具体名称或姓名和联系方式，这属于"择入式同意"。

美国联邦贸易委员会在 2012 年发布的《在快速变革的时代保护消费者隐私权的报告》中列举了"择入式同意""择出式同意"以及"无须同意"三种授权模式，三者的严格程度呈递减态势。总体上美国更多采用的是"择出式同意"和"无须同意"，如《加州隐私权法案》就使用"择出式同意"模式，除非用户拒绝或退出，否则企业可以继续处理用户的个人信息。就法令的执行来看，欧盟和我国立法均规定企业设立个人信

息保护负责人、个人信息保护影响评估制度等行为规范，而《加州隐私权法案》中没有类似规范。

就数据主权来看，美国的云法案使用"长臂管辖"方式，让美国执法机构有权获取主要云提供商存储的数据，即使数据不在美国境内。这与欧盟和中国关于跨境提供个人信息的立法是冲突的。欧盟的 GDPR 从保障个人基本权利的角度出发，我国的《个人信息保护法》主要从网络安全和数据主权出发，均规定了允许个人数据跨境提供的特定场景。《个人信息保护法》还要求在特定情况下的数据本地化。

总体来看，美国在全球数字技术相关产品的开发和应用方面处于前沿，对于数字经济发展的要素数据的采集，总体上采取更为宽松的态度；欧盟由于自身数字技术和相关产业发展不在世界前列，更关注本国和本地区的信息保护和数据安全，让本地区有更大的可能性从数据相关产业的发展中获益而不是受到损害。我国《个人信息保护法》的严格程度和 GDPR 相当，但在实际执行中还需要平衡企业发展与消费者个人信息保护的关系。

第五节　金融大数据应用案例

本节介绍基于金融大数据的一个国外案例和一个国内案例。大数据分析相关的数字技术与金融相结合的发展模式中，新加坡的金融科技发展战略和实践可圈可点，因此我们首先介绍新加坡在这个领域的工作。在国内应用方面，我们也着重介绍国内一家银行的数据平台建设及其应用。

一、新加坡基于金融大数据的平台与应用

从 2015 年 8 月起，新加坡开始实施金融科技战略。在应对大数据和相应的数字技术带来的冲击和机遇时，作为全球金融中心，新加坡金融管理局（Monetary Authority of Singapore，MAS）从 8 月开始，用 6 个月厘清了新加坡发展金融科技战略的实施框架，主要包括三个部分。

第一，定义了何为金融科技。新加坡花了很多时间考虑如何定义金融科技。很多国家将金融科技看作提供金融服务的技术企业，容许没有金融牌照的一些机构利用其领先的技术优势，以顾客需求为导向，提供相对廉价的金融服务。新加坡监管方在考虑制定新政策时，着重对现有金融行业格局进行了一些调整（对金融科技新兴产业给予一定的政策考虑和倾斜），但不至于挑战传统金融机构的生存。其目标在于最大限度地利用金融科技带来的好处并实施必要的限制，来重塑金融行业和监管格局。

第二，新加坡的金融科技不仅仅是顾客导向的金融科技，也涉及零售行业的金融科技革新。在美国和中国，零售导向的金融科技的发展不断拓展金融科技的外延，主要涉

及领域包括保险、资产管理和资本市场（深度拓展），以及市场基础设施建设等。

第三，如何发展和应用新技术，尤其是数字技术，帮助金融科技产业实现跨越式发展。从实际执行来看，新加坡监管方十分重视与支付相关基础设施的建设。早在 2014 年，新加坡就已开始推动快速支付基础设施（fast payment infrastructure）建设，通过应用快速支付系统（fast system），以期实现即时支付服务。从 2016 年起，新加坡积极推进支付公共基础设施建设，尤其是运用数字技术完善现有的支付基础设施。观察到中国的支付宝通过电子钱包支付的效率大大超过传统银行，MAS 也希望开发同样高效的支付基础设施。

为此，新加坡打造了市民支付基础设施（citizen infrastructure）——PayNow①。PayNow 允许银行用户将银行账户关联他们的手机号和身份证号。用户只需要一部手机、三个点击步骤就可以完成支付和转账等功能，过程全部免费。但是，PayNow 不是电子钱包，只是银行间的转账，它为银行用户提供了一种快速、高效、成本低廉的资金转账方式。企业用户同样可以使用该基础设施②，而不需要另外开一个企业银行账户，只需要提供企业的单一机构识别号码（unique entity number，UEN）与银行账户相连，即可实现支付、汇款和转账等服务。

新加坡金融管理局还在 2017 年年底推出"SGQR"的技术标准，以国际芯片卡及支付技术标准组织（EMVCo）的 QR 码标准为基础，推动支付行业二维码标准的整合统一。新加坡是世界上第一个为二维码支付制定统一技术标准的国家。当地消费者今后无论使用哪家银行或商家的电子钱包，都能扫描同一个 QR 码付款，而每个场景只需要一个二维码。

新加坡监管当局也大力推进和商户相关的支付基础设施建设（Merchant Payment）。在新加坡，银行的普及率非常高，拥有银行账户的人占比超过 90%，使用信用卡支付的比率近 80%③。但是，对于一些小商贩，他们选择信用卡收款的动力不足，因为他们不愿意付高额的商家费或交换费。新加坡采用了 CFC 协议。CFC 是由单一收单机构发起，试图和所有小商户建立联系，提供几乎免费的支付网络的基础设施。新加坡现金支付的比率仍有 24%，通过建设 Merchant Payment 系统，新加坡金融管理局的目标是将所有小商户都纳入统一的支付基础设施中。

此外，新加坡金融管理局还建设了 MyInfo 公开数据平台④。对于非商户支付（non-

---

① PayNow 由中国银行、新加坡花旗银行、星展银行、汇丰银行、中国工商银行、马来亚银行、华侨银行、渣打银行和大华银行 9 家银行发起，为银行用户提供点对点的资金转账服务。

② 9 家银行同时推出了 PayNow Corporate，将业务拓展到零售客户之外的企业、政府机构、协会和社团等主体。

③ 这里主要指的是网上购物使用信用卡支付的占比。2018 年，新加坡信用卡普及率 38%，平均每人拥有 3.9 张信用卡，网上购物选择使用信用卡的比率达到 80%，PayPal 为 12%。具体数据可以查阅 Nelson report 和 MAS 官网。

④ MyInfo 门户网站由政府数字服务团队发起，旨在提供更多预测性数据，为各机构提前了解市民的需求，并在需要时向公众提供服务。MyInfo 提供的服务不断拓展，其职权范围也扩大到私营部门的交易，如银行业务等。MyInfo 类似印度的开放政府数据系统 OGD，但没有达到印度的规模，目前也在逐步推进自己的公开数据平台。

merchant payment），现金支付几乎不需要手续费，这就需要找到相关激励措施才能更好地推广电子钱包。MyInfo 是整合所有预测性数据的网络。这些数据本存在于各个政府相关部门，顾客需求导向的银行对此有较大的需求。新加坡政府在市场和身份数据之上，建立了 MyInfo 的市民数据库，市民只需网上递交个人信息数据，这个数据库就会根据需要，将数据提供给第三方机构，包括各家银行，为其用户实现网上开户或申请信用卡提供数据支持①。到 2018 年年底，这个系统已覆盖 70% 的新加坡常住居民。

新加坡政府认为，公共基础设施建设在推进数字技术应用方面发挥着至关重要的作用。而新加坡推动公开数据架构，也是希望避免市场产生大型机构垄断数据的现象，确保各类市场主体都能拥有平等获取公开数据的权利，这是和其他国家数字战略的不同之处。在这样的情况下，整个市场只存在唯一的信息采集来源、唯一的交易数据采集系统，这也是新加坡政府三年来推动公共基础设施的基本思路。

二、我国某股份制银行的科技运营数据平台

我国某股份制银行的科技运营数据平台是一个运维数据资产管理中台，其围绕数据中心运维管理，构建数据采集、数据管理、算法服务、数据分析和可视化五个数据运营能力，目标是深度融合数据加工、挖掘和机器学习算法，为该银行建立以数据、标准、技术、平台为基础的数据中心新一代运维服务体系。该平台以实时数据的治理、分析应用为目标，突破了传统数据仓库以 ETL 为基础进行数据加工应用的思路。

该行金融大数据在数量、速度和多样化方面均有特色。2020 年，该平台采集数据的数据源涉及科技运营数据三大类、50 小项、近 200 种，每日采集各类数据量达到 5 TB；建立各类数据模型 24 个；建立各类数据分析主题 57 个；对外数据服务接口 158 个。通过全景应用墙完成 50 多套系统运营过程中 10 个领域 200 多种数据实时展示大屏，实现运维监控全覆盖、运维状态可视化。

科技运营数据平台通过构建智能算法平台，建立指标异常检测、多维指标定位、调用链根因定位、日志异常检测、异常机器定位、批量超时异常检测等多个智能运维算法场景。2020 年实现日基线计算 50 万余条，覆盖行内所有对外关键业务系统，通过动态基线阈值的异常检测，提前预见生产中的潜在隐患，提升生产运营故障快速定位能力。通过异常告警与机器学习推荐，联动自动化运维平台，进行特定异常告警的自动化处置，实现故障的智能化自愈。

（1）指标异常检测。通过对联机交易的交易量、交易成功率、交易响应率、交易响应时间、交易失败率、交易失败量六个黄金指标进行动态基线计算，对实时指标数据在基线上下阈值内的偏离度进行异常分级，结合多指标偏离点的异常度组合进行联机交

---

① 用户在开设户头或申请信用卡时，如选择使用 MyInfo 的服务，将无须提供身份证、收入和公积金文件的影印本。公众只要使用 SingPass 登录 MyInfo 网站，启动 MyInfo 功能，银行就可以获得用户预先填好的个人信息电子表格。同时，银行也可以通过平台索取这些政府认证的资料，以便更快地处理客户的申请。

易系统异常问题发现，利用动态基线方式对传统的阈值监控进行监控手段补充，更早、更准确地进行异常预警；也能将部分在总体交易量中占比较小的交易进行单一交易的六类黄金指标异常检测，发现小量交易的异常，提前发现问题。

（2）多维指标定位。对生产联机交易系统中总交易以外的各细分交易信息，进行黄金指标基线计算及异常检测。当某个联机交易系统业务出现异常时，结合该业务的细分多维度信息异常检测，从总体交易异常情况中尽可能准确地找到故障的细粒度交易集合，尽快定位系统故障的根源。

（3）调用链根因定位。利用交易报文数据中的服务信息地址关系，提取数据中的交易调用关系，形成交易访问关系图，结合交易调用路径，确定故障传播关系，再利用异常传播算法对传播关系图进行剪枝，生成交易故障影响图，从而快速实现故障根源系统或服务的定位，为快速排除故障提供帮助。

（4）日志异常检测。日志数据是故障分析定位的主要数据来源之一，利用聚类算法等对日志进行分析，建立相应日志模板，识别不同类型日志在总体日志中的占比规律，对突增、突降或突然发现的新日志模板类型进行异常预警，进而发现应用系统的故障点，并通过日志详细数据分析异常原因。

（5）异常机器定位。通过对多指标组合（如交易、服务器及基础软件性能、日志等）的异常程度判断，以及多指标数据来源对象的空间关系组合，建立跨领域的运维对象指标传播关系图，在关系图中展示各层级的异常情况及异常信息点排序；通过算法进行异常排名，实现异常机器定位。

（6）批量超时异常检测。针对批量运行数据的周期性和不连续性，根据批量运行的历史数据建立批量时长动态基线，确定批量超时动态阈值基带，根据基带检测当日批量运行是否超时等异常情况，降低固定阈值所带来的批量超时误报。

另外，利用实时业务运行数据和流计算技术，搭建业务数据的可视化平台，为手机银行、自助设备、电子支付、互联网信贷、大小额等业务场景实时呈现业务运行动态，从而精准掌握客户需求，为业务运营提供支撑。

本章小结　　数据是数字经济发展的重要生产要素，大数据的分析以及相关的算法治理，不仅决定了一家机构的业务发展状况，也决定了一个地区、一个国家的数字金融和数字经济的繁荣程度以及长期发展趋势。本章从大数据的概念、主要特征出发，介绍金融大数据的主要类型与作用，并进一步介绍大数据存在价值的内在逻辑及其主要应用领域，梳理大数据分析中的算法相关问题、技术风险问题以及大数据分析背后的平台垄断问题。对于金融大数据的治理，则从国外和国内两个角度展开，从数据、算法、隐私保护等多方面讨论算法治理的现状、挑战和前景，并介绍金融大数据的应用案例，旨在帮助读者对金融大数据的分析和算法治理问题等构建初步的分析和理解框架。

即测即评

复习思考题

1. 大数据有哪些基本特征？金融大数据有什么独特性？
2. 金融大数据主要有哪些类型？
3. 算法风险和算力风险分别指什么？有哪些类型？
4. 金融科技算法能解决算法歧视问题吗？现有文献有哪些发现？
5. 中国金融大数据的治理面临哪些风险和挑战？

第十三章

数字金融的监管

本章旨在讨论数字金融的监管政策，即数字金融机构需要遵循的规则或法律，以及为实施这些规则和法律所采取的必要监测和落实手段。本章分为五节，第一节综述数字金融监管的必要性，在介绍金融监管的定义和挑战之后，以个体对个体网络借贷为例，提出金融监管如何平衡金融创新与金融稳定的问题；第二节介绍金融监管的政策目标与监管模式，着重从金融监管的理论基础、金融监管政策分类和金融监管模式分类这三方面展开；第三节在介绍我国金融监管体系变迁之后，着重讨论数字金融监管的新挑战；第四节从国外经验和我国现状这两个维度，介绍迄今为止的数字金融监管探索；第五节为我国数字金融监管总结与展望。

第一节　数字金融监管的必要性

一、金融监管的定义与面临的新挑战

金融监管通常指金融机构需要遵循的一些规则或者法律，以及为了实施这些规则和法律所采取的必要监测和落实手段。金融监管框架主要包括监管机构与人员、监管目标与政策。

数字金融的发展给金融监管带来了新的挑战。一方面，一些科技公司在开始参与金融业务的时候，并没有获得相应的牌照，而我国分业监管的模式实质上遵循"谁发牌照谁监管"的原则。在职责不够明晰的前提下，一些监管部门缺乏主动作为的意愿，更不愿意碰那些麻烦已经很大的业务，如个体对个体网络借贷平台，因而在数字金融领域出现了一些监管空白地带。另一方面，许多数字金融业务的创新性很强，如何实行有效监管，缺乏现成的经验。对于利用数字技术的金融交易，传统的监管方法是否同样有效，本身就是一个问题。比如，线上投资和数字信贷都有"实时"的优点，如果还是依靠看财务报表和现场检查等监管手段，可能就无法及时发现数字金融交易中的风险因素并对其进行有效的处置。

因此，数字金融交易除了应当受到一视同仁的监管全覆盖，还需要进行一些监管改革与创新。通常而言，金融监管都会滞后于金融创新。当然，在数字金融的场景里，也

不排除监管部门看到了数字金融在填补市场空白、满足金融服务需求方面的价值，在主观上存在"让子弹飞一会儿"的意愿。监管部门相对包容的立场，确实也为我国数字金融业务的创新与快速发展提供了宽松的环境，但监管不到位也造成了不少风险。从2004年支付宝上线起，在相当长的一段时期，数字金融处于"自由生长"状态。市场上曾经流行一种观点，主张"对互联网金融实行适度的监管"。现在回过头看，这个思路可能是不合适的。对一些创新性的金融交易需要实行创新性的监管举措，但在监管原则上应该做到一视同仁。

2015年7月18日，中国人民银行等十部门联合发布《关于促进互联网金融健康发展的指导意见》，数字金融的政策环境与政策框架才被提上议事日程；2016年10月13日，《国务院办公厅关于印发互联网金融风险专项整治工作实施方案的通知》正式开启了一轮全面的监管风暴。过去这些年，实现"监管全覆盖"已经成为明确的政策立场。与此同时，监管部门也出台了一系列针对移动支付、消费金融、联合贷款、智能投顾等业务的监管政策。金融管理部门在联合发布的新闻稿中表示，目前平台企业金融业务存在的大部分突出问题已完成整改。金融管理部门的工作重点从推动平台企业金融业务的集中整改转入常态化监管。当然，适应于数字金融的完整的常态化的监管体系的建立，不可能一蹴而就，将会是一个不断摸索、逐步改善的过程。

二、金融创新与金融稳定的平衡：以个体对个体网络借贷监管为例

2020年，我国的个体对个体网络借贷平台数量清零，为这个一度十分活跃的数字金融业务画上了句号。从2007年第一家平台拍拍贷开业，到2020年最后一家平台业务停止，个体对个体网络借贷行业用13年的时间印证了一个基本道理：任何金融业务都需具有合乎金融逻辑的商业模式，这也凸显了金融监管的重要性。个体对个体网络借贷平台不管如何定位，它们都需要有效的风险管理手段，否则就无法持续。个体对个体网络借贷平台的定位是信息中介，不能做增信等比较常见的担保。直白地说，平台只是提供撮合交易的场所，如何交易是双方的事情。这其实有点类似于电商平台，买卖双方自己达成意向、完成交易，平台除了提供交易场所，承担一定的维持秩序的功能，并不直接介入具体的交易。这个逻辑运用到金融领域就不一定合适，因为交易双方本来就不认识，既没有事前识别风险的能力，也缺乏事后确保完成交易的手段。

为了保证业务能够存续、发展，事实上许多平台不得不采取许多"增信"措施。以2009年成立的红岭创投为代表，平台通过提供担保、设立资金池、实行自动投标等做法，相当于把平台转化成为金融中介甚至"类银行"机构，发挥了金融中介的功能，但因为没有建立相应的机制，很容易出问题。2015年，当时最大的个体对个体网络借贷平台e租宝"爆雷"，涉及近100万投资者，而当时全国有约6000家平台，潜在的风险可想而知。2015年12月28日，原银监会发布了备受瞩目的《网络借贷信息中介机构业务活动管理暂行办法（征求意见稿）》；2016年8月17日，原银监会正式发布《网

络借贷信息中介机构业务活动管理暂行办法》。当时的监管政策实际上已经宣告网络借贷中介机构最终走向消亡的命运，只是为了防止造成过大的冲击，在执行过程中出现了一些反复，经过四年的整改才完成使命。

中国个体对个体网络借贷行业 13 年完整的生命周期，为金融发展历史提供了最新案例，也为金融监管政策揭示了重要教训。这个行业能够快速兴起，是因为它填补了重要空白：一部分个人借不到钱，而另一部分人则缺乏相对高回报的投资机会，平台提供了同时解决这两方面矛盾的方案。但是，这个行业之所以迅速衰落，是因为它缺乏一个有效的风险管理机制，其金融逻辑不满足商业可持续的要求。各界谴责平台经营者不合规、不合法的行为，实际上监管缺位可能是一个更值得反思的问题。2007—2016 年，个体对个体网络借贷行业野蛮生长，几乎完全没有监管约束，最终酿成了很大的风险。

个体对个体网络借贷行业的经历再次证明了一个金融的基本原理，即金融创新与金融稳定之间需要平衡。这一点对于数字金融的创新与监管同样至关重要。一方面，随着互联网、移动终端、云计算、人工智能和大数据等数字技术的应用，金融业务的边界大幅扩展、效率大幅提高，过去很难做的事情，现在成为可能，这一点在数字普惠金融领域表现得尤其突出。互联网技术的长尾效应可以帮助海量、快速地获客，解决了触达的问题，而大数据分析则使得过去很难执行的信用风险评估成为可能。另一方面，这样的金融创新也可能带来一定的金融风险。所有的金融交易包括数字金融交易都必须纳入监管框架，否则不仅容易造成新的风险，还可能因为市场参与者的套利行为而放大系统性的风险。

第二节　金融监管的政策目标与监管模式

金融的基本功能是资金的融通，通过期限、规模和风险的转换，实现资源共享与风险分担的目的。资金融通有两种基本形态：一是直接融资，包括股权、债券市场等；二是间接融资，包括商业银行和保险公司等。金融的诞生使得交换、劳动分工和规模经济成为可能，而金融的发展则伴随着经济增长的不断加速。诺贝尔经济学奖得主希克斯在《经济史理论》里有一个重要论断：工业革命不得不等待金融革命。工业革命的一个重要特点是生产规模的大幅扩大和生产能力的大幅提高。生产规模的扩大，只靠企业家自身的资本积累是远远不够的，还需要金融机构将大量零散、廉价的资金聚集起来并配置给有前途的企业，大规模生产才能变成现实。所以说，光有新技术是不够的，必须有大量的廉价资金的投入作为支持。

一、金融监管的理论基础

金融监管是一个新生事物，完整的金融监管体系的形成始于 20 世纪初。1913 年美联储的建立是一个重要的节点，央行开始发挥最终贷款人的功能；1929 年大萧条之后，各国又开始建立一系列的监管政策，包括存款保险制度；2008 年国际金融危机之后，各国又对金融监管机制做了调整，特别是在应对金融风险的同步性、顺周期性等方面。目前，数字技术在金融中的运用越来越广泛，这对金融监管方式又提出了新的要求。

对于金融监管的不同认识，大体上与三种不同的学术理念高度相关：第一个是科斯理论。如果市场有效，有法律就行了，不再需要额外的监管，因为每个人按照法律行事就不会出现问题。然而，法律能否完全替代监管？多数学者的回答恐怕是否定的。第二个是管制理论。监管是特殊的利益集团用来限制其他竞争者的手段，从而获得自身利益和垄断利润。在现实世界中，这种现象确实存在，但如果由此来推断所有监管的动机与结果，显然有失偏颇。第三个是基于市场失灵和外部性问题。市场失灵有多种形态，包括：系统不稳定，即因为交互影响造成系统性的崩盘；信息不对称；市场失当行为，如欺诈、庞氏骗局；阻碍竞争的行为，如利用垄断地位获取垄断利润。实际上，大多数支持金融监管的学者和官员都会认同最后一个解读，即单纯依靠市场机制甚至法律手段不能解决所有的竞争与风险问题。

二、金融监管政策分类

对于上述几类市场失灵的问题，需要依靠不同的监管机构和监管政策来解决（见表 13-1）。比如，应对系统不稳定的问题需要宏观层面的政策，因为它关系整个系统的稳定性，而制定宏观审慎政策或者宏观审慎管理是全球危机以来各国都在尝试的一件事；应对信息不对称问题，需要微观层面的监管，对于机构、交易实行具体的监管措施，如资本金、流动性和资产持有方面的要求；应对市场失当行为，主要应解决公平交易和保护消费者利益的问题，现在各国都有消费者保护局；关于克服反竞争行为的政策安排，各国都不太一样，但在很多国家都有专门的反垄断机构，我国也于 2021 年 11 月在国家市场监督管理总局的框架下成立了国家反垄断局。

表 13-1　市场失灵的类型与监管政策

市场失灵的类型		系统不稳定	信息不对称	市场失当行为	反竞争行为
监管领域		宏观监管 金融稳定	微观监管 单个机构	交易监管 消费者保护	鼓励竞争
金融部门	银行	宏观审慎监管框架	由一个或多个机构监管	由一个或多个机构监管	通常由一个单独机构负责
	保险				
	证券				
	其他				

资料来源：根据公开资料整理。

　　金融监管政策有四个目标：首先，金融监管要维护金融稳定，因为信息不对称问题容易引发金融风险，包括市场波动与机构挤兑，甚至触发金融危机；其次，金融监管也要保障公平竞争，要防止垄断行为或者不正当竞争行为，既要防范竞争不足的问题，也要关注过度竞争的风险；再次，金融监管要保护消费者利益，因为金融消费者在金融交易中往往处于不利地位，金融监管要保护消费者必要的权益，其中一个重要的内容是确保金融机构为消费者提供适当的金融服务；最后，金融监管也要捍卫国家安全，尤其在地缘政治形势日益复杂的时期，国家安全目标的重要性变得日益突出。2022 年 2 月底，美国及其盟国对俄罗斯实施金融制裁，将美元与美国银行体系武器化，这是国际金融体系的一个重大变化。

　　金融监管有很多不同分类方法。按照监管方式，可以分为机构监管和功能监管。机构监管是现代金融监管体系较为初始的形式，就是监管机构以金融机构的法律性质或注册类型（如银行、证券公司、保险公司等）为基础确定监管对象。在实行机构监管的金融体系中，各类金融机构通常分业进行经营，同一种类型的金融机构均由同一监管机构监管。中国实施的是机构监管，就是根据机构的法律性质或者业务类别来实施监管，一个通俗的说法是"谁发牌照谁监管"。

　　功能监管是以金融机构所从事的金融业务性质（如银行、证券、保险等业务）明确监管机构，每种类型的金融业务都有对应的功能监管机构。功能监管的概念源于美国经济学家罗伯特·莫顿及其合作者的研究。在持续的竞争和创新中，金融机构提供金融产品的种类和服务的范围不断变化，金融机构与市场之间的边界也逐渐开始交叉，传统的机构监管者就会不断面临严重的监管重叠和监管空白共存的尴尬局面。因此，莫顿认为机构监管转向功能监管将是不可避免的趋势，主张对发挥同一金融功能的不同金融机构所开展的类似业务实行相同的监管。

　　随着金融机构混业经营的趋势逐渐明显，功能监管的概念开始得到广泛的关注。世界上实行功能监管的代表国家有法国、意大利、西班牙和巴西等。在功能监管模式下，不同类型的金融机构开展相同性质的金融业务，将面临相同的监管标准，从而有利于促进市场公平和良性竞争。在功能监管模式下，金融监管的有效性取决于金融业务的明确界定。然而，在金融创新和金融科技快速发展的情况下，金融产品复杂性的提高会导致金融业务界定难度的增大，进而影响监管的有效性。

三、金融监管模式分类

　　从各国金融监管机构的设置来看，大致存在三种金融监管模式。

（一）机构监管模式

　　机构监管也称分业监管，是指同一种类型的金融机构（如商业银行）均由同一监管机构监管。目前，采取机构监管模式的国家有中国、墨西哥等。中国的机构监管模式过去为维护金融体系稳定发挥了积极作用。在金融业发展相对滞后、金融机构分业经营的情况下，不同类型的金融机构之间的业务交叉较少，机构监管的模式能有效地按金融机构类型进行监管，监管成本较小且有效性较高。然而，2000 年以来，尤其是加入世界贸易组织（WTO）后，中国的金融业逐渐加快对外开放的步伐，金融消费者对金融服务的需求日益多元化，在此背景下，金融机构为提高服务质量、提升竞争力，纷纷走向交叉业务甚至混业经营。机构监管的模式也越来越难以有效监管混业经营的金融机构。

美国也是机构监管的做法，即双层、多头。双层指联邦政府和州政府有各自独立的监管权限，多头指在双层的基础上又分为证券、银行、外汇等很多监管参与者。1998 年花旗集团成立以后，美国出现了很多综合性的金融服务机构，却保留了机构监管的模式。2008 年国际金融危机后，美国财政部的行动方案表明美国认识到了这种"双层多头"监管模式的不足，也成立了由财政部牵头、各监管机构参与的金融稳定委员会，并将"双峰"监管模式作为美国金融监管改革的长期目标。美国的监管体系长期以来被视为全球最有效率的监管体系之一。

而随着金融机构混业经营和金融创新快速推进，美国"双层多头"的监管体系出现了越来越多的监管空白、监管重叠甚至监管失控，如风险较高且在金融机构间大量交叉持有的金融衍生品交易几乎没有得到监管。这些缺陷在次贷危机中充分地暴露了出来。为应对危机，2010 年 7 月，美国通过了迄今为止改革力度最大、影响最深远的金融监管改革法案，即《多德-弗兰克华尔街改革与消费者保护法》，对美国银行及资本市场监管进行了彻底革新，也给世界各国的金融监管带来了深远影响。该法案的核心内容主要有：由原来注重单个金融机构安全稳健的微观审慎监管转型为宏观审慎监管，对有系统重要性的银行实施更高标准的资本充足率和杠杆比率要求，建立金融机构清算与破产机制；强化美联储的宏观审慎监管职能，扩大其监管范围，破解金融机构"大而不倒"的问题；将金融消费者和投资者保护作为主要监管目标，并要求评级机构进行更加全面的信息披露，以促进公平交易和提高金融市场透明度。

（二）混业监管模式

混业监管也称综合监管，通常是由一个综合的金融监管机构对金融体系的所有机构和产品进行审慎监管和行为监管。综合监管的优势在于金融监管机构可以全面综合地掌握金融市场信息，从而避免机构监管或功能监管模式下不同监管机构的监管标准不统一等问题。

20 世纪 80 年代，北欧国家挪威、丹麦、瑞典相继采用了综合监管模式。1997 年英国金融服务管理局（Financial Services Authority，FSA）的建立，进一步推动了综合监管的改革趋势。其他代表性国家还有加拿大、德国、日本、卡塔尔、新加坡、瑞士等。截至 2002 年年底，全球将近 46 个国家建立了综合监管制度，由综合监管机构负责银行、证券与保险，或者是其中两大部门的监管。

虽然综合监管模式在掌握市场信息和统一监管标准等方面具有优势，然而英国北岩银行事件以及随后美国的次贷危机暴露出来的金融机构行为和金融消费者权益保护等问题，均表明综合监管的有效性是有限的。三十人小组[①]的研究认为，在综合监管模式下，单一监管机构缺乏必要的制约和补充机制，且容易由于官僚化导致监管效率下降。因此，英国从 2012 年开始，逐步转向审慎监管和行为监管并重的"双峰"监管模式。美国也在金融危机后重视旨在加强金融消费者合法权益保护的行为监管。

（三）双峰监管模式

双峰监管（twin peaks），即按照监管职能设立两个监管机构，将审慎监管和行为监管分开。审慎监管负责维护金融体系和机构的安全和稳健运行；行为监管负责公平交易，同时保护金融消费者的合法利益。这两个分开的监管职能，类似骆驼的两个峰，所以被称为"双峰"监管。随着金融创新和金融混业经营的发展，金融机构提供的金融服务之间的差异缩小，以及金融控股集团（公司）出现，导致金融风险更容易跨行业、跨地区和跨产品传染，从而引发系统性风险。因此，英国经济学家迈克尔·泰勒及其追随者提出了金融监管的"双峰"模式，建议成立"金融稳定委员会"以加强审慎监管，建立"消费者保护委员会"以规范金融机构的行为，从而形成两个监管职能相互补充的监管机构框架，以防控系统性金融风险的爆发。

澳大利亚和荷兰是最早采用"双峰"模式的两个国家。2008 年国际金融危机期间，这两个国家的金融体系表现更为稳健，并且危机之后恢复也较为迅速，很大程度上得益于这两个国家均采取了审慎监管和行为监管既相互独立又相互补充的"双峰"监管模式。因此，英国在 2008 年国际金融危机后，决定继续推进金融监管改革，并于 2013 年 4 月正式走向"双峰"监管。目前，西班牙、意大利和法国也在积极考虑"双峰"监管模式。

第三节　中国的数字金融监管新挑战

一、我国金融监管体系的变迁

改革开放以来，我国的金融监管体系经过了几个阶段的演变。1990 年以前基本上是中国人民银行一家机构独担金融监管的责任，之后逐步开始建立机构监管的体系，直到 2003 年形成"一行三会"（中国人民银行、银监会、证监会和保监会）的构架。2017 年国务院金融稳定发展委员会成立，强化对"一行三会"政策的协调。2018 年年初我国增强了中国人民银行的政策制定功能，同时将银监会和保监会合并，成立新的银

---

①　三十人小组（Group of Thirty），又称 G30，创立于 1978 年，是一个由部分国家中央银行行长和国际金融领域人士组成的非营利性国际组织。

保监会,从而形成了"一行两会"的构架,地方的金融工作办公室开始改名为地方金融监督管理局。2023 年年初,中央金融委员会和中央金融工作委员会成立,取代国务院金融稳定发展委员会,进一步增强金融政策决策的权威性并加强党对金融工作的领导;在银保监会的基础上设立国家金融监督管理总局,同时集中原先分散在各个监管机构的消费者保护局,地方金融监督管理局则专注金融监管,不再承担地方金融发展的责任。

改革开放 40 多年,我国虽然也在不同阶段发生了不同的金融风险,但基本上较好地维持了金融稳定,没有发生系统性的金融危机。近十年来,我国金融稳定的形势出现了明显的恶化趋势,金融风险事件变得越来越频繁。我国的人均 GDP 已经从 1980 年的 200 美元上升到 2023 年的接近 13 000 美元,随着低成本优势的丧失,经济增长模式也要从要素投入型转向创新驱动型,这也提高了经济活动的不确定性,从而对处置金融风险的能力提出了更高的要求。

此外,我国过去主要依靠持续的高增长与政府兜底维持金融稳定,但现在出现了所谓的"金融风险性三角",即杠杆率上升、经济增速下降及政策空间收缩。杠杆率上升意味着金融脆弱性提高,经济增速下降既容易引发新的风险,也降低了通过增长化解风险的能力,而政策空间收缩表明政府无法持续对出现问题的机构兜底。过去依靠兜底和增长维持金融稳定的时候,很多监管政策实际上并未落到实处,2019 年发生的中小银行风险就提供了一个非常好的案例。一方面,兜底承诺对于大型国有商业银行最为可靠,一是因为国家本来就是这些银行的大股东,二是因为这些银行往往具有系统重要性,但这种承诺无法无限制地延伸到所有银行,特别是中小银行。另一方面,导致中小银行问题的一个普遍原因是银行将大量资金输送给大股东的关联企业,但这不符合监管规则;有规则而没有落地,说明监管部门的工作没有做好。如何推进监管改革、提升监管效能,是当前我国金融部门面临的一个重大挑战。

二、数字金融带来的新挑战

数字金融创新对金融监管提出了新的要求。数字技术在金融领域的广泛应用,在提高效率、推动创新和控制风险方面发挥了巨大的作用,但一些固有矛盾使得金融监管体系在解决数字金融风险问题的过程中常常显得力不从心。

第一,机构监管的架构在新兴业务和交叉业务领域易出现监管空白,导致这些领域特别是数字金融领域监管缺失。

在很长时期内,一些影子银行业务和数字金融业务都属于三不管地带,机构监管模式很难有效地防控风险。出于营利性和同业竞争的动机,金融机构更倾向利用机构监管模式下的监管空白以及不同地区监管标准的差异进行监管套利,从事影子银行、网络贷款等高风险溢价的金融业务。2017 年国务院金融稳定发展委员会成立以及 2018 年银保监会组建后,政策协调有了一定程度的改善,但相关部门之间的信息沟通、数据共享等问题并未得到根本解决。2023 年银保监会转型为国家金融监督管理总局，国务院金融稳定发展委员会被中央金融委员会和中央金融工作委员会所取代，政策协调性可能进一步提升。此外，宏观审慎政策刚刚开始建立，实施过程中难免有一些不是很顺畅的做法。比如，一提出要去杠杆，不仅仅是监管部门全力以赴，各级政府也积极作为，因为杠杆率会作为工作成绩的考核内容。这就很容易走极端，尤其对于金融问题，在极端之间来回摇摆反而会加剧金融波动、推高金融风险。

第二，监管机构缺乏必要的专业性、灵活性和决策权，易导致监管政策偏离金融稳定目标。

金融监管的有效性取决于决策的专业性和政策的时效性。在现行监管体系下，金融监管的决策权与执行权相分离，货币政策和金融政策的最终决策权在国务院而非监管机构，这种设置虽可加强金融监管与其他政策之间的协调，但决策的时效性不足，金融监管政策也会受到干扰并被用作宏观调控措施，导致监管政策与维护金融稳定的根本任务无关甚至出现矛盾。比如，经济下行压力上升时，需要加强金融对实体经济的支持力度，如要求调降股票投资的印花税率，这显然更像宏观政策，而不是监管政策。在数字金融领域，一些监管政策迟迟没有出台，一个可能的原因是有关部门看到了数字金融创新业务在支持普惠金融与经济稳定方面的积极作用，但这也无疑减弱了对金融风险的关注。

第三，缺乏独立有效的行为监管是中国当前金融监管架构的重要缺陷，这常常影响对公平竞争的维护和对金融消费者合法权益的保护。

当前，以防范系统性风险为目的的宏观审慎监管和以维持公平竞争、保护金融消费者合法权益为目的的行为监管，是国际金融监管政策改革的两大重要方向。审慎监管与行为监管在监管目标、分析工具以及监管者角色要求等方面均存在差异。然而，在实践中，对金融机构的行为监管和对金融消费者的保护常常得不到足够的重视，监管指标体系和评级标准也更加侧重于金融机构的稳健经营和风险防范能力，金融机构的行为合规、金融消费者的权益保护则成为间接目标。在机构监管下，监管部门往往视自身为被监管机构的领导部门，同时一直以来肩负着行业发展的职能。在一些部门与地区，监管部门与被监管机构"打成一片"，甚至发生直接或间接的利益关联。因此，对金融机构的营销方式、金融产品的复杂性、产品定价的合理性、金融合同条款的适当性等涉及金融机构行为合规的监管，往往力度不够。一旦产品出现问题并产生风险，将会直接损害金融消费者的合法权益。2023 年新组建的国家金融监督管理总局集中了金融消费者保护的功能。

第四，金融创新与金融监管之间难以实现动态平衡，运动式监管易引起市场波动且难以保护合理的金融创新。

实现金融创新和金融稳定之间的动态平衡，是全球监管机构面临的难题，而中国金融机构类型和模式的复杂性，进一步增加了针对金融机构创新与稳定的监管难度。当前中国的监管做法，一方面，存在监管不足的矛盾，一些创新型的金融业务没有及时得到监管。另一方面，监管政策有时缺乏必要的灵活性。新型业务有可能需要新的监管思路与做法，如果只是套用传统的监管手段，很多业务也许无法出现。比较合理的做法应是监管部门和业务机构良性合作，既保证创新业务能够改善金融服务的质量，又能够确保风险管得住。

第四节　国内外数字金融监管探索

数字金融需要受到监管，这一点与一般的金融并无差别，所以现行的金融监管框架也同样适用于数字金融业务。但是，数字金融会在一定程度上改变金融的业务形态与风险特点，金融监管也需要不断创新以适应这些新的特点。数字技术在金融领域的应用，使数字金融的效率、规模、触达发生了前所未有的改变：过去通过实体分支机构提供的服务，现在可以利用 App 同时触达全国市场；数字技术也使风险形态发生了改变，比如网络攻击甚至断电成为重要的系统性金融风险。过去十年来，随着数字金融创新日益活跃，各国不断地创新金融监管，试图在支持金融创新的同时，维护金融稳定的局面。

一、国外数字金融监管经验

目前各国的数字金融监管虽然进展程度不同，但都还处于探索阶段。不少发展中国家的数字金融呈现自由发展状态，这既是因为数字金融创新解决了不少实际问题，如非洲的 M-Pesa 和孟加拉国的 Bkash 等数字钱包为众多老百姓提供了从未有过的支付手段，也是因为这些国家的金融监管体系相对不发达。发达国家的金融监管体系相对完善，在一定程度上也制约了它们的数字金融创新。从全球来看，数字金融最为活跃的是三个国家，即美国、英国与中国。美国主要长于技术，一些数字金融技术就原创于美国，比如现在在许多国家都非常活跃的移动支付，早期的雏形就来自美国的贝宝。英国则在业务模式和政策方面表现突出，有很多原创性的举措。比如，第一个个体对个体借贷平台 Zopa 于 2005 年 3 月成立于英国伦敦，"监管沙盒"也是英国发明的。中国的优势主要体现在技术应用和市场规模方面，无论是移动支付、数字信贷，还是线上投资、央行数字货币，中国都是走在国际前列的。

（一）英国的数字金融监管实践

英国是全球金融科技发展最为迅速的国家之一，其监管政策也受到各国效仿。英国早期实行的也是机构监管的方式，不过自 20 世纪 80 年代以来，金融混业经营越来越活跃，机构监管的方式也就不太适应。2000 年 6 月，英国女王正式批准《2000 年金融服务和市场法》，成立英国金融服务监管局，成为英国整个金融行业唯一的监管机构。这个机构与英格兰银行分离，权力高度集中。不过，在 2013 年 4 月，英国金融服务监管局又被两个新的机构所取代，即金融行为监管局（Financial Conduct Authority，FCA）和审慎监管局（Prudential Regulation Authority，PRA），这样就形成了"双峰"模式。英格兰银行则成立金融政策委员会，负责宏观审慎政策。与多头、分业的监管方式相比，这个框架在应对数字金融发展方面拥有十分明显的优势，不太会因业务定位问题而出现监管扯皮或监管空白。事实上，英国的大部分关于数字金融的监管政策都是由 FCA 制定的。

英国的 P2P 行业受 FCA 和 P2P 行业自律协会（P2PFA）共同监管，其监管法规主要由 FCA 制定的宏观金融法律法规以及行业监管法律法规和行业自律规章构成。2014 年 3 月 1 日，FCA 发布《关于互联网众筹及通过其他媒介发行不易变现证券的监管方法》，这可能是全球第一个关于 P2P 的监管规则，明确提出了商业行为准则、最低资本金要求、顾客资金保护规则和争议解决方案等，同时还要求 P2P 公司必须有平台倒闭时保证还款继续回流的计划。2019 年 6 月 4 日，FCA 进一步加强了对 P2P 平台退出计划的规定。对于平台的营销活动也设置了明确的限制，要求平台在向投资者提供投资建议前进行投资者适当性评估，另外规定平台需要向投资者提供的最小信息量。显然，FCA 对 P2P 监管的重点在维持公平交易、保护消费者权益以及在必要时确保平台平稳地退出。

英国对互联网银行的监管也很有特点，重视弹性和审慎原则。FCA 认为，金融监管的根本是保护消费者利益，虽然网上银行在运行中或许会出现一些安全问题，但不能因此就限制或阻碍网上银行的创新和发展。此外，在网络经济时代，应努力保持监管的透明度和一致性等。这些都表明英国金融监管部门在平衡创新与稳定方面的努力，这可能也是英国的数字金融创新相对活跃的一个重要原因。

英国金融行为监管局（FCA）创造性地发展出了"监管沙盒"制度，以有效测试金融创新产品和服务。监管沙盒模式允许金融科技企业在满足一定安全标准的情况下申请有限牌照，在限定的场景和条件下开展相关创新业务。运行一段时间后，监管部门再对其运行情况、风险状况和影响进行测试和评估，并根据测试和评估的结果来决定是否进一步授予其牌照。监管沙盒模式给予了金融科技企业灵活的空间进行创新，有助于参与式规则制定，即允许监管者的规则制定和市场创新同步动态发展。新加坡、澳大利亚等也先后推出了不同版本的监管沙盒制度，但基本沿袭了英国模式。新加坡的监管沙盒只适用于金融科技企业，而澳大利亚对金融科技公司实行许可证豁免制度，规定符合条件的金融科技公司在向澳大利亚证券投资委员会（Australian Securities & Investments Commission，ASIC）备案后，无须持有金融服务或信贷许可证即可测试特定业务。

（二）美国的数字金融监管实践

美国金融监管的机构体系模式为"多头监管"，因此提供特定金融产品的金融科技业务要符合多个部门的监管政策。美国对数字金融的监管更为审慎严格。美国对于金融科技领域的监管模式逐渐从限制型监管转为主动型监管。限制型监管即参照金融科技中的金融本质，无论何种形态出现的新技术，都按照其涉及的金融业务与功能，有机地融入现有金融监管体系。因此，虽然美国金融市场发达，但强监管限制了美国数字金融的快速发展。2017年，美国国家经济委员会公布了《金融科技监管白皮书》（A Framework for FinTech），明确指出，对于金融科技监管，要从限制型监管向主动型监管转变，即鼓励监管部门和金融科技创业部门交流合作，达成符合双方部门目标的创新方式。

美国数字金融监管分类精准施策。在数字银行方面，美国推进数字银行牌照发放与管理，也对数字银行网络安全发布风险提示。在加密资产风险防范方面，美国证券交易委员会通过提示投资者首次交易发行（IEO）可能违反证券法，以加强投资者的警惕性。在数字货币方面，建立数字资产监管法律体系，严厉打击欺诈行为。在监管框架中，金融科技也被纳入。美国注重激发行业积极性，共同提升监管科技水平。美国联邦存款保险公司于2021年6月以技术竞赛的形式组织金融科技公司开发针对社区银行等机构的财务报告方法。

二、中国数字金融监管现状

（一）中国的数字金融监管政策

我国数字金融监管框架的形成始于2015年。当年7月14日，中国人民银行等十部门发布《关于促进互联网金融健康发展的指导意见》，勾画了数字金融监管的框架。第一，积极鼓励互联网金融平台、产品和服务创新，鼓励从业机构相互合作，拓宽从业机构融资渠道，坚持简政放权和落实、完善财税政策，推动信用基础设施建设和配套服务体系建设；第二，确立了互联网支付、网络借贷、股权众筹融资、互联网基金销售、互联网保险、互联网信托和互联网消费金融等互联网金融主要业态的监管职责分工，落实了监管责任，明确了业务边界；第三，坚持以市场为导向发展互联网金融，遵循服务好实体经济、服从宏观调控和维护金融稳定的总体目标，切实保障消费者合法权益，维护公平竞争的市场秩序，在互联网行业管理，客户资金第三方存管制度，信息披露、风险提示和合格投资者制度，消费者权益保护，网络与信息安全，反洗钱和防范金融犯罪，加强互联网金融行业自律，以及监管协调与数据统计监测等方面提出了具体要求。2015年下半年，各监管部门密集出台了一系列的监管政策，包括中国人民银行的《非银行支付机构网络支付业务管理办法（征求意见稿）》、证监会的《关于对通过互联网开展股权融资活动的机构进行专项检查的通知》、国务院法制办的《非存款类放贷组织条例（征求意见稿）》等。

2015年以来，金融监管部门所做的工作大致可分为三大类：第一类是整治不规范、难持续的数字金融业务与行为，主要是数字信贷领域的个体对个体网络借贷和现金贷；第二类是将新型的数字金融业务纳入正规金融监管的框架，主要是移动支付和数字信贷中的各种助贷和联合贷款；第三类是尝试各种数字金融监管创新，主要是进行金融科技创新监管试点、推动数字金融领域的金融控股公司组建，以及设计围绕央行数字货币的一些政策与规则。

1. 专项整治

2016 年 4 月 12 日，国务院办公厅发布《互联网金融风险专项整治工作实施方案》，正式开启了"专项整治"工作。中国人民银行牵头此工作，并在金融市场司设立了办公室。该方案明确指出，互联网金融领域的风险隐患主要集中在 P2P 网络借贷、股权众筹、互联网保险、第三方支付、通过互联网开展资产管理及跨界从事金融业务、互联网金融领域广告等领域，专项整治坚持问题导向，集中力量对这几个重点领域进行整治。2017 年 6 月 28 日，中国人民银行等十七部门联合发布《关于进一步做好互联网金融风险专项整治清理整顿工作的通知》，对全国的专项整治工作做出了具体的安排，要求各省领导小组应按照清理整顿的有关要求，完成本行政区域的互联网金融活动的状态分类，形成机构分类清单以及清理整顿状态分类阶段总结报告，并于 2017 年 6 月底前报送互联网金融风险专项整治工作领导小组。各省领导小组要在清理整顿工作开展期间组织自查，及时掌握整治工作的落实情况，查找问题、及时纠偏。领导小组将于 2017 年 7 月起组织对各地清理整顿的督查和中期评估，确保整治质量和效果。

专项整治工作的一个重点是个体对个体网络借贷业务。2016 年 8 月 24 日原银监会等机构发布的《网络借贷信息中介机构业务活动管理暂行办法》是一个十分重要的政策文件。虽然该暂行办法本着行业健康发展和满足小微企业、"三农"、创新企业和个人投融资需求，提出了维护互联网金融稳定、保护消费者权益、提升互联网金融效率三大监管目标，但从本质上来说，既然网络借贷平台被清晰地界定为信息中介，这就意味着绝大多数这类平台将很难存续。在对个体对个体网络借贷平台的整治过程中，原银监会决定政策的制定，和地方金融办共同负责政策的执行，但在大部分地区，最后负责平稳退出的是公安部门。

2. 监管体系

一个重点是移动支付的监管。移动支付业务始于 2004 年年底，但开始发放牌照是在 2010 年。2010 年 6 月 14 日，中国人民银行颁发《非金融机构支付服务管理办法》，并对境内符合资质要求的非金融机构发放"支付业务许可证"。截至 2015 年 12 月 15 日，央行总共颁发了 270 张第三方支付牌照。2015 年 7 月 31 日颁发的《非银行支付机构网络支付业务管理办法（征求意见稿）》，规范了支付机构的业务范围，明确支付机构的业务重点为提供支付通道服务，提出支付机构不得为金融机构，以及从事信贷、融资、理财、担保、货币兑换等金融业务的其他机构开立支付账户。对于第三方支付机构来说，虽然不能继续为网络借贷等互联网金融企业开立支付账户，但仍可为其提供支付通道服务，把业务重点放到提供支付通道服务上，将付款人的款项划转至网络借贷等企业的银行结算账户。2017 年 1 月 13 日，中国人民银行再次发布新规，明确非银行支付（即第三方支付）机构应将部分客户备付金交存至指定机构专用存款账户。建立客户备付金集中存管制度，主要目的是纠正和防止支付机构挪用、占用客户备付金，保障客户资金安全，并引导支付机构回归业务本源。

另一个重点是互联网贷款的监管。2014年、2015年和2016年，原银监会分别向微众银行、网商银行和新网银行发放了银行牌照，让大科技信贷正式升级为商业银行业务。2020年4月22日，原银保监会颁发《商业银行互联网贷款管理暂行办法》，明确提出要规范商业银行互联网贷款业务经营行为，促进互联网贷款业务的健康发展。2021年1月13日，原银保监会办公厅联合中国人民银行办公厅共同发布通知，规定了商业银行开展互联网存款业务的范围、账目管理、宣传、风险等方面的要求。2021年2月19日，原银保监会发布《关于进一步规范商业银行互联网贷款业务的通知》，对商业银行的互联网贷款风控环节进行规定。对商业银行与合作机构共同发放互联网贷款的出资比例、合作机构集中度管理、贷款总额做出规定，限制互联网贷款的跨地域经营。最后一项政策比较清楚地反映了监管部门对于科技公司助力银行贷款的政策立场，即数字技术的应用对于商业银行拓展信贷业务、加强风险管理有很大的助益，但其潜在的风险也很突出，主要是防范风控过程中的道德风险问题。对出资比例、机构集中度、跨区域等方面的要求与限制，就是为了防止潜在风险的放大与发散。

3. 监管创新

我国数字金融监管创新的一个重要举措是施行中国式的"监管沙盒"。2019年12月，中国人民银行启动金融科技创新监管试点工作，这是在参考英国、新加坡和澳大利亚等国家的监管沙盒的经验基础上的尝试，是监管部门平衡数字金融创新与稳定之间关系的努力。

另一个与数字金融相关的创新是鼓励大型数字金融机构尝试设立金融控股公司。金融控股公司的设立，并不局限于数字金融领域，但大部分大科技公司同时拥有多张金融牌照，这与现行机构监管为主的方式是不一致的。通过申请数字金融控股公司的牌照，这些公司就可以在严格遵守监管规则的前提下，更好地发挥数字技术解决金融问题的诸如规模经济和范围经济的优势。

最后一个工作重点是建立围绕央行数字货币的政策框架。我国的央行数字货币起步早、进展快，数字人民币已经经过数年的试点，逐步开始走入百姓的生活。然而，央行数字货币是一个新生事物，如何确保其系统的普惠、公平、效率、稳定与安全，监管部门还需要设计一系列的政策与监管框架。

（二）金融科技创新监管试点

中国人民银行主导的金融科技创新监管试点启动于2019年12月。这是央行为落实《金融科技（FinTech）发展规划（2019—2021年）》，探索设计符合中国国情的具有包容审慎、富有弹性的创新试错容错机制的重要举措。中国版金融科技监管沙盒的推出，旨在引导持牌金融机构在依法合规、保护消费者权益的前提下，运用现代信息技术赋能金融提质增效，营造守正、安全、普惠、开放的金融科技创新发展环境，体现了央行"划定刚性底线，设置柔性边界，预留充足发展空间"的设计理念。

2020 年 1 月 14 日，央行公布了首批金融科技创新监管试点应用名单，共 11 家单位联合或者单独申报 6 款产品，其中有 4 个银行信贷应用，即中国工商银行利用区块链和物联网技术探索的供应链金融应用、中国农业银行针对小微企业开发的贷款产品、百信银行基于 API 形式开放金融服务、宁波银行基于大数据等技术的小微企业融贷款产品；还有 2 个支付应用，即中信银行基于 token 技术的智慧支付应用，以及银联、京东数科等面向小微企业开发的手机 POS 应用。

2020 年 4 月 27 日，中国人民银行宣布在上海、重庆、深圳、苏州、杭州和河北雄安等 6 市（区）开展金融科技创新监管试点，北京也公布第二批 11 个项目。2020 年 7 月 23 日，中国人民银行批准广州、成都两市共 9 个项目作为金融科技创新监管试点。此后，金融科技试点在全国逐渐铺开。

截至 2022 年 4 月，共有 29 个省、市、自治区公示了 156 个创新项目，涉及 218 家机构，主要包括银行、科技公司、支付公司和征信公司等。项目技术以大数据、区块链、人工智能等为主要支撑，同时包含 5G、物联网和认证类技术等相关应用。从地域上看，金融科技创新试点主要集中在长三角（江苏 14 项、浙江 9 项、上海 19 项）、珠三角（广东 19 项）、京津冀（北京 23 项、河北 7 项、天津 1 项）和四川（成都 9 项）、重庆（12 项）等地。从涵盖金融业务类别来看，现有金融科技试点的主要领域是信贷融资及相关风控技术，此外的试点还包含了资产类、安全类、渠道类、支付类等其他应用。

再从金融科技创新监管试点的批次发布量来看，截至 2022 年 4 月，四个批次金融科技监管试点中，第一批公示 84 项、第二批 47 项、第三批 21 项，第四批共 4 项，项目数量有逐渐减少的特征，呈现出省/自治区逐渐退出监管试点而以城市监管试点为主的特征。

总体来看，中国人民银行主导的中国金融科技创新试点以风控、资产管理和安全为主要目标，虽然试点项目的服务领域存在重合度较高的现象，但总体上取得了不错的效果，截至 2022 年 4 月，已经有 7 个项目"出箱"而推广到市场。

自 2021 年起，金融科技创新试点也从银行等金融机构扩展到资本市场。2021 年 3 月，中国证监会在北京地区率先启动资本市场金融科技创新试点工作。2021 年 11 月 19 日，中国证监会北京监管局、北京市地方金融监督管理局公布首批拟纳入资本市场金融科技创新试点的 16 个项目名单，并于 2021 年 12 月 30 日公告启动上述项目。随后，其他城市也相继推出试点项目。截至 2023 年 4 月底，全国一共有 77 项资本市场金融科技创新试点项目，分布在上海（26）、北京（16）、广州（13）、南京（12）和深圳（10）。

和中国人民银行牵头的金融科技创新监管试点相似，资本市场的金融科技创新试点也侧重于新一代技术的赋能。具体应用场景主要集中在数字人民币、中小企业 ABS 融资服务、非上市证券集中托管、反洗钱应用、债券风险分析、投顾业务智能合规管理、客户服务等方面。例如，国泰君安证券、东方证券、汇添富基金、天天基金、中金财富证券等均推出了数字人民币在证券公司财富管理体系下的应用的试点项目。由于资本市场数字化转型的速度慢于银行业、规模也小于银行业，监管部门对相关试点采取较为审慎的态度，资本市场金融科技试点申请的通过率较低。

第五节　我国数字金融监管的总结与展望

如果从 2004 年支付宝诞生算起，我国的数字金融发展才经历了 20 个年头。过去在数字金融监管政策方面既有成功的经验，也有惨痛的教训。比如，对移动支付业务监管的形成过程相对比较平稳也比较成功，而不成功的案例包括个体对个体借贷业务，还有一些业务创新也不了了之，包括泛保险领域的水滴筹和相互宝。

金融监管政策的构建滞后于金融业务创新，这是全球普遍现象，监管者需要学习、了解最新的金融创新的特点，才有可能制定有效的监管政策。但通常来说，监管不应滞后于创新太多，否则容易造成大的风险。我国数字金融发展过程中已经有不少教训，从 2016 年开始其实一直是在补课。监管补课有两个方面的内容，一是整治风险，二是制定政策。有一些业务缺乏合理的商业逻辑的支持，如个体对个体网络借贷，现在已全面清零。有一些业务有合理的商业逻辑但做得不够规范，如线上消费信贷和智能投顾，一方面压缩了业务规模，另一方面完善了业务模式。还有一些较好地发挥了积极作用的业务，如移动支付和大科技信贷，监管部门制定了一系列的规则，确保其规范发展。另有一些业务处于金融的边缘地带，有类金融的属性，但又不完全按照金融的规则运行，如一些互助性质的保险机制，有不少已经结束运营。

从 2023 年开始，数字金融特别是平台金融进入常态化监管，意味着专项整治已经告一段落。然而，常态化监管如何管，对各方来说都是一个新的课题。数字金融监管框架的演变仍然可能是一个动态的过程，但一些大的发展方向应该是明确的，即使在具体做法上仍然存在非常大的不确定性。我们应重点关注以下几方面。

第一，数字金融监管应做到"全覆盖"。常态化监管的一个重要标志是金融监管全覆盖，即所有的金融交易、金融机构都要受到相应的监管。过去数字金融业务存在很多空白：一方面，监管部门主观上愿意"让子弹飞一会儿"；另一方面，监管部门也需要时间了解业务的特性并设计相应的政策。但是，上述过渡阶段已经过去，数字金融业务也要像一般金融业务一样，受到一视同仁的监管。一个具体的例子是数字金融控股公司的设立。平台企业从事金融业务，其技术优势是平台和数据，可以在触达和风控两个维度帮助提高金融服务的质量，但平台的重要特征除了规模经济还有范围经济，所以平台金融机构持有多张金融业务牌照是一个十分普遍的现象，蚂蚁、腾讯、字节跳动等都是如此。一家机构持有多个金融业务的多张金融牌照，这与当下分业监管的框架是不匹配的。2020 年 9 月，国务院印发了《国务院关于实施金融控股公司准入管理的决定》，中国人民银行同步印发了《金融控股公司监督管理试行办法》，标志着金融控股公司正式进入持牌监管时代。

第二，监管创新依然是数字金融监管的重要内容。虽然所有的数字金融业务要做到监管全覆盖、监管一视同仁，但数字技术的应用确实给金融业务与风险带来不少新的特点，这对监管提出了新的要求。有许多特点并不是从一开始就一目了然的，所以需要数字金融机构与金融监管部门共同探讨风险的特征与监管的手段，央行建立的"金融科技创新监管试点"机制将来可以在这方面发挥更大的作用。以互联网贷款中的科技公司助贷为例，数据怎么处理？信息怎么共享？责任如何分担？如何做到既充分发挥科技的作用，又不放大金融风险，同时还保护金融消费者的利益？这都需要在实践中摸索，进而形成成熟的监管政策。与此同时，数字金融的新特点意味着传统金融监管的手段不一定适用。传统金融监管强调事前、事中、事后监管，采取现场与场外检查，但数字技术的应用会大大加快业务发展与风险传导的速度与广度，如果还以过去看金融报表的手段实行监管，可能错失良机。所以，金融监管也要与时俱进，可采取监管科技等手段，利用数字技术助力监管，包括审核、监测和处置等。

第三，数字金融监管要与一般的金融监管改革同步推进。我国的金融监管框架经过几十年的演变，包括最新的一些重构措施，已经形成了一个新的格局。这个格局是否能够较好地支持金融系统包括数字金融的稳定，尚需要观察。除了监管机构的调整，金融监管效能的提升，取决于三个方面的因素：一是清晰的监管政策目标；二是监管部门制定、执行监管政策的权限；三是监管问责。这三个因素实际上就是好的金融监管体系的关键要素，缺一不可。我国新的金融监管框架是否已经同时拥有这三个方面的要素，现在还不确定，所以说，改革还在路上。数字金融监管政策的构建是更大范围的金融监管改革的重要组成部分。

金融监管是一个普遍性的难题，即便是市场机制非常成熟的发达国家，也无法完全避免金融风险与金融危机的爆发，所以金融监管改革是一个持续性的任务。金融监管只有不断地与时俱进，才有可能较为有效地管理金融风险，防范发生大的金融危机。我国改革开放 40 多年来，经济建设取得了巨大的成就，金融部门也做出了重大贡献，但金融监管体系的构建一直显著滞后，其中一个重要原因是我国实行的是渐进式改革。长期以来，维持金融稳定主要靠持续性的高增长与政府兜底这两大法宝，没有形成有效的市场化监管机制；现在随着经济发展进入新阶段，旧法宝的有效性明显下降。这样一来，提升监管效能就成为十分迫切的任务。而数字金融发展又在上述任务之上提出了新的挑战，也就是说，监管效能的提升既要解决体制性的问题，又要面对技术性的挑战，这是我国金融监管改革的一个特殊性问题。

本章小结　　金融交易的主要困难是信息不对称，数字金融交易也不例外，因而金融监管格外重要。对数字金融的监管政策要追求公平交易、消费者保护和金融稳定的目标，从根本上需要实现效率（创新）和稳定之间的平衡。在数字金融过去十几年的发展过程中，相对宽容的监管态度发挥了积极的作用，但数字金融交易必须做到监管全覆盖，不能留下监管真空地带。与此同时，金融监管也要与时俱进，适应数字金融的特点。对于金融交易的监测要早到全面、实时，不留死角，同时可以采取监管沙盒的做法，保证金融创新在风险可控的条件下实现服务质量的改善。

即测即评

复习思考题

1. 数字金融的发展给金融监管带来了哪些新的挑战？

2. 数字金融监管的政策目标是什么？有哪些监管模式？

3. 实现数字金融创新和金融稳定之间的动态平衡的难点有哪些？

4. 英美的数字金融监管实践对中国有哪些借鉴意义？

5. 数字金融的发展如何影响传统金融的监管框架？请举例说明创新与风险间的动态平衡问题。

第十四章

数字普惠金融的测度与应用

随着通信技术和电子商务的快速发展，数字金融已经渗透到我们生产生活的方方面面，但如何测度中国数字金融的发展现状和普惠程度一直是一个难题。为了科学准确地刻画中国数字普惠金融的发展现状，为相关领域的研究提供工具性的基础数据，北京大学数字金融研究中心和蚂蚁集团研究院团队利用蚂蚁集团数以亿计的微观数据，编制了一套 2011—2021 年覆盖中国内地 31 个省、337 个地级以上城市和约 2 800 个县域的"北京大学数字普惠金融指数"①。本章主要介绍了该指数的指标体系设置和指数编制方法，并通过该指数分析了中国不同地区数字普惠金融的发展趋势。在此基础上，本章对该指数的主要应用以及应用中值得注意的问题进行了讨论。

第一节　中国数字普惠金融的测度

伴随着数字金融的蓬勃发展，数字金融的测度显得相对乏力。长期以来，政府或学术界一直没有提供一个能准确反映数字金融发展现状及演变趋势的数据，这就使得各界对数字金融的研究具有一定的局限性。近年来，得益于中央及地方政府在政策上给予的大力支持，我国金融发展的整体环境不断向好，数字金融的概念已经深入各行各业，各界学者也逐渐重视对中国数字金融的测量，试图通过数据来反映中国数字金融的发展情况。为此，北京大学数字金融研究中心和蚂蚁集团研究院的研究团队在 2016 年编制了一套"北京大学数字普惠金融指数"（the Peking University digital financial inclusion index of China，PKU_DFIIC），并在之后对指数进行了多次更新。本书分析的省级和城市级指数时间跨度为 2011—2021 年，县域指数时间跨度为 2014—2021 年。指数同时具有纵向和横向上的可比性。在总指数基础上，该指数还可以进一步细分为数字金融覆盖广度指数、数字金融使用深度指数和普惠金融数字化程度指数，以及数字金融使用深度指数下属的支付、保险、货币基金、信用服务、投资、信贷等分类指数。可以说，该指数的编制在一定程度上缓解了中国缺乏数字普惠金融数据的窘迫，有助于各界人士了解中国数

---

① 该指数于 2016 年首次发布 2011—2015 年数据，之后不断更新。

字普惠金融的发展现状及其特征。

一、数字普惠金融指标体系

科学构建数字普惠金融指数的前提是设计一个完整、准确的数字普惠金融指标体系。在指标体系的构建过程中应该遵循以下原则：第一，同时考虑数字金融服务的广度和深度。数字普惠金融指标体系应该是基于数字金融内涵、特征的综合概括，其所包括的每一个指标和每一个维度都应反映数字普惠金融这一总体的某一个视角；不仅要考虑数字金融覆盖的人群和地域，还要考虑其被使用的深度，这样才能真正刻画出数字金融的普惠价值。第二，兼顾纵向和横向可比性。作为一个动态过程，数字普惠金融的发展随着经济社会和金融体系的发展而不断变化，同一地区在不同年份的数字普惠金融状况也会有所变化。此外，不同地区在同一年份由于禀赋、经济发展水平与结构、政策和制度的不同，在数字普惠金融的表现上也会存在差异，这也需要在数字普惠金融指数上得到体现。因此，所编制的数字普惠金融指数最好可以同时进行横向（地区维度）比较和纵向（时间维度）比较。第三，体现数字金融服务的多层次性和多元化。现有的关于普惠金融的相关研究，主要是从传统银行业务角度来考虑的，随着金融服务的不断创新发展，金融服务已呈现出多层次性和多元化发展的特征。因此，对数字普惠金融的全面刻画要求所构建的指标体系中不仅包括银行服务（主要是信贷），还要包括支付、投资、保险、货币基金、信用服务等业态，以求更加全面地体现数字普惠金融的发展水平。

按照以上所述的指标体系构建原则，在现有文献和国际组织提出的传统普惠金融指标的基础上，结合数字金融服务的新形势、新特征与数据的可得性和可靠性，北京大学数字普惠金融指数一共包含数字金融覆盖广度、数字金融使用深度和普惠金融数字化程度三个维度、33 项具体指标[①]，具体如表 14-1 所示。

表 14-1 数字普惠金融指标体系

一级维度	二级维度	具体指标
覆盖广度	账户覆盖率	每万人拥有支付宝账号数量
		支付宝绑卡用户比例
		平均每个支付宝账号绑定银行卡数
使用深度	支付业务	人均支付笔数
		人均支付金额
		高频度（年活跃 50 次及以上）活跃用户数占年活跃 1 次及以上用户的比例

---

① 第一期指数（2011—2015 年）中共包含 26 个指标。

续表

一级维度	二级维度		具体指标
使用深度	货币基金业务		人均购买余额宝笔数
			人均购买余额宝金额
			每万支付宝用户购买余额宝的人数
	信贷业务	个人消费贷	每万支付宝成年用户中有互联网消费贷的用户数
			人均贷款笔数
			人均贷款金额
		小微经营贷	每万支付宝成年用户中有互联网小微经营贷的用户数
			小微经营者户均贷款笔数
			小微经营者平均贷款金额
	保险业务		每万支付宝用户中被保险用户数
			人均保险笔数
			人均保险金额
	投资业务		每万支付宝用户中参与互联网投资理财人数
			人均投资笔数
			人均投资金额
	信用业务		自然人信用人均调用次数
			每万支付宝用户中使用基于信用的业务用户数（包括金融、住宿、出行、社交等）
数字化程度	移动化		移动支付笔数占比
			移动支付金额占比
	实惠化		小微经营者平均贷款利率
			个人平均贷款利率
	信用化		花呗支付笔数占比
			花呗支付金额占比
			芝麻信用免押笔数占比（较全部需要押金情形）
			芝麻信用免押金额占比（较全部需要押金情形）
	便利化		用户二维码支付的笔数占比
			用户二维码支付的金额占比

在数字金融覆盖广度方面，不同于传统金融机构触达用户直接体现为"金融机构网点数"和"金融服务人员数"，在基于互联网的数字金融模式下，由于互联网天然地不受地域限制，数字金融服务供给在多大程度上能保证用户得到相应服务是通过电子账户数体现的。此外，根据金融监管部门的规定，第三方支付的账户如果不绑定银

行卡，就只具备小额转账的功能，其价值将大大受限。因此，绑定银行卡的第三方支付账户，才是真正有效的第三方支付账户，即实现了对这个用户真正的覆盖。特别是随着第三方支付功能越来越丰富，第三方支付已经成为重要的理财、融资通道，即绑定的银行卡数量越多，其理财、转账的覆盖面就越广，对这个账户所有人的金融服务覆盖面也就越广。因此，一个账户绑定多少银行卡，也成为数字金融覆盖广度的一个子指标。

在数字金融使用深度方面，其主要从实际使用数字金融业务的情况来衡量。就金融业务类型而言，包括支付业务、货币基金业务、信贷业务、保险业务、投资业务和信用业务。从使用情况来看，既包括实际使用总量指标（每万支付宝用户中使用这些业务的人数），也包括使用活跃度指标（人均交易笔数、人均交易金额）。

在普惠金融数字化程度方面，便利性、低成本和信用化等都是影响用户使用数字金融服务的主要因素，这切实体现了数字金融服务的低成本和低门槛优势，因此普惠金融数字化程度也成为数字普惠金融指标体系的重要组成部分。具体而言，数字金融服务越便利（如移动支付笔数占总支付笔数的比例高）、成本越低（如消费贷和小微企业贷利率低）、信用化程度越高（如免押金支付笔数占总支付笔数的比例高），则意味着数字普惠金融的价值就得到更好的体现。

二、指数合成方法

虽然数字普惠金融不同维度的指标都包含了数字普惠金融某些方面的有用信息，但如果单独使用某一个指标或者某一维度指标，又可能导致对数字普惠金融现状的片面解读，因此可以参考传统普惠金融指数编制的方法，将数字普惠金融的多个指标合成一个数字普惠金融指数。不少机构和学者都在编制普惠金融指数方面进行了诸多努力和尝试，这些类似指数的编制在方法上都是相通的。

在指数合成之前，必须先将性质和计量单位不同的指标进行无量纲化处理。无量纲化函数的选取，一般要求严格单调、取值区间明确、结果直观、意义明确、不受指标正向或逆向形式的影响。目前学术界关于普惠金融指标的无量纲化方法主要有功效函数法等。结合数字金融快速扩张的特点，为缓解极端值的影响，保持指数的平稳性，数字普惠金融指数的编制一般采取对数型功效函数法。具体而言，对数功效函数的公式如下：

$$d = \frac{\log x - \log x^l}{\log x^h - \log x^l} \times 100$$

关于功效函数公式中阈值的确定，如果取各指标不同年份的最大值和最小值分别作为上限和下限，当最大值或最小值为极端值或异常值时，容易扭曲指数值，导致地区指数异常。另外，如果各指标的上下限都是基于每年指标情况来设定的，也会导致不同年份各地区间的指标比较基准发生变化，从而导致纵向不可比。因此，为了便于今后对各地区数字普惠金融发展水平同时进行横向和纵向比较，对该指数进行如下处理：① 对于正向指标，取固定 2011 年各地区指标数据实际值的 95% 分位数为上限 x^h，5% 分位数为下限 x^l；② 对于逆向指标，取固定 2011 年各地区指标数据实际值的 5% 分位数为 x^h，95% 分位数为 x^l。此外，为了平滑指数，避免种种原因导致的极端值的出现，对超过指标上限的地区进行"缩尾"处理。例如，当某地区基准年（2011 年）的指标值超过该指标的上限 x^h 时，令该地区 2011 年指标值为上限值 x^h；当某地区 2011 年的指标值小于其下限 x^l 时，令该地区 2011 年指标值为其下限值 x^l。

根据上述方法，就可以计算出某年某地区某指标无量纲化后的数值。在基准年（省级和地市级基准年为 2011 年，县域则以 2014 年为基准年），每个相应指标的无量纲化数值得分区间为 0~100，得分越高的地区，相应指标的发展水平就越高。基准年之后年份的数据，指标的功效分值有可能小于 0 或大于 100。

指标无量纲化之后的任务就是确定不同指标合成时的权重。该指数采用了主观赋权与客观赋权相结合的方法来确定权重。具体而言，先利用变异系数法求各具体指标对上一层准则层的权重，再通过层次分析法求各准则层指标对上层目标的权重，最后求得总指数。

变异系数法确定权重的基本思路，是根据各个指标在所有评价对象上的观测值的变异程度大小对其进行赋权，如果一项指标的变异系数较大，那么说明这个指标在衡量该对象的差异上具有较大的解释力，则这个指标就应该被赋予较大的权重。而层次分析法是一种系统分析与决策的综合评价方法，它较合理地解决了定性问题定量化的处理过程。层次分析法的主要特点是通过建立递阶层次结构，把人们的判断转化为若干因素两两之间的重要性比较，从而把难以量化的定性判断转化为可操作的定量判断。最终确定的几个权重向量如表 14-2 所示。

表 14-2　数字普惠金融体系各维度的权重

总指数	一级指数	二级指数
数字普惠金融指数	覆盖广度（54.0%）	
	使用深度（29.7%）	支付（4.3%）、货币基金（6.4%）、信用（10%）、保险（16.0%）、投资（25.0%）、信贷（38.3%）
	数字化程度（16.3%）	信用化（9.5%）、便利化（16.0%）、实惠化（24.8%）、移动化（49.7%）

在完成指标无量纲化处理和确定指标权重后，就可以进行指数合成了。在具体指数合成时，由下往上逐层汇总，先计算各层分组指数，然后由各层分组指数加权汇总得到综合指数。其中，在计算数字金融的使用深度指数时，由于 6 类金融业务开始产生的时间不一致，需逐步纳入指数中。为保证指数的稳定性，此时通过权重归一化使得各类业

务之间的相对权重保持一致。通过逐层算数加权平均合成模型，即可计算出最终的数字普惠金融指数。

第二节　中国数字金融发展基本情况

一、中国数字普惠金融发展的基本趋势

首先来看通过北京大学数字普惠金融指数表现出的中国数字普惠金融的发展情况。2011—2021 年中国内地 31 个省（直辖市、自治区）的数字普惠金融指数逐年均值和中位值如图 14-1 所示。2011 年各省级数字普惠金融指数的中位值为 33.6，到 2015 年增长到 214.6，到 2021 年则进一步增长到 363.6，2021 年省级数字普惠金融指数的中位值是 2011 年的 10.8 倍，指数值平均每年增长 26.9%，中国数字金融快速增长的趋势由此可见一斑[①]。

图 14-1　2011—2021 年省级数字普惠金融指数的均值和中位值

资料来源：北京大学数字普惠金融指数。

从增速来看，最近几年中国数字普惠金融指数增速有所放缓，一定程度上表明随着中国数字金融市场的发展越来越成熟，该行业开始由高速增长阶段向常态增长过渡。2020 年，如同其他国家，中国经济社会各方面也受到了新冠疫情的严重冲击，全年经济增速较往年显著下降，但数字普惠金融指数仍然保持正增速，比 2019 年增长 5.6%，显示了数字金融在疫情时代的独特优势。而到 2021 年，一方面，由于我国疫情控制比较到位，全年基本没有发生大规模的疫情，因此国民经济较 2020 年全年较快增长；另

---

① 这里需要说明的是，这个 26.9% 并不能理解为中国数字金融业务规模的年均增速，其中最主要的原因是在指数编制过程中，对原始业务指标进行无量纲化处理时进行了取对数处理，所以原始业务规模增速应高于此数值。

一方面，受外界环境变化影响，蚂蚁集团的诸多业务在 2021 年都受到了影响，这在一定程度上抑制了指数的增长。从数据来看，2021 年数字普惠金融指数较 2020 年增长 8.6%，高于 2020 年的增速。

上述数字普惠金融指数的总体增速掩盖了中国数字普惠金融不同维度之间的不同发展趋势。从分指数来看，在早期 2011—2015 年的指数当中，数字普惠金融的数字化程度增长最快，数字普惠金融的覆盖广度次之，使用深度的增长最慢。在后期针对 2016 年之后的指数分析中可以发现，2016 年后指数增长情况发生了一些变动，数字金融使用深度指数的增长开始超过数字金融覆盖广度指数的增长。近年的数据也进一步确认了这一趋势：2021 年数字金融使用深度指数较上年增长 11.9%，继续快于数字金融覆盖广度指数 10.9% 的增速和数字技术支持程度指数 3.2% 的增速。在 2016—2021 年，有 5 年使用深度指数的增速超过了覆盖广度指数，数字金融使用深度指数已经是数字普惠金融指数增长的重要驱动力。对此，图 14-2 也有非常直观的展示。需要特别强调的是，2021 年数字金融覆盖广度指数也继续保持可观的增速，这可能是由于疫情推动了小微商户经营和消费者行为的数字化转型。随着数字金融的覆盖广度和数字化程度达到一定程度，数字金融的使用深度将越来越成为各地指数增长的重要来源。这对于中国相关行业从业者和监管者都有非常强的启示意义。

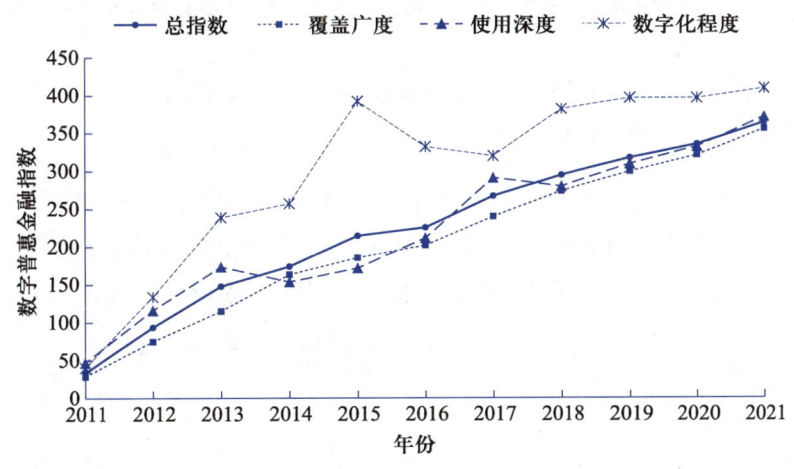

图 14-2　2011—2021 年数字普惠金融指数及其一级分指数

资料来源：北京大学数字普惠金融指数。

二、中国数字普惠金融空间结构

在数字普惠金融快速增长的同时，与中国大多数经济特征一样，中国的数字普惠金融发展程度在地区间仍然存在一定的差异。如图 14-3 所示，2021 年数字普惠金融指数得分最高的上海市是得分最低的青海省的 1.39 倍。在焦瑾璞等（2015）提供的 2013 年传统普惠金融指数中，得分最高的上海市是得分最低的西藏自治区的 2.8 倍（2013 年的数字普惠金融指数中，得分最高的是得分最低的 1.9 倍）。而中国人民银行发布的社会融资规模计算得到的数据显示，2017 年最高的上海市的人均社会融资规模增量是最低的吉林省的 8.4 倍。这些对比都说明，相对于传统金融，数字金融具有更好的地理穿透性，从而形成了更广泛的普惠金融覆盖度。此外，从图 14-3 中还可以看出，上海市、北京市这两个中国最发达的城市以及数字经济活跃的浙江省，数字普惠金融指数明显比其他几个地区更高，处于第一梯队；其他省份之间虽然也有一定的差距，但落差都比较均匀，很难再像之前的报告一样区分出明显的省级梯队。

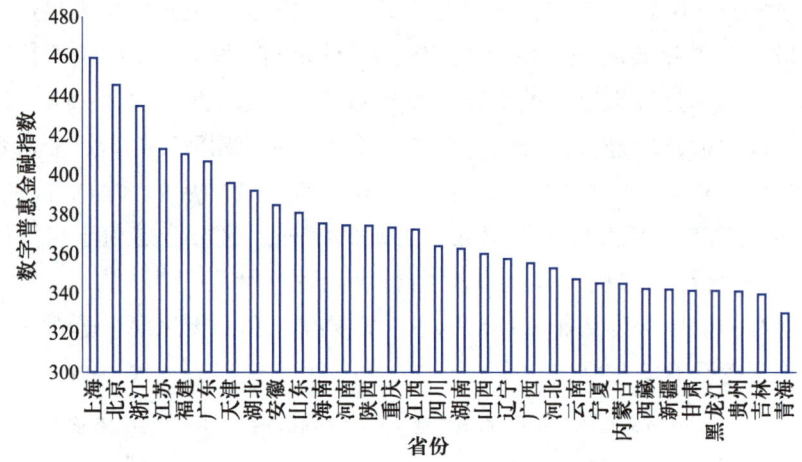

图 14-3　2020 年各省级数字普惠金融指数分布

资料来源：北京大学数字普惠金融指数。

就具体分指数的地区差异而言，普惠金融的数字化程度的地区差距最小，数字金融的覆盖广度次之，数字金融的使用深度的地区差异最大。具体而言，如图 14-4 所示，2021 年数字金融的覆盖广度、使用深度和数字化程度指数最高的地区与最低的地区之

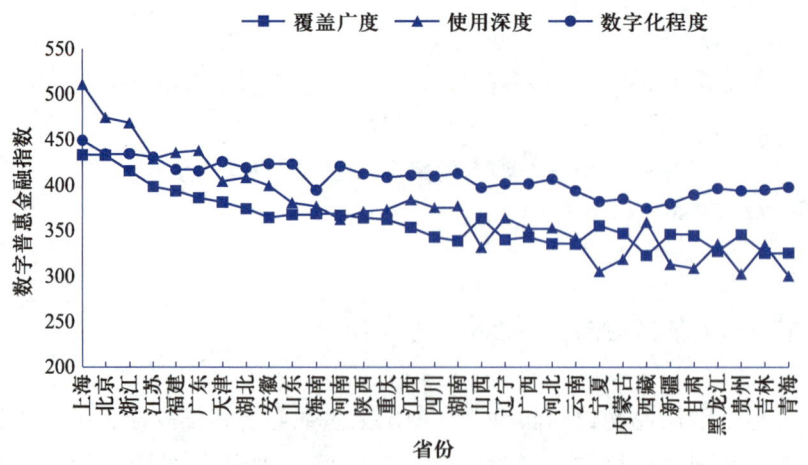

图 14-4　2021 年各省级数字普惠金融分类指数分布

资料来源：北京大学数字普惠金融指数。

比分别为 1.3、1.7 和 1.2。虽然相较于前几年，数字金融使用深度的地区间差异已经大幅缩小，但仍然是几个分指数当中差异最大的。在使用深度上，落后地区与发达地区相比还有一定的差距。而在具体业态方面，互联网投资的地区差异明显高于其他几个业态。这与数字金融的特性有很大关系：让更多的人接触、使用上数字金融服务，是相对容易的一件事，但如果让已经接触到的用户更频繁地使用数字金融服务，甚至生活高度依赖于数字金融，依然有较大的拓展空间。

更重要的是，数字普惠金融地区间的差距还随着时间推移大幅缩小。这意味着落后地区不至于"输在起跑线上"，也是数字金融的应有之义。为了更严谨地论证地区间数字普惠金融发展差距的时间趋势，我们借助经济学中关于地区经济收敛性的论证方法进行讨论。相关文献中，经济收敛的主要验证方法是 σ 收敛模型和 β 收敛模型，这里仅报告 σ 收敛模型的结果。

σ 收敛是针对存量水平的刻画，反映的是地区数字普惠金融偏离整体平均水平的差异以及这种差异的动态过程，即如果这种差异越来越小，则可以认为地区数字普惠金融指数存在收敛性。具体而言，σ 收敛模型可以定义为：

$$\sigma_t = \sqrt{\frac{1}{n}\sum_{i=1}^{n}\left(\ln index_{it} - \frac{1}{n}\sum_{i=1}^{n}\ln index_{it}\right)^2}$$

其中，i 代表地区（省、地市和县域等），n 代表地区数量，t 代表年份，$\ln index_{it}$ 代表 t 年时 i 地区的数字普惠金融指数对数值，σ_t 代表 t 年时数字普惠金融指数的 σ 收敛检验系数。如果 $\sigma_{t+1} < \sigma_t$，则可以认为 $t+1$ 年的数字普惠金融指数较 t 年更趋收敛。

图 14-5 汇报了 2011—2021 年省级和城市级数字普惠金融指数的 σ 收敛系数，从中可以看出，中国各地区的数字普惠金融在前几年的确有非常明显的收敛趋势，且收敛速度较快。具体来看，中国省级和城市级数字普惠金融指数的 σ 收敛系数分别从 2011 年的 0.44 和 0.34 下降到 2017 年的 0.08 和 0.09，但最近几年，地区收敛速度有所放缓。

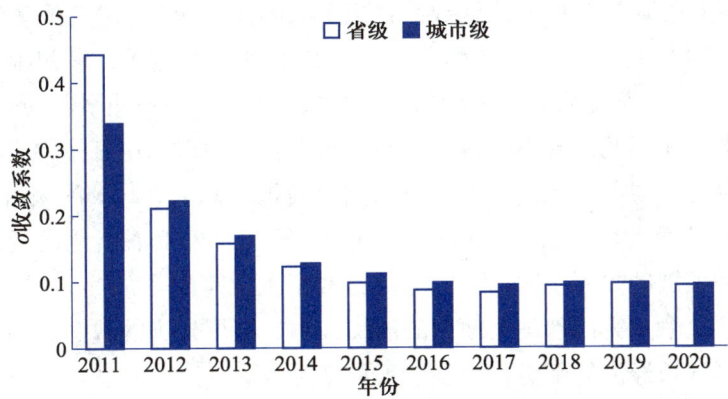

图 14-5 2011—2021 年省级和城市级数字普惠金融 σ 收敛系数

资料来源：北京大学数字普惠金融指数。

为了考察近两年地区数字普惠金融收敛速度有所放缓的具体原因，我们在图 14-6 当中也绘出了几个分指数的收敛系数，从中可以看出，数字金融覆盖广度和普惠金融数字化程度这两个分指数的收敛系数在最近几年均维持下降趋势，但是数字金融使用深度指数的收敛系数则有所反弹，这是数字普惠金融地区间收敛速度放缓的主要原因。在指数发展高度依赖触达性、覆盖广度时，数字金融的地区间差异收敛较快，而当数字金融发展进入使用深度驱动的新阶段时，我们发现地区的使用深度差异依然存在较大的弥合空间，这在很大程度上可以解释地区间总指数的收敛速度为什么会逐步放缓。

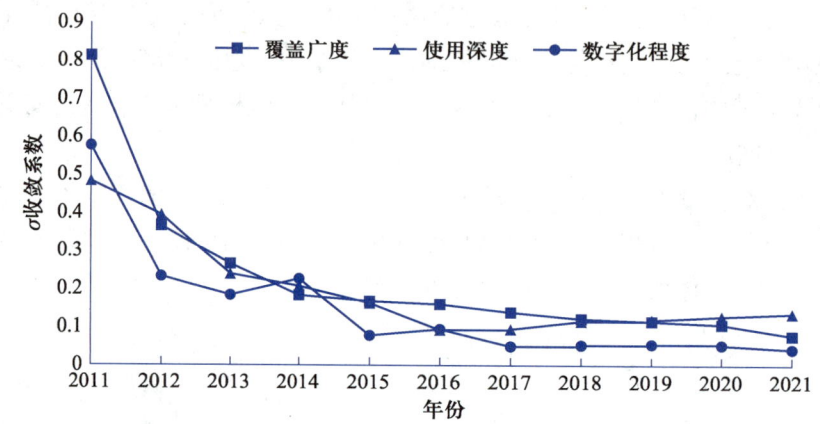

图 14-6　2011—2021 年城市级数字普惠金融分指数 σ 收敛系数

资料来源：北京大学数字普惠金融指数。

三、数字普惠金融的东西部地区差异

由于特殊的地理条件，将全国划分为东部和西部地区，是很多学术文献在讨论中国经济区域差异时非常常见的做法。本节以"胡焕庸线"为标准，将中国城市划分为东部城市和西部城市，讨论东西部地区数字普惠金融的发展差异。"胡焕庸线"是我国著名地理学家胡焕庸在 1935 年提出的划分我国人口密度的对比线，最初称"瑷珲—腾冲线"，后因地名变迁，曾先后改称"爱辉—腾冲线""黑河—腾冲线"。这条线之所以出名，是因为东北起于黑龙江省黑河市，西南至云南省腾冲市的这条线，将中国分成对比鲜明的东西两部分：线以东地区以 43.7% 的国土面积养育了 94.4% 的人口；以西地区占国土面积 56.3%，而人口仅占 5.6%。如图 14-7 所示，可以清晰地发现，东西部地区的数字普惠金融发展的差距呈明显下降趋势：数字金融跨越"胡焕庸线"，即以移动支付为代表的数字金融，为西部偏远地区的居民接触、使用先进的数字金融服务创造了条件，进而为中国区域经济的平衡发展创造了更多机遇。

不过，通过覆盖广度、使用深度等分类指数的对比分析，可以得到更多有价值的结论。如图 14-8 所示，数字普惠金融覆盖广度和使用深度在指数编制的基期 2011 年是高度一致的，但之后西部地区在数字金融覆盖广度上的追赶速度明显更快一些。到 2021

年，西部地区城市的数字金融覆盖广度指数已经是东部地区的 94.9%，而 2021 年西部地区的数字金融使用深度指数则达到东部地区的 88.6%。总体而言，数字金融覆盖广度在 2011—2020 年保持了跨越胡焕庸线发展的趋势，而在使用深度上，相较而言，优势发展地区仍集中于东南。究其原因，覆盖广度衡量的是一种机会上的公平，即是否能够获得相关技术与服务的支持，而使用深度则体现着结果上的均衡，即最终发展情况位于何种水平。数字技术由于其脱离地理空间束缚、边际成本近乎为零的特点，在分布上促进了落后地区、人口稀疏地区的发展，让不同地区的居民可以共享普惠结果。数字金融的本质仍是金融，金融服务的发展仍不能脱离经济活动而存在。由于集聚效应和网络效应，东部人口集中地区的发展水平、使用活跃程度仍将保持优势。

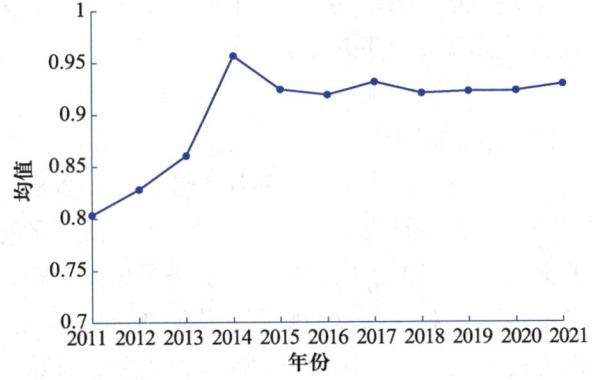

图 14-7　中国西部与东部城市数字普惠金融指数差异变化趋势（西部均值/东部均值）
资料来源：北京大学数字普惠金融指数。

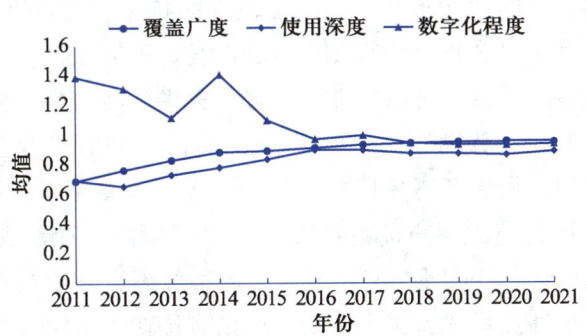

图 14-8　数字普惠金融分指数东西差异变化趋势（西部均值/东部均值）
资料来源：北京大学数字普惠金融指数。

此外，普惠金融数字化程度指数的东西部差异也值得一提。在基期 2011 年，西部地区数字化程度高于东部地区，这主要是由于"移动占比"在数字化程度指数中占据重要地位，西部偏远地区 PC 端的落后反而给了移动支付弯道超车的机遇。随着移动化的基本完成，西部地区的这一优势不复存在，到 2021 年，西部地区的数字化程度指数还是落后于东部地区。

第三节　指数的应用和注意事项

一、数字普惠金融指数的应用

随着数字普惠金融在经济活动中扮演的角色越来越重要，关于数字普惠金融的研究也逐渐成为广大学者研究的热点，而在研究数字金融的论文中，相当一部分都使用了"北京大学数字普惠金融指数"。本部分对于使用该指数开展的数字金融研究论文进行综合性的介绍，以期对相关研究设想提供启发。在已有的文献中，关于"北京大学数字普惠金融指数"的应用主要体现在以下几个方面。

（一）数字普惠金融与家庭经济活动

互联网技术与金融服务的有机结合促进了数字普惠金融的发展，不仅在消费、支付方式上影响着居民的经济活动，而且为家庭经济活动提供了更多的选择。数字普惠金融作为一项新型的金融服务工具，降低了居民对金融服务的使用门槛，能够有效地为低收入群体提供其无法从传统金融中获得的金融服务，从而在一定程度上填补了金融服务的空白，体现了普惠金融的应有之义。总结而言，在家庭经济活动中，数字普惠金融主要从消费、投资和收入三个方面来影响居民的经济行为。

数字普惠金融对居民消费的影响主要表现在增加消费总量与促进消费结构优化升级上。长期以来，中国居民的消费水平一直处于偏低的状态，在全世界 12 个较大的经济体中排名倒数第一。其中一个重要原因在于金融市场的不够完善。数字普惠金融依托数字技术积累了大量的客户信息，可以精准地为客户提供所需的金融服务，大幅度改善金融服务的可得性与便利性（张勋等，2020），从而提高家庭的消费总量。此外，数字普惠金融的发展为广大用户提供了诸多理财产品和业务（如余额宝、财付通等），而且基于大数据的保险业务还为广大用户的财产安全提供了保障，让居民敢于消费、愿意消费，从而实现了从"量变"到"质变"。同时，数字普惠金融依托支付宝、微信钱包等数字技术改变了传统的商业模式，买家与卖家可以直接在线上完成交易，在满足低消费的同时，又能有效地缓解高消费所带来的资金约束，促进居民消费结构升级（易行健和周利，2018）。

关于数字普惠金融对于家庭经济活动的影响，还表现在投资方面。近年来，随着数字技术的发展，移动支付成为支付方式的主流，居民的日常生活与数字金融联系更加紧密，数字金融逐渐有了普惠性。伴随着第三方支付平台的技术与安全性更加成熟，客户逐渐对其产生信任，现如今，数字普惠金融的发展为投资者提供了更全面的产品信息，扩大了投资者对于投资产品的选择范围，进一步增加了投资者投资的可能和享受其他金融服务的机会。吴雨等（2021）基于数字普惠金融指数和中国家庭金融调查数据的研究发现，数字金融通过增加投资便利性、促进金融信息获取和提升风险承担水平等路径，提升了家庭金融资产组合的有效性，也提高了家庭金融资产投资组合的多样性，从而降低了家庭极端风险投资的可能性。有研究还显示，数字金融的投融资功能，优化了家庭资产配置，可以降低农户的脆弱性，起到防贫、减贫的作用。不过，有研究显示，数字金融平台大量推送包含投资信息的小广告，部分包含有利投资信息的小广告，会盲目增加投资者的乐观情绪，进而助长投资者的"炒新"。

除此之外，数字普惠金融的发展还促进了家庭居民收入的增长。一方面，中国的金融发展存在结构和功能上的失衡，极大地限制了农村地区的创新创业活动，进而降低了家庭居民的收入。张勋等（2019）研究发现，数字普惠金融的发展使得农村居民的借贷更加方便，大大降低了个体小商户创业者的融资约束，提高了家庭创业活动成功的概率。部分学者利用家庭金融调查数据也得到了类似的结论（尹志超等，2018）。另一方面，数字普惠金融的发展为广大用户提供了诸多就业信息，数字平台的开放性为失业者提供了在线学习的机会与就业信息推送的平台，这在一定程度上增加了非农就业的概率，从而提高了家庭收入水平。数字普惠金融的发展存在较强的普惠性，这使得数字普惠金融对于低禀赋的家庭的收入提高更大，实现了农村地区的包容性增长。

（二）数字普惠金融与企业经济活动

企业作为生产经营的主体，是推动经济动能转换的重要源泉。当前，我国已由高速增长阶段转为高质量发展阶段，企业的生产效率是实现高质量发展的重要一环。企业的生产离不开资本要素的投入，而金融服务在企业生产中发挥了重要作用。与国有企业相比，中小企业无论是在规模上还是在抗风险能力上都普遍较弱。一直以来，融资约束是制约中小企业发展的绊脚石。随着数字技术与传统金融的深入融合，数字普惠金融为中小企业的融资带来了曙光。数字普惠金融逐渐完善了金融基础设施，扩宽了中小企业的融资渠道，为中小企业的创新、创业提供了动力。

在高质量发展的背景下，技术创新成为提高生产效率的主要途径。由于研发活动具有长周期、高风险、不可逆等特点，企业在技术创新时就面临着大量的资金需求。当资金链不足以支撑企业完成研发投入时，企业往往需要寻求金融市场的帮助来完成研发活动。部分学者研究发现，数字普惠金融的发展，能够降低金融交易的成本，为企业的技术创新提供强有力的支撑。例如，万佳彧等（2020）发现，数字普惠金融有效地缓解了中小企业的融资约束，促使中小企业有充足的资金进行技术创新活动。唐松等（2020）发现，数字普惠金融能够在低成本的情况下处理海量的数据，将金融市场上大量的零散的小规模投资者有效地转化为金融供给者，从而丰富了中小企业的融资渠道。此外，另一部分学者通过百度搜索指数构建了各省金融科技发展水平指数，也得到了同样的结论（李春涛等，2020）。

在支持创业方面，数字普惠金融也发挥了同样重要的作用。传统金融服务门槛高、手续繁杂，极大地限制了创业活动的开展。数字金融起步于支付业务，后逐渐发展成为包含支付、信贷等多项业务的综合体，可以说，数字金融的发展为居民的创业活动提供了有力的支持。例如，支付宝的出现大大地降低了商品的交易成本，促进了电子商务的发展。谢绚丽等（2018）也认为，数字金融的发展缩小了线下的搜寻成本与匹配成本，有助于小微企业的创业者获得成功。张正平和王琼（2021）针对数字普惠金融和农业生产的研究发现，数字普惠金融的发展促进了农业生产中资本对劳动的替代，提高了农业生产效率。此外，随着数字金融的发展，新兴业态不断涌现，吸纳了很多就业人员，如零工经济。

（三）数字普惠金融与传统金融和货币政策

数字普惠金融作为一种新型的金融服务方式，在促进金融市场转型升级的同时，也为传统金融的发展带来了冲击。[①] 一方面，数字普惠金融的出现为传统商业银行带来了竞争压力，导致传统商业银行的业务受到一定限制；另一方面，传统的商业银行利用数字技术谋求转型，开展多功能业务，从而实现了商业银行的效率提升。例如，2018 年，招商银行在金融科技上投入 65.02 亿元，提高了银行的营业能力与抗风险能力。此外，由于货币政策的传导主要依靠金融中介来完成，数字普惠金融的出现，也会对传统的金融和货币政策造成一定的冲击。

数字普惠金融对商业银行绩效的影响得到了很多文献的证实。以 Berger 为代表的部分学者认为，数字普惠金融的发展有助于商业银行绩效的提升。其主要观点在于，数字普惠金融的发展为商业银行的支付、信贷管理等带来了有效的技术支撑，扩大了其业务量与业务范围。例如，在新冠疫情期间，线下银行网点无法正常运营，正是数字普惠金融为商业银行的线上运营提供了技术支撑，不仅使得银行业务能够正常开展，也使得一些小微企业渡过了难关。王诗卉与谢绚丽（2021）利用 157 家商业银行的数据与数字普惠金融指数匹配后，研究发现数字金融发展对银行的数字化创新具有正向影响。他们的另一项研究显示，银行管理层对数字技术所带来的创新机会的认知，对银行的数字化创新和线下分支机构的调整行为均具有促进作用。李建军和姜世超（2021）的研究也发现，如果银行能够积极开展金融科技，也能够扩大金融服务的包容性，提高银行的营利性和成长性。而另一部分学者则认为，数字普惠金融的发展满足了部分还未被商业银行吸收的小客户群体的金融需求，这将夺走原本属于商业银行的长尾客户，从而损害商业银行的业绩（万佳彧等，2020）。除此之外，有研究发现，数字普惠金融导致了商业银行之间的竞争加剧，挤压了商业银行的利润空间，不利于商业银行绩效的提升。张岳等（2021）的研究则发现，数字普惠金融发展水平与农村金融机构经营风险之间存在"倒 U 形"曲线关系：随着数字普惠金融的发展，农村金融机构的经营风险先上升后下降。

---

① 当然，不仅数字金融对传统金融会产生影响，传统金融也会对数字金融产生重要影响。

作为衔接宏观经济政策与微观经济运行的媒介，货币政策传导机制是金融调控中备受关注的热点。在新兴技术与传统金融业务深度融合的情况下，数字普惠金融有可能进一步弱化货币当局对宏观经济的调控力度。首先，有研究发现，数字金融对银行贷款利率定价市场化具有显著的正向作用，其中大数据等数字技术提升银行贷款利率定价技术水平，是促进银行贷款利率定价市场化的核心动力；互联网贷款倒逼银行提高对市场利率变化的敏感度，是定价市场化的第二推手；而互联网理财通过改进银行贷款利率的定价模式也发挥了助推作用。其次，从银行视角来看，数字普惠金融的发展会导致银行资产负债业务增加，零钱通、余额宝等理财产品就是典型的表现，这样一来，货币政策的传导效果就会被减弱。例如，当中央银行觉得经济发展过热而实施紧缩的货币政策时，中央银行通常会提高法定准备金率来限制商业银行的存款储备量，进而压缩了商业银行的贷款规模。为了平衡盈利的目标，银行主体将大规模发放有价债券或理财产品，从而为信贷业务争取到资金来源；即便中央银行缩减了货币供给，市场上仍可能有大量的资金在流动。最后，从企业的视角来看，数字普惠金融拓宽了传统金融的融资渠道，让银行的贷款业务受到压缩，从而减弱了企业对银行的依赖。以支付宝花呗、京东金融等为代表的新型借贷服务，让资金供求双方不再受地域空间的限制，从而大大提高了企业信贷的可能性。同时，第三方支付会削弱企业对现金的持有需求，让货币政策的实施效果大打折扣。

（四）数字普惠金融与区域经济活动

金融资本是现代社会生产的一种要素投入，金融资本的差异是导致地区经济发展失衡的重要因素。早些年，由于传统的金融机构存在短板，金融服务在各区域间表现出一定的差距，严重影响了国家和地区的可持续发展。数字普惠金融的发展在一定程度上缓解了传统金融资本在地区上的差距，使得资源的配置方式更加合理。数字普惠金融具有开放、平等、协作、分享等特征，这决定了数字普惠金融对经济增长、城乡收入差距以及区域高质量发展具有重要影响。

在经济增长方面，中国传统的金融服务以银行业为主导，其服务对象大多是国有企业和高净值企业，这就使得中小企业的金融服务相对匮乏，严重制约着中国经济的可持续发展。张勋等（2019）认为，数字金融的发展使金融服务的可得性和便利性大幅度改善，有利于中国实现包容性增长，尤其是对农村地区和不发达地区的影响更大。例如，数字普惠金融通过大数据与信息技术，使得金融服务的覆盖范围不再受地理空间的限制，极大地提高了金融服务的普惠性，有利于经济增长（张勋等，2019）。此外，金融服务的发展起源于大城市，并逐步向周边城市扩张，数字普惠金融的发展在一定程度上促进了城市创新。数字普惠金融的发展具有明显的空间溢出效应（郭峰等，2020），受益的范围还会进一步扩大。

在收入差距方面，数字普惠金融由于覆盖面广、金融服务门槛低等特点，能够让更多的低收入人群受惠。相对而言，低收入人群一般都集中在农村地区，他们很难得到相应的金融服务来从事生产、增加经营性收入，从而扩大了城乡收入差距。此外，王修华和赵亚雄（2020）发现，数字普惠金融的影响在不同群体之间可能存在"马太效应"。一方面，由于"数字鸿沟"的出现，部分弱势群体（老年人或贫困户）可能缺乏相应的数字技术与知识技能（如没有支付宝），并没有享受到普惠金融所带来的金融服务，因此，数字普惠金融对这部分群体所带来的影响微乎其微；另一方面，对于农村地区的非弱势群体（或非贫困户）来说，虽然他们也属于被传统金融服务排斥的一部分，但是数字普惠金融的发展使得这种金融排斥逐渐消失。这部分群体能够有效地使用支付宝、微信等软件，享受普惠金融所带来的优势，增加家庭收入，进而导致农村居民收入差距持续扩大。

在高质量发展方面，数字普惠金融促进了经济高质量的发展，其影响机制也是多重的。从微观层面来看，数字普惠金融有效地降低了传统金融服务的门槛，为低收入人群提供所需的金融服务，有助于激发大众创业活动，或者通过缓解融资约束、优化产业结构来提高区域技术创新水平，从而营造一个良好的经济发展环境，提高区域经济发展质量。从宏观层面来看，普惠金融将零散的资源重新整合到一起，有助于发挥金融资源的规模经济和范围经济作用，并在此基础上提高地区经济发展质量。此外，一些学者从更宏观的数字经济概念上发现，数字经济有助于提高地区经济发展质量。例如，赵涛等（2020）发现，数字技术的发展激发了大众创业的积极性，有助于提高区域经济发展质量。杨文溥（2021）发现，数字经济通过驱动第三产业来实现经济高质量发展。

二、指数应用中需要注意的事项

（一）指数本身存在的局限性

1. 指数多样性不足

数字化支持是数字普惠金融与传统普惠金融的主要区别，与传统普惠金融指数相比，"北京大学数字普惠金融指数"最大的特点就是包含数字化特征。具体而言，该数据从数字金融覆盖广度、数字金融使用深度和普惠金融数字化程度三个维度，利用层次分析法合成一个指数。但是，该指数中仅包括新兴数字普惠金融的特征，不包括传统金融的特征（如银行等金融机构的相关指标），这就使得该数据的多样性不足。特别是随着数字金融理念逐渐渗透，传统金融机构也逐渐向数字化转型，成为数字金融服务的主力军，因此从全方位的视角来看，该指数存在很大的局限性。

2. 指数来源比较单一

该指数编制过程中所用的原始数据全部来源于蚂蚁集团体系，指数来源比较单一。作为一个成熟的第三方平台，支付宝在国内普惠金融体系中确实占据主要地位，但并非全部。除了支付宝外，微信、百度、京东等也是新兴数字金融服务的重要力量。虽然这部分机构在数字金融业务中所占比例小于支付宝，但是从严格意义上来讲，数字普惠金融指数的构建应该包含这些内容。当然，考虑到商业机构对数据商业价值的看重和对消费者隐私保护的重视，很难将不同机构的数据整合在一起，编制一个覆盖面更加广泛的数字普惠金融指数，这是构建全视角数字普惠金融指数的难点和痛点。

3. 前期指数缺失和权重没有动态调整

支付宝早在 2004 年就已经成立，但是蚂蚁集团的很多其他数字金融业务是 2013 年以后才逐渐出现的。在数据编制过程中，由于 2015 年之前的部分三级指标存在缺失，因而第一期指数共包括 26 个指标，而之后发布的第二期和第三期指数则包含 33 个指标，从而导致指标体系前后不完全一致。此外，课题组多次发布的指数中，各指标的权重保持了一致，这有助于指数的稳定性和可比性；但数字金融发展非常迅速，各业态的重要性也发生了很大变动，指标权重如果不能动态调整，对现实的刻画将逐渐产生系统性的偏差。

（二）指数应用中的典型问题

近年来，数字经济与数字金融的发展对国民经济发展产生了深远影响，数字普惠金融指数的编制已经吸引了越来越多的学者加入数字金融的研究。但是，随着研究的深入，部分学者在运用该指数进行实证分析时，仍然存在一些典型问题，这就可能导致实证结论与现实情况不符。具体而言，在数字普惠金融指数的应用中，还存在以下几方面的问题。

1. 指数与大企业不当匹配

根据普惠金融的定义，普惠金融的主要目的是有效和全方位地为社会所有阶层和群体提供服务，主要服务对象是中小企业或低收入人群。传统普惠金融如此，数字普惠金融更加如此。北京大学数字普惠金融指数中所用的基础数据主要来源于支付宝生态系统，从需求端刻画不同地区的数字普惠金融发展水平；而上市公司、规模以上企业都不在支付宝的直接服务范围内，从逻辑上而言，该指数刻画的数字金融发展水平不会对上市公司、规模以上企业的经营产生直接影响。因此，该指数实际上不能与大企业进行匹配分析。如果将基于 WIND 上市公司数据库、工业企业数据库里的"大企业"数据和该指数匹配，以期发现该指数对类似大型企业的经营产生了什么影响，那么结论将是非常令人怀疑的。

2. 没有解决内生性问题

从根本上来讲，数字金融的发展依然是一项基础性设施建设，很容易受到其他经济等因素的影响，这就意味着数字金融与经济社会之间的影响可能存在反向因果的关系。例如，从影响居民消费来看，数字金融的发展促进了居民的消费，这已经得到了很多文献的证实，但反过来，如今随着消费方式的改变，居民的消费也可能影响数字金融的发展。因此，在考察该指数对经济社会的影响时，内生性是必须要讨论的问题，但部分文献在这方面还比较欠缺。

3. 异质性效应考察不够

从地区角度而言，由于地域辽阔，区域发展不均衡是中国经济社会最典型的特征之一，数字金融的发展在一定程度上缓解了地区间金融资源的差异，尤其对落后地区产生的效果更显著，这就说明，在分析数字金融对经济行为的影响的同时，也要加强对异质性的考察。此外，从横向来看，数字金融对不同地区、不同收入水平的居民的影响也可能存在异质性，对于创新型企业与非创新型企业的影响也可能存在差异。从纵向来看，数字普惠金融指数可进一步分解为数字金融覆盖广度、数字金融使用深度和普惠金融数字化程度三个维度。在应用数字普惠金融指数分析对经济社会的影响时，需从多个维度考察结果之间的异质性，有利于厘清两者之间的因果关系。

（三）指数应用应关注的重点

1. 如何解决内生性问题

如前文所述，由于数字普惠金融对经济社会的影响存在内生性问题，即便是在大样本的情况下，实证结果仍然有偏差，因此，如何解决内生性问题就成为实证研究中的首要任务。在现代计量经济理论中，解决内生性问题的最好办法就是寻找外生政策的冲击与工具变量法。在外生冲击政策方面，可供选择的政策包括 2013 年党的十八届三中全会明确提出要"发展普惠金融"政策、2013 年实施的"宽带中国"政策等，能在一定程度上消除内生性的干扰。另一个办法就是寻找工具变量。由于"北京大学数字普惠金融指数"的编制主要来自支付宝数据，而杭州作为阿里巴巴集团所在地，离杭州的距离在一定程度上代表了数字普惠金融的发展水平，并且与杭州的地理距离是一个完全外生的变量，符合工具变量的要求。王修华和赵亚雄（2020）则使用周边地区数字普惠金融指数的平均数作为本地区数字普惠金融指数的工具变量，这是因为数字金融并没有展现出完全的超地理特征，一个地区的数字普惠金融跟其周边地区正相关。此外，由于数字金融的发展脱胎于互联网等基础设施，有研究使用互联网发展水平或者历史上的互联网发展水平作为数字普惠金融指数或数字经济发展综合指标的工具变量。工具变量并无孰优孰劣之分，主要根据研究的问题来选择合适的工具变量。例如，周边地区数字普惠金融指数的平均数对于研究家庭经济活动可能是一个"好"的工具变量，而对于研究区域经济活动可能并不是一个"好"的工具变量，因为区域的概念太大，并不能完全满足工具变量的排他性约束。

2. 控制变量的设置

除了内生性问题之外，为了排除可观测因素对数字普惠金融的干扰，仍需要添加一系列控制变量。由于地区间经济发展水平和互联网普及率的差距，即使地区间数字普惠金融增长的差距比传统金融的地区差距更小，这一问题仍然不可忽视。在分析数字普惠金融指数对某个经济活动的影响时，就需要添加某些特定的控制变量，如人均 GDP、产业结构等，在此基础上得到的实证结论才更有说服力。

3. 主要机制检验

由于数字普惠金融指数是由多个指标合成的一个新指标，在不同的经济环境中可能产生不同的影响，因此在考察数字普惠金融对变量的影响时，仍需进一步考察不同机制间的差异。考虑到数字普惠金融总指数由覆盖广度、使用深度与数字化程度三个子指标合成，在应用数字普惠金融指数分析对经济社会的影响时，可以从多个维度考察结果之间的异质性，这有利于厘清两者之间的因果关系。此外，如果确实要研究数字普惠金融指数对上市公司、大企业产生的影响，对于渠道机制的讨论要非常谨慎，因为数字普惠金融并不直接服务于大企业，可能产生的影响也非常微弱。

本章小结

过去数年，中国的数字金融取得了长足发展，在全球都产生了很大影响，但一直缺乏一个衡量其总体发展水平的指标体系。北京大学数字金融研究中心研究团队编制了涵盖中国内地 31 个省（直辖市、自治区）、337 个地级以上城市（地区、自治州、盟等），以及约 2 800 个县（县级市、旗、市辖区等）的三个层级的数字普惠金融指数，为相关研究提供了重要参考。本章对该套指数包含的指标体系和指数编制方法进行了阐述，并根据这一套数字普惠金融指数简要讨论了中国数字普惠金融的发展趋势和空间特征。

这套指数在不侵害金融消费者个人隐私和金融机构商业机密的前提下，为各界提供了一套反映数字普惠金融发展现状和演变趋势的工具性数据。该指数是由来自高校的经济学科研人员和来自金融科技公司的数据科学家共同完成的。在分工上，高校科研人员负责课题方案设计、数据分析、外部数据收集整理、论文和报告执笔等工作；来自金融科技公司的数据科学家负责底层数据的整理和汇总等工作。高校研究人员自始至终不会直接接触金融科技公司的底层微观数据，数据分析工作也一直在金融科技公司开发的云实验室当中进行。上述实验室和分工机制使得在保护消费者隐私和商业机密的前提下，可以利用金融科技企业在经营中形成的大数据积累，来分析国民经济运行中的各种宏观和微观问题。因此，该指数的编制对国家完善国民经济分析手段和渠道、学术界和商业界的融合发展，都具有非常重要的探索价值。

即测即评

复习思考题

　　1. 经济活动往东部地区进一步集聚，是当前中国经济发展的一大趋势，在这一背景下，数字金融跨越"胡焕庸线"对区域经济平衡发展具有什么深刻含义？

　　2. 编制指数是人们衡量一个经济事物发展现状的常用方法，请谈谈你对这一方法的优势和局限性的理解。

　　3. 请你谈谈对"北京大学数字普惠金融指数"局限性的认识，并提出改进的建议。

第十五章

数字金融与金融市场

金融市场是企业直接融资的渠道，也是个人直接参与金融交易的场所。金融市场包括股票市场、债券市场、基金市场、保险市场、衍生品市场、商品市场等。其中，股票市场与基金市场和个人投资者尤为相关，受数字金融的影响也最为显著。数字金融将数字技术与金融服务相结合，通过科技创新降低了金融市场的投资和交易成本。

本章重点探究数字金融对股票、基金等金融市场和银行、基金销售等金融机构的影响。首先，从交易成本和市场信息的理论角度出发，阐释数字金融对金融市场底层逻辑的革新；其次，从金融市场参与者的微观角度出发，看数字金融如何影响投资者的行为决策和金融中介的代理人问题；最后，我们着眼于市场全局，探究数字金融如何影响金融市场的定价效率和宏观政策传导。本章的学习目标是在了解数字金融的主要范围和功能的基础上，理解数字金融对金融市场的主要影响渠道，了解相关理论实证研究成果，激发研究兴趣，开拓研究思路。

第一节　数字金融与交易成本

一、数字金融与线上交易

（一）数字金融降低市场交易成本

数字技术改变了市场交易方式。从互联网、个人电脑，到移动互联网、智能手机，再到大数据、人工智能、区块链，各类数字软硬件的应用与普及带来了从线下到线上的交易方式的转变和升级。数字化的交易方式大大提高了交易活动的便利性，促进了市场信息的流动，扩大了市场竞争的范围，从多个角度降低了交易成本。

1. 数字金融降低了市场交易活动本身的成本

数字化的交易方式使得大规模、自动化、批量化的交易处理成为现实，大大提高了交易处理速度；投资于数字化转型的固定成本也得以在海量的市场交易中摊薄，从而降低了单次交易的成本。数字化的交易方式替代了传统的人工交易方式，显著降低了市场交易占用的人力成本和时间成本，也减少了人工交易带来的培训成本和操作失误；数字化的交易方式打破了时间和空间的限制，不依赖于人工工作时间，也不依赖于线下网点，这使得投资者可以随时随地提交交易指令，大大提高了交易活动的便利性和普惠性。

2. 数字金融降低了获取市场信息和搜集交易数据的成本

数字金融降低了投资者获取信息的成本。一方面，数字平台将市场信息平等地提供给投资者，并通过智能投顾等服务进一步普及金融知识，有助于改善个人投资者面临的信息不对称问题，帮助投资者综合多方信息进行决策；另一方面，金融市场的交易活动本身也蕴含着丰富的信息，如买卖双方的地域分布特征、在线上的交易行为特征、浏览历史等，而数字金融可以将这些交易行为和活动有效地捕捉和储存起来，创造出金融市场的大数据资源。这些大数据信息不仅可以用于分析不同人群的决策思路和交易偏好，帮助机构了解客户特征并训练算法进行智能推荐，还有助于监管机构掌握市场动态，建立风险预警机制，维护金融市场稳定。

3. 数字金融降低了交易平台收取的中间费用

数字技术的触角超越了地理空间的限制，将传统的地域性竞争打通成为全国甚至全世界的竞争。这既扩大了金融市场服务的人群范围，有助于在更广范围内优化资源配置和分散风险，还通过强化金融市场间的竞争，打破了垄断，促使交易平台降低收费。这一竞争不仅体现在不同地域的传统金融市场之间，更体现在数字平台和传统市场之间。低费率、零佣金的数字金融平台竞相涌现，为广大投资者提供了更多的灵活选择。

（二）数字金融助力普惠金融

数字金融将数字技术与金融服务相结合，通过科技创新降低了金融市场的投资和交易成本。在时间维度上，数字金融用数字化技术代替人工，实现了金融服务 7×24 小时的全天候随时响应。这样一来，投资者不再需要在工作日请假去网点，而是直接在计算机或手机上操作即可，既不耽误日常工作，也拥有了更大的参与金融市场的自主性、灵活性、便捷性。

在空间维度上，数字金融克服了地理距离的障碍，摆脱了线下营业网点布局的约束。只要有电力、互联网和智能手机这些数字生活的基本设施和软硬件，人们便可以享受到同等的金融服务。数字金融用更低的成本实现了更广的金融服务地理覆盖范围，从而拉平了东部沿海地区与中西部偏远地区的金融差距。

在产品门槛上，数字金融大大降低了投资理财的门槛。例如，以往需要客户经理对接的理财业务，现在有了基于大数据和算法的智能投顾，对所有用户都平等开放；曾经投资理财似乎是高净值人群的专属，现在也有了"1 元起购"甚至"1 分起投"的低门槛；从前需要专业金融知识才能踏足的股票基金投资领域，现在通过手机 App 即可快速了解历史业绩和同类对比。

在服务范围上，数字金融平台提供支付、贷款、保险、理财、征信、资产证明、投资者教育等全方位的金融服务，将传统的金融机构业务范围实现了一站式整合，提升了投资者参与金融市场的体验。

在筛选流程上，数字金融用算法代替人工，减少了人为带来的歧视偏误和托关系等人情往来，对普通大众更具亲和力。

数字金融通过发挥数字技术的生产力优势，将高净值人群享有的服务推广到普通大众，这有助于服务长尾客群和普惠人群，让金融投资理财"飞入寻常百姓家"。数字金融不仅为平时难以获得传统银行服务的小微客群提供了便捷、低成本的支付手段，更进一步拓展了他们储蓄财富的渠道。考虑到移动支付比传统银行更能覆盖到边远地区和长尾客群，互联网理财产品的普惠性更加凸显。移动支付与互联网理财的协同效应，为流动资金的保值增值带来了方便、灵活、低门槛的选择，进一步惠及了广大"草根"金融消费者。

（三）数字普惠金融的潜在风险

1. 宣传与实际风险不匹配

数字金融平台的兴起拓宽了个人投资者购买金融产品、参与金融市场的渠道，也潜藏着虚假宣传、夸大宣传和金融诈骗的风险。例如，金融机构可能将包含复杂期货交易和潜在巨大本金损失的金融产品包装成"金融小白"也可购买的"入门级"产品，用高回报率吸引缺乏金融知识的普通投资者购买。又如，定位于服务本地的村镇银行通过数字金融平台或互联网存款超市等渠道，以存款名义向全国各地的投资者吸收资金。这一过程离开了线下的银行柜台，如果缺乏平台的审核与当地监管部门的监督，就会带来巨大的操作乃至诈骗空间，让参与金融市场的大众蒙受不小的财产损失。

2. 数字平台的不公平规则

数字金融平台通过对不同等级、不同类型的客户设置不同的规则，有可能导致中小投资者交易困难和财富损失。例如，在 GameStop 的轧空事件中，Robinhood 将几个严重做空的股票限制在收盘位置，导致用户无法在市场上自由交易。由于 Robinhood 自称是小投资者的自由交易之友，这一决定引起了投资者的强烈不满，美国证监会也展开了对这一事件的调查。

3. 界面设计与用户注意力

互联网让市场交易由线下转移到线上，而智能手机和移动网络的普及让投资者的交易阵地从计算机网页转向手机 App。从计算机网页端到手机应用端的用户界面改变，同样会对人们的投资行为产生影响。Liao 等（2021）通过对比计算机端和手机端的 P2P 投资者发现，在时间压力下，投资者似乎更关注利率而忽略了信用评级等风险信息，且移动端的投资者更加如此。此外，信用评级信息变得更加显著，会促使投资者更加关注信用风险，从而影响其投资决策。Barber 等（2022）通过 Robinhood

的数据发现，相比于一般的个人投资者，Robinhood 这一金融科技交易平台上的投资者更容易去交易关注度更高的股票。然而，这却带来了负的回报率，从而导致投资者的财富损失。

二、数字金融与股市参与率

（一）低股市参与率之谜

金融学研究中有一个"低股市参与率之谜"：尽管研究数据表明股市可以作为一个分散风险和资产保值增值的渠道，但相当多的家庭并没有持有任何股票。例如，在美国，有将近一半的家庭不持有任何股票。而据西南财经大学对家庭金融情况的调查，我国家庭约七成的家庭财富以住房形式体现，金融资产只占三成。金融资产中也以银行存款为主，持有股票的家庭占比很低。

是什么阻碍了股市参与率？不少理论和实证研究表明，信息和交易成本等摩擦因素会导致低于最优均衡水平的股市参与率。如果投资者缺乏金融学背景知识、不了解股票市场的价值、不懂得如何配置股票资产、不知道如何运用市场信息，他们就不会有意识地去开设股票账户，又或是因为盲目炒股而损失财富，从而对股票市场敬而远之。

股市的高回报率和低收入家庭较低的股市参与率往往被认为是家庭收入差距扩大的原因之一。以美国为例，根据历史水平来看，投资与股票市场年均可以为投资者提供6%~8%的超额收益，而较低的股市参与率导致人们无法获取股市大盘上涨带来的好处，从而进一步加剧了财富不平等。

（二）数字金融提升股市参与率

数字金融缓解了个人投资者的融资约束，提高了投资于金融市场的资金总量和杠杆率。更重要的是，数字金融降低了个人投资者参与金融市场的成本和门槛，使得更多人了解到股票市场并从中交易获利。在我国，互联网的普及应用同样提高了居民参与风险较高的金融市场的可能性。值得注意的是，各国相关研究中所发现的互联网对提升股市参与率的作用，都主要体现在社会经济地位较高的人群中。数字技术应用带来的数字鸿沟问题值得关注。

数字金融平台通过为用户提供基金购买服务，可以更直接地提升股市参与率。Hong等（2020）使用支付宝用户的消费、投资理财和支付数据，发现更高的金融科技采用率（亦即线下支付采用支付宝的强度）会带来更高的股市参与率以及更多的风险承担行为。这背后的原因可能是，用户在反复使用金融科技支付工具的同时，形成了对数字金融平台的熟悉度和信任感，而这有助于用户克服在数字金融平台上投资高风险资产的心理障碍。在传统银行覆盖率较低的城市，用户从中获益更多，表明数字金融平台的发展有着缩小地域差异的积极普惠意义。

此外，股市参与率的提升有助于分散风险，帮助居民抵御在劳动力市场可能面临的降薪或失业风险，更有利于低收入家庭增加对风险的抵御力。从宏观意义上看，股市参与率的提升降低了股市回报率的溢价，促进了股票市场价格回归均衡水平，有助于资金在不同市场间的合理分配。

（三）股市参与率提升的潜在风险

个人投资者越来越多地开始参与金融市场，然而，个人投资者的金融知识和投资能力可能与之并不适配，从而导致投资决策的失误和家庭财富的损失。参与股市既可以让人们享受到股权财富增值的好处，也可能带来投机风险。

1. 互联网与"知识幻觉"

当人们得到更多的信息作为预测或评估的基础时，他们对预测准确性的信心往往比预测的准确性增长得更快。事实上，由于信息过载，实际预测能力可能随着信息的增加而下降。因此，额外的信息会导致知识幻觉。Barber 和 Odean（2000）认为，互联网给人们提供了一种知识的幻觉和控制的幻觉，从而增强了在线投资者的过度自信，也改变了投资者参与的决策标准。Odean 的另一项研究表明，在理论模型中，过度自信的个人投资者比其他投资者交易更积极、更投机。他们持有不充分的多样化的投资组合，预期效用更低，并导致市场波动加剧。

2. 对个人投资者的异质性影响

Barber 和 Odean（2000）发现，高收入、无子女的活跃交易者更可能转向网上交易，且这些转投的人也有更高水平的自报投资经验，更喜欢投资市场风险高的小型成长股。他们还发现，从电话交易转向在线交易后，投资者的交易往往更积极也更投机，且交易更活跃的投资者往往获得较低的回报——每年落后市场 3% 以上。美国哥伦比亚大学魏尚进教授在 2020 年《金融科技平台的财富管理——利益冲突和行为偏差》中指出，通过银行和金融科技平台投资公募基金的福利水平会因投资者而异。因此，对于金融科技财富管理平台的效应，需要更多地关注数字金融带来的异质性影响。

第二节　数字金融与市场信息

一、数字金融与社交媒体

现在市场的面貌已经改变，随着越来越多的人能够通过社交媒体获取和分享信息，社交媒体影响着散户投资者和卖空者的行为，从而影响着金融市场的交易活动和回报收益。

（一）互联网免费信息的利与弊

互联网改变了投资者关注的信息，因为它比其他渠道更能降低获取某些信息的成本。在线投资者通常不会收到他们认识的经纪人的投资建议，而是求助于互联网平台。这样的网络建议几乎可以无成本复制，然而它们的质量差别很大。如果投资者无法区分高质量和低质量的建议，他们就不太可能为高质量的建议支付更多的费用。

事实上，由于互联网上有如此多的免费信息，许多投资者将不愿意单独为咨询支付任何费用。因此，一个可能的结果是，咨询费将需要与其他服务或收入流打包。随着投资者对把高佣金作为支付咨询费的一种方式变得敏感，全方位服务的经纪公司正朝着向客户收取与账户规模成比例的年费的方向发展。Barber 等（2000）发现，目前在线投资者的基金选择对基金收取的年费百分比不敏感。

（二）线上论坛与投资者情绪

投资者论坛等线上投资者社群有助于个人投资者之间的信息交流和互动，并对金融市场的交易活跃度和回报率有着重要影响。Antweiler 和 Frank（2004）研究了在雅虎财经和 Raging Bull 网站上发布的关于道琼斯工业平均指数（Dow Jones industrial average）和道琼斯互联网指数（Dow Jones Internet index）中 45 家公司的超过 150 万条信息的影响。他们使用计算语言学方法来衡量乐观情绪，以《华尔街日报》的新闻报道作为对照组，发现网站上讨论的股票信息有助于预测市场波动性，且论坛信息中的意见分歧与交易量增加相关。

（三）社交媒体与股市回报率

针对推特的研究表明，在公司发布盈利公告之前发布的个人推文的情绪，可以预测公司即将发布的盈利公告回报。研究者们还发现，社交媒体人气的分散作为投资者意见分歧的代表，与异常交易量有关。Hu 等（2021）研究发现，社交软件 Reddit 上的社交媒体活动能够显著影响散户的投资信念，可以用来预测未来的股票价格变动和交易流量。例如，社交媒体上更积极的语气能够显著预测出更高的未来收益，从而增加零售交易量；尤其是在具有高影响力的社交网络中，这种预测能力更为显著。

二、数字金融与投资者教育

（一）数字金融推动金融知识普及

金融知识是金融福利最重要的决定因素之一，在知情情况下的金融决策已被证明是做出有效金融选择的关键因素。在不同群体之间，金融知识存在显著而广泛的异质性。在受教育程度方面，没有受过大学教育的人对基本金融知识概念的了解要少得多。在收入和就业类型方面，收入较低的个人在金融素养得分上表现较差，雇员和自由职业者的表现优于失业者，且农村居民通常比城市居民得分更差。这些发现可能表明，在工作场所或社区中与他人互动对提升金融素养很重要。在家庭背景方面，受访者的财务素养与父母受教育程度（尤其是母亲的受教育程度）显著正相关，也与受访者为青少年、父母持有股票或退休账户的情况显著相关。因此，数字金融通过提供普惠性的金融教育服务，有助于减少由于性别、受教育程度、收入水平和家庭背景等因素带来的投资素养上的差距，从而缩小金融知识上的鸿沟。

（二）投资者教育的局限

Bu 等（2022）研究了金融知识教育和自制力培训对年轻人的网上借贷行为的影响。他们将学生随机分配到金融知识教育组、自制力训练组和零干预控制组。他们发现，虽然金融知识教育提高了该组学生在金融知识测试上获得的分数，但这对他们在电子商务平台上的借贷行为的影响微乎其微。相比之下，自制力训练干预措施——通过第三方应用程序详细跟踪学生的消费和借贷活动，并通过顾问来指导学生反省个人消费——显著减少了学生未来的在线借贷、拖欠费用和出于娱乐原因的借贷。这一效果在男性学生群体中更为明显。这一研究结果表明，提高人们的自制力和对自身债务问题的关注，比单纯的金融知识教育更能起到约束人们过度借贷行为的作用。

第三节　数字金融与投资者行为

一、行为金融学与投资者偏误

金融领域的行为偏差（behavioral bias）用以指代人们在实际决策中不符合理性人模型设定的偏差，其会让个人投资者做出早已被实证研究印证过的错误决定。由此导致的投资者偏误主要体现在三个方面：① 在选择投资标的或"择股"上，个人投资者容易重仓个股而非选择多样化的投资；② 在选择交易时机或"择时"上，个人投资者容易频繁交易而非持有一段时间；③ 在整体财务规划上，个人投资者容易发生过度消费、储蓄不足的情况。数字金融为纠正投资者的行为偏误提出了新的解决方案。

（一）经典投资者行为偏差类型

传统金融模型建立在理性人和理性预期假设之上，然而大量研究表明，许多经济金融决策并不符合理性人模型的预测，难以用传统的金融理论来解释。行为金融学关注的正是理性框架之外的因素，即人们的实际决策会受到各种偏误的影响（比如过度乐观或过于保守），这使得他们的财务决策可能不完全理性。

1. 过度自信

过度自信（over-confidence）是指投资者高估了自己的投资水平，对自己的投资能力盲目自信。这会带来频繁交易、重仓个股等高风险行为。散户投资者往往交易过多，而过度交易降低了投资回报率。这在男性投资者中表现得更明显。

2. 处置效应

处置效应（disposition effect）是指投资者不愿意遭受损失或者担心失去收益，从而倾向持有价格下跌的股票或是过早卖出价格上升的股票。不少研究表明，投资者卖出的股票后续往往比保留的股票表现更好。

3. 缺乏多样化

缺乏多样化（under-diversification）是指投资者在资产组合选择上过度集中于某一只或某一类金融产品，而非通过投资于多只或多类金融产品来分散风险。例如，有研究发现，许多投资者热衷于购买自己工作所在公司的股票。而理想情况下，参与者应该着眼于对冲他们面临的劳动收入风险，而不是通过组合投资"加倍"。

（二）规避行为偏差的传统方法

那么，个人投资者是否能依靠自己来避免落入认知偏差的陷阱呢？知识有限的投资者可能使用简单的经验法则来处理投资选择。有证据表明，即使在非常简单的情况下，个人投资者也无法理性行事。比如，在指数基金的选择上，各基金的投资策略几乎完全一样，而收费各不相同。尽管存在这种可预测性，但许多投资者仍然会去购买业绩较差的高收费基金。

如果个人投资者无法通过自身力量来克服认知偏误，那么，金融专业人士（如基金经理、理财顾问等）能否起到帮助作用呢？答案很可能也是否定的。已经有大量研究表明，即便是金融领域的专业投资者也难以完全克服认知偏差。除此之外，传统投资顾问还存在代理人问题：当他们的利益与客户不一致时，投资顾问有可能损害客户利益。例如，传统投资顾问通过选择持有和客户类似的投资组合，可能增加客户承担的风险。

二、数字金融与智能投顾

（一）智能投顾的积极影响

智能投顾提供在线财富管理服务，是向客户提供由算法驱动的投资建议，利用投资者提供的数据为他们构建和管理量身定制的适当投资组合。对用户来说，智能投顾解决了部分投资者由于缺乏金融知识带来的信息不对称，也节省了挑选、搭配理财产品的时间成本。在传统金融市场中，投资者购买基金需要自己选择搭配。智能投顾则会通过系统算法，根据每个投资者的风险偏好给出不同目标的收益率建议，推荐匹配的基金组合。投资者选择自己认可的建议，转入投资金额即可，其他投资操作都由专业团队完成。智能投顾的出现有助于纠正个人投资者在投资、理财和交易中的行为金融学偏误。

1. 智能投顾避免过度交易

智能投顾可以通过减少过度交易来降低过度自信投资者的投资损失，从而拉平不同投资者的表现。智能投顾通过预设的投资策略与算法模型，能够基于市场趋势、风险偏好、资产状况等多维度数据，为投资者制定并执行长期稳健的投资计划。这种基于数据驱动和理性分析的投资决策方式，有效避免了因情绪化或过度自信引发的过度交易行为。

2. 智能投顾降低投资咨询门槛

与传统的人力财务咨询相比，智能投顾能以更低的成本提供便捷可靠的财务咨询。因此，广大"草根"投资者也能以很便捷的方式接触到基于研究结果的投资理财信息，并将注意力更多地放在指数基金等理财产品上。智能投顾通过家庭理财进一步影响财富平等。Reher 和 Sokolinski（2024）指出，自动化通过将中产阶级家庭引入资产管理市场影响了金融投资回报的分布。相对于较富裕的家庭，中产阶级家庭的流动性财富预期回报率增加了 1~2 个百分点。

3. 智能投顾促进投资多样化

智能投顾和自动化投资对资产组合多样化的促进作用表现为如下三个方面：第一，智能投顾减少了投资者在货币市场共同基金中的持股，增加了债券的持股，丰富了资产类别，均衡了资产比重；第二，智能投顾通过降低个人股票和美国活跃共同基金的持有量，以及提高对低成本指数共同基金的敞口（exposure），避免重仓个股，降低了个股风险；第三，智能投顾通过增加国际市场资产配置，进一步消除了投资组合过度集中在国内资产的偏误（home bias）。研究发现，自动化投资提高了投资者的整体风险调整绩效。

D'Acunto 等（2019）基于一家经纪公司向其客户推出的自动化投资组合优化工具（智能投顾工具）发现，采用智能投顾对不同投资者有不同的影响。分散性不足的投资者增加了他们的投资组合的分散性，包括他们持有的股票数量，从而在交易回报和投资组合回报上获益更多。相反，在采用之前高度多元化的投资者不会改变他们的投资组合。

（二）智能投顾的局限性

1. 智能投顾难以避免利益冲突

虽然智能投顾能以较低的成本提供财务咨询，缓解多元化不足，提高投资绩效，但是它可能受到利益冲突和其他潜在风险的影响。例如，使用电子问卷收集客户信息而不进一步确认其准确性，远远不足以满足投资顾问的尽职义务。研究者还批评机器人顾问缺乏人的认知，没有能力应对市场失灵。此外，智能投顾带来的利益冲突问题可能相当严重，因为人类设计的算法也会存在偏差。

2. 智能投顾的可信度存在差异

一些学者通过实验发现，当机器人顾问表现出较少的人类特征时，投资者更有可能遵循智能投顾的建议。此外，投资者更倾向听从一位知名顾问的建议，而不是一位不知名的顾问；与未命名的机器人顾问相比，投资者不太可能听从已命名机器人顾问的建议。总的来说，顾问的可信度将影响投资者遵循其建议的可能性。

Ge 等（2022）运用国内一家投资平台的账户交易数据进行分析，发现如果投资者更多地使用机器人投资助手来进行交易辅助，那么他们的投资组合会更加多元，未来投资回报也会更高。机器人投资助手一方面可以整合多方信息来给个人投资者提供市场资讯，另一方面也可以基于算法和金融学理论为个人投资者提供投资建议。研究结果表明，相比于市场资讯信息，机器人助手提供的投资建议对投资者未来的交易活动和投资回报有着更大的影响，这可能是由于机器人助手提出来的简单明了的交易建议比纷繁复杂的市场资讯更容易让投资者理解并直接操作。然而，研究者并未发现机器人助手可以帮助消除行为金融学偏误的确切证据。这表明智能投顾能发挥的作用可能与其具体服务内容紧密相关，其影响难以一概而论。

第四节　数字金融与代理人问题

代理人问题（agency problem）是指委托-代理关系中存在的利益冲突问题。在金融市场的语境下，代理人问题有两种体现形式：一是投资者与投资顾问之间的利益冲突，这表现为抽取交易佣金的投资顾问有动力诱导投资者过度交易；二是投资者与基金经理之间的利益冲突，这表现为抽取资产管理费的基金经理有激励将资金投向过高风险的投资组合，以此获取高收益率来吸引投资者的资金。数字金融的出现可能缓解了第一种利益冲突，但有可能加剧第二种利益冲突。

一、数字金融与交易佣金

个人投资者接触金融市场有直接和间接两种渠道，既可以直接开立股票和基金账户自主交易，也可以通过投资理财平台来进行交易。后者更多地需要通过商业银行、券商等金融中介来获取相关服务。

（一）交易佣金带来的利益冲突

不管个人投资者是否自主开立金融市场账户进行交易，他们都有可能需要从专业的投资顾问处获取咨询服务和投资建议。然而，如果投资顾问可以从客户的频繁交易中获取佣金，或者从推销某种特定金融产品中获取提成，那么投资顾问给出的建议便将以自身利益而非客户利益为出发点，可能诱导客户进行特定的投资和交易行为。尽管金融中介机构内部可能通过培训和规章制度对投资顾问的言行进行规范和约束，但实际的监管和执行效果可能并不尽如人意。

数字金融通过推广基于算法的智能投顾取代了传统人工的投资顾问，因而有助于缓解这一利益冲突问题。一方面，机器人和算法有统一的运行标准和规则，可以避免不同的传统投资顾问带来的人为差异；另一方面，如果算法将客户利益置于最优先考虑的地位，那么即便存在抽取交易佣金和提成的盈利制度，机器人顾问也不会出现激励扭曲的问题，因为它们的行为规则已经由算法预先制定好，不存在临时改变的余地，可以有效地做出"客户优先"的承诺。当然，算法本身也存在着算法歧视等一系列问题，基于客户特征的"千人千面"智能推荐算法也有可能变成"大数据杀熟"的工具。然而，这些问题有望从算法设计的源头上进行统一改进。从理想的情况来看，算法和智能投顾可以有效地解决投资顾问服务中存在的利益冲突问题。

（二）数字金融降低平台费率

传统的金融中介机构，如商业银行和券商等，在销售基金时会收取一定的服务费。数字金融平台的出现则带来了服务费率的显著下调，销售服务费率打折成为常态，对传统销售渠道形成了强有力的竞争态势。然而，实证中检验孰优孰劣并不容易，因为高收费的传统平台可能为投资者提供了一些隐性的好处（如配套的理财顾问服务），但也有可能诱导客户进行频繁的基金买卖。有学者通过追踪同一批投资者在切换平台前后的投资行为来解决这一问题。他们发现，对于从高收费平台切换到低收费平台的投资者，其投资换手率下降了；而一般来说，交易费率的降低应该带来投资换手率的增加。这表明，高收费的交易平台有可能存在诱导交易的情况。对于女性投资者和净资产较低的投资者而言，他们更有可能受到理财顾问的影响，因而也更有可能被诱导交易。数据显示，这些人在切换平台后，其投资换手率的下降幅度更大。这些分析表明，相比于高收费的传统交易平台，没有理财顾问的低收费线上交易平台可以帮助缓解利益冲突问题，增进投资者福利。

二、数字金融与基金业绩追逐

（一）数字金融平台放大业绩追逐效应

数字金融平台也有可能加剧代理人问题，这主要体现在平台排名对基金业绩追逐现象的放大效应。Hong 等（2024）发现，数字金融平台对基金业绩追逐现象有着强烈的放大效应。在平台出现后，资金流更积极地追捧排名靠前的基金，业绩敏感度显著提高。出现此现象的原因可能有以下两点：第一，数字金融平台应用程序上显示的简单信息，主要集中在基金过去的业绩上，这可能产生一种同步的业绩追逐模式。在平台外，信息信号分散，资金通过各种分段渠道分布；在平台上，由于大量投资者同时对同一信息信号做出反应，个体层面的业绩追逐行为可能是同步的，从而导致整体层面的业绩追逐放大。第二，平台让投资者交易非常轻松。平台大幅削减了投资者的认购费，这些显性交易成本和隐性交易成本的降低都可能导致额外的交易，从而加剧流动绩效敏感性。

（二）数字金融平台与基金经理行为

"明星基金"的光环以及投资者对高排名基金的追捧，会诱导基金经理过度承担风险，亦即更多地将资产配置到高风险产品上。基金经理的收入主要来自管理费，管理费是管理资产规模的一个固定比例，因此资产规模越大，基金经理收入越高。这一资金绩效关系可以看作基金经理的一种隐性激励契约。基金经理们希望薪酬最大化，他们有动机采取行动吸引更多的资本流入自己的基金。呈凸性的资金绩效关系（类似指数型增长）则产生类似期权的回报，使得赢家基金能够吸引大量资金流入，但同时不会对输家基金施加惩罚。在平台的基金业绩排名中，接近但并未入选最佳表现名单的基金有更高的赌博动机，以获取平台诱导的极高流入。相反，处于排名底部和中间部分的基金则没有这种变化。

第五节　数字金融与宏观价值

一、数字金融与价格发现

金融市场是金融资产价格发现的重要场所。市场参与者通过搜集信息做出交易与否的判断，交易价格凝结了交易活动中蕴含的丰富信息。数字金融技术有助于降低投资者的行为金融认知偏误，并将大量散户投资者的资金引入指数基金等机构投资者。这有助于减少投资行为的噪声，增加更多有信息含量的投资行为，进而增强金融市场价格发现的功能，提升金融市场的价格有效性和定价效率。

（一）数字金融与机构化力量

数字技术提高了个人投资者参与金融市场的便利性，降低了居民参与金融市场的成本。以 Robinhood 为例的线上交易平台让广大散户可以更方便地交易股票等高风险产品，而以蚂蚁财富为例的互联网投资理财平台为个人投资者提供了更多购买基金等理财产品的机会。投资者是金融市场的资金来源，微观的投资个体共同构成了金融资产的需求侧，投资者行为对金融市场的均衡价格和有效性有着重要影响。当投资者群体发生变化时，金融市场的价格发现功能和定价效率也会随之变动，进而影响货币政策的传导和实体经济的融资渠道。

如果数字金融只是带来大量的散户投资者，那么通常而言这会增加金融市场上的噪声。噪声交易者（noise trader）的存在不仅直接削弱了市场交易活动中的信息含量，还会给套利者（arbitrageur）带来不确定性，进一步阻碍市场价格向均衡价格靠拢。

数字金融也可能塑造金融市场中的机构化力量，这通过将散户资金引入基金等机构化投资理财产品来实现。这意味着来源于个人投资者的资金实际上由更为专业的机构投资者在管理，从而扩大了金融市场中"聪明的钱（smart money）"所占的比重，进而提升了交易活动中的信息含量与价格有效性。

因此，如果数字金融平台起到了对个人投资者的导流作用，将散户资金汇聚到专业化的机构投资者手中，那么它不仅有助于增加个人投资者的金融财富，还可以为金融市场的价格发现功能带来正面价值。当然，社交媒体对散户的号召效应也可以协调个人投资者的行为，将个体决策整合成集体力量，并对市场价格产生举足轻重的影响。这时候市场的定价效率是否提升，将取决于集体行动的领导者是否具有充足的市场信息和理性的决策判断。

（二）数字金融与非理性投资行为

同样，数字金融平台如果仅仅以更低的成本和更便捷的方式让散户接触到了金融市场，那么个人投资者存在的各种非理性投资行为不仅有可能使自身损失大量财富，还会降低交易活动的定价效率。同时，数字金融平台也可以起到增强金融市场价格发现功能的作用，即数字金融技术有助于降低投资者的行为金融认知偏误，减少投资行为的噪声，增加更多有信息含量的投资行为，进而增强金融市场价格发现的功能。

第一，数字金融平台可以整合市场资讯，为个人投资者提供更为全面客观的数据分析，帮助他们了解金融市场发展的大势，不为小道消息所蒙蔽。同时，数字金融平台通过展示各个金融产品的较长时期的历史业绩表现，可以让个人投资者形成较为理智的评判标准，避免因为一时的价格上涨而忽略了波动风险，有助于理解长期价值的重要性。

第二，数字金融平台可以开展投资者教育，向个人投资者普及金融知识，提高他们的金融素养。这些金融知识不仅需要包括利率、风险、通胀、时间价值等基本金融知识，还需要将股票、债券、基金等金融市场主要产品的特征加以介绍，更需要列出常见的行为金融学偏差，以便个人投资者反思自身行为，在关键节点做出理性决策。

第三，数字金融平台可以提供智能投顾等咨询顾问服务，给个人投资者提供简单易行的投资建议。这往往是反行为偏差而行之，向个人投资者推荐投资指数基金而非重仓个股，鼓励长期持有而非频繁交易，实行定期投资和强制储蓄而非将投资储蓄放到最后考虑的位置。如前所述，大量的实证研究表明，智能投顾可以改善个人投资者的资产配置，约束他们的非理性行为，避免金融财富的亏损，实现资产的保值增值。

因此，数字金融平台通过提供市场信息和提高个人投资者的金融素养，有助于个人投资者做出更加理性的投资决策；更重要的是，数字金融平台通过提供智能投顾服务，可以帮助个人投资者克服行为偏差，同时也将散户资金引导至基金等机构投资者。这些都让交易活动中蕴含的信息量得到提升，也让价格形成机制更加理性。

二、数字金融与市场流动性

（一）算法交易与高频交易

算法交易，即利用计算机编程技术来执行订单的提交与取消操作，是现代金融市场中的一项重要创新。其中，高频交易（HFT）作为算法交易的一种极端形式，自2001年兴起以来，迅速发展成为市场中的一股重要力量。2010年，高频交易已占据了约50%的交易活动份额。高频交易尽管缺乏一个明确的官方定义，但通常具备一些显著特征，如使用高速复杂的算法、依赖同一位置服务和独立数据源、持仓规模小且期限短、频繁提交并快速取消大量订单等。高频交易的出现，引发了关于其对市场信息结构和市场质量影响的广泛讨论。一方面，高频交易者能够利用技术优势快速获取并响应市场信息，这可能加剧逆向选择问题，降低市场质量；另一方面，高频交易有助于提高市场流动性，为不知情交易者提供交易机会，从而在一定程度上改善市场交易的平均质量。

（二）高频交易与市场流动性

算法交易特别是高频交易的兴起，对市场流动性产生了深远影响。多项研究表明，算法交易的普及显著降低了终端用户的交易成本，投资者支付的买卖价差（衡量散户交易成本的关键指标）以及大型机构投资者的执行缺口均大幅下降。例如，纽约证券交易所实施的自动报价机制就显示了算法交易增加对股市流动性的正面效应。

此外，高频交易者的存在促进了交易系统的碎片化趋势，使交易者能够在不同的交易场所寻找流动性。这种碎片化的交易系统通常与更低的交易成本和更快的执行速度相关联。然而，过度的碎片化也可能导致执行效率低下和市场竞争过度的问题。因此，健全的监管机制对于平衡高频交易的利弊、维护市场健康稳定发展至关重要。

总体而言，数字金融中的算法交易与高频交易对市场流动性产生了复杂而深远的影响。在享受其带来的交易成本降低和市场效率提升的同时，也需要警惕其可能引发的市场质量下降和监管挑战。未来，随着技术不断进步和市场持续演变，如何有效监管高频交易、优化交易系统碎片化结构、平衡市场流动性与稳定性之间的关系，将成为数字金融领域的重要课题。

三、数字金融与宏观政策

（一）数字金融与利率市场化改革

中国的利率市场化改革从1996年正式开始。银行间市场的利率管制早在2000年前就放开了，但存款端利率市场化作为中国利率市场化改革的"最后一公里"，推行起来非常不易。在经历了较长时间的停滞后，存款端利率市场化终于于2014年提速，并于

2015 年 10 月以一年期以内的存款利率上限完全放开为标志完成。而在这段时间里，零售端居民存款利率和银行间市场利率在双轨制之下运行，前者受到严格的上限管制，而后者则随资金供求关系而上下波动。

金融科技在金融抑制体系下可以起到促进利率市场化的积极作用。美国在 20 世纪 70 年代货币基金的兴起及其与银行业的竞争，被认为是促使政府放开利率管制（Regulation Q）的重要原因之一。在中国，余额宝等数字金融理财产品的推出有可能也为利率市场化起到了类似的助推作用。借助移动支付等金融科技基础设施的发展，在居民存款利率受到上限管制、货币市场利率已经放开的大背景下，互联网理财产品降低了投资门槛，有效地传导了市场利率，加快了零售端、居民端的存款利率市场化。

以余额宝推出的第一年为例，2013 年 6 月—2014 年 5 月，市场利率（3 个月的上海同业拆借利率 SHIBOR）在 5.1% 左右。对比货币基金和银行存款的平均收益率，余额宝挂钩的天弘基金平均 7 天年化收益率为 5.22%，整个货币基金的平均年化收益率为 4.63%，而银行活期存款、7 天通知存款和 3 个月定期存款的平均利率分别只有 0.38%、1.47% 和 2.82%。余额宝推出后，不仅自身规模迅速增大，还带动了整个货币基金行业前所未有的大变革。货币基金在公募基金中所占规模比重由 2013 年 6 月的不到 20% 增长到 2018 年第三季度的 61%，货币基金相对于银行居民存款的比重也由不到 1% 上升到逼近 15%。

在银行存款利率受到上限管制的背景下，以互联网理财产品和货币基金带来的竞争压力，成为存款端利率市场化的助推器。利率市场化的影响是深远的，它增强了居民存款利率对于市场利率的关联性和敏感性，提升了货币政策的有效性，促进了我国利率市场化"最后一公里"的圆满完成。中美两国利率市场化的历史都表明，金融创新对于金融改革和利率市场化起到了至关重要的作用。金融科技在商业化、可持续化的基础上，展现出助推金融改革和增进家庭财富的强大社会效应。

（二）数字金融与金融市场稳定性

在探讨数字金融对金融市场稳定性的影响时，高频交易在极端市场条件下的行为成为监管机构和投资者关注的焦点。以 2010 年 5 月 6 日美国股市的闪电崩盘为例，虽然高频交易并非引发此次事件的直接原因，但其对极端销售压力的反应确实加剧了市场价格的下跌。这一事件揭示了高频交易在压力情境下可能加剧市场不稳定的潜在风险。

随着计算机技术和人工智能/机器学习（AI/ML）在金融领域的广泛应用，算法技术在投资策略的制定中扮演着越来越重要的角色。然而，这些技术的误用也可能带来风险。投资领域的数据范围相对有限，对于大多数 AI 和 ML 应用来说，可用的数据集可能不足以支持其做出准确可靠的决策。因此，在应用这些技术时，需要特别注意避免陷入数据陷阱，并寻求有效的解决方案以确保其稳定性和可靠性。

经验证据表明，定量策略在稳定的市场环境中通常能够发挥良好的作用，但在危机或其他突发事件发生时，这些策略的表现往往不尽如人意。这可能与算法交易在极端条件下的适应性不足有关。因此，对于高频交易和其他算法交易行为的监管显得尤为重要。

为了维护金融市场的稳定性，监管机构和学术界已经提出了多项举措，其中包括：建立实时合并订单级审计跟踪系统，以便更好地监控和追踪交易行为；设定订单生效所需的最短时间，以减缓高频交易对市场价格的即时影响；考虑实施小额证券交易税等政策措施，以抑制过度投机和市场波动。这些举措旨在通过加强监管和提高市场透明度，来降低算法交易对金融市场稳定性的潜在威胁。

综上所述，数字金融在推动金融市场发展的同时，也带来了新的挑战和风险。在享受其带来的便利和效率提升的同时，我们需要更加关注其可能对金融市场稳定性产生的影响，并采取有效的监管措施来应对这些挑战和风险。

本章小结

数字金融的发展是金融市场业务模式的前沿趋势，也给传统的金融市场理论带来了创新和挑战。互联网、大数据、人工智能、机器学习等数字技术在金融市场中的运用，如线上交易平台、智能投顾、金融科技理财产品、算法交易等，从微观角度来看，有助于减少信息不对称，降低交易成本和手续费，助力普惠金融；从机制角度来看，有助于纠正投资者的行为金融学偏误，并通过机器代替人工来减少利益冲突、避免代理人问题；从宏观角度来看，可以增强金融市场的价格发现功能，提升市场流动性，助推利率市场化，促进货币政策传导。数字金融为金融市场带来附加价值之外，也引发了知识幻觉、虚假宣传、算法歧视、业绩追逐、闪电崩盘、监管套利等一系列问题。这些问题有的与数字技术紧密相关，有的则是金融创新的通病。如何发挥数字金融的创新优势、抑制金融创新带来的潜在风险，是学者和监管者关心的永恒话题，需要在实践中不断前行、探索、总结、反思、再前行。

即测即评

复习思考题

1. 社交媒体对散户投资者和机构投资者产生了什么影响？散户投资者和社交媒体带来了哪些监管挑战？

2. 智能投顾在纠正投资者行为偏误方面有哪些积极作用？智能投顾又存在哪些局限性？

3. 数字金融平台如何影响基企业绩追逐现象？这种影响对金融市场有何潜在风险？

4. 数字金融在推动利率市场化改革方面发挥了哪些作用？这些作用对金融市场稳定性有何影响？

5. 请自选一个数字金融投资理财产品作为案例，回答下列问题：

（1）案例对应的金融产品具体有什么功能？解决了用户的什么痛点？在该产品出现前，传统市场产品是什么样的？传统企业为什么没有做或不能做？

（2）案例对应的产品运用了哪些数字金融技术？推出产品的公司在这方面具有哪些优势？用户获益表现在哪些方面？

（3）案例对应的产品在推出后，用户数量增长和市场反应如何？是否有同类竞品推出？是否改变了某类金融市场的竞争态势和行业结构？

第十六章

数字金融与经济发展

在过去的十年，数字金融已经深入人们生活的方方面面。作为本书的最后一章，我们将关注数字金融对经济发展的影响。我们希望通过这一章的介绍，帮助读者建立起数字金融促进经济发展的框架性思维。具体而言，本章分成三节：第一节介绍互联网背景下数字金融的兴起；第二节从供给侧和需求侧的角度阐释数字金融对经济发展的总量影响；第三节从收入差距和数字鸿沟两个角度阐释数字金融对经济发展的结构影响。

第一节　互联网与数字金融的兴起

数字金融的发展离不开互联网。互联网的使用成本很低，且有价值的信息会被重新整合，以多种形式进行储存，使信息获取更加高效且趋向个性化。这些特性使得互联网的使用者日益增多，在规模效益的作用之下，互联网的使用成本被进一步降低，形成良性循环。进入 20 世纪 90 年代，以互联网为代表的新兴信息通信技术出现了爆炸式的增长，特别是互联网商业化之后，世界各国也将互联网发展作为国家战略的重要组成部分。世界银行的统计数据显示，截至 2021 年，互联网用户数量攀升至 49.8 亿，这几乎占世界总人口的 63%。

互联网的发展带来了数字经济的兴起，这种发展在中国尤为繁荣。数字经济是农业经济、工业经济之后的一种新的经济发展形态。根据 G20 杭州峰会所发布的《二十国集团数字经济发展与合作倡议》，数字经济是指以使用数字化的知识和信息作为关键生产要素、以现代信息网络作为重要载体、以信息通信技术的有效使用作为效率提升和经济结构优化的重要推动力的一系列经济活动。中国高度重视数字经济的发展，尤其是进入 21 世纪的第三个 10 年，传统基础设施建设在部分地区已经过剩，至少对经济发展的边际作用发生了下降，再伴随着国际局势的急剧变化和新冠疫情的冲击，中国经济发展的模式悄然发生了转变，进入了"新基建"时代。作为新型基础设施建设的简称，新基建主要包括 5G 基站建设、特高压、城际高速铁路和城市轨道交通、新能源汽车充电桩、大数据中心、人工智能、工业互联网七大领域。在这些内容中，5G、大数据、人工智能等新兴产业都有助于发展数字经济。而早在新基建的概念提出之前，中国已开始注意到数字经济的巨大发展潜能。2013 年 8 月 17 日，国务院发布了"宽带中国"战略实施方案，部署了未来 8 年宽带发展的目标及路径，宽带首次成为国家战略性公共基础设施。经过这些年的发展，数字经济的规模不断增大。根据中国信息通信研究院（以下简称"信通院"）发布的《中国数字经济发展白皮书（2023）》，2022 年我国数字经济增加值规模达到 50.2 万亿元，占 GDP 比重达到 41.5%。

　　总体而言，数字经济的发展包含两方面的内容。第一方面是产业互联网（或工业互联网），致力于利用信息技术与互联网平台，充分发挥互联网在生产要素配置中的优化和集成作用，实现互联网与制造业产业的深度融合。简单来说，就是通过对人、机、物、系统等的全面连接，实现工业乃至产业数字化、网络化和智能化发展。第二方面是消费互联网，以个人为用户、以日常生活为应用场景的应用形式，满足消费者在互联网中的消费需求，包括阅读、出行、娱乐、生活等的互联网类型。

　　那么，数字经济与数字金融的关系是什么呢？一般而言，数字金融植根于消费互联网，与消费互联网相辅相成。第一，数字金融推动了消费互联网的实现。数字金融为亿万群体提供了包括交易、支付和结算在内的低成本服务，缩短了产品从生产到消费的周期，可以快速满足数字经济时代个体对于数字化、定制化和及时化产品的消费需求。第二，数字金融也提升了消费互联网的覆盖率。尽管在过去的十年，传统的金融机构改善了家庭的借贷约束状况，但随着数字金融的迅速发展，中国在金融服务的可获取性和可承受性方面发生了巨大的变化。从传统金融服务的覆盖区域来看，由于机构网点成本较高，传统金融难以渗透到经济相对落后的地区，而数字技术与金融服务的跨界融合克服了这种弊端，一些地区即便没有银行网点、ATM 等硬件设施，客户仍能通过计算机、手机等终端设备享受相关金融服务。从覆盖的人群来看，数字金融已经为金融服务缺失的群体提供了低成本金融服务，满足了这些群体的消费需求。

　　可以说，在过去的十年，数字金融已经深入人们生活的方方面面。有两个例子能够说明数字金融在人们的生活和经济发展中的作用。首先，数字金融的发展提供了一种更便捷的方式进行在线支付，从而刺激了电子商务交易特别是在线零售交易。现如今，大多数中国家庭都通过京东、淘宝等在线购物平台进行购物。如图 16-1 所示，2014 年中国电子商务交易额达 13.37 万亿元，到了 2022 年，这一交易额进一步攀升至 43.83 万亿元。在电子商务交易中，2014 年网上零售额约为 2.79 万亿元，2022 年这一数字上升到 13.79 万亿元，位居世界第一。在全球经济增长放缓的背景下，巨大的增长引起了人们的关注。即便是在线下，在当今中国，大多数人只需要掏出手机就可以进行二维码支付，这显然能够提升交易效率，进而促进消费增长。更重要的是，这一变革发生在短短不到 5 年的时间内，不能不说是个奇迹。

　　其次，数字金融的发展有助于支持创新创业，尤其是对存在借贷约束的居民而言，数字金融的发展能够帮助提高他们借贷能力以及成为企业家的能力和机会。在数字金融发展之前，为了向传统金融机构借款，企业家通常必须拥有良好的信用记录以进行信用评定，但是大多数发展中经济体的居民根本就没有任何信用记录，因此传统的融资方法通常不能解决所有创业者的启动资金问题。这种问题在发展中经济体中尤为突出。数字金融可以帮助解决有经济困难的创业者的启动资金问题。在当代中国，即使没有信用卡，居民也可以使用手机来完成大部分交易，包括在线下或线上购物、在餐厅就餐以及支付水电费等。更重要的是，大多数手机交易都可以帮助居民获得数字信用记录，从而促进居民通过数字金融渠道借款。因此，数字金融的发展增加了居民创新创业的可能性。

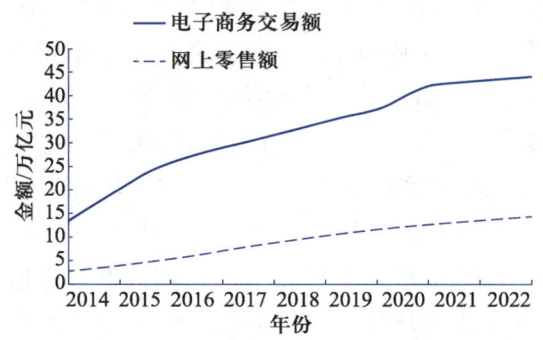

图 16-1　2014—2022 年中国电子商务交易额和网上零售额

资料来源：中华人民共和国商务部。

第二节　数字金融对经济发展的总量影响

移动互联网的普及为广大欠发达地区提供金融服务创造了条件，尤其是数字货币在增加金融服务覆盖面、降低服务成本等方面发挥了重要作用，从而有助于优化金融资产配置，改善中小企业的融资状况，在促进金融稳定的同时实现整体盈利水平的提高。北京大学数字金融研究中心课题组出版的《数字金融的力量——为实体经济赋能》，系统总结了数字金融服务实体经济的主要机制、发展现状和成功的商业模式。

为了更好地刻画中国数字金融发展的状态，并探究数字金融发展对经济的影响，郭峰等（2020）构建了中国数字普惠金融指数，用于测度中国数字金融发展，并将其与经济发展的相关指标加以配合，最终能够估算经济效应。中国数字普惠金融指数一经发布便得到了非常广泛的应用，大部分研究支持数字金融发展对经济发展起到了正向促进作用。例如，张勋等（2019）结合中国数字普惠金融指数和中国家庭追踪调查数据，证实了中国数字金融的发展带来了居民收入的显著提升。

除了探讨数字金融发展对经济的总量影响之外，也有一系列研究从不同的层面和机制探索了数字金融发展如何促进经济发展。这些问题的探讨兼具理论和实践两方面的特点。归结起来，数字金融对经济发展的影响可以划分为供给侧和需求侧两个方面，以下将进行具体讨论。

一、数字金融对供给侧的总量影响

数字金融对经济发展乃至于居民收入产生作用，从根本上来说，是因为数字金融对经济体的供给侧和需求侧产生影响，进而通过供给和需求函数的变化，对经济总量产生影响。本部分先讨论数字金融发展对供给侧产生的影响。从根本上说，供给侧分析就是理解数字金融发展如何影响总量生产函数。在一个简单的生产函数中，数字金融可能产生作用的是资本（K）、劳动力（L）和全要素生产率（A），以下便从这三个方面阐述数字金融可能对供给侧产生的影响。

（一）数字金融对总量资本的影响

总量资本实际上表征了经济体的运营总规模。那么，数字金融发展如何对总量资本产生影响呢？可以从两个角度展开分析。

第一，从集约边际的角度，数字金融发展可以提升在位企业的运营规模。王馨（2015）的研究可能是具有前瞻性的。该研究根据长尾理论，分析数字金融解决小微企业融资的可行性，指出数字金融减轻了信贷配给程度，促进了金融资源的合理配置。Beck 等（2018）以肯尼亚的 M-Pesa 移动支付为例构建了一般均衡模型，证明了移动支付可以提高创业者在经营过程中的执行力，减少信息不对称，降低资金被盗概率，提升了创业的绩效。Chen 等（2022）发现数字金融使得商户的销售更加稳定。Huang 等（2020）也发现，对比传统金融，数字金融能够更精确地判定企业违约风险，进而对商户的运营有明显的促进作用。

第二，从扩展边际的角度，数字金融的发展还可能促进企业，有助于新企业的进入。数字金融善于利用大数据技术，使得资金借贷门槛较低，可能有助于新进入企业的运营。谢绚丽等（2018）将北京大学数字普惠金融指数中的省级数据与用来度量地区创业活跃度的新增企业注册信息相匹配，发现数字金融对中国企业创业同样具有促进作用。张勋等（2019）发现数字金融显著促进了农村家庭创业，且主要促进了物质资本和社会资本匮乏但具有较高人力资本的农村家庭创业。尹志超等（2018）认为，移动支付显著提高了家庭创业的概率，并且对创业成本高和受到信贷约束的家庭的创业活动的促进作用更大。

数字金融发展对总量资本的影响，在疫情之下更显威力。2019 年年末暴发的新冠疫情，给世界经济带来了前所未有的挑战，生产、消费和外贸同时萎缩。然而，规模极其微小的个体经营户，基本不在传统金融机构的服务范围内。数字金融凭借其经营中获得的海量数据积累，通过精准放贷，可以缓解疫情对个体经营户的冲击。王靖一等（2020）基于支付宝数亿量级的二维码收单工具"码商"的数据，定量评估了疫情对个体经营户产生的冲击。更重要的是，该研究结合了中国数字普惠金融指数的底层指标，发现一个地区的数字金融的发展，可以显著缓解疫情对该地区个体经营户的冲击。具体而言，基于数字技术精准发放的贷款每增长 1%，疫情带来的影响平均减弱 2.57%。如果一个地区基于数字技术精准发放的贷款能从全国的均值发展到杭州的水平，将会使得疫情的负面冲击下降约 51%。这进一步凸显了数字金融对供给侧的重要影响。

（二）数字金融对劳动力供给的影响

数字金融发展对于供给侧的影响，还体现在对劳动力供给的作用上。数字金融之所以对劳动力供给产生影响，前提是互联网背景下的数字经济发展对就业产生了作用。2019 年和 2020 年，人力资源和社会保障部先后发布了两批共 29 种新职业，其中与数字经济相关的职业比例超过 75%，产业数字化贡献的就业数量占全社会就业总量的比重接近 1/3，是吸纳就业的主体。胡鞍钢等（2016）提出数字技术的应用带来的就业岗位主要包括以下几类：① 数字设备研发、生产、营销和服务等相关的就业岗位；② 信息传输、计算机服务和软件业；③ 企业信息化、政府信息化相关的网站维护；④ 电子商务、"网约车"等相关的平台型经济和分享经济创造的岗位。可以看出，这些岗位不仅与数字技术相关，也与数字金融发展相关，特别是电子商务、"网约车"等相关的平台型经济和分享经济创造的岗位。

理论上，数字金融发展对劳动力供给的影响可以归结为两类可能的原因。一方面，根据前面的分析，数字金融发展有助于扩大在位企业的运营规模，还可能带来新企业的进入，这些都会提高对劳动力的需求。Zhang 等（2020）对数字金融发展与劳动力供给的关系以及背后的作用机理进行了翔实的论证。具体来说，他们在讨论数字金融发展与城镇化的关系时，发现数字金融发展可以促进城镇化，以及促进无法接触互联网和能够接触互联网群体的非农就业。从作用机制来看，数字金融的发展可以提升无法接触互联网群体的就业水平，原因在于数字金融的发展带来了企业的成长，创造了更多的就业机会，提高了非农部门的工资性收入，从而也能够促进无法接触互联网群体的非农就业，对无法使用互联网的群体产生了涓滴效应，进而有助于中国的城镇化进程。

另一方面，除却数字金融在企业端对劳动力的需求之外，数字金融还可能有助于缓解劳动力的预算约束，从劳动力的供给端来促进就业。这可能存在两方面的作用：第一，从短期来看，对于农业劳动力而言，数字金融的发展可能缓解他们在城镇居住面临的成本约束，从而帮助他们克服劳动力的迁徙成本，促进农业劳动力的转移，从而增加劳动力供给；第二，从长期来看，数字金融发展可能帮助低收入家庭缓解预算约束，提升人力资本，增加劳动力的长期供给。

总之，不管是从企业的劳动力需求，还是从劳动力自身的供给来看，数字金融的发展都能够有效地增加经济体的总劳动力供给，从而在供给侧带来更高水平的经济发展。

（三）数字金融对创新的影响

从供给侧的角度来看，数字金融增加了经济体的资本投入和劳动力供给。除此之外，数字金融还可能提升经济体的创新水平。这可能源于数字金融三个方面的特征：

第一，就数字金融所包含的数字技术本身，依托于大数据、云计算等，支付和结算等交易活动可以方便快捷地在网上进行，促成了大量原来在线下的由于远程、烦琐和信息不对称等问题而被抑制的交易，提高了交易速度，降低了交易成本。这些都是企业运营效率提升的重要层面。例如，餐饮、服装、教育、医疗等传统行业在网络技术普及的背景下实现了线上转型，经济效率得到了大幅提升，这便是通常意义上的产业数字化。不过，如上所说，呈现这种特征的主要原因是数字技术，而非金融因素。

第二，数字金融还可能直接促进企业创新，只不过这种创新主要体现在中小企业。根据唐松等（2020）的研究，数字金融有效地吸纳了市场中的金融资源，并转化为有效供给。具体来看，原有金融市场中大量的投资者具有"多、小、散"的特征，传统金融市场想要吸收这类投资者需要支付高昂的成本。而数字金融在人工智能、大数据技术、互联网技术、分布式技术、区块链等的支撑下，能够在低成本低风险的基础上处理海量数据，使得长尾群体突破金融服务的各种"卷帘门""玻璃门"成为可能。进一步来看，数字金融还能为企业提供层次更为丰富的融资渠道和方式（智能投顾、供应链金融、消费金融等），由此为企业强化技术创新提供坚实基础。更重要的是，数字金融的发展能够为企业的信息技术分析提供优质的技术工具，从而帮助企业更好地识别出技术创新演替的最优路径，助力企业做出合理有效的生产、技术创新决策。

第三，数字金融的发展还可能对传统金融服务产生影响，尤其是可以提升资金配置效率，实现资源的优化配置，进而有可能将资金从低效率部门转移到高效率部门，提高总体经济的生产率。事实上，数字金融作为一种金融溢出，在一定程度上能够驱动传统金融体系的重塑。其通过信用的透明化和信息化，创新性地颠覆了传统的信用定价模式，逐步构建硬化企业软信息的算法和大数据仓库，倒逼金融部门转型升级，提升金融资源配置效率和风险管理能力。这有助于打破传统金融的边界约束，改善信贷资源的错配，释缓创新企业的融资约束。此外，数字金融还能够在传统金融业务的基础上，依托于人工智能、大数据和云计算等创新技术，发挥匹配支付快捷、资金配置效率高、客户匹配成本低等优势，使得金融服务更直接、客户准入门槛更低、客户覆盖面更广泛；对海量标准化和非标准化数据进行挖掘，降低"金融部门-企业主体"的信息不对称程度，从而更好地将资源与企业创新项目的风险特征相互匹配，并规避金融市场中的逆向选择和道德风险问题，为企业技术创新提供必要条件。

二、数字金融对需求侧的总量影响

以上讨论了数字金融通过资本（K）、劳动力（L）和全要素生产率（A）三个方面对经济体的供给侧产生的可能影响，接下来将探讨数字金融发展对需求侧产生的影响。数字金融发展对需求侧的影响，主要通过对居民消费的作用产生。无论从理论研究视角还是从各国的发展经验来看，居民消费的持续增长都是一个国家经济稳定且高质量发展的重要因素之一。改革开放 40 多年以来，我国居民消费需求从总量、结构上都发生了翻天覆地的变化。最初被称为拉动经济增长"三驾马车"的投资、消费、出口逐渐出现步调不一致：投资和出口发展势头强劲，而消费需求长期低迷。当前，我国经济增速放缓，投资和消费的结构性矛盾日益突出，如何拉动消费从而促进增长成为影响中国经济发展的至关重要的环节。

从过去的经验来看，我国的最终消费率在短短几年内从 2000 年的 63.9%一路跌至 2008 年的 50.0%（见图 16-2）。不过，从 2008 年起，我国最终消费率经历了"触底反弹"，从低点稳步上升，到 2022 年年底已上升至 53.5%，消费率呈现"先降后升"的"U"形变化趋势。与此同时，我国的互联网行业发展迅速，大数据、云计算等技术相继崛起并得到了广泛应用，互联网上网人数由 1997 年的 62 万人迅速增至 2023 年的 10.92 亿人，年均增长 33.3%；截至 2023 年 12 月，我国的互联网普及率达到了 77.5%，超过了全球平均水平 11.8 个百分点。从图 16-2 来看，互联网快速崛起的阶段与我国消费率"触底反弹"后的上升阶段基本吻合，互联网的发展与消费率 U 形变化的关联性不言而喻。

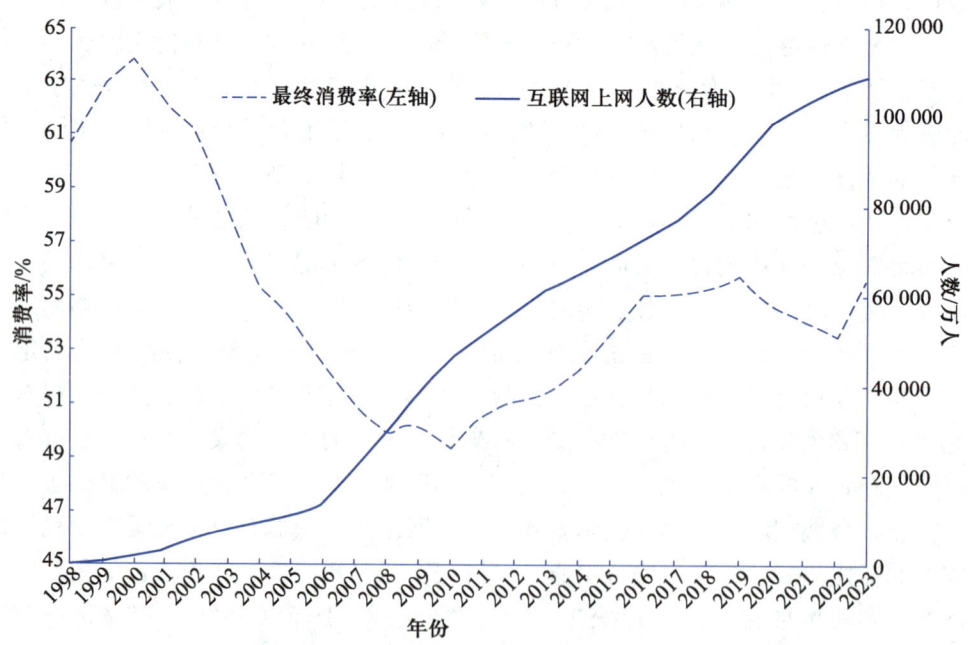

图 16-2 1999—2023 年互联网发展与居民消费增长情况
资料来源：历年《中国统计年鉴》。

互联网发展对消费的影响，离不开数字金融的作用。举一个简单的例子，以往居民外出购物，需要携带现金或银行卡；随着支付宝和微信等移动支付服务的普及，大部分商户也都相继开通了二维码支付的模式，居民只需要用手机进行扫码，就可以完成购物，从而缩短了购物时间，在边际上降低了购物成本，提升了支付便利性，进而促进了消费。从研究来看，已有学者证实了互联网消费金融对居民消费行为的促进作用。易行健和周利（2018）等利用微观家庭调查数据，从不同层面证实了数字金融发展对居民消费水平的提升作用。可以看出，关于数字金融发展与居民消费的关系，以往的研究基本上达成了共识。接下来，我们重点介绍数字金融发展影响居民消费的可能原因。

（一）支付便利性与居民消费：一个理论模型

以往的研究基本上证实了数字金融发展有助于提升居民消费，因而可以从需求侧对经济发展起到促进作用。张勋等（2020）提出了一个一般均衡模型，用以探讨在数字金融发展过程中，支付便利性的改善对消费水平的提升作用。该模型基于购物时间模型的理论框架，将支付便利性模型化，重点阐述了在数字金融发展过程中，居民只需要用手机就可以完成购物，不管是网购还是线下购物，居民的购物时间被大大缩短，购物的边际成本有所减少，从而促进了居民消费。这也是数字金融发展提升居民消费的主要机制之一。

1. 偏好

该模型是一个标准的包含货币的无穷期决策模型。令下标 t 代表时间，在每一期，当家户决定消费和劳动量时，其消费和投资决策都受到当期收入和截至当前的储蓄总量的影响。简单起见，假定经济体仅存在一种商品。在该框架下，代表性家户最大化以下的效用函数为：

$$\max_{c,l} \sum_{t=0}^{\infty} \beta^t u(c_t, l_t) = \sum_{t=0}^{\infty} \beta^t \left[\ln(c_t) + \ln(l_t) \right] \tag{16-1}$$

其中，β 为主观贴现率（或时间偏好率）即抽象的效用折现因子，c_t 为家户的消费量，l_t 为单位化之后的家户的闲暇时间。显然，消费越多，效用越大；同时，家户也偏好闲暇，闲暇时间越少，则效用越低。代表性家户在最大化效用时，须受限于如下预算约束：

$$(M_t^D - M_{t-1}^D) + (B_t - B_{t-1}) + P_t(b_t - b_{t-1}) = W_t n_t + \Pi_t - P_t c_t + R_{t-1} B_{t-1} + P_t r_{t-1} b_{t-1} + T_t \tag{16-2}$$

其中，所有大写符号为名义变量，小写符号为实际变量；M 为以现金形式存在的货币量；B 为名义债券，b 为实物（实际）债券；M_{-1}、B_{-1} 以及 b_{-1} 是给定的；n 为家户的劳动量；P 为商品的价格；W 为名义工资水平；Π 为企业利润；R 为名义债券利率；r 为实物债券利率；T 为中央银行在当期的新增货币量。

在这一简单模型中，限制式（16-2）的右侧为代表性家户的储蓄，左侧为储蓄持有的方式，即储蓄在货币和债券中的分配。可以看出，持有货币不产生利息，持有债券产生利息。因此，如果持有货币没有额外的好处，则代表性家户在最优条件下将选择不持有货币。但是，在现实中，货币的好处在于支付的便利性，即家户在每次购物时不需要再去银行取钱，从而能够缩短购物时间，具体见如下限制式：

$$l_t + n_t + c_t \varepsilon \left(1 + \frac{M_t}{P_t} \right)^{-1} = l_t + n_t + s_t = 1, \quad 0 \leqslant \varepsilon \leqslant 1 \tag{16-3}$$

在限制式（16-3）中，代表性家户在每一期均需要将时间分成三份：闲暇时间 l_t、劳动时间 n_t 以及购物时间 s_t。其中，购物时间 s_t 取决于消费量 c_t 以及持有的实际货币余额 M_t/P_t，即消费量越大，购物时间越长；持有的实际货币余额越多，购物时间越短。

在模型化购物时间 s_t 时，我们还添加了一个参数 ε。这个参数表示购物时间受到实际货币余额量的限制程度。从直观上看，数字金融的发展降低了人们对现金的需求，人们不再需要到银行提取现金进行购物，而仅仅需要通过网上支付或者手机支付等方式便可获取商品，这便是数字金融发展所带来的支付便利性的实际体现。数学上，我们做如下假设：

假设：数字金融发展和购物时间的现金约束 ε 呈负相关关系，即：

$$\varepsilon = \varepsilon(DF), \quad \varepsilon'(DF) < 0 \tag{16-4}$$

其中，DF（digital finance）代表数字金融发展程度。

2. 家户行为

我们通过以上的代表性家户的效用函数（式（16-1）），结合预算约束（式（16-2））和购物时间限制（式（16-3）），来分析家户的效用最大化行为。模型遵循标准的动态规划方法进行求解。我们令 λ_t 代表预算约束限制式（16-2）的拉格朗日乘子，η_t 代表购物时间限制式（16-3）的乘子。首先，消费的均衡式满足：

$$\lambda_t = \frac{1}{P_t}(u_{ct} - \eta_t H_{ct}) = \frac{1}{P_t}(u_{ct} - u_{lt} H_{ct}) \tag{16-5}$$

其中，u_{ct} 和 H_{ct} 为效用函数和购物时间函数分别关于消费的一阶导数，u_{lt} 表示效用函数关于闲暇时间的一阶导数。式（16-5）说明，λ_t 表示单位消费的边际效用减去为获得消费去商店购物损耗时间的负效用。因而，实物债券的表达式可以用消费的实际效用变化来表示：

$$r_t = \frac{\lambda_t P_t}{\beta \lambda_{t+1} P_{t+1}} - 1 = \frac{(u_{ct} - u_{lt} H_{ct})}{\beta(u_{c,t+1} - u_{l,t+1} H_{c,t+1})} - 1 \tag{16-6}$$

此外，我们还可以得到著名的费雪方程式：

$$1 + R_t = \frac{P_{t+1}}{P_t}(1 + r_t) \tag{16-7}$$

易知，在均衡时，名义利率与实际利率之间恰好相差通货膨胀率，而通货膨胀率则取决于中央银行的货币供给行为。

进而，通过求解模型，我们还可以分析持有货币的成本收益式，见式（16-8）：

$$\lambda_t \left[1 - \frac{P_t}{(1+r_t)P_{t+1}} \right] = -\frac{1}{P_t} \eta_t \varepsilon H_{mt} \tag{16-8}$$

其中，H_{mt} 为购物时间函数关于实际货币余额的一阶导数。式（16-8）的左侧为从 $t-1$ 期到 t 期持有实际货币的机会成本，即损失了持有债券的收益。因此，债券收益的高低会影响持有实际货币的机会成本大小。式（16-8）的右侧为持有实际货币的边际收益，即节省的购物时间。购物时间的现金约束 ε 越小，则持有实际货币的边际收益越低，家庭越不倾向持有货币进行购物。

3. 生产和货币供给

接下来，引入企业和中央银行的运作模式。

企业雇佣劳动力进行生产，追求利润最大化。简单起见，此处不引入资本，但引入资本并不改变模型结论。假设企业生产一单位商品需要一单位劳动力，因此求取以下利润式之极大值：

$$\max_n P_t f(n_t) - W_t n_t = P_t n_t - W_t n_t \tag{16-9}$$

在最优条件下，企业设定工资水平与商品的价格相同（$W_t = P_t$），此时企业的利润为0。

中央银行以定额移转的方式发行货币。由于中央银行本身不存在借贷，因此其预算约束式表达为一货币平衡式，即：

$$M_t^s - M_{t-1}^s = T_t \tag{16-10}$$

此处，若 T_t 为正，相当于中央银行在 t 期对外发行货币；若 T_t 为负，相当于中央银行收回货币。此处我们不讨论数字金融发展是否会对货币供给产生影响，因此进一步假设货币供给以固定速度增长，呈现如下形式：

$$T_t = \mu M_{t-1}^s, \quad \mu > -1 \tag{16-11}$$

此处，$\mu > -1$ 的假设是为了保证货币供给总量为正。

4. 稳态均衡

这一简单经济体的一般均衡包含了货币市场均衡（$M_t^D = M_t^s$），名义债券（$B_t = 0$）和实物债券（$b_t = 0$）市场均衡和商品市场均衡（$c_t = n_t$）。我们直接求解模型的稳态均衡，可得：

$$\bar{c} + \sqrt{\left(1 - \frac{\beta}{1+\mu}\right) \varepsilon \bar{c}} = \frac{1}{2} \tag{16-12}$$

显然，当购物时间的现金约束（ε）变弱时，稳态家庭消费水平将有所上升，否则等式无法成立。我们将以上发现总结为以下定理：

数字金融发展程度（DF）提高时，购物时间的现金约束（ε）变弱，稳态下的家庭消费（c）上升。

值得注意的是，最终消费和劳动量的稳态均衡是相等的，意味着数字金融发展也可以带来劳动量的增加。这与本章分析数字金融发展对劳动力供给的影响的结论是一致的。从机制上看，数字金融发展所带来的消费需求的提升，使得商品价格上涨，商品价格上涨会带来工资水平的上升，从而激励家庭提供更多的劳动力。

（二）数字金融发展提升居民消费的其他机制

以上讨论了数字金融发展通过支付便利性的机制促进了居民消费水平的提升，从需求侧的角度证实了数字金融发展对经济发展的促进作用。事实上，除了支付便利性之外，根据以往研究，数字金融发展至少还可以通过两种可能的机制对居民消费产生影响。

1. 借贷约束的缓解

传统的消费理论（如 Duesenbery 的相对收入假说、Friedman 的持久收入假说、Modigliani 的生命周期假说以及 Hall 的随机游走假说等）都倾向从跨期消费的平滑角度来分析消费的影响因素，但家户在现实中往往面临各种约束，这些约束会使得跨期消费无法完全平滑。尤其是以往的研究认为借贷市场并不是完美的，居民无法按照最优路径进行借贷和消费。传统金融在这一方面发挥了重要的作用，因为金融发展可以通过合理有效的资源分配，让受到流动性约束的消费者能够方便地利用金融市场实现消费的跨期平滑，进而释放被压抑的消费需求。例如，大量研究发现，信用卡促进消费的主要机制就是缓解居民的消费流动性约束。此外，熊伟（2014）也发现消费信贷会通过降低流动性约束来促进消费。

正如前文所说，数字金融依托于大数据、云计算等，能够更精准地识别需求借贷的目标群体。此外，数字金融也能依靠数字技术实现信贷风险的有效管控。因此，数字金融的发展可能进一步缓解居民的借贷约束，促进居民消费水平的提升。易行健和周利（2018）的研究结合了中国数字普惠金融指数和中国家庭追踪调查数据，验证了数字金融的发展有助于缓解居民的流动性约束，提升居民的消费水平。尤其值得指出的是，他们发现数字金融特别能够帮助负债率较高的家庭突破借贷约束，实现消费水平的提升，从而证实了数字金融发展对需求侧的重要作用。

数字金融发展对借贷约束的缓解，进而对居民消费的提升，在新冠疫情之下同样发挥了重要作用。2020 年疫情使消费支出严重下滑，重启消费成为稳定中国经济的重中之重。从 2020 年 3 月起，中国地方政府开始陆续发放消费券。据商务部统计，截至2020 年 5 月 8 日，中国已有 28 个省、市、自治区的 170 多个地级市累计发放了 190 多亿元的消费券，这是中国历史上第一次通过大规模发放消费券来应对经济冲击。理论上，发放消费券有助于缓解居民的流动性约束，促进消费。林毅夫等（2020）结合微信支付数据、疫情数据和城市经济状况数据，识别了消费券的发放效果，发现发放消费券可以促进消费，发券地区受支持行业的支付笔数比未发放地区同期同行业的支付笔数高约 26.26%。此外，定向低收入人群的消费券可以增加消费。因此，加大对贫困地区和低收入人群的消费券发放，并利用大数据技术多策并举、精准定位需扶持行业与人群，确保消费券发放的透明、公正和高效，是数字金融发展提升居民消费、有效应对疫情冲击的重要抓手。

2. 预防性储蓄动机的缓解

居民消费也可能受到预防性储蓄的影响。根据预防性储蓄理论，教育、医疗和社会保障体系的不完善使得人们对未来收入和支出存在强烈的不确定性预期，而该预期使风险厌恶型消费者的消费边际效用大于确定性条件下的消费边际效用。消费的边际效用会随着风险的增加而增大，这使得消费者会减少当期消费，进行更多的预防性储蓄。

很多研究从理论角度对预防性储蓄的原因进行了研究，更多学者则试图从实证角度检验其合理性。基于美国 National Longitudinal Survey（NLS）和 Panel Study of Income Dynamics（PSID）数据的很多研究均表明，预防性储蓄是家庭储蓄的一个非常重要的组成部分。Dardanoni（1991）利用英国 Family Expenditure Survey（FES）数据的研究也得到了类似的结论。我国 20 世纪 90 年代后期到 2008 年以来的高储蓄、低消费现象，也基本上被归咎于较高的预防性储蓄动机。

　　数字金融的发展有可能通过影响预防性储蓄进而影响居民消费，因为数字金融中的一类重要业务就是互联网保险。互联网保险业务的发展使得人们足不出户就能根据自己的意愿购买保险，有助于降低居民的不确定性预期，从而提升消费。当然，数字金融本身也可能通过缓解信贷约束，起到平抑经济不确定性的作用，从而进一步缓解预防性储蓄的动机。

第三节　数字金融对经济发展的结构性影响

　　上一节讨论了数字金融对经济发展的总量影响。除了总量影响之外，数字金融还对经济发展产生结构性影响。这主要源于数字金融两方面的特征：第一，数字金融带来的普惠金融可能起到缩小收入差距的作用；第二，数字金融发展依赖互联网，因而可能由于数字鸿沟的存在而产生结构性问题。本节将讨论以上两方面的特征对经济发展造成的影响。

一、数字金融缩小收入差距

　　前文证实了数字金融发展有助于经济发展。我们又进一步关注了数字金融发展的收入分配效应。前文指出，数字金融发展能够推动普惠金融的实现，这有助于促进收入机会的均等化。从以往的研究来看，宋晓玲（2017）通过省级平衡面板数据模型分析表明，数字普惠金融的发展能够显著缩小城乡居民的收入差距。张子豪和谭燕芝（2018）运用空间面板计量模型也得到类似的实证结果。张勋等（2019）基于家庭微观调查数据，证实了数字金融发展有助于缩小城乡、区域间和农村内部的居民收入差距。

　　那么，数字金融发展所实现的普惠金融，为何能够缩小收入差距呢？一个基于现实观察的例子是数字金融所提供的借贷服务。借贷是传统金融最基础的服务，信用卡的使用则是完善个人征信从而便利借贷的重要手段。然而，根据中国银行业协会的统计，截至 2015 年，中国信用卡累计发行量为 5.3 亿张，即便按照人均 1 张来计算，也还有一半以上的人口没有信用卡，从而无法通过信用卡消费获得征信记录，也就无法从传统金融中获得金融资源，使得传统金融无法做到完全意义的普惠性。近年来数字金融的发展改变了这一格局：尽管大部分居民没有征信记录，但人们日常使用的微信、支付宝等支付功能，实时提供了信用记录。例如，居民缴纳水、电、燃气等生活费用，以及购物和用餐所进行的在线支付行为，均可以累积信用。这有助于在数字金融平台上进行借贷申请。因此，数字金融的出现可以惠及那些原来被传统金融、传统征信排除在外的群体，有助于缓解他们的借贷约束，并促进他们的投资和经营性活动。而这些缺乏信用记录和抵押的群体，收入往往偏低。所以说，基于互联网革命和数字经济的发展，通过信息和数据的创造和共享，以及数字金融产业的兴起，大大提高了金融的可得性和普惠性，可以实现创业机会的均等化，进而实现收入的均等化。

以往文献也基本上证实了这一点。谢绚丽等（2018）将中国数字普惠金融指数与用来度量地区创业活跃度的新增企业注册信息相匹配，发现数字金融对创业的促进作用主要表现在城镇化率较低的省份、注册资本较少的微型企业，体现了数字金融的普惠性。张勋等（2019）利用微观家庭调查数据，发现相较于城镇家庭，数字金融显著促进了农村家庭创业，且主要促进了物质资本和社会资本匮乏但具有较高人力资本的农村家庭创业，从而通过创业机会的均等化带来了包容性增长。吴雨等（2020）的研究也证实，数字金融利用大数据技术降低了资金门槛，因而具有普惠性和包容性。

二、数字鸿沟及其负面影响

我们知道，数字金融发展依赖于互联网的发展。前文也提及，互联网可以降低经济成本，包括生产和交易成本，促进知识、信息和观念的产生与传播，提升企业内、企业间、企业与消费者之间、企业与生产要素之间以及国家间的资源配置效率，最终对生产效率、经济增长、就业与国际贸易均产生积极影响。不过，随着 ICT 和互联网的快速发展，数字鸿沟问题逐渐出现。数字鸿沟主要是指有和没有互联网访问权限的人的信息不对称问题。这个问题不仅存在于发达国家和发展中国家内部，而且在发达国家和发展中国家之间更为严重。

（一）全球范围内的数字鸿沟

图 16-3 显示了 1996—2021 年全球各地区的互联网覆盖率。值得注意的是，在此期间，全球的 ICT 行业经历了前所未有的发展，特别是北美以及欧洲和中亚地区。不过，全球互联网渗透的地理分布极为不平衡：截至 2021 年，这两个地区的互联网覆盖率分别为 91.9% 和 86.5%，这个数字远高于其他地区的互联网覆盖率。由于欧洲和中亚地区与北美地区之间的经济差异相对较小，这两个地区之间的互联网普及率的差距在 2010 年前后逐渐缩小。

互联网渗透率的第二梯队包括拉丁美洲和加勒比地区、东亚和太平洋地区以及中东和北非。尽管这些地区的互联网覆盖率仍然远远落后于互联网发展的领先地区，但日本、中国、印度等国家仍具有互联网普及和发展的潜力。因此，第二梯队中的三个地区正在努力追赶互联网发展领先地区，且每一个地区很可能又会推动其下属子地区的互联网发展进程。正如我们近些年所观察到的，在中国，数字经济和数字金融得到了迅速且态势蓬勃的发展。

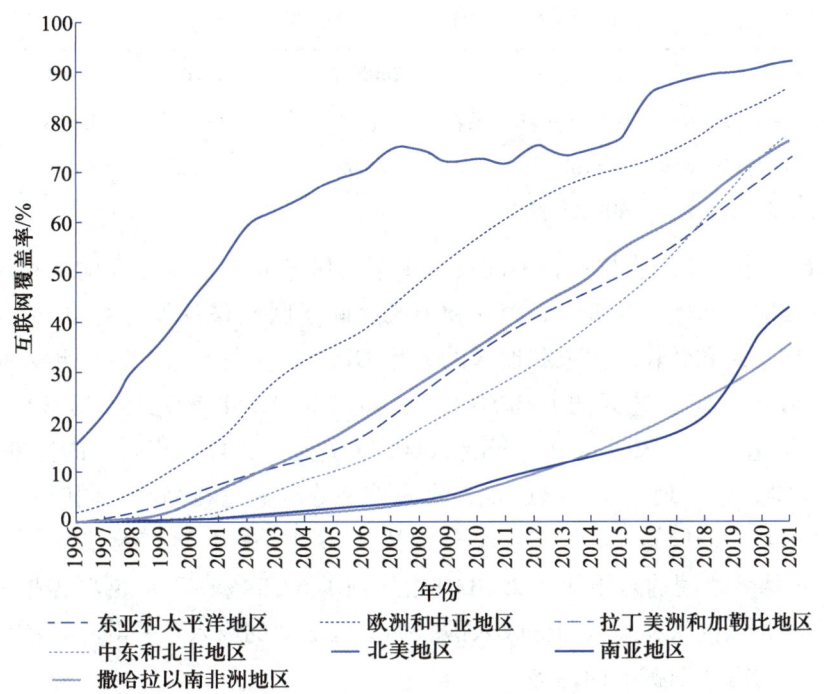

图 16-3　1996—2021 年全球各地区的互联网覆盖率（使用互联网的人数占总人口数的比重）
资料来源：《世界发展指标》。

尽管南亚的互联网覆盖率已开始增加，南亚和撒哈拉以南非洲的互联网覆盖率却是最低的。截至 2021 年，撒哈拉以南非洲地区的互联网覆盖率仅为 35.9%，约为北美的 2/5。此外，如果从变化趋势来看，我们发现高水平和低水平互联网普及地区的覆盖范围差距正在扩大，同时互联网和数字金融在不同地理区域之间的普及和发展的不平衡问题正进一步加剧，这表明了地区之间的数字鸿沟是一个亟待解决的严重问题。

（二）不同收入水平国家之间的数字鸿沟

为了探索不同收入水平国家之间的数字鸿沟问题，我们使用了世界银行的世界发展指标数据库，计算了人均国内生产总值（GDP）（按美国 2010 年不变价格）和互联网覆盖率的跨国不平等。我们得到了三个主要结果（见表 16-1）。第一，世界各国人均收入的不平等程度有所下降，2000 年人均 GDP 的基尼系数为 0.675，这一系数在 2015 年降至 0.641。第二，与人均 GDP 相比，各国和地区之间互联网覆盖率的不平等程度下降得更多，2000 年互联网普及率的基尼系数为 0.698，高于人均 GDP 的基尼系数，但这一系数在 2015 年降至 0.338，这一结果表明欠发达国家和地区的互联网普及率正在提高。第三，尽管各国和地区之间互联网普及的不平等程度有所降低，但是到2015年基尼系数仍高达0.338，这表明数字鸿沟问题仍然存在。

表16-1 人均收入和互联网普及率的不均等（以基尼系数衡量）

指标	2000年	2005年	2010年	2015年
人均GDP（按美国2010年不变价）基尼系数	0.675	0.661	0.654	0.641
互联网覆盖率基尼系数	0.698	0.577	0.452	0.338

资料来源：《世界发展指标》和作者计算。

在表16-1中，我们直接比较不同收入水平的国家和地区组之间的数字鸿沟。这可以看作高收入国家和地区与低收入国家和地区之间互联网普及程度的差异。表16-2的结果表明，高收入和低收入国家和地区的人均GDP在急剧增加。2000年，高收入国家和地区与低收入国家和地区的人均GDP分别为25 102.88美元和323.89美元，并在2015年分别迅速攀升至39 730.92美元和860.57美元。此外，高收入的比率从77.50%下降到46.17%，这一现象反映出近年来收入不平等现象正在缩小。同时，尽管这两类国家和地区的收入群体的互联网覆盖率分别从29.911%和0.081%提高到了79.374%和12.239%，但两者之间的差距却从29.83%增加到了67.14%。互联网覆盖率差距的扩大表明，尽管高收入国家和地区与低收入国家和地区之间的收入不平等正在减小，但两者之间的数字鸿沟有逐渐扩大的趋势。

表16-2 各收入组间的收入差距和数字鸿沟

组别	2000年	2005年	2010年	2015年
人均GDP（美元，按美国2010年不变价）				
高收入	25 102.88	33 172.20	38 650.14	39 730.92
中高收入	1 878.12	2 953.44	6 089.42	7 695.50
中低收入	565.86	859.90	1 542.65	1 886.73
低收入	323.89	423.57	734.20	860.57
高收入比	77.50%	78.32%	52.64%	46.17%
互联网覆盖率（%）				
高收入	29.911	57.813	71.540	79.374
中高收入	2.373	10.756	31.880	50.160
中低收入	0.518	3.661	10.447	22.617
低收入	0.081	0.970	4.984	12.239
高收入比	29.83%	56.84%	66.56%	67.14%

资料来源：《世界发展指标》。

接下来，我们考察高收入国家和地区内部的数字鸿沟问题。尽管发达国家之间经济发展水平的差异相对较小，但也存在一定程度的数字鸿沟。以互联网在最初的20个经合组织国家中的普及率为例，2021 年挪威的互联网覆盖率高达 99%，而意大利的互联网覆盖率仅为 74.86%，比卢森堡低了 24.38%。这种差异表明，经济发展水平的差距无法完全解释高收入国家之间的数字鸿沟，其他因素正在影响着数字鸿沟的形成，这些影响因素需要进一步探索。

最后，我们探讨低收入国家和地区内部的数字鸿沟问题。与表 16-1 相似，我们计算了人均 GDP（按美国 2010 年不变价格）和互联网覆盖率的跨国不平等。2000 年，低收入国家和地区的人均 GDP 计算的基尼系数为 0.233，而互联网覆盖率的基尼系数为 0.579，后者的差距远远大于经济发展水平的差距，结果如表 16-3 所示。因此，尽管数字鸿沟程度远远大于收入不平等的程度，但收入差距和数字鸿沟随着时间的推移一直降低。2015 年，按人均 GDP 计算的基尼系数衡量的收入不平等为 0.208，而互联网覆盖率的基尼系数为 0.418。

表 16-3　低收入国家和地区人均收入和互联网普及率的不均等（以基尼系数衡量）

指标	2000 年	2005 年	2010 年	2015 年
人均 GDP（按美国 2010 年不变价）基尼系数	0.233	0.233	0.243	0.208
互联网覆盖率基尼系数	0.579	0.567	0.554	0.418

资料来源：《世界发展指标》和作者计算。

综上所述，收入不平等和数字鸿沟在总体上有所减小，这表明世界已经在更大程度上联系在了一起。但是，如果我们查看国家和地区的分析结果就会发现，一些国家和地区正在快速实现数字化和互联网化，而大多数低收入国家和地区仍处于边缘化或孤立状态，因此高收入国家和地区与低收入国家和地区之间的数字鸿沟仍在增大。此外，我们发现低收入国家和地区的数字鸿沟仍然是一个十分严峻的问题。一方面，它大于全球的数字鸿沟水平；另一方面，它也大于国家和地区内部的收入不平等。换句话说，互联网普及的最新发展可能是高收入、中高收入与中低收入国家和地区对互联网的接入增加所导致的，而对于低收入国家和地区来说，要与世界建立紧密的联系，还有很长的一段路要走。

（三）数字鸿沟的影响

我们都知道，数字鸿沟并不是外生的。因此，我们必须知道为什么存在数字鸿沟，以保证减少数字鸿沟或减轻其负面影响的政策能够实施。数字鸿沟是由几个经济和社会的不平等因素所决定的，讨论数字鸿沟的决定因素就等同于讨论互联网发展的决定因素。通常情况下，影响互联网发展的因素可以归结为三类：① 经济发展是推动互联网发展的最根本的因素。一方面，经济发展构成了经济体建设通信基础设施的初始禀赋；另一方面，经济发展刺激了人们相互联系的需求。② 人力资本是互联网发展的前提。受过高等教育的人对于访问互联网获取信息有着更高的要求。③ 开放性。开放的经济体更愿意接受外界的信息和技术，因此也需要更高的互联网发展水平。

毫无疑问，数字鸿沟的存在会对无法使用互联网的个人产生负面影响，这种影响包括非经济影响和经济影响。一方面，无法使用互联网可能给人的生活带来不便。例如，为了防止新冠疫情的扩散，中国曾要求每个人在进入公共场所时出示手机二维码以表明本人的健康状况和行程记录，尽管此举在很大程度上有效控制了疫情，但也影响了许多不能熟练使用智能手机的老年人，这可能导致他们被拒绝乘坐公共交通工具或进入超市，给他们的生活带来了极大的不便。另一方面，数字鸿沟也会产生负面的经济影响。研究表明，相当一部分人口被剥夺获得各种服务的机会时，数字鸿沟会恶化收入分配。例如，过去求职者获得就业信息的途径是类似的，但数字鸿沟的出现使无法上网的人处于不利地位。同样，数字鸿沟造成或加剧了培训、教育、借贷以及许多其他服务和机会方面的不平等，无法上网的人可能失去赚钱的机会，从而加剧贫困的问题。

许多国家已经意识到了数字鸿沟的存在及其负面影响。美国是互联网应用和普及程度最高的国家，也是第一个关注互联网发展不平衡的国家。自 1995 年 7 月以来，美国国家电信和信息管理局报告了超过 4 次国内数字鸿沟情况。此外，美国还将数字鸿沟问题视为该国最重要的经济和人权问题之一。将这一问题提高到如此重要的位置，是因为美国旨在通过大力普及互联网来全面提高 21 世纪的国家竞争力。随着对数字鸿沟认识的逐渐加深，更多的国家政府、国际组织及其领导人开始意识到互联网的巨大增长潜力，因此数字鸿沟很可能成为国家之间和国家内部发展不平衡的新来源。

在表 16-4 中，我们简要说明了中国的数字鸿沟问题。在第 2 列，我们比较了能够接触和无法接触互联网的群体中劳动年龄人口的就业比例。这里的就业不仅仅包括被企业雇佣的劳动力，还包括从事自雇型劳动的劳动者。中国家庭追踪调查数据的估算结果显示，可以上网的劳动者就业率为 89.4%，而不能上网的劳动者就业率为 87.5%。两者之间的差异意味着，互联网的访问确实提供了更多关于工作机会的信息，从而增加了就业比例。此外，更多的就业机会能带来更多的收入，从而带来更多的消费。在第 3 列和第 4 列中，我们确实发现无法访问互联网的个人的收入水平和消费水平较低，因此更有可能生活在贫困当中。

表 16-4　数字鸿沟对中国就业、收入和消费的影响

状态	就业率（%）	收入（元）	消费（元）
可以访问互联网	89.4	23 903	68 863
不能访问互联网	87.5	14 266	28 138

资料来源：CFPS 和作者计算。

数字鸿沟对消费的负面影响可归因于两个方面：一方面，正如我们在第 2、3 列中所显示的那样，无法访问互联网的劳动者的就业机会减少，收入降低，由于消费依赖收入，他们的消费就会更低；另一方面，数字金融尤其是互联网商业化带来的支付技术，可能进一步促进消费，这一作用在中国尤为突出。人们可以在手机付款软件的帮助下使

用移动设备消费任何东西。购物时间的减少，也可以进一步刺激消费。由于该渠道与收入无关，使用互联网可能增加消费占收入的比例，即消费率会有所提升。

三、数字金融发展的涓滴效应

鉴于数字鸿沟会对人们的生活和经济发展产生负面影响，那么，我们如何填补数字鸿沟或减轻其不利影响呢？通常情况下，我们有两种可能的选择。

第一种选择是直接增加互联网覆盖率或互联网普及程度。在这种选择下，我们可以通过分配公共资源来帮助那些无法访问互联网的弱势群体，如建立通信基础设施并确保大多数人可以访问互联网。这种选择不仅仅旨在增加人们对互联网的访问机会，还旨在提高人们在线处理有用信息的能力，而这需要具有高速和高安全性的互联网，以进行高质量的互联网访问。

中国已经在帮助弱势群体方面做出了很多努力，致力于使大多数人能够使用高质量的互联网。自 1994 年 9 月中国启动公用计算机互联网以来，中国在网络基础设施建设方面取得了重大突破，但是速度慢、覆盖率低仍然限制了中国经济的进一步发展，直到 2013 年 8 月国务院提出了"宽带中国"战略后，这一问题才得以解决。"宽带中国"战略旨在加快并扩大中国互联网的覆盖范围。截至 2016 年，已有三组城市参与了"宽带中国"的试点，北京、上海和广州等 39 个城市（城市群）被宣布作为 2014 年第一批"宽带中国"的试点组，第二批和第三批城市名单分别于 2015 年和 2016 年宣布，至此中国大多数城市都加入了该战略。"宽带中国"的技术路线为统筹接入网、城域网和骨干网建设，综合利用有线技术和无线技术，结合基于互联网协议第 6 版（IPv6）的下一代互联网规模商用部署要求，分阶段系统推进宽带网络发展。自此，中国的宽带和移动网络的速度得到了极大提升。截至 2023 年 12 月，尽管我国尚有 22.5% 的人口无法接触到互联网，但互联网普及率增长很快，从 2016 年的 53.2% 上升到 2023 年的 77.5%。显然，中国通过大规模的信息基础设施建设，使越来越多的低收入群体能够上网，有效控制了数字鸿沟的扩大。据工信部 2023 年 7 月 5 日公布的数据，截至 2023 年 5 月，中国已累计建成 5G 基站 264.6 万个，占全球比例超过 60%；5G 手机终端用户连接达 6.8 亿，占全球比例达 58%。

显然，中国试图通过分配公共资源来建设高质量的互联网基础设施，以确保大多数人能够访问互联网并增强弱势群体的连通性。但是，这种做法需要大量的财政支出，包括建设支出和维护支出，尤其是当政府希望将偏远地区的人们通过互联网联系起来时，这种投入就尤其巨大。

另一种选择是继续让市场驱动资源分配和经济活动，使得发展的某些方面产生涓滴效应，以确保弱势群体也能获得收益。在数字鸿沟存在的前提下，只有在互联网的发展给之前无法访问互联网的人带来就业、收入、消费等方面实实在在的受益时，这种做法才是可行的。这就好比扶贫中的涓滴效应，贫困能够通过经济发展来减少，而不一定完全依靠收入再分配。在某些情况下，我们可以观察到互联网发展所产生的涓滴效应，特别是互联网发展推动数字经济的出现和扩张，不仅仅使可以访问互联网的人受益，而且对无法访问互联网的人也产生了溢出效应。

中国的农民专业合作社是互联网发展产生涓滴效应的可能平台。农民专业合作社建立在个人意愿的基础上，并通过所有制进行民主管理，它们建立的宗旨是增加大多数农民的收入，帮助他们消除饥饿并改善营养状况。农民专业合作社已经在促进中国农业可持续发展中发挥了十分重要的作用。截至 2023 年 10 月底，全国登记在册的农民专业合作社为 221.6 万家，平均每个村庄有 3 家以上。

农民专业合作社可以通过生产和销售影响农场绩效。农民专业合作社产生积极影响的第一个主要途径是，农民专业合作社可以增加农民获得更好的技术和更多的投入的机会，并协助农民进行有效投入，从而提高农业生产效率；第二个途径是农民专业合作社向农民提供诸如销售渠道和市场价格之类的信息，从而使他们能够以更高的价格出售产品。这两途径都要求农民专业合作社比农民本身更具有信息优势，否则农民将没有动力参加农民专业合作社。农民专业合作社获得信息优势的一种方法是访问互联网。当农民专业合作社访问互联网时，就可以像农村电子商务平台一样运作，通过互联网更加有效地为农民提供销售渠道和市场价格等信息，帮助农民在线销售他们的产品，从而增加农民的收入。在此过程中，可以访问互联网的农民能够利用互联网来推广他们的产品，无法访问互联网的农民则可以通过农民专业合作社的电子商务平台来增加其销量和收入。在这种情况下，只要农民专业合作社本身能够访问互联网，那么互联网发展的收益特别是农村电子商务平台所带来的收益，就能够涓滴到无法访问互联网的农民。

张勋等（2021）的研究展示了数字金融可能产生的涓滴效应。他们通过中国家庭追踪调查数据以及中国数字普惠金融指数，发现数字金融的发展从总体上将显著增加无法访问互联网的家庭的农业经营性收入，且这种正向效应大于能够访问互联网的家庭，这表明互联网的发展可能对农业经营性收入产生了涓滴效应。如上所述，农民专业合作社的建立就是数字金融可以产生这种影响的一个平台。至于数字金融的发展对能够上网的家庭的农业经营性收入影响较小，主要原因可能是在互联网覆盖率高的地区，农业经营性收入总体较低。这一结果表明，数字金融的发展可以提高农业生产率，而这反过来又推动了农业劳动力向非农领域的结构性转移。最后，鉴于数字经济和数字金融的发展对收入和就业产生了涓滴效应，无法接触到互联网的人的消费也有所增加。

综上所述，高度依赖互联网的数字经济和数字金融的发展可以帮助减轻数字鸿沟的负面影响。与传统金融行业相比，数字金融提供了更便宜、更透明、更具包容性的经济和金融服务，并且极大地改变了人们参与经济活动的方式。这种参与有助于经济增长和创造就业机会，并使包括互联网用户在内的所有公民均可受益。这些受益包括增加就业、收入和消费等，这就是互联网发展所产生的涓滴效应。

四、涓滴效应的前提和局限性

我们讨论了数字金融的发展可能会产生涓滴效应，那么涓滴效应是否始终有效呢？毕竟在某些条件下，涓滴效应可能不起作用。接下来我们将探讨涓滴效应实现的前提和局限性。

涓滴效应的实现至少需要两个条件。第一，涓滴效应有效的前提是必须具有一定规模的互联网覆盖率。正如我们所讨论的，数字金融的发展依赖于互联网的普及，因此，如果互联网的覆盖率很低，数字经济和数字金融就无法发展，更不用说涓滴效应了。从中国的整体情况来看，近年来数字经济和数字金融一直在发展，特别是自"宽带中国"战略实施以来，中国的互联网覆盖率已经大大增加，这不仅使得可以访问互联网的个人能够从数字经济中获利、在生活上更加便利，还对无法访问互联网的个人产生溢出效应，使他们也受益于数字经济和数字金融的发展。

第二，从涓滴效应中受益的另一个前提条件是个人具有增收的能力和禀赋，否则互联网发展的好处就可能不会生效。某些人群可能无法享受数字金融发展所带来的涓滴效应。根据前文的讨论，我们发现数字金融的发展能够对农业经营性收入产生涓滴效应，那么其他类型的收入，特别是工资性收入会从中受益吗？何宗樾等（2020）的研究发现，数字金融的发展未能对工资性收入产生涓滴效应，对于无法访问互联网的人，工资性收入与数字金融的发展呈负相关。这意味着，与可以接触互联网的人相比，无法访问互联网的人在劳动力市场上的议价能力随着数字金融的发展而下降。其中，可能的原因有两个：一是无法访问互联网的个体，在劳动力市场上存在信息劣势，因而议价能力较低；二是这些个体往往位于城镇地区，因而也不存在可以增收的禀赋（如土地），无法通过诸如农民专业合作社等平台获取收入上的溢出效应。研究还估计了数字鸿沟对不同人群的影响，发现数字鸿沟主要影响人力资本较低的个人，从而减少其工资性收入；对于人力资本较高的个人，可能仍会受益于数字金融发展对工资性收入的涓滴效应。另外，老年人更容易受到互联网发展的负面冲击。在数字金融发展过程中，上述群体很容易陷入贫困。在政策层面上，考虑到涓滴效应具有一定的局限性，应该采取一些社会政策，特殊关注那些不能访问互联网因而不能从互联网的发展中直接受益的人群。

本章小结　在过去的十年，数字金融已经深入人们生活的方方面面。本章从总量和结构两方面理解数字金融对经济发展的影响。

从总量上看，数字金融对经济发展的影响可以归结为供给侧和需求侧两个层面。在供给侧方面，数字金融通过扩大在位企业的运营规模和促进新企业的进入，提升了经济总量资本；数字金融通过提升总量资本进而提升劳动力需求，同时也通过缓解劳动力的预算约束来促进劳动力就业；数字金融还通过降低交易成本，促进企业创新和提升资金配置效率等方式提升全社会的生产率。在需求侧方面，数字金融通过提升支付便利性、缓解流动性约束和降低预防性储蓄动机来提升消费。

从结构上看，一方面，数字金融通过促进普惠金融，增加了收入机会进而提升了收入水平的均等化；另一方面，数字鸿沟的存在也可能造成数字金融的结构性影响。首先，数字鸿沟造成了全球范围内的不均等和贫困；其次，对于农村居民而言，数字金融能够通过涓滴效应，将积极作用溢出到那些无法使用互联网的群体，进而改善收入分配；最后，数字金融的涓滴效应也存在一些前提和局限性，应该采取一些社会政策，特殊关注那些不能访问互联网，因而不能从互联网的发展中直接受益的人群。

即测即评

复习思考题

1. 数字金融对供给侧的影响有哪些方面？
2. 数字金融对需求侧的影响有哪些机制？
3. 数字金融如何缩小收入差距？
4. 数字金融在什么条件下可能产生涓滴效应？

参考文献

[1] 龚强，班铭媛，张一林．区块链、企业数字化与供应链金融创新［J］．管理世界，2021，37 (2)：22-34+3.

[2] 郭峰，孔涛，王靖一．互联网金融空间集聚效应分析——来自互联网金融发展指数的证据［J］．国际金融研究，2017 (8)：75-85.

[3] 郭峰，王靖一，王芳，等．测度中国数字普惠金融发展：指数编制与空间特征［J］．经济学（季刊），2020，19 (4)：1401-1418.

[4] 何宗樾，张勋，万广华．数字金融、数字鸿沟与多维贫困［J］．统计研究，2020，37 (10)：79-89.

[5] 胡鞍钢，王蔚，周绍杰，等．中国开创"新经济"——从缩小"数字鸿沟"到收获"数字红利"［J］．国家行政学院学报，2016 (3)：4-13+2.

[6] 胡跃飞，黄少卿．供应链金融：背景、创新与概念界定［J］．金融研究，2009 (8)：194-206.

[7] 华泰证券课题组，朱有为．证券公司数字化财富管理发展模式与路径研究［J］．证券市场导报，2020 (4)：2-12.

[8] 黄益平，黄卓．中国的数字金融发展：现在与未来［J］．经济学（季刊），2018，17 (4)：1489-1502.

[9] 黄益平，邱晗．大科技信贷：一个新的信用风险管理框架［J］．管理世界，2021，37 (2)：12-21.

[10] 黄益平，陶坤玉．中国的数字金融革命：发展、影响与监管启示［J］．国际经济评论，2019 (6)：24-35+5.

[11] 黄益平，王敏，傅秋子，等．以市场化、产业化和数字化策略重构中国的农村金融［J］．国际经济评论，2018 (3)：106-124+7.

[12] 黄益平、王勋，读懂中国金融：金融改革的经济学分析［M］．北京：人民日报出版社，2022.

[13] 黄卓，胡诗云．数字金融服务实体经济：信息的视角［J］．保险研究，2024 (11)：3-14.

[14] 纪洋，王雪，黄益平．互联网消费信贷、流动性约束与居民消费［R］．2021.

[15] 姜海燕，吴长凤．智能投顾的发展现状及监管建议［J］．证券市场导报，2016 (12)：4-10.

[16] 姜琳．美国FICO评分系统述评［J］．商业研究，2006 (20)：81-84.

[17] 焦瑾璞，黄亭亭，汪天都，等．中国普惠金融发展进程及实证研究［J］．上海金融，2015 (4)：12-22.

[18] 焦瑾璞．移动支付推动普惠金融发展的应用分析与政策建议［J］．中国流通经济，2014，28 (7)：7-10.

[19] 李苍舒，沈艳．风险传染的信息识别——基于网络借贷市场的实证［J］．金融研究，2018 (11)：98-118.

[20] 李春涛，闫续文，宋敏，等．金融科技与企业创新——新三板上市公司的证据［J］．中国工业经济，2020 (1)：81-98.

［21］李建军，韩珣. 普惠金融、收入分配和贫困减缓——推进效率和公平的政策框架选择［J］. 金融研究，2019（3）：129-148.

［22］李建军，姜世超. 银行金融科技与普惠金融的商业可持续性——财务增进效应的微观证据［J］. 经济学（季刊），2021，21（3）：889-908.

［23］廖理. 美国个人征信业的发展阶段和制度建设［J］. 中国信用，2020（2）：117-119.

［24］林毅夫，沈艳，孙昂. 中国政府消费券政策的经济效应［J］. 经济研究，2020，55（7）：4-20.

［25］刘少波，梁晋恒，张友泽. 大数据技术视阈下银行信贷风险防控研究［J］. 贵州社会科学，2020（12）：121-128.

［26］彭路. 农业供应链金融道德风险的放大效应研究［J］. 金融研究，2018（4）：88-103.

［27］邱国栋，王易. "数据-智慧" 决策模型：基于大数据的理论构建研究［J］. 中国软科学，2018（12）：17-30.

［28］沈艳，李苍舒. 网络借贷风险缓释机制研究［M］. 北京：中国社会科学出版社，2019.

［29］宋华，陈思洁. 供应链金融的演进与互联网供应链金融：一个理论框架［J］. 中国人民大学学报，2016，30（5）：95-104.

［30］宋晓玲. "互联网+" 普惠金融是否影响城乡收入均衡增长？——基于中国省际面板数据的经验分析［J］. 财经问题研究，2017（7）：50-56.

［31］隋璐. 平台经济背景下数字财富管理转型探究［J］. 人民论坛，2020（5）：98-99.

［32］唐松，伍旭川，祝佳. 数字金融与企业技术创新——结构特征、机制识别与金融监管下的效应差异［J］. 管理世界，2020，36（5）：52-66+9.

［33］万佳彧，周勤，肖义. 数字金融、融资约束与企业创新［J］. 经济评论，2020（1）：71-83.

［34］王靖一，郭峰，李勇国. 新冠肺炎疫情对线下微型商户短期冲击的定量估算——兼论数字金融缓解冲击的价值［R］. 2020.

［35］王靖一，黄益平. 金融科技媒体情绪的刻画与对网贷市场的影响［J］. 经济学（季刊），2018，17（4）：1623-1650.

［36］王诗卉，谢绚丽. 经济压力还是社会压力：数字金融发展与商业银行数字化创新［J］. 经济学家，2021（1）：100-108.

［37］王馨. 互联网金融助解 "长尾" 小微企业融资难问题研究［J］. 金融研究，2015（9）：128-139.

［38］王修华，赵亚雄. 数字金融发展是否存在马太效应？——贫困户与非贫困户的经验比较［J］. 金融研究，2020（7）：114-133.

［39］王勋、王雪. 数字普惠金融与消费风险平滑：中国家庭的微观证据［J］. 经济学（季刊），2022，22（5）：1679-1698。

［40］吴旭莉. 大数据时代的个人信用信息保护——以个人征信制度的完善为契机［J］. 厦门大学学报（哲学社会科学版），2019（1）：161-172.

［41］吴雨，李成顺，李晓，等. 数字金融发展对传统私人借贷市场的影响及机制研究［J］. 管理世界，2020，36（10）：53-64+138+65.

［42］吴雨，李晓，李洁，等. 数字金融发展与家庭金融资产组合有效性［J］. 管理世界，2021，37（7）：92-104+7.

［43］谢平，邹传伟. 互联网金融模式研究［J］. 金融研究，2012（12）：11-22.

［44］谢绚丽，沈艳，张皓星，等.数字金融能促进创业吗？——来自中国的证据［J］.经济学（季刊），2018，17（4）：1557-1580.

［45］邢会强.大数据时代个人金融信息的保护与利用［J］.东方法学，2021（1）：47-60.

［46］熊伟.短期消费性贷款与居民消费：基于信用卡余额代偿的研究［J］.经济研究，2014，49（S1）：156-167.

［47］徐凤.人工智能算法黑箱的法律规制——以智能投顾为例展开［J］.东方法学，2019（6）：78-86.

［48］许玉韫，张龙耀.农业供应链金融的数字化转型：理论与中国案例［J］.农业经济问题，2020（4）：72-81.

［49］杨文溥.数字经济与区域经济增长：后发优势还是后发劣势？［J］.上海财经大学学报，2021，23（3）：19-31+94.

［50］易行健，周利.数字普惠金融发展是否显著影响了居民消费——来自中国家庭的微观证据［J］.金融研究，2018（11）：47-67.

［51］尹志超，张号栋.金融可及性、互联网金融和家庭信贷约束——基于 CHFS 数据的实证研究［J］.金融研究，2018（11）：188-206.

［52］张杰，中国农村金融制度调整的绩效：金融需求视角.中国人民大学出版社，2007.

［53］张勋，万广华，吴海涛.缩小数字鸿沟：中国特色数字金融发展［J］.中国社会科学，2021（8）：35-51+204-205.

［54］张勋，万广华，张佳佳，等.数字经济、普惠金融与包容性增长［J］.经济研究，2019，54（8）：71-86.

［55］张勋，杨桐，汪晨，等.数字金融发展与居民消费增长：理论与中国实践［J］.管理世界，2020，36（11）：48-63.

［56］张岳，万安泽.治理结构与村镇银行收益、风险的关系研究［J］.农村金融研究，2021（12）：59-66.

［57］张正平，王琼.数字普惠金融发展对农业生产有资本替代效应吗？——基于北京大学数字普惠金融指数和 CFPS 数据的实证研究［J］.金融评论，2021，13（6）：98-116+120.

［58］张子豪，谭燕芝.数字普惠金融与中国城乡收入差距——基于空间计量模型的实证分析［J］.金融理论与实践，2018（6）：1-7.

［59］赵涛，张智，梁上坤.数字经济、创业活跃度与高质量发展——来自中国城市的经验证据［J］.管理世界，2020，36（10）：65-76.

［60］中国人民银行征信中心与金融研究所联合课题组，纪志宏，王晓明，等.互联网信贷、信用风险管理与征信［J］.金融研究，2014，（10）：133-147.

［61］中银证券课题组，金坚.国际投行财富管理发展模式比较及其启示［J］.证券市场导报，2022，（3）：12-21.

［62］Adler T, Kritzman M. Mean-variance versus full-scale optimisation：In and out of sample［J］. Journal of Asset Management, 2007, 7（5）：302-311.

［63］Agarwal S, Alok S, Ghosh P, et al. Financial inclusion and alternate credit scoring for the millennials：role of big data and machine learning in fintech［R］. Business School, National University of Singapore Working Paper, 2020, 3507827.

［64］ Agarwal S, Hauswald R. Distance and private information in lending ［J］. The Review of Financial Studies, 2010, 23 （7）: 2757-2788.

［65］ Alkhazaleh A M K, Haddad H. How does the Fintech services delivery affect customer satisfaction: A scenario of Jordanian banking sector ［J］. Strategic Change, 2021, 30 （4）: 405-413.

［66］ Antweiler W, Frank M Z. Is all that talk just noise? The information content of internet stock message boards ［J］. The Journal of Finance, 2004, 59 （3）: 1259-1294.

［67］ Asdrubali, Pierfederico, Sørensen, Bent E. , Yosha, Oved. Channels of interstate risk sharing: United States 1963-90 ［J］. Quarterly Journal of Economics, 1996, 111 （4）: 1081-1110.

［68］ Attanasio, Orazio P. , and Nicola Pavoni. Risk Sharing in Private Information Models Asset Accumulation: Explaining the Excess Smoothness of Consumption ［J］. Econometrica, 2011, 79 （4）: 1027-1068.

［69］ Barber B M, Huang X, Odean T, et al. Attention-induced trading and returns: Evidence from Robinhood users ［J］. The Journal of Finance, 2022, 77 （6）: 3141-3190.

［70］ Barber B M, Odean T. The internet and the investor ［J］. Journal of Economic Perspectives, 2001, 15 （1）: 41-54.

［71］ Barber B M, Odean T. Trading is hazardous to your wealth: The common stock investment performance of individual investors ［J］. The Journal of Finance, 2000, 55 （2）: 773-806.

［72］ Bazarbash M, Beaton K. Filling the gap: Digital credit and financial inclusion ［R］. IMF Working Paper, 2020 （150）.

［73］ Beccalli E. Does IT investment improve bank performance? Evidence from Europe ［J］. Journal of Banking & Finance, 2007, 31 （7）: 2205-2230.

［74］ Bech M L, Garratt R. Central bank cryptocurrencies ［R］. BIS Quarterly Review September, 2017.

［75］ Beck T, Gambacorta L, Huang Y, et al. Big techs, QR code payments and financial inclusion ［R］. Working Paper, 2022.

［76］ Beck T, Pamuk H, Ramrattan R, et al. Payment instruments, finance and development ［J］. Journal of Development Economics, 2018, 133: 162-186.

［77］ Ben-David I, et al. Why did small business Fintech lending dry up during the COVID-19 crisis? ［R］. Working Paper, 2021.

［78］ Berg T, Burg V, Gombović A, et al. On the rise of fintechs: Credit scoring using digital footprints ［J］. The Review of Financial Studies, 2020, 33 （7）: 2845-2897.

［79］ Berger A N, Demirgüç-Kunt A, Levine R, et al. Bank concentration and competition: An evolution in the making ［J］. Journal of Money, Credit and Banking, 2004: 433-451.

［80］ Björkegren D, Grissen D. Behavior revealed in mobile phone usage predicts credit repayment ［J］. The World Bank Economic Review, 2020, 34 （3）: 618-634.

［81］ Boot A, Hoffmann P, Laeven L, et al. Fintech: what's old, what's new? ［J］. Journal of Financial Stability, 2021, 53: 100836.

［82］ Boston Consulting Group. Global Fintech 2023: Reimagining the Future of Finance ［R］. Working Paper, 2023.

［83］ Botsch M, Vanasco V. Learning by Lending ［J］. Journal of Financial Intermediation, 2019, 37: 1-14.

［84］ Bu D, Hanspal T, Liao Y, et al. Cultivating self-control in FinTech: Evidence from a field experiment on online consumer borrowing ［J］. Journal of Financial and Quantitative Analysis, 2022, 57 （6）: 2208-2250.

［85］ Buchak G, Hu J, Wei S J. FinTech as a financial liberator ［R］. National Bureau of Economic Research, 2021.

［86］ Buchak G, Matvos G, Piskorski T, et al. Fintech, regulatory arbitrage, and the rise of shadow banks ［J］. Journal of Financial Economics, 2018, 130 （3）: 453-483.

［87］ Cai C W. Disruption of financial intermediation by FinTech: a review on crowdfunding and blockchain ［J］. Accounting & Finance, 2018, 58 （4）: 965-992.

［88］ Cheah E T, Fry J. Speculative bubbles in Bitcoin markets? An empirical investigation into the fundamental value of Bitcoin ［J］. Economics Letters, 2015, 130: 32-36.

［89］ Chen M A, Wu Q, Yang B. How valuable is FinTech innovation? ［J］. The Review of Financial Studies, 2019, 32 （5）: 2062-2106.

［90］ Chen T, Huang Y, Lin C, et al. Finance and firm volatility: Evidence from small business lending in China ［J］. Management Science, 2022, 68 （3）: 2226-2249.

［91］ Cheng M, Qu Y. Does bank FinTech reduce credit risk? Evidence from China ［J］. Pacific-Basin Finance Journal, 2020, 63: 101398.

［92］ Chod J, Trichakis N, Tsoukalas G, et al. On the financing benefits of supply chain transparency and blockchain adoption ［J］. Management Science, 2020, 66 （10）: 4378-4396.

［93］ Cœuré B. Investigating the impact of global stablecoins ［R］. Basel: Bank for International Settlements, 2019.

［94］ Costello A M, Down A K, Mehta M N. Machine+man: A field experiment on the role of discretion in augmenting AI-based lending models ［J］. Journal of Accounting and Economics, 2020, 70 （2-3）: 101360.

［95］ D'Acunto F, Prabhala N, Rossi A G. The promises and pitfalls of robo-advising ［J］. The Review of Financial Studies, 2019, 32 （5）: 1983-2020.

［96］ Dardanoni V. Precautionary savings under income uncertainty: A cross-sectional analysis ［J］. Applied Economics, 1991, 23 （1）: 153-160.

［97］ Di Maggio M, Yao V. Fintech borrowers: Lax screening or cream-skimming? ［J］. The Review of Financial Studies, 2021, 34 （10）: 4565-4618.

［98］ Djankov S, McLiesh C, Shleifer A. Private credit in 129 countries ［J］. Journal of Financial Economics, 2007, 84 （2）: 299-329.

［99］ Eichengreen B. From commodity to fiat and now to crypto: what does history tell us? ［R］. National Bureau of Economic Research, 2019.

［100］ Evans M, Hnatkovska V. International capital flows, returns and world financial integration ［J］. Journal of International Economics, 2014, 92 （1）: 14-33.

［101］ Finnovista and IDB. Fintech in Latin America and the Caribbean ［R］. Inter-AmericanDevelopment Bank, 2022.

［102］ Freedman S, Jin G Z. The information value of online social networks: Lessons from peer-to-peer lending [J]. International Journal of Industrial Organization, 2017, 51: 185-222.

[103] Frost J, Gambacorta L, Huang Y, et al. BigTech and the changing structure of financial intermediation [J]. Economic Policy, 2019, 34 (100): 761-799.

[104] Fung D W H, Lee W Y, Yeh J J H, et al. Friend or foe: The divergent effects of FinTech on financial stability [J]. Emerging Markets Review, 2020, 45: 100727.

[105] Fuster A, Goldsmith-Pinkham P, Ramadorai T, et al. Predictably unequal? The effects of machine learning on credit markets [J]. The Journal of Finance, 2022, 77 (1): 5-47.

[106] Gambacorta L, Huang Y, Li Z, et al. Data versus collateral [J]. Review of Finance, 2023, 27 (2): 369-398.

[107] Gambacorta L, Huang Y, Qiu H, et al. How do machine learning and non-traditional data affect credit scoring? New evidence from a Chinese fintech firm [J]. Journal of Financial Stability, 2024, 73: 101284.

[108] Gandal N, Hamrick J T, Moore T, et al. Price manipulation in the Bitcoin ecosystem [J]. Journal of Monetary Economics, 2018, 95: 86-96.

[109] Gao Q, Lin M. Lemon or cherry? The value of texts in debt crowdfunding [J]. The Value of Texts in Debt Crowdfunding, 2015.

[110] Ge H, Tan L, Wu H, et al. How can robot investment assistant help: Collecting information or providing advice? Evidence from China [R]. PBCSF-NIFR Research Paper Forthcoming, 2022.

[111] Geng Z, Pan J. The SOE premium and government support in China's credit market [J]. The Journal of Finance, 2024, 79 (5): 3041-3103.

[112] Gertler P, Green B, Wolfram C. Digital collateral [R]. NBER Working Paper No. w28274, 2021.

[113] Gertler P, Jonathan G. Insuring consumption against illness [J]. American Economic Review, 2002, 92 (1): 51-76.

[114] Goldstein I, Spatt C S, Ye M. Big data in finance [J]. The Review of Financial Studies, 2021, 34 (7): 3213-3225.

[115] Griffin J M, Shams A. Is Bitcoin really untethered? [J]. The Journal of Finance, 2020, 75 (4): 1913-1964.

[116] Hau H, Huang Y, Shan H, et al. Fintech credit, financial inclusion and entrepreneurial growth [R]. Swiss Finance Institute Research Paper No. 21-47, 2021.

[117] Herzenstein M, Sonenshein S, Dholakia U M. Tell me a good story and I may lend you money: The role of narratives in peer-to-peer lending decisions [J]. Journal of marketing research, 2011, 48 (SPL): S138-S149.

[118] Hodula M. Does Fintech credit substitute for traditional credit? Evidence from 78 countries [J]. Finance Research Letters, 2022, 46: 102469.

[119] Hong C Y, Lu X, Pan J. FinTech adoption and household risk-taking: From digital payments to platform investments [R]. National Bureau of Economic Research, 2020.

[120] Hong C Y, Lu X, Pan J. FinTech platforms and mutual fund distribution [J]. Management Science, 2024.

[121] Houston J F, Lin C, Lin P, et al. Creditor rights, information sharing, and bank risk taking. Journal of

Financial Economics〔J〕. 2010, 96（3）: 485-512.

［122］Hu D, Jones C M, Li S, et al. The rise of reddit: How social media affects retail investors and short-sellers' roles in price discovery〔R〕. Working Paper, SSRN 3807655, 2021.

［123］Huang Y, Li X, Qiu H, et al. How does Bigtech credit affect monetary policy transmission?〔R〕. Mimeo, Institute of Digital Finance, Peking University, 2022.

［124］Huang Y, Li Y, Shan H. Fintech and Firm Selection: Evidence from E-commerce Platform Lending〔R〕. Mimeo, Graduate School of International and Development Studies, Geneva, 2018.

［125］Huang Y, Zhang L, Li Z, et al. Bigtech credit risk assessment for SMEs: Evidence from China〔J〕. China Economic Review, 2023, 81（2023）: 102016.

［126］Huang Y, Wang X, Wang X. Mobile payment in China: Practice and its effects〔J〕. Asian Economic Papers, 2020, 19（3）: 1-18.

［127］Hui C H, Lo C F, Chau P H, et al. Does Bitcoin behave as a currency? A standard monetary model approach〔J〕. International Review of Financial Analysis, 2020, 70: 101518.

［128］Jack W, Suri T. Risk Sharing and Transactions Costs: Evidence from Kenya's Mobile Money Revolution〔J〕. The American Economic Review, 2014, 104（1）: 183-223.

［129］Jagtiani J, Lemieux C. The roles of alternative data and machine learning in fintech lending: evidence from the LendingClub consumer platform〔J〕. Financial Management, 2019, 48（4）: 1009-1029.

［130］Jakiela P, Ozier O. Does Africa need a rotten kin theorem? Experimental evidence from village economies〔J〕. Review of Economic Studies, 2016, 83（1）: 231-268.

［131］Jappelli T, Pagano M. Information sharing, lending and defaults: Cross-country evidence〔J〕. Journal of Banking & Finance, 2002, 26（10）: 2017-2045.

［132］Katsiampa P. Volatility estimation for Bitcoin: A comparison of GARCH models〔J〕. Economics Letters, 2017, 158: 3-6.

［133］Klein, Aaron. Is China's New Payment System the future?〔M〕. Brookings Institution, Washington DC, 2019.

［134］Koetter M, Noth F. IT use, productivity, and market power in banking〔J〕. Journal of Financial Stability, 2013, 9（4）: 695-704.

［135］Kose M, Ayhan P, Eswar S, et al. Does financial globalization promote risk sharing?〔J〕. Journal of Development Economics, 2009, 89（2）: 258-270.

［136］Kristoufek L. Tethered, or Untethered? On the interplay between stablecoins and major cryptoassets〔J〕. Finance Research Letters, 2021, 43: 101991.

［137］Lee C C, Li X, Yu C H, et al. Does fintech innovation improve bank efficiency? Evidence from China's banking industry〔J〕. International Review of Economics & Finance, 2021, 74: 468-483.

［138］Li Z, Liu L. Financial Globalization, domestic financial freedom and risk sharing across countries〔J〕. Journal of International Financial Markets, Institutions & Money, 2018, 55: 151-169.

［139］Liao L, Wang Z, Xiang J, et al. User interface and firsthand experience in retail investing〔J〕. The Review of Financial Studies, 2021, 34（9）: 4486-4523.

［140］Lin M, Prabhala N R, Viswanathan S. Judging borrowers by the company they keep: Friendship networks and information asymmetry in online peer-to-peer lending〔J〕. Management Science, 2013, 59

（1）: 17-35.

[141] Liu L, Lu G, Xiong W. The BigTech lending model [R]. NBER Working Paper No. w30160, 2022.

[142] Love I, Mylenko N. Credit reporting and financing constraints (Vol. 3142) [M]. World Bank Publications, 2003.

[143] Lusardi A, Mitchell O S. The economic importance of financial literacy: Theory and evidence [J]. American Economic Journal: Journal of Economic Literature, 2014, 52 (1): 5-44.

[144] Lyons R K, Viswanath-Natraj G. What keeps stablecoins stable? [J]. Journal of International Money and Finance, 2023, 131: 102777.

[145] Makarov I, Schoar A. Trading and arbitrage in cryptocurrency markets [J]. Journal of Financial Economics, 2020, 135 (2): 293-319.

[146] Mandira S, Pais J. Index of Financial Inclusion-A measure of financial sector inclusiveness [R]. Berlin Working papers on Money, Finance, Trade and Development. Working paper, 2012.

[147] Moin A, Sekniqi K, Sirer E G. SoK: A classification framework for stablecoin designs [C]//Financial Cryptography and Data Security: 24th International Conference, FC 2020, Kota Kinabalu, Malaysia, February 10-14, 2020 Revised Selected Papers 24. Springer International Publishing, 2020: 174-197.

[148] Mor S, Gupta G. Artificial intelligence and technical efficiency: The case of Indian commercial banks [J]. Strategic Change, 2021, 30 (3): 235-245.

[149] Navaretti G B, Calzolari G, Mansilla-Fernandez J M, et al. Fintech and banking. Friends or foes? [J]. Friends or Foes, 2018.

[150] Phan D H B, Narayan P K, Rahman R E, et al. Do financial technology firms influence bank performance? [J]. Pacific-Basin Finance Journal, 2020, 62: 101210.

[151] Pierri N, Timmer Y. IT shields: technology adoption and economic resilience during the COVID-19 pandemic [R]. Working Paper, 2020.

[152] Pope D G, Sydnor J R. What's in a picture? Evidence of discrimination from Prosper. Com [J]. Journal of Human Resources, 2011, 46 (1): 53-92.

[153] Ravina E. Love & loans: The effect of beauty and personal characteristics in credit markets [R]. Working Paper SSRN 1107307, 2019.

[154] Reher M, Sokolinski S. Robo advisors and access to wealth management [J]. Journal of Financial Economics, 2024, 155: 103829.

[155] Rossi A G, Utkus S P. Who benefits from robo-advising? Evidence from machine learning [R]. Working Paper, 2020.

[156] Schilling L, Uhlig H. Some simple bitcoin economics [J]. Journal of Monetary Economics, 2019, 106: 16-26.

[157] Senner R, Sornette D. The holy grail of crypto currencies: ready to replace fiat money? [J]. Journal of Economic Issues, 2019, 53 (4): 966-1000.

[158] Shang-Jin, Wei, and Yang Chunliu. Do Internet finance platforms mitigate conflicts of interest? The case of mutual fund investment [R]. Working Paper, 2020.

[159] Sheng T. The effect of fintech on banks' credit provision to SMEs: Evidence from China [J]. Finance

Research Letters, 2021, 39: 101558.

[160] Stulz R M. Fintech, BigTech, and the future of banks [J]. Journal of Applied Corporate Finance, 2019, 31 (4): 86-97.

[161] Suri T, Bharadwaj P, Jack W. Fintech and household resilience to shocks: Evidence from digital loans in Kenya [J]. Journal of Development Economics, 2021, 153: 102697.

[162] Tang H. Peer-to-peer lenders versus banks: substitutes or complements? [J]. The Review of Financial Studies, 2019, 32 (5): 1900-1938.

[163] Tantri P. Fintech for the poor: Financial intermediation without discrimination [J]. Review of Finance, 2021, 25 (2): 561-593.

[164] Thakor A V. Fintech and banking: What do we know? [J]. Journal of Financial Intermediation, 2020, 41: 100833.

[165] Townsend R. Consumption Insurance: An Evaluation of Risk-BearingLow-Income Economies [J]. Journal of Economic Perspectives, 1995, 9 (3): 83-102.

[166] Wang Y, Xiuping S, Zhang Q. Can fintech improve the efficiency of commercial banks? —An analysis based on big data [J]. Research in International Business and Finance, 2021, 55: 101338.

[167] White R, Marinakis Y, Islam N, et al. Is Bitcoin a currency, a technology-based product, or something else? [J]. Technological Forecasting and Social Change, 2020, 151: 119877.

[168] Zhang X, Tan Y, Hu Z, et al. The trickle-down effect of fintech development: From the perspective of urbanization [J]. China & World Economy, 2020, 28 (1): 23-40.